U0445222

古裱褙织物之重现

——源自张大千先生收藏之古书画

章以庆 著

中国纺织出版社

内 容 提 要

本书详载了张大千先生所收藏古书画之古裱褙织物，共40块织片的外观图像、织纹结构与成分分析。书中以一般的相机拍摄记录古裱褙织物表面的图纹，使用可放大60倍与150倍的镜头详细记录古裱褙织物的纹理，并搭配相关精密仪器做必要性的科学物性分析，留下重要的纤维成分数据，以及各项与古织物相关的图纹、织纹与结构的研究。

盼能以此为基础，逐步建立相关材质的成分数据及细部结构与图像数据，为装裱织物发展的历史提供佐证，为相关文物材质的研究提供参考辅助，同时通过科学与人文的跨领域整合，促使此批古裱褙织物能够以完整且普及的方式分享传承。

图书在版编目（CIP）数据

古裱褙织物之重现：源自张大千先生收藏之古书画 / 章以庆著. —北京：中国纺织出版社，2014.11
 ISBN 978-7-5180-0984-8

Ⅰ.①古… Ⅱ.①章… Ⅲ.①织锦缎—纺织工艺—研究—中国—古代 Ⅳ.① K875.24

中国版本图书馆 CIP 数据核字（2014）第 225638 号

策划编辑：王 璐 郭慧娟　责任编辑：王 璐　责任校对：梁 颖
责任设计：何 建　　　　　　责任印制：储志伟

中国纺织出版社出版发行
地址：北京市朝阳区百子湾东里A407号楼　邮政编码：100124
销售电话：010—67004422　传真：010—87155801
http://www.c-textilep.com
E-mail:faxing @c-textilep.com
中国纺织出版社天猫旗舰店
官方微博http://weibo.com/2119887771
北京市雅迪彩色印刷有限公司印刷　各地新华书店经销
2014年11月第1版第1次印刷
开本：889×1194　1/16　印张：20.5
字数：196千字　定价：198.00元

凡购本书，如有缺页、倒页、脱页，由本社图书营销中心调换

序一

中国是世界上最早植桑、养蚕、缫丝的国家，丝织品及其衍生出的丝绸文化，是整个中华民族文化的重要组成部分，也是民族文化认同的重要标识，在中国历史乃至世界史上均产生过并一直产生着深远的影响。

无论从文化传承，还是从文化保护的角度，对丝织品的相关材质、结构方式以及可能之年代的研究都显得尤为重要。近年来，学界亦有不少相关研究论文及著作出现，但已有研究多从织物作为服饰面料、家居陈设等方面论述。章以庆教授《古裱褙织物之重现》一书的出现，确实给人以眼前一亮的感觉。

首先，从研究角度上讲。该书以书画修复、重装过程中所弃之"裱褙织物"为研究对象，可以说是慧眼独具，别出心裁，大大拓展了织物研究的视野与空间，为后来研究者提供了一种新的角度与可能性，有"筚路蓝缕，以启山林"[1]之功。从某种意义上填补了织物史研究上的一项空白。

其次，从研究方法上说。较之以往审美之视角、文化之视角，该书在研究方法上亦有较大创新。书中采用科学定量式研究，用 FTIR（傅氏转换红外线光谱仪）光谱有机物分析、纤维鉴别燃烧法、EDS（X 射线能量散射光谱仪）无机材质分析以及 SEM 扫描式电子显微镜观察与测量等相结合的方式，对古裱褙织物的材质、纹理及织染结构等方面均做了细致的研究和分析，用严谨的客观态度、科学的操作规程与坚实的数据，得出了令人信服的结论。

再次，从研究价值上论。本书有两个层面的价值和意义，一是从文化传承的角度言，此研究对于完善和补充传统装裱织物史提供了一条重要的历史佐证；二是从文物保

---

[1]【晋】杜预：《春秋左传正义》，卷二十三，清嘉庆二十年南昌府学重刊宋本十三经注疏本。

护的角度言，此项研究以及其中所运用的科学物性之研究方法，对于相关文物的修复与辨识，亦提供了一个重要的参考维度。

最后，从研究难度上谈。本书的研究难度可谓颇大，一方面，新颖的选题意味着可供借鉴与参考的成果较少，无形中增加了研究难度；另一方面，本书所涉及的裱褙织物，在古代鲜有系统地保存整理，从实物到文献资料均十分欠缺，也大大增加了研究难度。所幸的是，章教授因其特殊的因缘际会得到了相关的研究资料，使研究得以顺利进行，并且，其研究成果以此书的方式呈现在世人面前。能读此大作，可谓幸哉！

古语有云："尝一脔肉，而知一镬之味；悬羽与炭，知燥湿之气。以小见大，以近喻远。"[1] 尽管书画裱褙所弃之绫锦略显残破且不够完整，但它毕竟是织物整体有机的组成部分，对其做细致而客观的研究，对于了解丝织品整体可能之年代、相关之使用脉络与当时之真实状况等方面，确实意义深远。

希翼学界能以此书为契机，将这些研究成果进一步应用于中国传统服饰的抢救、传承与设计创新中，推进中国服饰史的研究，并为当今的服饰设计提供可资借鉴的资源。

刘元风

2013年10月16日

---

[1]【汉】刘安：《淮南鸿烈解》，卷十七，《四部丛刊》影钞北宋本。

序二

在中国古代文物中，丝绸虽然只是一个极小的门类，但其中也有不少分野。我以前所关注较多的只是作为服饰的丝绸面料，虽然这应该是古代丝绸的主流，却远远不是全部。而在这其中，我又只是关注其中的汉族，并没有关注少数民族，只是关注其中的日用部分，并没有关注如宗教或戏剧等特别服饰，只是关注染织，却很少涉及刺绣。事实上，在服饰面料之外，丝绸还被大量用于家居陈设，还有书画本身的材质和装裱。

书画所用材质，在西方通常用布，而在东方则多是用绢，只是丝与布的不用。但论其装裱方式，则东西方相差更大，西方多用框架，东方还是用丝绸装裱。不过，中国的书画装裱，在古代文献中的记载很少，人们关心得也不多。据我所知，文献中的相关记载，最重要的就是周密《齐东野语》中详细记录的南宋宫廷装裱书画的格式，其中包括表、里、引首、带等所用丝绸材料名称；❶但在实物中，目前所知却只有南京大学博物馆所藏《观斋集锦》一册，以书画装裱绫锦为主。❷至于这一方面的研究，则相对更少。倒是东邻日本对于这一自中国传来的材料和工艺更为重视，一直以来就善于收集装裱所用的古绫古锦，研究并复制用于装裱的修复和新裱。❸

我关注书画装裱材料的时间并不太久。一个契机是在我牵头申报的UNESCO人类非物质文化遗产代表作名录"中国蚕桑丝织技艺"项目中刚好包括了双林绫绢、宋锦和缂丝三项直接与中国书画装裱相关的技艺，二是大英博物馆2009年前后邀请我研究其收藏的传为顾恺之《女史箴图》的装裱材料，其中涉及一种宋锦、一种缂丝和五六种绫，及书画本身所用的绢。后来，我就让我的博士生顾春华把她的博士论文题目选择了书画装裱用的织物研究。

---

❶ 后在《装潢志》中也有较多记载。
❷ 包铭新《介绍一本古锦册页：观斋集锦》，《中国纺织科技史资料》第十三集，18~22页，1983，北京。
❸ 国宝修理装潢师连盟：《装潢史》，2011年，东京。

正当我在叹息这一方面的研究尚未展开或是研究乏人、准备大干一场的时候，我的另一位博士生蒋玉秋为我送来了一册章以庆老师的《古裱褙织物之重现》，我不禁为之惊叹，原来这一方面的研究业已开始。于是我以很快的速度浏览了一遍章老师的大作，拜读之后，感受极深。

首先我感到，章老师踏入了一片处女之地，开辟了织物史研究中的一个新的领域。应该说，章老师得益于她的父亲和张大千关门弟子孙家勤教授之间的特殊关系，而得到了张大千的这一批收藏。我只是没有想到，张大千对于细节是如此的重视，他在经手大量中国古代书画的同时，积累了大量的书画装裱织物残片，其中包括不同的时代、不同的种类和不同的图案。据我所看，其中最早的应该可以到达明代，但大部分都是清代的，甚至有可能还有日本的。

其次，章老师尝试了一种新的方法，从纺织工学的角度来研究织物史。章老师的学科背景是纺织工程，以前任职于织品系，其同事也是研究纺织工学的专家，所以她在这里使用了光学显微镜、电子显微镜、红外光谱及EDS等不同的方法进行了分析测试，得出一批精度较高的图像和可靠的数据。

极为有幸的是，我在2013年秋北京服装学院的时尚周上遇到了真实的章老师，她的平实和淡雅也给我留下了极深的印象，一如她的工作，也是极为踏实，她在著作中进行了织物组织结构、吉祥图案等多方面的研究，但大量的只是相关信息的采集和发表，极为详细，并进行如实的说明，对于年代和产地等难度较大的问题，并没有过多论及。特别是在交谈之后我发现，她还是我的诸暨老乡，浙江淳朴的耕读家风，也使我们一见如故。

章老师谦和地说，她只是开个头，余下的就由我们来做了。是的，我知道，这一工作的开展，其实需要更多的实例，更好的设备，以及更大的队伍。那么，既然章老师已经在这一片领域开挖了第一锹，那我们就来挖第二锹吧。我相信，我们的挖掘，还将会有极丰富的收获。

2013年11月28日

前言

中国传统书画多以绢和纸为基本素材，由于其质地柔软易皱裂，多需经过"装池"后才能达到便于欣赏收藏的坚挺状态；所谓"装池"现常以"装裱"、"裱褙"称之。综观传统书画装潢形式，大致可分为立轴、手卷、册页、成扇四大类。本书所收录之绫、锦为立轴与手卷重新裱褙所拆下来的古裱褙织物。

古书画在流传的过程中，常因污损、残破而予以重装裱制，包括解体、清洗、揭除背纸再重新托裱"装池"，并针对画心缺损处进行修复等程序，亦名为"整旧"❶。取下的装裱绫锦未必能够再次使用，亦鲜少进行有系统的保存整理，因此相对于书画传承脉络，有关传统装裱织物的实物或文献数据十分欠缺，所使用的各类材料与传统制作方式，亦有待深入探讨。

本书收录的古裱褙织物是已故的张大千先生所收集的古书画，因重新"装池"后所取下的古裱褙织物，大千先生觉得这些古书画所取下的古裱褙织物非常特别，具有珍贵的文化保存价值，因此便将它们交付给了自己的闭门弟子孙家勤教授。

1992年孙家勤教授通过家父章璇先生交给我此批封存得非常小心的古裱褙织物，希望我能将它好好研究。缺乏考古知识的我，在一博物馆馆藏研讨会的机缘下认识了台湾故宫博物院专门负责织物、古物方面研究的研究员张湘雯小姐。为了此批古物能够得到正确与妥善的保存与呈现，即将它们托付给张湘雯小姐，由她耐心地在工作闲余时间，将此批古织物展平、整理，此批古织物才有了新的面貌。但是如何将如此珍贵的文物转化为能易于传承的知识，则苦思无解！直至2008年在一偶然的机缘下接触到承奕科技公司所研发的高倍数数字相机，得知它能够以较不失真且快速的方式呈现织纹的结构与色泽，才让我重新卯足了劲开始对它进行专门的研究与分析。

---

❶ 刘芳如.2008，〈书画的装池、保存与重装〉，《书画装池之美》，台北：台湾故宫博物院，页13。

为了让此批文物充分展现其包含的知识面及数据，并发挥文化资产的传承作用，便要同时兼顾科学分析与文史研究，因此整个研究过程变得非常繁琐，除了针对此古裱褙织物图纹拍摄、建档与分析外，还要经过耗时的取样与各项需精密仪器的科学物性分析。由于多数相似之古织品皆于博物馆内珍藏，不易取得，因此更不惜采用极小部分的破坏式研究方式将织物的纱线加以拆离，并采用相关精密仪器以便于做必要的科学物性分析，留下重要的数据，以及各项与古织物相关的纹饰、织纹与结构表现的图文研究数据，盼能以此为基础，逐步建立相关材质成分与细部结构的数据及图像数据，为装裱织物发展的历史提供佐证，并为相关文物材质的研究提供参考辅助。研究期间不仅得到台湾故宫博物院张湘雯小姐很多帮忙，同时也获得孙家勤教授与北京服装学院服装博物馆馆长徐雯教授针对此批古织物图纹的辨识与指导，以及多位好友针对此批古织物的物性分析所需的科学仪器研究与分析，提供了许多的协助。本书得以完成，完成了我的一个承诺与心愿！

本书共分为三大部分，第一部分为古裱褙织物相关知识的研究；第二部分记录了16块具有扁平片金纬的古织金锦[其中有4块织片分别收录于国内外期刊，为了避免重复刊登，这四块织物皆未刊登其研究、分析的过程，只以研究结果（加注）与未出现于期刊内之图片介绍此织片，并集结归纳整理于本部分的后段，以完整地呈现此批古裱褙织物的每一片织物]；第三部分则记录了24块古织锦缎。由于学术界适合此古裱褙织物相关知识刊载的专业期刊并不多，同时皆有属性与篇幅的限制，为了彰显每一片古裱褙织物的特殊性，即分别以论述分析方式，将科学与人文学科作跨领域的整合，针对每一片古裱褙织物的成分、图纹与组织结构进行剖析，并以放大60倍与150倍镜头详细记录此珍贵的古裱褙织物，使得不须冒着毁坏古物的风险，即可将此批古裱褙织物的织纹结构得以展现，促使此批古裱褙织物能以完整且普及的方式与大家分享并传承。

此书从数据取得至完成耗时20年，期间包含近三年密集式的投入，还得到孙教授多次的关切与鼓励，在完成此书时感到特别开心，唯一让我觉得遗憾的是，将此重大任务交付于我的孙家勤教授已于1999年10月辞世，未能看到此书的诞生！

章以庆
2011年7月

目录

概述

古裱褙织物的渊源	014 •
古裱褙织物之织物结构分类与传统吉祥图纹	016 •
古织金锦的工艺	022 •
古裱褙织物研究流程与仪器使用	026 •

织金锦

褐黄地双莲花纹织金锦	028 ••
褐黄地缠枝宝相花纹锦	040 ••
褐地金箔团花纹锦	048 ••
褐黄地菱纹锦残片	056 ••
藏青地菱纹牡丹锦	064 ••
石青地蔓枝小花纹锦	072 ••
深石青地凤凰蔓枝花纹锦	080 ••
宝蓝地牡丹菊花纹锦	090 ••
绿地团花纹锦	104 ••
绿地缠枝牡丹花纹锦	116 ••

褐地万字花纹锦	126 ••
宝相双迭花织锦残片	138 ••
褐地串枝葫芦花卉纹织金锦	146 ••
褐黄地织金缠枝莲花纹锦	152 ••
褐地团龙花纹锦	156 ••
石青地牡丹花纹锦	160 ••

织锦缎

褐地蔓枝牡丹纹缎	166 •••
茶地缠枝牡丹纹缎	174 •••
米黄地蔓枝花纹缎	182 •••
浅绿地蔓枝花纹缎	186 •••
鹅黄地宝瓶银锭花纹缎	192 •••
落花流水纹缎	198 •••
暗灰绿地缠枝牡丹鸡冠花纹缎	204 •••
浅褐绿地团龙云纹缎	212 •••
蓝地团龙如意纹缎	218 •••
褐地水仙云纹缎	224 •••

米地飞龙云纹缎	230
浅褐地缠枝石榴花绫	236
褐地牡丹菊花绫	242
褐地串枝宝相花纹缎	248
双鱼八宝纹缎	254
石青地八宝如意云纹缎	260
褐地缠枝宝相花纹缎	268
龟甲团花纹锦	276
蟠龙万寿纹锦	282
龟甲果叶纹锦	288
米地包手残片	294
米地团龙云纹包手	300
米地蛇皮锦纹	306
米地蝙蝠卍字纹锦	312

附录 319

后记 326

概述

古裱褙织物的渊源

这些古裱褙织物原属于张大千先生个人收藏古画的裱褙织锦,当这些古画经过大千先生在巴西的裱画师父重新以新的裱绫裱制后,就产生了这些古裱褙织锦。

大千先生当时即认为这些古裱褙织锦具有相当大的研究价值,应当好好地保存研究。举一个例子,我刚刚去他家里的时候,他说:"孙兄,我现在有一张明朝画叫《明皇按乐图》,你可不可以把它都变成唐朝末年、宋朝初年时期的形象画"。于是我布局画中的主角唐明皇跟杨贵妃一块坐在床上,等到我画得差不多的时候,大千先生拿了块属于那个年代的织锦作为给我的提示,要我照着这块织锦画以学习那一时代的背景图纹,可见古裱褙织锦的研究意义。

大千先生对唐宋元明清的花纹变化非常明了,虽然他不是一位纺织的专家,但是他却能够以当代的图饰花纹来学习判断年代;我曾经问他,老师你怎么这么清楚知道不同朝代的织锦。他说我在敦煌学的,敦煌墙边上的唐朝绘画以及佛像边上都呈现了非常清楚的花纹;同时他又有超强的记忆力,所以能够把唐宋元明的图纹了解得非常透彻,因此当他看到了古画再参考旁边的织锦时,即具有非常好的辨识力,所以他能够成功地收藏古画。以他的收藏功力上来讲,为什么很多人说他是"五百年来一大千",实在是他随时学习所培养的独特眼光所造就的。

大千先生曾在古玩商那里购得《韩熙载夜宴》——也就是当年给故宫博物院的那张画,就是一个好例子。他说当年在买这幅画的时候,他考虑很多,因为这张画太新了!这么新的东西怎么能看出是古代的画呢?所以不敢买,但是由于画外头的包手、里头的裱工,证明确实为那个朝代的东西。因为很少开过,所以它本身没有损坏,古玩商常说一句俗语叫"纸白板新"。所以一个真正的鉴赏家所拥有的常识,不一定局限在画面本身,其实从附属的布套开始一直至包裹古物外的附属材料,都可以一并作为断定年代的关键旁证。大千先生在判读《韩熙载夜宴》时,就是以这幅画的裱工与外头的包头作为考证的。

大千先生本身是一个收藏家,当他看见好的作品时必定会想办法收藏它。而大千先生所收藏的古画来源与地点并不固定,它来自不同的时代,一大部分是来自日本,比方说他所收藏的《韩熙载夜宴》就是在古玩商那买到的,但是古玩商的古画又从哪里来的?我认为其实许多是溥仪当年带出宫的,可是第二次世界大战发生得太快了,当时溥仪被俄国人请走时宫里头没主了,因此许多的收藏品就被摆在马路上卖,而当时那些被他带出宫的收藏品，都是有记载的。目前除了流落在外的藏品外，现在已有许多藏品回聚在沈阳博物馆。

　　这本书所记载的这一批古裱褙织锦是来自大千先生当年所收集的古画，而这些古画收集的地方并不固定，它不但是从各地收集来并且还被带到国外去相当长的时间。大千先生知道此批古裱褙织锦的文化价值，因此当这些裱褙织锦从古画上拆下来时，他认为这些古裱褙织锦糟蹋了可惜，因此托付给我；而我也是将它们从巴西带回来，所以我将它们称为"流落在海外的中国织锦"。但是我对织锦裱褙的结构是外行，于是我一个小片都没丢地将它们带了回来。有人建议将它们剪一剪贴成一本书，但是我觉得如此便糟蹋了它们的研究价值，所以我决定找专业人士。我回国好多年，透过多少关系，拐了多少弯才有了此研究结果，可谓机缘具足，真是神物自己会找人——自有因缘，希望由此批古裱褙织锦得出的研究结果能够提供应有的学术价值，发挥出文化传承的重要使命。

孙家勤 教授口述 1999 年 1 月
章以庆 整理撰写 1999 年 3 月

古裱褙织物之织物结构分类与传统吉祥图纹

中国传统古书画中常以锦与绫为裱褙织物，由于锦与绫织纹结构变化相当多，故不易将锦与绫依简单的分类方式对应至单一的织法结构，但若以织纹结构分类对应至西方织物结构分类时，锦与绫可归类为 Lampass、Brocade、Damask 等提花织物结构。锦以其织纹织法对应至西方织纹结构分类时，多归类至 Lampass、Brocade；绫则常归类为 Damask。因此 Lampass、Brocade、Damask 的中文名称也没有一确定称法，多以锦缎、花缎混合称之。[1]

中国传统的古织物中有许多有名的织锦，常以锦面之质地图案、出产地为名，如瑞锦、蜀锦[2]，可见传统织锦在中国历史上使用的普及与重要性。本文中"织锦"的织纹结构多属于重纬织物，它是由多组纬纱与经纱交织，以重纬的方式呈现织物表面多样的色泽与图纹。织锦的特色也常见于 Lampass、Brocade。

Lampass 的织物组成结构属于复合织法，它的图案与底纹各由所属之经纱、纬纱所组成，图案部分经纱与纬纱的交织采用以纬纱呈现图纹的织法，而底纹部分则是经纱与纬纱交织时采用由经纱呈现图纹的织法。有些 Lampass 的变化织纹，因图案与底纹各有其经纬纱可呈现不同层次的织物。因此 Lampass 的织法有如表里交换双面料，于双层互换下呈现鲜明的对比图纹、底纹效果，但是 Lampass 与表里交换双面料最大的不同是，双面料为经纬纱交错结构表里整体互换，而 Lampass 并非表里经纬结构全部互换，表经与表纬完整的交织呈现织物的底纹部分，而图纹的部分则是由地纬翻至表层形成图纹，同时与其交织的地经则始终都是保持在织物的里层。因此织物的正反面无法如同表里交换双面料般的图纹与底纹表现出鲜明的对比图纹、底纹效果，见图1。[3]

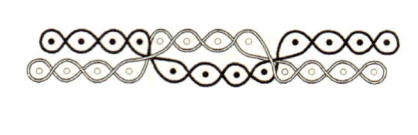

图1　表里交换双面织物（上）、Lampass（下）　　图2　织纹剖面结构

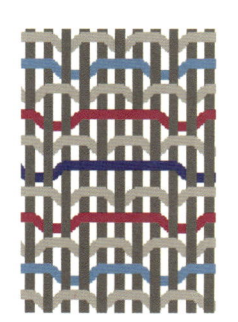

Brocade 的织纹特色是具有一基础底纹（常呈现紧密的经浮），再以一根或多根额外的纬纱交织出图纹，并常使用金银线为其图纹的纬纱的材质以彰显图纹。[4,5] 形成 Brocade 图纹的纬纱可以是连续的方式留在织品的背面，通常英文称为 Continuousbrocade，见图2，

或是被修剪呈现不连续的形态，英文即称之为 Discontinuousbrocade。[6]

现代提花织物织法 Brocade 是以多于一组的经纱或纬纱所组成，纱组的数目受到图纹色彩的需求所影响。这类织物通常其底纹以平纹、斜纹、缎纹、或是经重平（纬横凸纹）呈现，而图纹部分多以纬面斜纹或纬面缎纹组织呈现图纹交错，如此给予织物稍许凸起的效果。织品的纬纱以不连续的方式织入整个织物的地组织而产生图案，且产生图案部分的纬纱宽度仅限于图案的宽度，并不会横跨布的两个布边。[7]

中国传统织纹中"绫"的特色多于表面呈现单一斜纹或变化斜纹，传统花绫一般是在斜纹地组织上起斜纹花的单层暗花织物，以现代织纹织法分析可对应至西方织纹归类的 Damask。

现代织法针对 Damask 的定义为以一组经纱与一组纬纱交织而成，经纬两方向通常以一或两种颜色组成，当它以一种经纬色纱组成时，织品的图纹部分是采用与底纹不同的交错组织而呈现织物的图样，此种织物也常使用与织物底纹不同亮度、捻度或复杂度的纱线，以凸显织物的图纹。若将 Damask 织品任一组纱线除去，则会损坏整个织物的花纹细节与主体。Damask 的图纹处常是以平纹、经重平（纬横凸纹）、纬面缎纹呈现，而底纹常是以缎纹、斜纹或是经重平（纬横凸纹）呈现。[7] 由于现今织造工艺与技术的进步，执行上述织纹的提花织机 Jacquardloom 早已计算机化，基本上提花织机在执行织造时的整经较为繁琐，纬纱则因计算机程控的帮助可以以低成本的方式快速变化色彩与织纹，使得现今提花织纹设计常以变化纬纱来展现织纹设计的变化，也由于计算机界面非常容易将不同组织作为提花织物设计的工具界面，所以现今提花织物常出现许多不同组织同在一织片的现象，因此现今在进行提花织纹设计时织纹结构类别的归属也已不如以往般重视了。

本书中的裱褙织锦所呈现的织纹展现了许多特殊美好的图意，如八吉祥纹、八宝纹、回纹、卍字、龙凤、花卉等。中国古织物多有着吉祥、平安与富贵等意涵，显示对生命与生活的希望与期许。八吉祥纹、暗八仙纹、八宝纹、回纹、卍字皆为常见的吉祥织纹；八吉祥纹源自佛教的影响，故又称为"佛八宝"，它源于佛教的八种用具，见图3。它们分别是法轮：表示佛法圆转、生命万劫不息之意；盘长（又名百结）：表示回贯一切、长寿、无穷尽之意；法螺：表示佛音美妙吉祥、好运之意；白盖（又称天盖）：表示覆盖大千世界、解脱大众病贫之意；宝瓶：表示福智圆满无漏、功成名就之意；莲花：表示出污泥而不染、圣洁之意；金鱼（又称双鱼）：比喻幸福、避邪之意；宝伞：表示张弛自如、有保护众生之意。这些八吉祥纹属于中国传统杂宝纹样，所谓杂宝图样是指各种带有一定含义的宝物，这些含义多来自民间传说或宗教习惯。

法轮　　　　　　　　　　　盘长

宝瓶　　　　　　　　　　　莲花

法螺　　　　　　　　　　　白盖

金鱼　　　　　　　　　　　宝伞

图3　佛教的八种用具——八吉祥纹

源自道教的暗八仙纹也与八吉祥纹同属于杂宝纹样。暗八仙纹其实是用八仙常用的器物来代表，属于器物纹样类型，见图4，分别是汉钟离的扇子、吕洞宾的宝剑、张果老的渔鼓、铁拐李的葫芦、曹国舅的玉板（又称阴阳板）、韩湘子的洞箫、蓝采和的花篮、何仙姑的荷花。这些八仙常用的器物分别有其代表的涵义，如扇子：玲珑宝扇，起死回生；宝剑：有天盾剑法，威阵群魔之能；渔鼓：星象挂卜，灵验生命；葫芦：炼丹制药，普度众生；玉板：仙板神鸣，万籁无声；洞箫：妙音缭绕，万物生灵之能；花篮：篮内神花异果，广通神明；荷花：出泥不染，可修身禅静。[8-10]

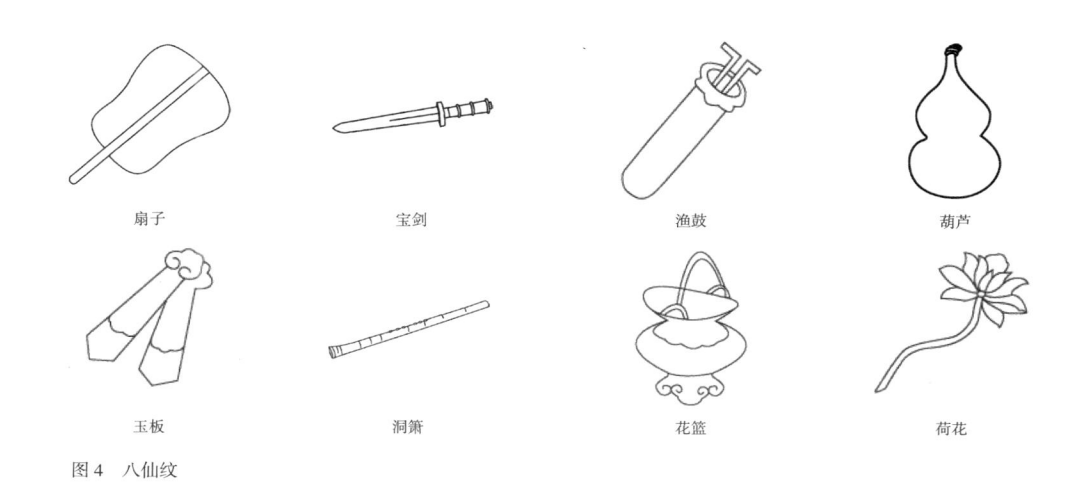

| 扇子 | 宝剑 | 渔鼓 | 葫芦 |
| 玉板 | 洞箫 | 花篮 | 荷花 |

图4 八仙纹

八宝纹是儒学八宝，指以金锭、银锭、珍珠、元宝、铜钱、犀角、书册、珊瑚、方胜、如意等造型吉祥纹样的宝物组成的图案，多取其中八种，也有取四种或六种组成图案，皆统称八宝纹。明十三陵之定陵（明神宗万历皇帝与其两后的陵墓）出土的古丝织物中，即出现有着八宝、八吉祥、八音（以金、石、土、木等八种质料做的乐器）之吉祥图纹的美丽织品。基本上意必吉祥是明锦的寓意纹样所传达的意境。明锦纹样中如福、禄、寿、喜等吉祥文字应用增多也反映了当时意必吉祥的意境。[11]

传承于唐宋以来的传统纹样并出现在明锦上的万字、回纹、如意等几何图纹，也有着吉祥的意涵，见图5。万字又以佛教吉祥符号"卍"图形表示，因此"卍"字不断图案即表示平安、吉祥万德所聚集，也代表家族或庙中的香火绵延不断。《华严经》中所述："胸标卍字，七处平满"。即佛祖再世，胸前隐起"卍"字纹，此纹译为"吉祥海云相"、有吉祥、绵长不断之意。[12]

图5 回纹（左）和如意纹（右）

回纹是纹样如"回"字的一种传统纹样，它被民间称为"富贵不断头"的纹样，由古代陶器和青铜器上的雷纹衍化而来，因为它是由横竖短线折绕组成的方形或圆形的回环状花纹，形如"回"字，所以称作回纹。寓意"连绵不断，子孙万代，吉利深长，富贵不断头"。回纹有单体间断排列或一正一反相连成对的，俗称"对对回纹"，也有连续不断的带状形等，多用于装饰器物的口部、颈部或边饰。元、明、清各代瓷器装饰上保持了这一传统。回纹图案在明清的织绣、地毯、木雕、瓷器和建筑装饰上到处可见，主要用作边饰或底纹，富有整齐、划一而丰富的效果。织锦纹样中有把回纹以四方连续组合的，俗称为"回回锦"。[13]

如意原是一柄端作手指状，用以搔痒的用具，因使用时可如人意，故而得名。如意也曾被作为天帝力量的象征。如意常与其他纹样搭配以展现特别的吉祥寓意，比方说，如意 + 灵芝 + 蝙蝠有赐福、长寿如意之意。如意 + 笔 + 金银锭表示必定如意。柿子 + 如意表示事事如意。瓶中插如意表示平安如意。如意 + 蝙蝠 + 寿字含有福寿如意之意。[8]

龙凤是中国古代传说中的动物，它们被认定曾作为神仙的御具、方位的标志，因此被赋予权力和等级的标志。龙凤的形象是多种动物打散构成的，到了明清时期龙凤纹的发展已相当成熟且富变化，龙为五爪、头扁、角分叉、有鳞与尾鳍；凤则颈细、头似鸡、凤眼、羽毛如鸳鸯状、足细长如鹤。龙凤纹向来受到喜爱，一般藉由它来表示一种吉祥、喜庆与圆满的美好愿望。双龙战珠是以两条龙和一颗龙珠为图案的主体，传说龙珠是一种珍宝，可避水火，其位置多在图案之中心点或对称轴上，属于吉祥图案的一种，表示吉祥宝贵。[8]

中国图纹也常运用熟悉的自然植物花卉，以艺术手法代表美好祥瑞的图案形象，藉以表达人们的理想、祝贺与情感。比方说植物花卉中岁寒三友是以松、竹、梅（或梅、竹、石）为题材组成图案，由于松、竹、梅在冬季万木凋零之时仍能各守其节，因此常用来象征刚正不阿、品格高洁之意，与古时文人崇尚不媚世俗的品行相符合，故又喻为始终不渝的情操。中国传统吉祥图纹常根据吉祥成语，取字与物之谐音间接呈现吉祥之意，如喜上眉梢（纹样形式常以一喜鹊落在梅花枝上）、丰衣足食（蜜蜂、竹子、粮食表示丰收）、连年有余（莲花与鲤鱼构图表示富裕）等。[14]

参考文献

[1] 纺织工业词汇（供海峡两岸纺织工业使用）[M]．台北：财团法人中国纺织工业研究中心，1996：207，448，966．

[2] 张湘雯．织绣篇二[J]．中华五千年文物集刊，1992：130．

[3] Madelyn van der Hoogt. The complete book of drafting for handweavers [M]. Coupeville,WA,shuttle craft books inc，1994：105．

[4] The Columbia Electronic Encyclopedia.Copyright.2007，Columbia University Press. Licensed from Columbia University Press.[M/OL]．[2012-1]．All rights reserved.www.cc.columbia.edu/cu/cup/.

[5] Weave，flat weave brocade [M/OL]．[2012-1]．http://www.erug.com/learnrugs/learn_detail/weave/lrn_weave_flat.htm.

[6] Wikipedia，brocade [M/OL]．[2012-1]．http://en.wikipedia.org/wiki/Brocade.

[7] Mcquaid Matilda. Structurean dsur facecontemporary Japanese textiles organized [J]．NewYork:The Museum of Modern Art,1998:213.

[8] 上海市服装行业协会，中国服装编辑委员会．中国服装大典[M]．文汇出版社，1999：274-275．

[9] 陈正雄．清代宫廷服饰[M]．台北：台湾历史博物馆，2008：170-171．

[10] 李祖定．中国传统吉祥图案[M]．上海：科学普及出版社，2003：74-75．

[11] 王岩，罗青．万历帝后的衣橱：明定陵丝织集锦[M]．台北：东大书局，2005：10．

[12] 吉祥图案，镇澜宫之旅[M/OL]．[2010-2]．http://ee.tcc.edu.tw/08community/dajiamazu/htm/c3-6.htm.

[13] 回纹寓意深长，文化绵延不断，华纬集团[M/OL]．[2010-2]．http://www.huaweigroup.com/bencandy.php?fid=51&id=620.

[14] 传统吉祥图像的表现主题，台湾视觉形象设计协会[M/OL]．[2010-2]．http://blog.yam.com/tvida/article/17634334.

古织金锦的工艺

本书的古裱褙织锦织物中呈现有16块织金锦，虽然许多因年代久远已出现表面金磨损剥落的现象，但是仍然呈现相当独特的织造工艺，具有很高的文史与艺术价值。织金工艺在中国由来已久，早在秦代以前就已出现织物加金，直至东汉或东汉以后才运用于汉族服饰并局限于宫廷中使用。直到魏晋南北朝以后，服饰织金的风气才普及至全国。[1]中国古代以织物金线构成的织金锦实物于唐代墓葬已有所发现，是以平纹金箔显花方式呈现。宋代文献中也出现捻金锦的文辞，显示织金技术与使用的连续。辽金文物中织金实物已明显增加，如黑龙江阿城金墓出土数量颇丰的片金线织金锦。蒙元时期则是织金技术发展的高峰。[2]

元代史籍中所记载"纳石失"即指具有西域特色，最为华丽贵重的织金锦。纳石失为波斯语 Nasich 的语音直译，为以金箔切成的金丝作纬线织制的锦之意。元朝在统一中国的征战中，打了胜仗之后，就进行了屠城，但唯独不杀手工工匠。那些被俘虏和征调的工匠中有不少人是织造织金锦的高手。这些不同民族的工匠被安置在同一地区进行生产劳动，因相互交流也推进了织金锦的技术，也使得此一时期的北方丝织物在织造及纹样上呈现出明显的异域风格。中国北方游牧民族酷爱织金锦，因为北方寒冷少水，周围的色彩较单调，犹如太阳光芒般金光灿烂的金色，点缀了广漠，促使蒙古族、契丹族、女真族等当时的北方民族在衣着上崇尚用金，并以此显示他们的财富和地位。[3]

由于元朝统治者都喜以织金来表现富贵，朝廷占有大量的黄金与黄金开采，保证了织金的用料，因此织金的消费量甚大，促使元朝的织金锦空前的发展。其织金锦不仅应用于制作袍服，甚至坐垫、帐幕也使用织金。[4]

元朝织金锦中所用的金线可分为两大类：片金与圆金。[1]圆金是用金箔捻成金丝再与其他的丝线交织出织金锦，以圆金为材料所织成的织金锦光泽较暗淡，但是牢固耐用；片金是先将黄金打成金箔，用纸或动物表皮作背衬，再切割成扁平状的片金，再与丝线交织出织金锦，因片金较丝线阔粗，故可显出金光闪闪的装饰效果。[5]

无论圆金或是片金都需要经过熔铸、拍叶、下料（一）、打箔、下料（二）、再打箔、切箔、成色等八道工序，将金箔切成约0.5毫米宽的片金线，直接用于织造，或切成0.35~0.4毫米宽的片金线，将已染成金色（或黄、红、本色）的蚕丝为芯并涂上黏合剂，再把上述片金以螺旋形绕于芯线外，即形成圆金。在制造过程中乌金纸是关键品，它是用当年生的嫩竹制成纸浆、加上豆汁等、制成纸坯，再多次涂刷鱼胶及油烟、烘干，使其强度高并在孔隙间充满炭粒，通常使用前还要拍上滑石粉，以减少金箔延展时的阻力。[6]

织金是指以金线作纬线再与经线交织，形成显示金色纹样的织物。根据传世与出土实物，蒙元时期的织金锦即开始了特结经的使用。织金锦之特结经是指在地经、纬组织之外，增加一组经线（特结）用以固定构成纹样的金线。辽金时期的织金锦普遍未使用特结经，但是到了明代织金锦大多采用特结锦组织以处理大型或色彩化复杂的纹样，在图案设计与织造结构上均显示出蒙元时期的影响。

织金织物的织造方法多以三个方向分析：挖梭织金或通梭织金、地经接结或特经接结、全越或半越。

1. 挖梭织金或通梭织金

挖梭织金：无论片金或是圆金都无法承受织造时所需的张力与摩擦，因此古代织金的金线多使用于纬纱。挖梭织金是在织造过程中金纬只依所需呈现金色的纹样来回盘织而成，并非以通幅的方式织入，现常以通经断纬称之。汉唐时期织金织物的结构即是采用通经断纬，它采用一经二纬（通纬与断纬）的组成，经纱与通纬交织成织物的底纹，并以金纬（断纬）呈现图纹，两种纬线皆与经线交织出平纹组织。

通梭织金：通梭织金是指金线以通幅织入织物，在需要显出金色图纹时金纬即上升到织物表面与经线交织，不显金处，则沉于织物背面形成背浮或背扣。基本上通梭织金生产效率高但因金纬通贯全幅故用金量大，随着西域纬显花织造技术传入中国，并被织金织物广泛的应用，同时金箔加工技术的进步，可满足大量制造的需求，再加上统治阶级对金银织物的需求，通梭织金经元代至明清占了主导的地位，见图1、图2。

由于挖梭织金与通梭织金各有所长，故自唐以来这两种织金方式是并存于中国织金织物中的。

图1　通梭织金正面图例　　　　　　　　图2　通梭织金反面图例

2. 地经接结或特经接结

综观古织金织物，除金线缂丝外，大都为纬二重织物。当织金织物以一经二纬（地纬与金纬）的结构方式组成时，经纱与地纬交织成底纹，经纱又与金纬的交织形成图纹，此种经纱与金纬的交织方式称为地经接结，见图3。当织金织物以二经（地经与特结经，见图4）二纬（地纬与金纬）的结构方式组成时，地经与地纬形成织物的底纹，特结经则与金纬的交织即于织物的表面形成图纹，并在织物的反面借交织固定住金线反面的浮长（称之为背扣），基本上特结经与金纬交织时，可调整其本身的粗细、颜色以满足显金图案或期望花色的需求。依实务考证，元代以前的织金织物多采用地经接结。在唐代以前织金织物以地经接结时每一根经纱都与金纬接结，但是越往后代，隔经地结则用得越多、且隔数也越来越大，使金纬线浮长较长，具有较好的显金效果。将特结经织造技术用于织金织物据考证应不会远于元代。

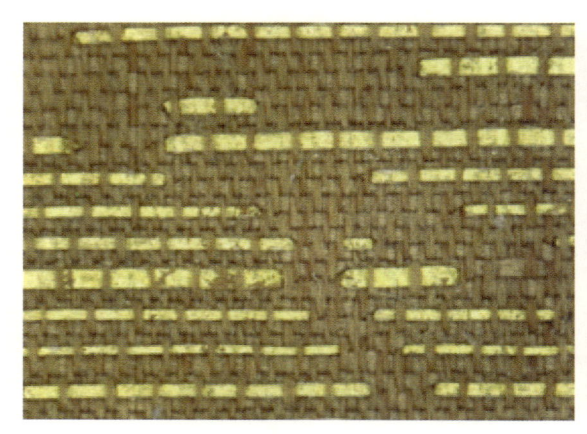

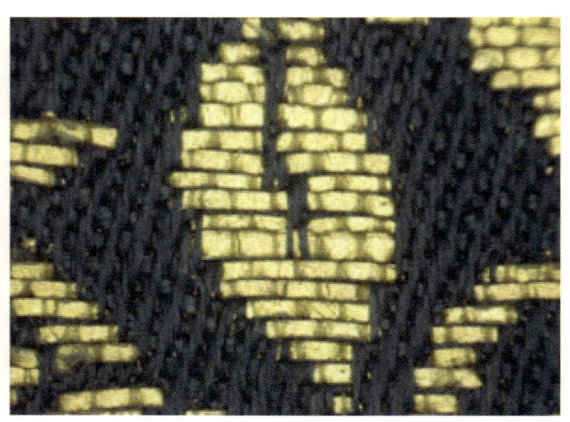

图3　地经接结图例　　　　　　　　　　　图4　特结经接结图例

3. 全越与半越

全越与半越表示织金织物中的二纬（地纬与金纬）排列数量的比例，源自日本的名词。全越表示地纬与金纬排列数量的比例为1∶1，见图5。半越表示地纬与金纬排列数量的比例为2∶1，也就是每织入两根地纬再织入一根金纬之意，见图6。基本上纬密较大时，地纬纱相对也较细，因此一根金纬的宽度足以覆盖遮蔽二根地纬。但是当纬密较小也就是地纬较粗时，一根金纬的宽度则只足以覆盖遮蔽一根地纬。以实务考证下，纬密在30根/cm以上多采用半越，而纬密在30根/cm以下多采用全越。元以前的织金织物大都是以全越排列，到了明代则是全越与半越并存。[7,8]

图5 全越   图6 半越

参考文献

［1］织金锦—织金锦的起源［J/OL］.［2009-10］. http://baike.baidu.com/view/500285.htm#6.
［2］明朵花纹织金锦［J/OL］.［2009-10］. http://www.npm.gov.tw/exhbition/age1010/m5_mainframe1_9b.htm.
［3］马背民族的织锦文化［J/OL］.［2009-10］. http://www.kepu.net.cn/gb/civilization/china-silk/silk_history/200207040020.html.
［4］武敏著,刘良佑.织绣,中华古文物鉴藏系列［M］.台北：幼狮文化,1992：177.
［5］刘治娟.丝绸的历史［M］.北京：新世纪出版社,2006：91.
［6］陈炳应.中国少数民族科学技术史丛书—纺织卷［M］.广西：科学技术出版社,1996：633-635.
［7］谭芳.织金织物和印金织物的沿革及异同［J］.山东纺织经济,2007（1）：71-74.
［8］孙丽英,区秋明.中国古代织金丝织物织造方法初探［J］.浙江丝绸工学院学报,1993：10（3）:69-72.

古裱褙织物研究流程与仪器使用

由于多数相似的古织品皆于博物馆内珍藏，不易取得，因此不惜做了极小部分的破坏式研究方式，将织物的纱线加以拆离，并搭配相关精密仪器以便于做必要性的科学物性分析，留下重要的数据依据，以及各项与古织物相关的纹饰、织纹与结构表现的图文研究数据，整体研究流程与仪器简述如下：

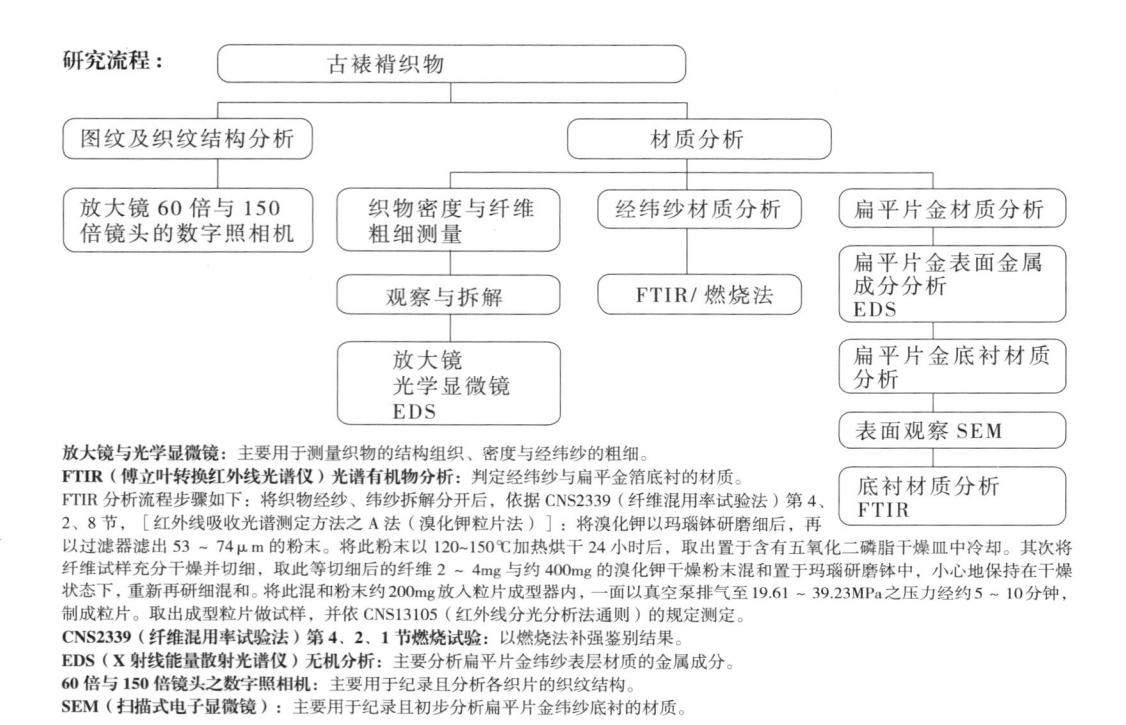

研究流程：

```
                        古裱褙织物
              ┌─────────────┴─────────────┐
       图纹及织纹结构分析                 材质分析
              │              ┌─────────────┼─────────────┐
       放大镜60倍与150      织物密度与纤维      经纬纱材质分析      扁平片金材质分析
       倍镜头的数字照相机    粗细测量
                            │                    │                扁平片金表面金属
                          观察与拆解          FTIR/燃烧法          成分分析
                            │                                       EDS
                          放大镜
                          光学显微镜                               扁平片金底衬材质
                          EDS                                      分析

                                                                  表面观察SEM

                                                                  底衬材质分析
                                                                  FTIR
```

放大镜与光学显微镜： 主要用于测量织物的结构组织、密度与经纬纱的粗细。
FTIR（傅立叶转换红外线光谱仪）光谱有机物分析： 判定经纬纱与扁平金箔底衬的材质。
FTIR 分析流程步骤如下：将织物经纱、纬纱拆解开后，依据 CNS2339（纤维混用率试验法）第 4、2、8 节，[红外线吸收光谱测定方之 A 法（溴化钾粒片法）]：将溴化钾以玛瑙钵研磨细后，再以过滤器滤出 53～74μm 的粉末。将此粉末以 120~150℃加热烘干 24 小时后，取出置于含有五氧化二磷脂干燥皿中冷却。其次将纤维试样充分干燥并切细，将此等切细后的纤维 2～4mg 与约 400mg 的溴化钾干燥粉末混和置于玛瑙研磨钵中，小心地保持在干燥状态下，重新再研细混和。将此混和粉末约200mg放入粒片成型器内，一面以真空泵排气至19.61～39.23MPa之压力约经约5～10分钟，制成粒片。取出成型粒片做试样，并依 CNS13105（红外线分光分析法通则）的规定测定。
CNS2339（纤维混用率试验法）第 4、2、1 节燃烧试验： 以燃烧法补强鉴别结果。
EDS（X 射线能量散射光谱仪）无机分析： 主要分析扁平片金纬纱表层材质的金属成分。
60 倍与 150 倍镜头之数字照相机： 主要用于纪录且分析各织片的织纹结构。
SEM（扫描式电子显微镜）： 主要用于纪录且初步分析扁平片金纬纱底衬的材质。

由于目前国内以碳十四（C-14）分析年代仍然会产生极大的年代误差，故无法将其运用在本织片的年代研究上。且多数可供比对的古织物皆为考古出土或分散于各地博物馆的珍藏，不易进行实物目验与相关研究。现阶段尚缺乏可供织品定年的可靠科学检测方式，不易确定这批古裱褙织物的确实年代归属，若是有机会透过比对已知年代，或有相近来源的书画装裱织物，再就实物的图纹、组织结构、成分作进一步分析比对，间接推估织品可能的年代、相关使用脉络，进而即可将此织片研究结果扩展运用至辅助相关文物修复与辨识上。

本书所载录四十片古裱褙织物的研究流程相似，当四十片织物的研究结果集结成册后，不免觉得每一片的研究流程分别重复出现有些赘述，但是为了便于每一片古裱褙织物呈现的研究过程与结果的完整性，同时又便于各织片单独被检索，故在整理成册后未做任何的精简处理。

织金锦

褐黄地双莲花纹织金锦

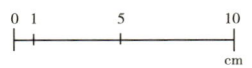

图1 褐黄地双莲花纹织金锦

褐黄地双莲花纹织金锦是一挖梭织金并以地经接结、半越的织纹结构呈现的片金织物。它采用一褐色经纱与二纬（褐黄地纬与扁平片金纬纱）交织于织物表面，呈现了两种莲花与缠枝的装饰构图，由于织片年代久远，故许多金箔显花处的金色多呈现脱落的现象，见图1。褐黄地双莲花纹织金锦的织造结构为经密198根/英寸、地纬密96根/英寸；经纱粗细为地经0.11mm、地纬0.23mm、织金纬0.51mm。

显微分析技术非常适合古墓葬出土少量甚至微量纺织品的分析鉴别。[1]为了确定经纬纱的材质，进行测量FTIR（傅立叶转换红外线光谱仪）光谱有机物分析流程步骤。

地经、地纬光谱有机物分析结果见图2、图3，经与CNS2339，L3050中"纤维之红外线吸收光谱主要吸收带及特性波数"的参数进行比对后，**判读地经与地纬材质与熟蚕丝纤维的光谱极为接近**（相关参数请参阅附录一），故再经由CNS2339（纤维混用率试验法 第1部：纤维鉴别）之燃烧法进行地经与地纬材质的判定。实验结果为地经与地纬纤维在接近火焰时呈现卷曲状态；在火焰中呈卷曲状且着火燃烧，有燃烧毛发的臭味，残灰呈黑色膨胀状且易被压碎，**故判断地经与地纬材质为蚕丝。**

据考证古金箔织物片金是先将黄金打成金箔，用纸或动物表皮作背衬，切割成扁平状的片金，再与丝线交织出织金锦，因扁平片金较丝线阔粗，故可显出金光闪闪的装饰效果。[2]透过EDS无机材质分析（Energy-DispersiveX-RaySpectroscopyX射线能量散射光谱仪），EDS无机材质分析是一非侵入性测量方式，常见于古织物的研究，[3]它是取织品不同部位至少三处进行分析，经由综合判读褐黄地双莲花纹织金锦扁平片金纬纱表面金属的材质主要成分为金（Au），EDS无机分析代表图见图4。

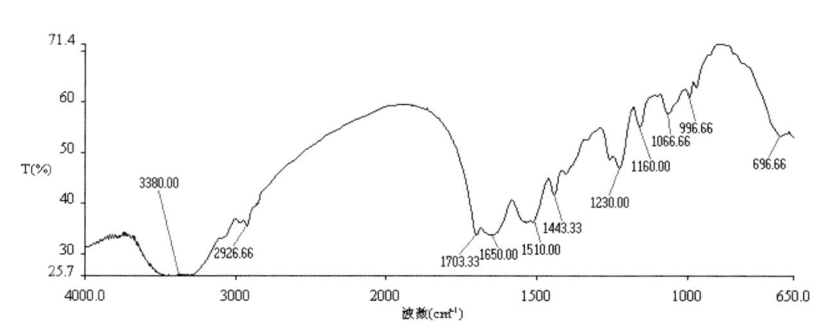

图 2 褐黄地双莲花纹织金锦地经之 FTIR

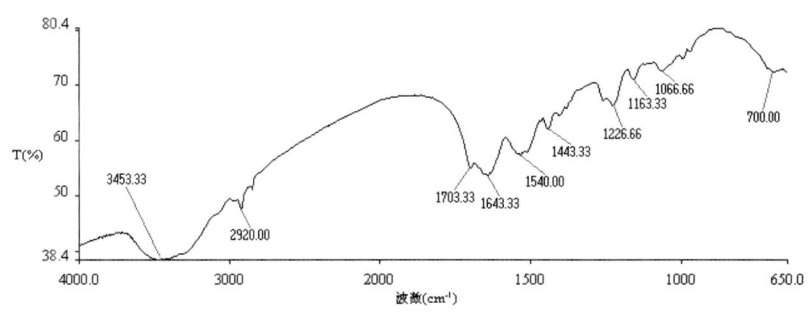

图 3 褐黄地双莲花纹织金锦地纬之 FTIR

褐黄地双莲花纹织金锦扁平片金线底衬材质的判读，是将底衬材料与极薄的金箔层剥离处理后，以 SEM 扫描式电子显微镜进行观察，其观察结果见图 5，可明显看出底衬为植物纤维状材质，故初步判读制作扁平片金线底衬的材质应为纸类材质；中国古代造纸采用多种不同植物纤维为原料，适合造纸的植物，必须是纤维素丰富、供应不乏、容易处理，且价格低廉的材料。其中含有较多长纤维素的麻类纤维尤为其中的上选。[4]

因此将扁平片金纬线底衬的材质再进行与地经、地纬完全相同的 FTIR 分析过程，依照 CNS 标准搭配溴化钾依比例研磨，得到扁平片金纬纱底衬的 FTIR 光谱有机物分析图，见图 6，同时再以大麻实物进行大麻的 FTIR 光谱分析，其检测结果见图 7，以及《古墓葬出土纺织纤维化学结构分析》一文中登载的出土麻类质 FTIR 与扁平片金纬纱底衬FTIR 光谱分析图进行交叉比对；扁平片金纬纱底衬的波形

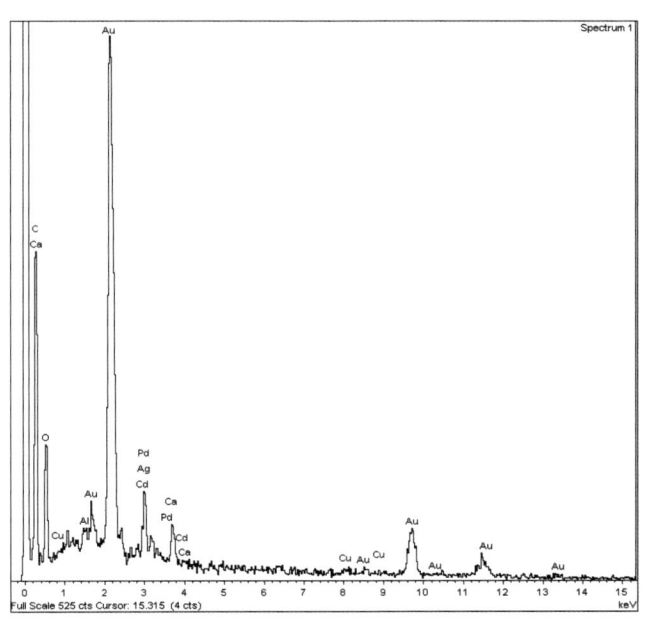

图 4 EDS 无机分析代表图

与特征波峰与大麻纤维无法符合，在元代时麻布已为民间一种普遍的染织品，元代王祯（衣书）亦记载，苎麻制作技术的进步[5]，因此进一步比对本研究的扁平片金纬线底衬纤维材质，与CNS2339所附苎麻及亚麻纤维光谱图及其主要光谱带及特性波数。分析发现扁平片金纬线底衬与苎麻的主要光谱带及特性波数较为符合（详细比对见表1），故判读制作扁平片金纬线纸质底衬的材质应为苎麻。

图5 扫描式电子显微镜观察结果

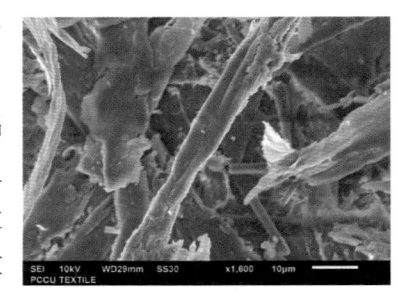

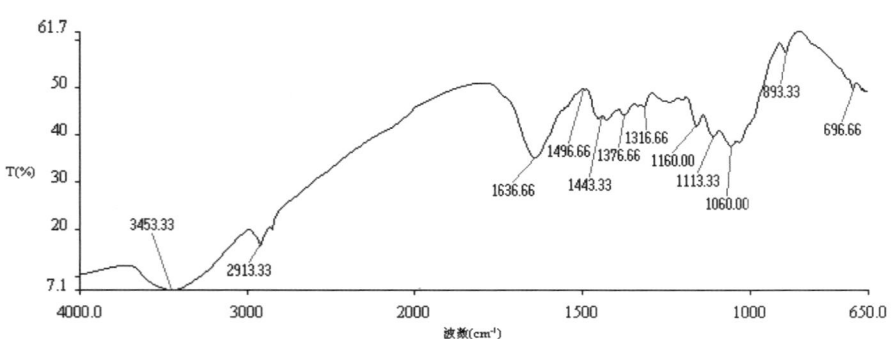

图6 扁平片金纬纱底衬的FTIR分析图

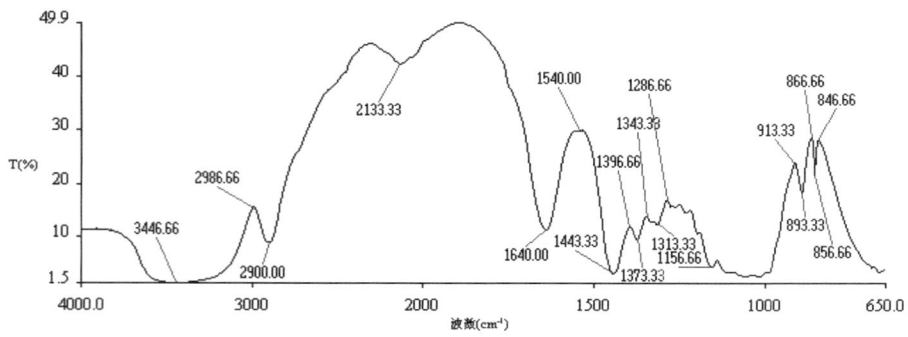

图7 大麻的FTIR分析图

表1 FTIR特性波数比对表　　　　　　　　　　　　　　　　　　单位：cm⁻¹

纤维名称	主要吸收带及特性波数						
亚麻	3400~3250	2900	1730	1630	1430	1370	1100~970	550
苎麻	3400~3350	2900		1630	1430	1370	1100~970	550
扁平片金纬线底衬纤维材质	3453	2913	1637	1443	1376	1060		

注：仪器仅测量至650，故无650以下之特性波数（此注只针对扁平片金纬线底衬纤维材质）。

褐黄地双莲花纹织金锦呈现出两种莲花与缠枝的装饰构图，由于织片年代久远，故许多金箔显花处的金色多呈现脱落的现象。其中一种莲花结合了莲蓬的莲花构图，另一种莲花则结合如意云纹，呈现出如西番莲花纹的构图，明洪武十七年僧官如泥金写本《大乘妙法莲华经》经帙上，即呈现雷同的缠枝番莲纹织金锦，见图8。[6]

图8　缠枝番莲纹织金锦

中国古织物中图案常带着吉祥祝贺之意，莲花自古被誉为花之君子、其出淤泥而不染的特性常被隐喻人的高贵品格，本块褐黄地双莲花纹织金锦所呈
现的莲花纹样亦蕴含着品格高贵、清白纯洁的含义。[7]

图9　织金缠枝莲花缎谥册垫

明十三陵之定陵（明神宗万历皇帝与其两后的陵墓）出土的古丝织物中，出现一些有着相似构图的莲花图纹织品，如第四随葬器物箱内出土的织金缠枝莲花缎谥册垫，见图9。[8] 同时明十三陵之定陵（万历帝棺内西端南侧）出土的古丝织物复制件中，出现一有着几乎完全相似构图的莲花图纹织品，见图10。[9]

明宣德五年泥金写本《大般涅槃经》函套的装潢用锦[10]也出现相似构图的莲花图纹织品，见图11[11]；刘治娟所著《丝绸的历史》一书中所登载的明代《牡丹莲菊海棠纹织金绸》亦出现相似构图的莲花图纹织品[12]，见图12。

图12充分表现了明代莲花构图的特色，详细观察本块褐黄地双莲花纹织金锦图纹与图12中明代所表现的莲花特征相似，其中与图10黄缠枝莲暗花缎复制件中之花与叶形（呈现出荷叶与牡丹叶两种叶形）的构图几乎完全相似，由此推断褐黄地双莲花纹织金锦应为明代的织金织片。

图10　黄缠枝莲暗花缎复制件

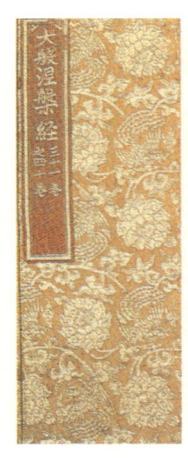

图11 《大般涅槃经》函套之装潢用锦

图12 牡丹蓬菊海棠纹织金绸

褐黄地双莲花纹织金锦织纹结构是一褐黄色经纱与二纬（褐黄色地纬与扁平片金纬纱）以纬二重织法交织而成，褐黄色经纱与褐黄色地纬以二上一下左斜交织出褐黄底色（织物背面即呈现一上二下右斜），褐黄经纱又与扁平片金纬纱以一上二下左斜的方式交织出显金缠枝莲花纹，经纬纱交织的组织图（经密＝纬密）可对照图13。

二上一下左斜 一上二下右斜 一上二下左斜
底纹正面　　 底纹反面　　 金箔织纹

图13 经纬交织完全组织图

织金织物的扁平金纬纱与经纱交织时，按照不同的连续状态可分为挖梭织金和通梭织金，挖梭织金是在织造过程中金纬只依所需呈现金色的纹样来回盘织而成，并非以通幅的方式织入，现常以通经断纬称之。通梭织金是指金线以通幅织入织物。褐黄地双莲花纹织金锦则是属于通梭织金。观察织片织纹实物交织图的正反面可清楚地看到以金线作纬时，通幅织入织片，在需要显金图纹时即上升至织物的表面，不需金图纹时则沉于织物的背面，这一种织法即为通梭织金织法的特色。因金纬通贯全幅相对减少手工而提高了劳动生产率，因此在元代至明清通梭织金占主导的地位。由于片金是以纸或动物表皮作背衬，再在其表面打上黄金金箔后切割成扁平状，故其背面并不会呈现金质的外观，织金锦正反面放大图即清楚地呈现此特点，见图14、图15。如此以观察法推估的结论，也经由进行拆离织物纱线的过程中，拆解出整条扁平片金纬纱得以佐证。

由于只使用一种经纱，因此本块褐黄地双莲花纹织金锦的经纱与扁平金箔纬纱的交织属于地经接结。在元朝以前的织金织物多采用地经接结，显金处每隔两根有一根地经与扁平金箔纬纱交织出一上二下左斜纹，基本上隔经之隔数越大则金浮现也呈现越长的现象，也会增强显金的效果。

织金织物中两个纬纱（地纬与金纬）的排列比例，可直接以日语中全越与半越表示，全越是指地纬与金纬的排列呈现比例为1∶1，也就是说每织入一根地纬即织入一

图14 褐黄地双莲花纹织金锦正面局部放大60倍图　　图15 褐黄地双莲花纹织金锦反面局部放大60倍图

根金线纬纱，半越则是每织入两根地纬即织入一根金线纬纱，因此地纬与金纬的排列呈现比例为2:1。基本上纬密较大时，地纬纱相对也较细，因此一根金纬的宽度足以覆盖遮蔽两根地纬。但是当纬密较小也就是地纬较粗时，一根金纬的宽度则只足以覆盖遮蔽一根地纬。以实务考证下，纬密在30根/cm以上多采用半越，而纬密在30根/cm以下多采用全越。元以前的织金织物大都是以全越排列，到了明代则是全越与半越并存。[13,14] 此片褐黄地双莲花纹织金锦的纬密是38根/cm，为30根/cm之上，以2:1半越织造方式组成，符合此通则。虽然此褐黄地双莲花纹织金锦的地纬与扁平片金纬纱以2:1呈现时，扁平片金纬纱外观呈现良好的覆盖性，但是因褐黄地双莲花纹织金锦的褐黄地纬相对较粗，因此扁平片金纬纱无法完全遮蔽地纬，由于地经与地纬同色形成素色底色织物，使得只有金箔构成图纹时，不需完全遮蔽地纬即有相当好的金箔显花效果。

参考文献

[1] 南普恒，金普军. 古墓葬出土纺织纤维的微观形态结构分析[J]. 电子显微学报，2011（1）.

[2] 刘治娟. 丝绸的历史[M]. 北京：新世纪出版社，2006：91.

[3] IvaRezic, LidijaCurkovic, MagdalenaUjevic. Simple Methods for Characterization of Metalsin Historical Textile Threads[J]. Elsevier Science:Talanta, 2010, Vol（82）：237-244.

[4] 潘吉星. 中国造纸史话[M]. 北京：新华书店，1998：1-20.

[5] 吴淑生，田自秉. 中国染织史[M]. 上海：上海人民出版社，1986.221.

[6] 台湾故宫博物院编. 大汗的世纪蒙元时代的多元文化与艺术[M]. 台北：台湾故宫博物院，2001：图版135，175.

[7] 中国植物图纹的象征意涵[J/OL].[2011-1-10]. http://s18982110.pixnet.net/blog/post/3844031.

[8] 王岩，罗青. 万历帝后的衣橱：明定陵丝织集锦[M]. 台北：东大书局，2005：133.

[9] 王岩，罗青. 万历帝后的衣橱：明定陵丝织集锦[M]. 台北：东大书局，2005：131.

[10] 张湘雯. 大汗的世纪蒙元时代的多元文化与艺术[M]. 台北：台湾故宫博物院，2001：349.

[11] 台湾故宫博物院编. 大汗的世纪蒙元时代的多元文化与艺术[M]. 台北：台湾故宫博物院，2001：图版84，182.

[12] 刘治娟. 丝绸的历史[M]. 北京：新世纪出版社，2006：182.

[13] 孙丽英，区秋明. 中国古代织金丝织物织造方法初探[J]. 浙江丝绸工学院学报，1993，10（3）：69-72.

[14] 谭芳. 织金织物和印金织物的沿革及异同[J]. 山东纺织经济，2007（1）：71-74.

附褐黄地双莲花纹织金锦之细部织纹组织结构放大 60 倍与 150 倍图。

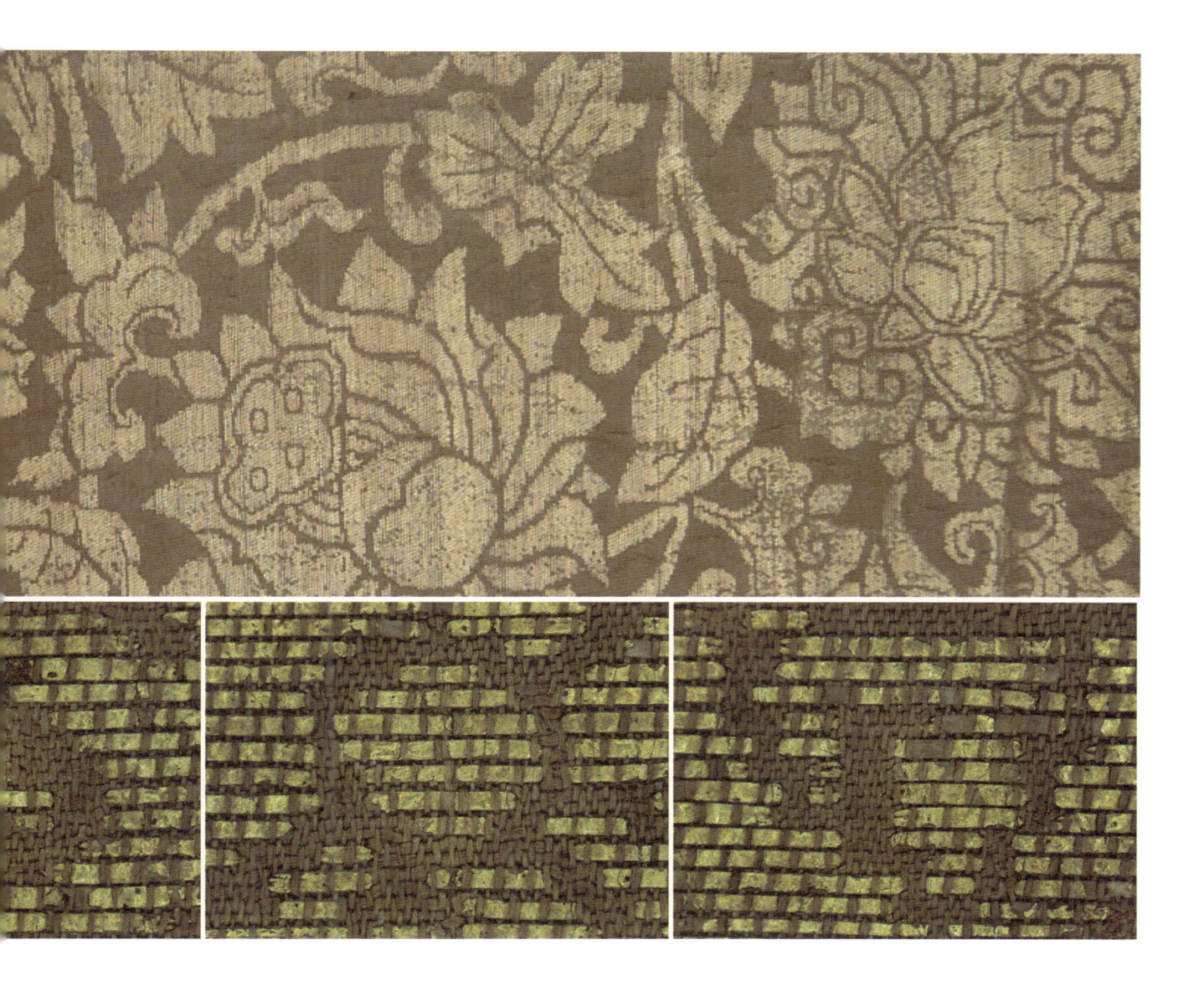

织金锦 | 褐黄地双莲花纹织金锦

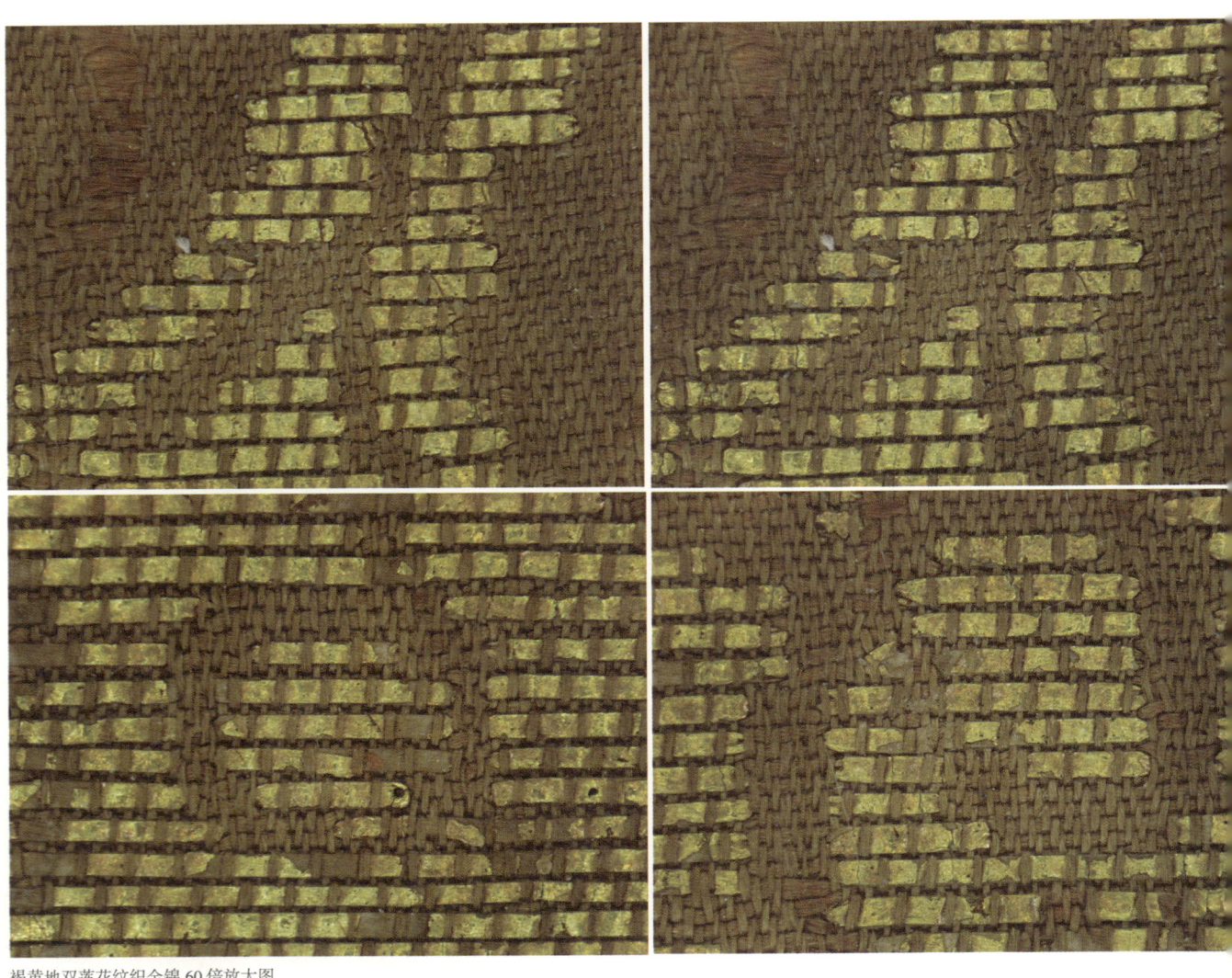

褐黄地双莲花纹织金锦 60 倍放大图

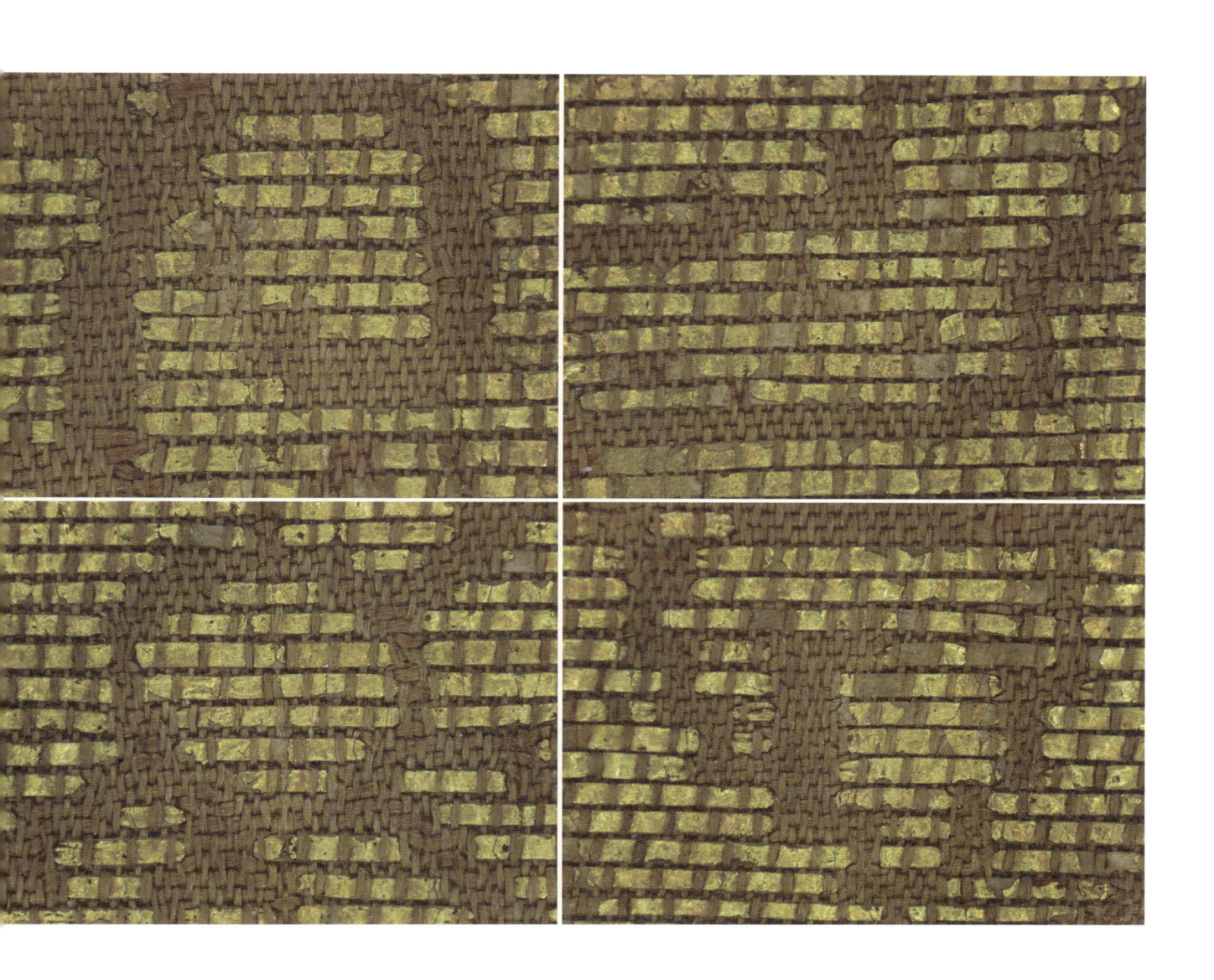

织金锦｜褐黄地双莲花纹织金锦

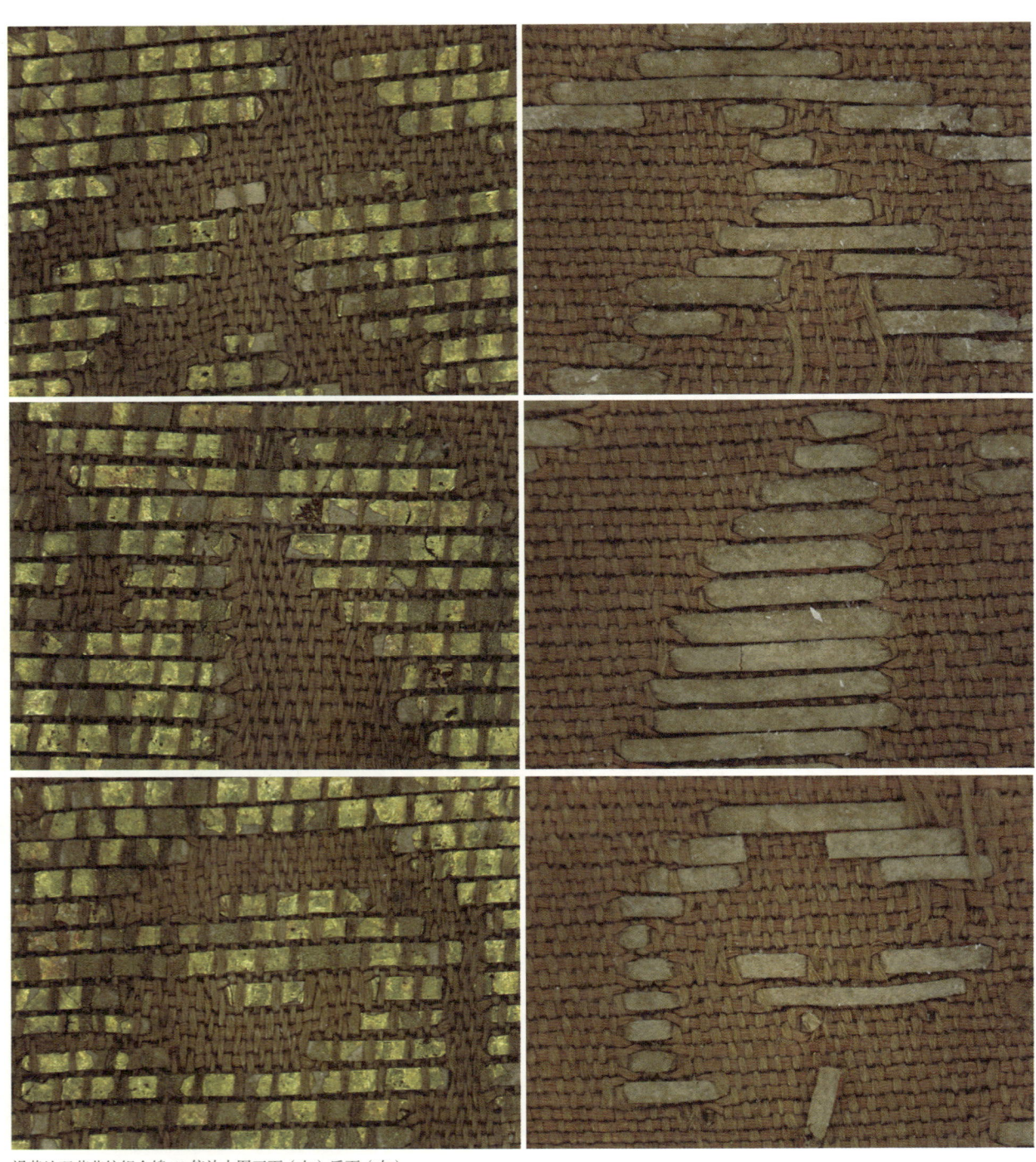

褐黄地双莲花纹织金锦 60 倍放大图正面（左）反面（右）

褐黄地双莲花纹织金锦 150 倍放大图

褐黄地缠枝宝相花纹锦

图 1　褐黄地缠枝宝相花纹锦正面

图 2　褐黄地缠枝宝相花纹锦反面

　　褐黄地缠枝宝相花纹锦是一通梭织金并以地经接结、半越的织纹结构呈现的片金织物，呈现出以片片金显现花、花苞与叶之纹饰构图。由于不易分辨显花的种类，故以宝相花称之，见图 1 ～图 3。

　　褐黄地缠枝宝相花纹锦的织造结构为经密 192 根 / 英寸、地纬密 88 根 / 英寸；经纱粗细为地经 0.14mm、地纬 0.2mm、织金纬 0.61mm。

图 3 褐黄地缠枝宝相花纹锦局部图

据考证古金箔织物的片金是先将黄金打成金箔，用纸或动物表皮作片金的背衬，经切割成扁平状的片金后，再与丝线交织出织金锦，因扁平片金较丝线阔粗，故可显出金光闪闪的装饰效果。[1] 为了判定褐黄地缠枝宝相花纹锦扁平片金纬纱表面金属的材质，故采用 EDS（Energy-Dispersive X-Ray Spectroscopy X 射线能量散射光谱仪）无机材质分析，[2] EDS 无机材质分析是一非侵入性测量方式，常见于古织物的研究，EDS 无机材质分析是取织品不同部位至少三处进行分析，经由综合判读褐黄地缠枝宝相花纹锦扁平片金纬纱表面金属的材质主要成分为金（Au），EDS 无机分析代表图，见图 4。

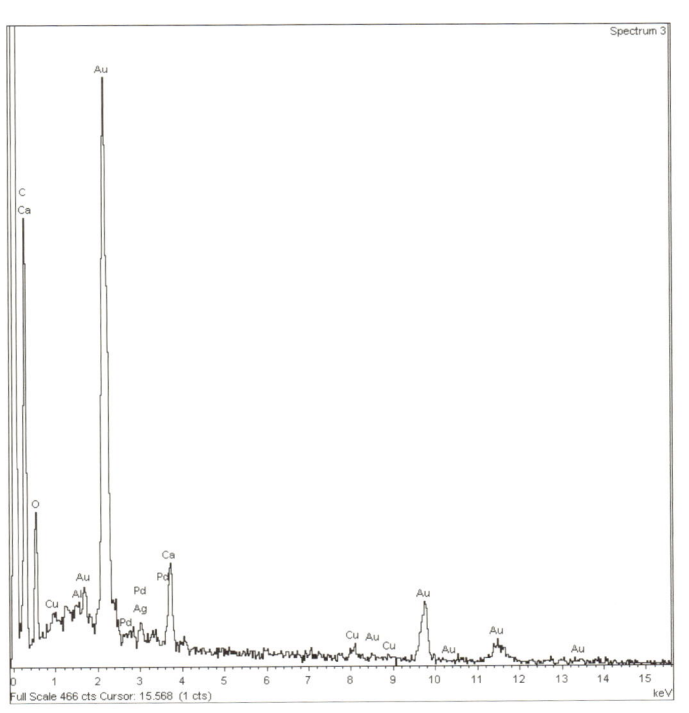

图 4 EDS 无机分析代表图

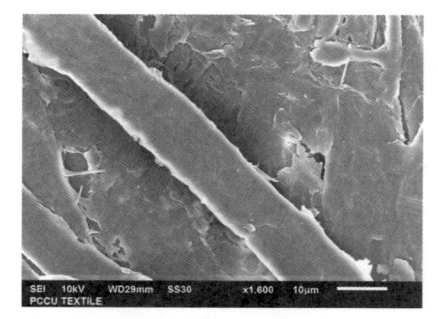

图5 扁平片金纬纱底衬 SEM 分析图

扁平片金纬纱的底衬经由与金箔剥离处理成功的分离后，再以 SEM 扫描式电子显微镜分析结果见图5，可明显看出纤维状材质，再根据前述古片金制程考证资料判读制作扁平片金纬纱底衬的材质为纸类材质。中国古时造纸经历采用各种不同植物纤维为原料，最后发现，真正适合造纸的植物，必须是纤维素丰富、供应不乏、容易处理，且价格低廉的材料。其中含有较多长纤维素的大麻尤为其中的上选。[3]

地经、地纬光谱有机物分析见图6、图7，经与 CNS2339，L3050 中（纤维之红外线吸收光谱主要吸收带及特性波数）的参数进行比对后，**判读地经与地纬材质与熟蚕丝纤维的光谱极为接近**（相关参数请参阅附录一），故再经由 CNS2339（纤维混用率试验法 第1部：纤维鉴别）的燃烧法进行地经与地纬材质的判定。实验结果为地经与地纬纤维在接近火焰时呈现卷曲状态；在火焰中呈卷曲状且着火燃烧，有燃烧毛发的臭味，残灰呈黑色膨胀状且易被压碎，**故判断地经与地纬材质为蚕丝**。

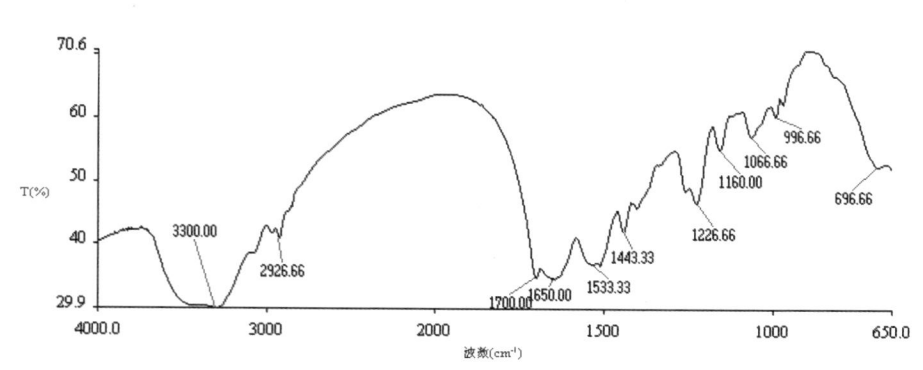

图6 褐黄地缠枝宝相花纹锦地经之 FTIR

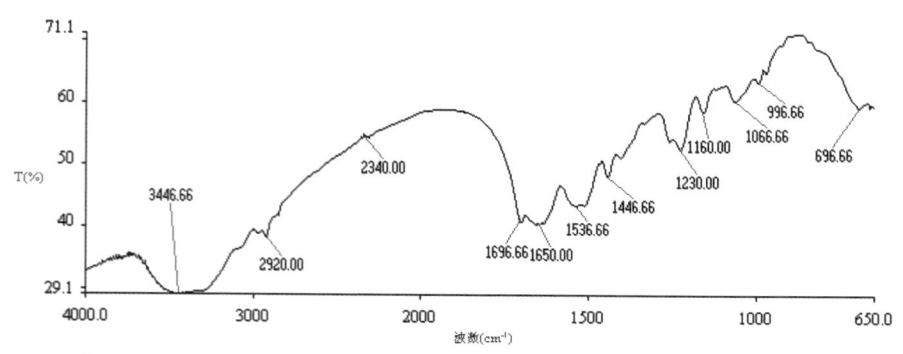

图7 褐黄地缠枝宝相花纹锦地纬之 FTIR

希望藉由 FTIR 分析再进一步检测金纬纱纸底衬的材质，测试过程仍参照 CNS 标准检验方法［红外线吸收光谱测定方法之 A 法（溴化钾粒片法）］，测得扁平片金纬纱底衬的光谱有机物分析图，见图8。将图8的FTIR与吴君南等学者研究结果之大麻FTIR波峰值[4]比对，结果接近，故再以大麻实物进行大麻的FTIR光谱分析，其检测结果见图9，同时再根据期刊中登载《古墓葬出土纺织纤维化学结构分析》[5]之出土麻类材质的FTIR与图8进行交叉比对，图8中扁平片金纬线底衬的波形与大麻虽然接近但仍然无法完全符合，如底衬不具有大麻材料的2133之特征波峰。在元代时麻布为民间一种普遍的染织品，元代王祯《农书》亦记载苎麻制作技术的进步[6]，因此再根据CNS2339（附录一各种纤维之红外线吸收光谱主要吸收带及特征波数）与苎麻进行比对，发现扁平片金纬线底衬与苎麻的主要吸收带及特征波数较为符合，详细比对见表1，故判读制作褐地串枝葫芦纹织金锦为扁平片金纬线纸质底衬的材质为麻类材质，若再细分则应为苎麻。

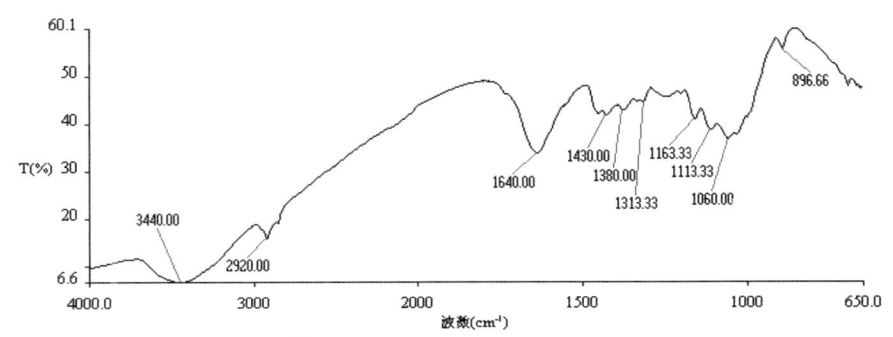

图8 扁平片金纬纱底衬的FTIR分析图

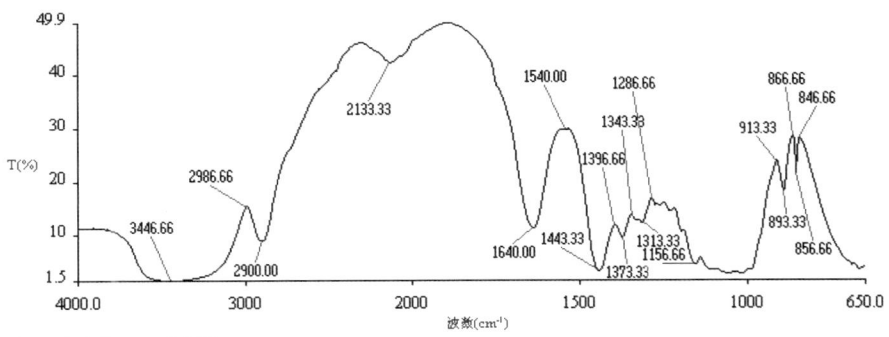

图9 大麻的FTIR分析图

表1 FTIR特性波数比对表　　　　　　　　　　　　　　　　　　　　　　单位：cm⁻¹

纤维名称	主要吸收带及特性波数
亚麻	3400~3250　2900　1730　1630　1430　1370　1100~970　550
苎麻	3400~3350　2900　　　　1630　1430　1370　1100~970　550
扁平片金纬线底衬纤维材质	3453　2913　1637　1443　1376　1060 注：仪器仅测量至650，故无650以下之特性波数（此注只针对扁平片金纬线底衬纤维材质）。

此块褐黄地缠枝宝相花纹锦的织纹结构是采用一细褐黄经纱与二纬（细褐黄地纬与扁平片金纬纱）交织而成的纬二重织物，细褐黄经纱与细褐黄地纬以二上一下左斜交织出褐黄地的底色，细褐黄经纱又与扁平片金纬纱以一上二下左斜的方式交织出显金织纹。经纬纱交织的组织图（经密＝纬密）可对照图10。

二上一下左斜　一上二下左斜
底纹正面　　　金箔织纹

图10　经纬交织完全组织图

织金织物的扁平金纬纱与经纱交织时因扁平金纬纱连续状态可分为挖梭织金或通梭织金，挖梭织金是在织造过程中金纬只依所需呈现金色的纹样来回盘织而成，并非以通幅的方式织入，现常以通经断纬称之。通梭织金是指金线以通幅织入织物。褐黄地缠枝宝相花纹锦则是属于通梭织金。观察织纹实物交织图正反面可清楚地看到以金线作纬时，通幅织入织片，在需要显金图纹时即上升至织物的表面，不需金图纹时则沉于织物的背面，这一种织法即为通梭织金织法（图1、图2、图11、图12）。因金纬通贯全幅相对减少手工而提高了劳动生产率，因此在元代至明清通梭织金占主导的地位。[7,8]

褐黄地缠枝宝相花纹锦的织纹正反面放大图（图11、图12），清楚地呈现了通缩织金与织纹结构特色。由于只使用一种经纱，因此本块褐黄地缠枝宝相花纹锦的经纱与扁平金箔纬纱的交织属于地经接结。在元朝以前的织金织物多采用地经接结，显金处每隔两根便有一根地经与扁平金箔纬纱交织出一上二下左斜纹，基本上隔经的隔数越大则金浮现也呈现越长的现象，也使得显金效果大大地增强。

织金织物中两个纬纱（地纬与金纬）的排列比例，可直接以日语中全越与半越表示，全越是指地纬与金纬的排列呈现比例为1∶1，也就是说每织入一根地纬即织入一根金线纬纱，半越则是每织入两根地纬即织入一根金线纬纱，因此地纬与金纬的排列呈现比例为2∶1。基本上纬密较大时，地纬纱相对也较细，因此一根金纬的宽度足以覆盖遮蔽两根地纬。但是当纬密较小也就是地纬较粗时，一根金纬的宽度则只足以覆盖遮蔽一根地纬。

以实务考证下，纬密在30根/cm以上多采用半越，而纬密在30根/cm以下多采用全越。元以前的织金织物大都是以全越排列，到了明代则是全越与半越并存。[7,8]此片褐黄地缠枝宝相花纹锦纬密在30根/cm以上，同时也呈现了2∶1半越织造方式，符合此通则，由于片金纬纱的扁平外观呈现良好的覆盖性，因此即使地纬与片金纬纱以2∶1时仍呈现极佳的显花效果。

图11 褐黄地缠枝宝相花纹锦（正面）

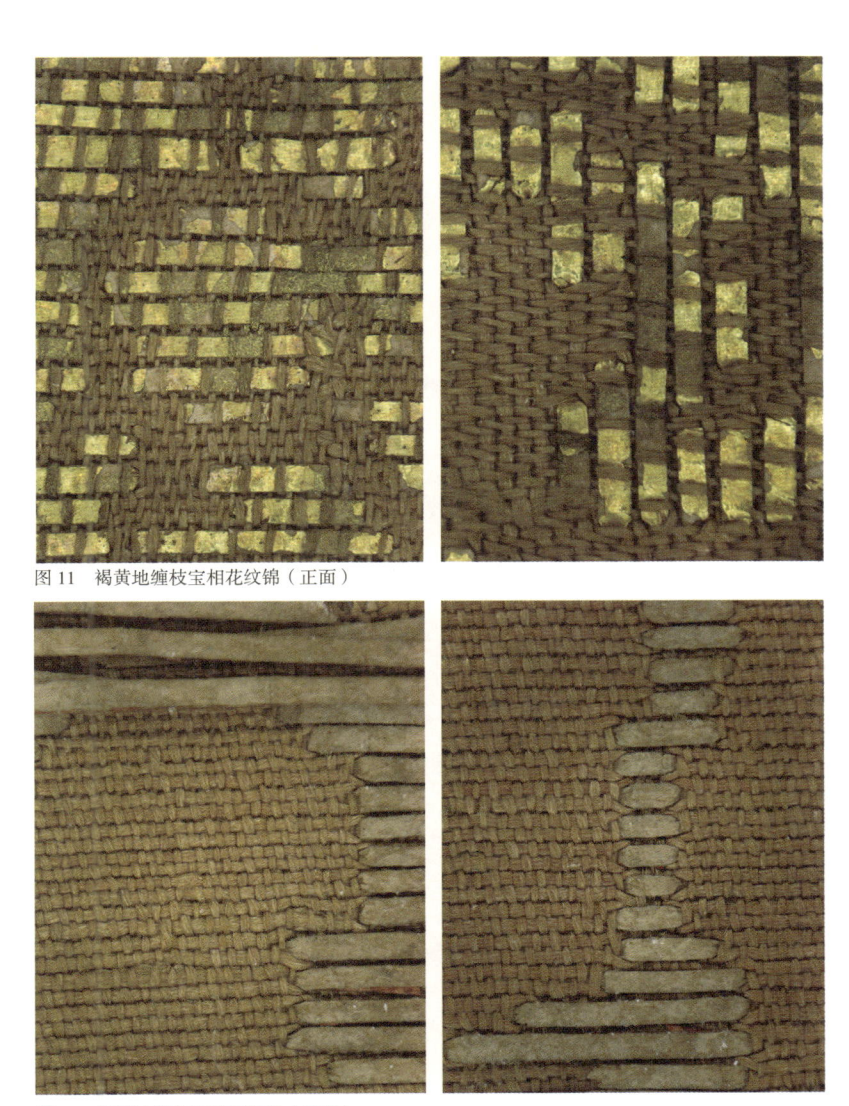

图12 褐黄地缠枝宝相花纹锦（反面）

参考文献

［1］刘治娟.丝绸的历史［M］.北京：新世纪出版社，2006：91.
［2］IvaRezic, LidijaCurkovic, MagdalenaUjevic, Simple Methods for Characterization of Metalsin Historical Textile Threads［J］. Elsevier Science:Talanta,2010,Vol（82）:237-244.
［3］中华科技，蔡侯纤纸，造纸术的传播，古代的造纸过程［J/OL］.［2011-7-16］. http://epaper.nstm.gov.tw/chinascience/E/e-index.html.
［4］吴君南，郝新敏，等.大麻纤维高温—闪爆联合脱胶技术［J］.纺织学报，2007，28（11）.
［5］南普恒，金普军.古墓葬出土纺织纤维化学结构分析［J］.中国文物科学研究，2010（4）.
［6］吴淑生，田自秉.中国染织史［M］.上海：上海人民出版社，1986：221.
［7］孙丽英，区秋明.中国古代织金丝织物织造方法初探［J］.浙江丝绸工学院学报，1993，10（3）：69-72.
［8］谭芳.织金织物和印金织物的沿革及异同［J］.山东纺织经济，2007（1）：71-74.

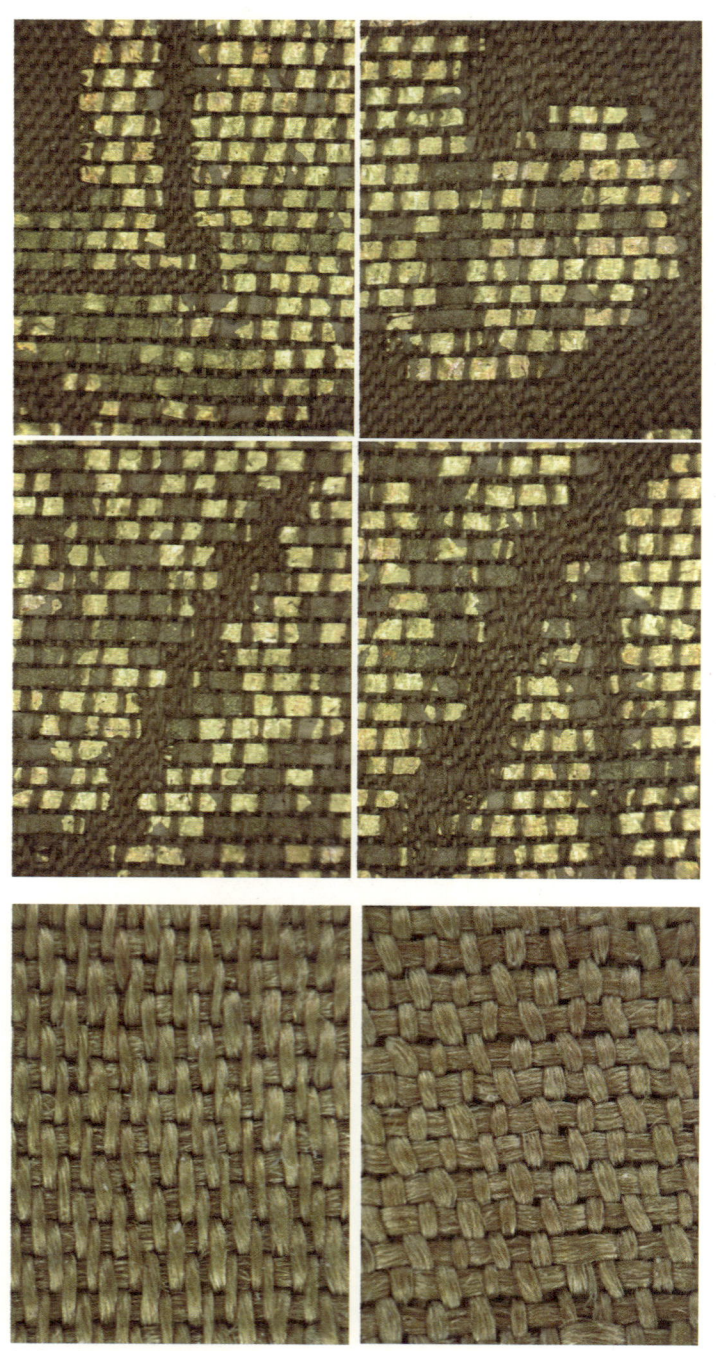

附褐黄地缠枝宝相花纹锦之细部织纹组织结构放大 60 倍与 150 倍图。

褐黄地缠枝宝相花纹锦正面　　褐黄地缠枝宝相花纹锦反面

织金锦｜褐黄地缠枝宝相花纹锦

047

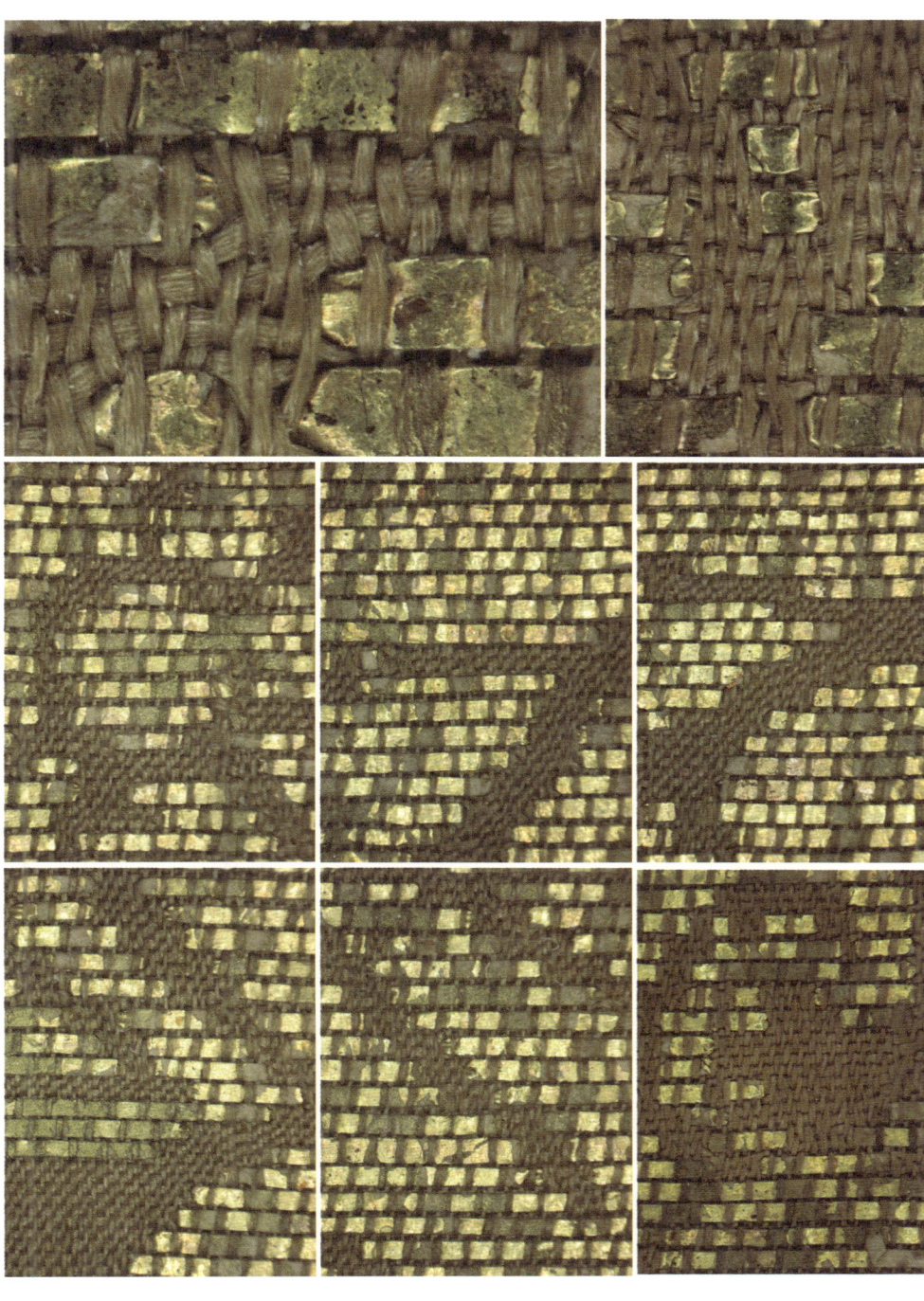

褐地金箔团花纹锦

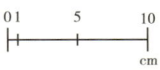

图 1　褐地金箔团花纹锦

褐地金箔团花纹锦是一通梭织金并以特结经接结、半越的织纹结构呈现的片金织物。它采用两种浅褐色经纱（浅褐色地经与细黄色特结经）与两种纬纱（浅褐色地纬与扁平片金纬纱）交织，呈现浅褐色的底色，并以金箔显花，表现出如意云纹的团花构图，见图1。

褐地金箔团花纹锦的织造结构为经密208根/英寸、地纬密88根/英寸；地经纱粗0.12mm、特结经粗0.1mm、地纬粗0.3mm、织金纬粗0.38mm。

地经、地纬光谱有机物分析结果见图2、图3，经与CNS2339，L3050中"纤维之红外线吸收光谱主要吸收带及特性波数"的参数进行比对后，**判读地经与地纬材质与熟蚕丝纤维之光谱极为接近**（相关参数请参阅附录一），故再经由CNS2339（纤维混用率试验法 第1部：纤维鉴别）之燃烧法进行地经与地纬材质的判定。实验结果为地经与地纬纤维在接近火焰时呈现卷曲状态；在火焰中呈卷曲状且着火燃烧，有燃烧毛发的臭味，残灰呈黑色膨胀状且易被压碎，**故判断地经与地纬材质为蚕丝。**

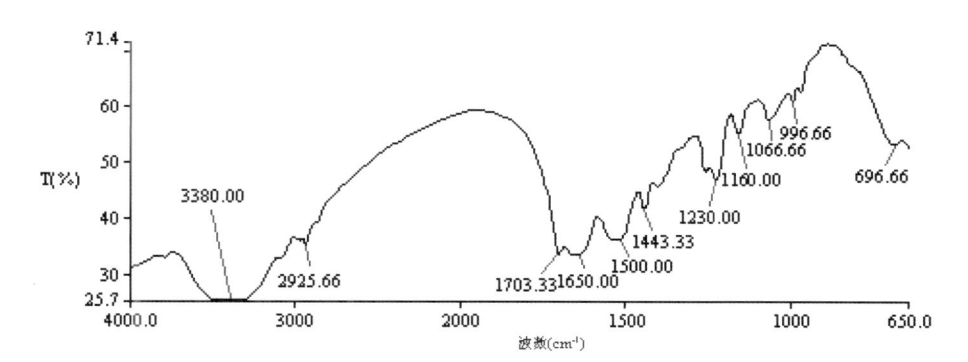

图 2 褐地金箔团花纹锦地经之 FTIR

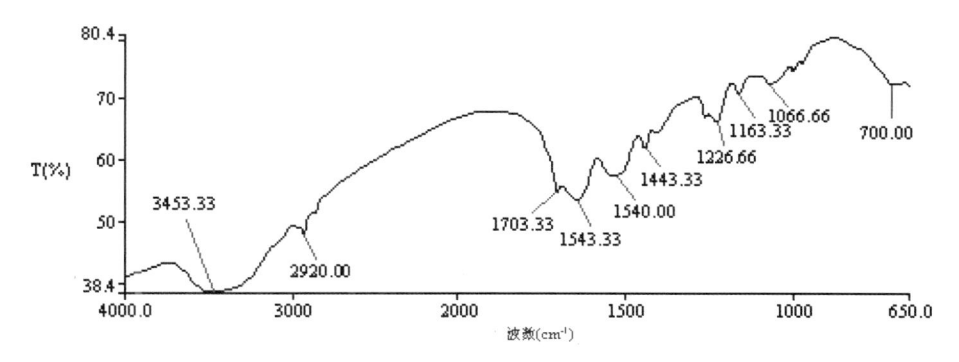

图 3 褐地金箔团花纹锦地纬之 FTIR

据考证古金箔织物的片金是先将黄金打成金箔，用纸或动物表皮作片金的背衬，经切割成扁平状的片金后，再与丝线交织出织金锦，因扁平片金较丝线阔粗，故可显出金光闪闪的装饰效果。[1] 为了判定褐地金箔团花纹锦扁平片金纬纱的表面金属材质，采用 EDS（Energy-Dispersive X-Ray Spectroscopy X 射线能量散射光谱仪）无机材质分析，EDS 无机材质分析是一非侵入性测量方式，常见于古织物的研究，[2] EDS 无机材质分析是取织品不同部位至少三处进行分析，经由综合判读褐地金箔团花纹锦扁平片金纬纱表面金属的材质主要成分为金，代表 EDS 无机分析图见图 4。

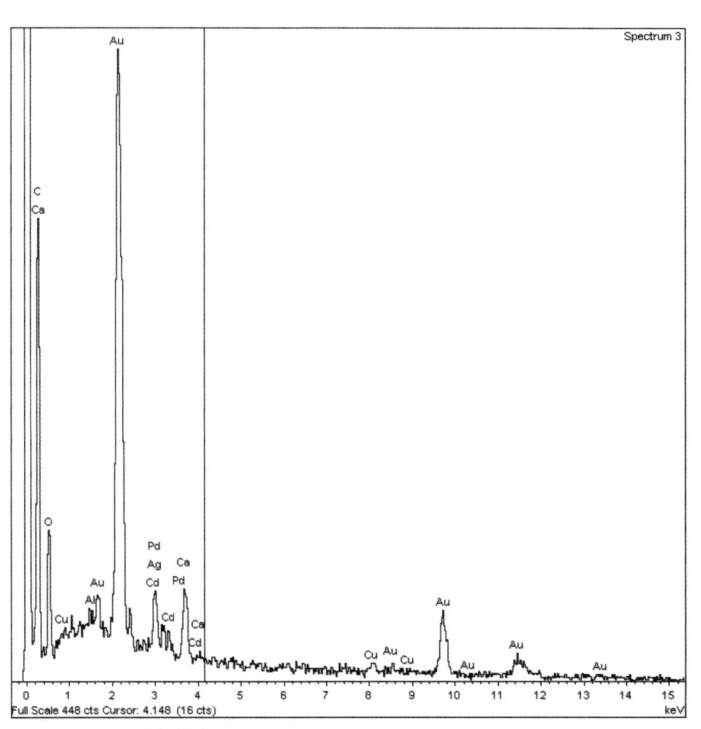

图 4 EDS 无机分析代表图

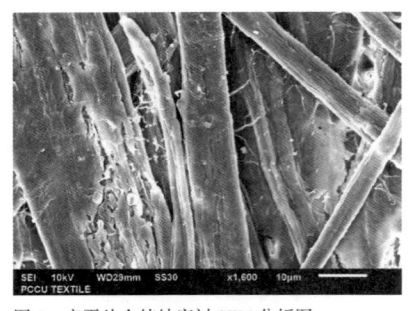

图5 扁平片金纬纱底衬SEM分析图

扁平片金纬纱的底衬经由与金箔剥离处理成功的分离后，再以SEM扫描式电子显微镜分析结果见图5，可明显看出纤维状材质，再根据前述古片金制成考证资料判读制作扁平片金纬纱底衬的材质为纸类材质。希望藉由FTIR分析再进一步检测金纬纱纸底衬的材质，测试过程仍参照CNS标准检验方法［红外线吸收光谱测定方法之A法（溴化钾粒片法）］，测得扁平片金纬纱底衬的光谱有机物分析图见图6。由于判读比对数据库（多为现今常用的材质）中无雷同的光谱图形，唯其特性波数出现1376呈现近纤维素纤维1370的特征，可呼应SEM分析结果，但是仍然无法推估出金纬纱纸底衬的材质。因为金纬纱常因纱线细与年代久远而在拆解的过程中出现断、散的现象，不易聚集足够纸底衬的量，故最后无法以燃烧法确认纸底衬材。也由于不易取得更凸显了图6的珍贵性，据考证古织金的纸底衬在制造过程中乌金纸是关键品，它是用当年生的嫩竹制成纸浆、加上豆汁等、制成纸坯，再多次涂刷鱼胶及油烟、烘干，使其强度高并在孔隙间充满炭粒，通常使用前还要拍上滑石粉，以减少金箔延展时的阻力。[3]未来若是有相关材质的FTIR数据库能够提供比对，仍有可能判读出纸底衬的材质，进而成为考古之间接佐证资料。

中国图纹经常带着吉祥、祝贺之意，多数图纹皆运用熟悉的自然现象，以艺术手法表现美好祥瑞的图案，用以表达祝贺与情感。本块褐地金箔团花纹锦是以如意云纹（又似火纹）为主要组成之团花构图。云为大自然中抬头可见之物，代表了神仙的坐骑，同时云还是雨之源，故云纹有着滋润万物之意[4]；火则有着照耀光辉之意[4]。团花为中国传统图形，常出现在陶瓷、刺绣、剪纸与织物上，大部分的团花都有个中心点，纹样由中心向四方辐射开展。中心点表示个人的心愿，也就是祈求的主题意念；辐射的图样表示由此观照四面八方，期望事事顺畅无碍[5]。褐地金箔团花纹锦虽因年代久远金箔

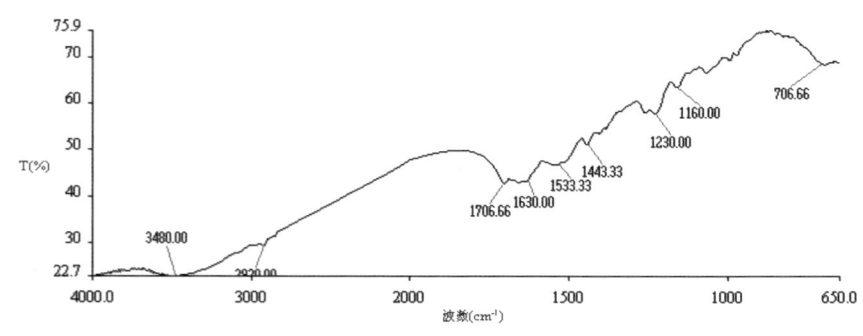

图6 扁平片金纬纱底衬的FTIR分析图

多呈磨损状态，但是仍然能清楚地观察到团花外有 10 瓣围绕在团花外圈，似以如意云纹组成火形的图样，其中有一瓣特别大，是其他花瓣的两倍，虽是以云纹组成之团花纹，但有着龙纹团花之气势。

褐地金箔团花纹锦采用两种经纱（浅褐色地经与细黄色特结经）与两种纬纱（浅褐色地纬与扁平片金纬纱）交织而成；它的织纹结构是浅褐色地经与浅褐色地纬以三上一下经面右斜纹交织呈现浅褐色的底色，细黄色特结经与扁平片金纬纱以平纹交织出显金的团花纹，呈现出双织物结构，现代织物多以表层交换双层织称之。由于织片背层被纸衬紧贴住，无法纪录背部的放大织纹结构图。对照经纬纱交织的组织图（经密 = 纬密）见图 7。

三上一下右斜　　平纹
图 7　经纬交织完全组织图

织金织物的扁平金纬纱与经纱交织时因其连续状态可分为挖梭织金或通梭织金，挖梭织金是在织造过程中金纬只依所需呈现金色的纹样来回盘织而成，并非以通幅之方式织入，现常以通经断纬称之。通梭织金是指金线以通幅织入织物。褐地金箔团花纹锦则是属于通梭织金。观察织片放大 60 倍与 150 倍之织纹实物交织图可知以金线作纬时，通幅织入织片，在需要显金图纹时即上升至织物的表面，不需金图纹时则沉于织物的反面，这一种织法即为通梭织金织法（图 8、图 9）。

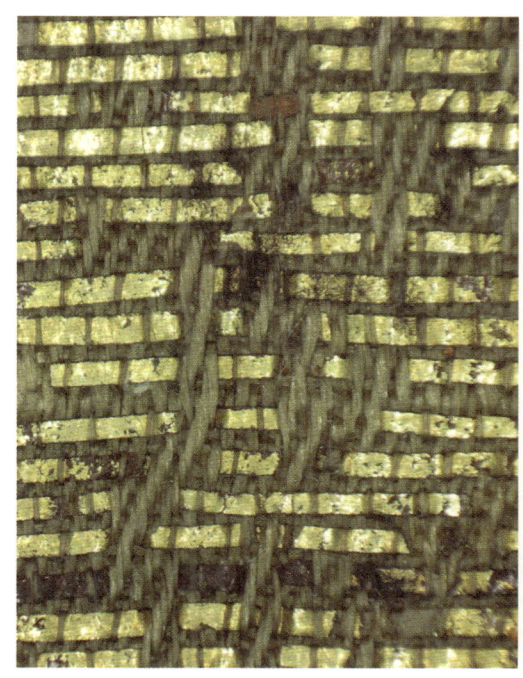

图 8　褐地金箔团花纹锦放大 60 倍 　　　　图 9　褐地金箔团花纹锦放大 150 倍

褐地金箔团花纹锦的细黄色特结经纱与扁平金箔纬纱的交织属于特结经接结。每隔两根地经引入一根细黄色特结经与扁平金箔纬纱以平纹交织。使用特结经与扁平金箔纬纱交织时，可克服地经接结织金反面因金纬浮长过长所造成的凌乱状况。反之地经接结法织金的扁平片金纬纱只在花纹处与地经产生交织，在无花纹处扁平片金纬纱沉于织物的反面而呈现长的浮长，易造成反面凌乱的外观；由于特结经接结法无论在正面与反面都有特结经与扁平金箔纬纱相交织，因此即使在织物的反面也不会呈现过长的浮长，同时在织物的反面呈现与正面图纹相反且完整的织物结构特色。以现代织法分析褐地金箔团花纹锦属于表里交换双面料的结构。

织金织物中两个纬纱（地纬与金纬）的排列比例，常以日语中全越与半越表示，全越是指地纬与金纬的排列呈现比例为1：1，也就是说每织入一根地纬即织入一根金线纬纱，半越则是每织入两根地纬即织入一根金线纬纱，因此地纬与金纬的排列呈现比例为2：1。基本上纬密较大时，地纬纱相对也较细，因此一根金纬的宽度足以覆盖遮蔽两根地纬。但是当纬密较小也就是地纬较粗时，一根金纬的宽度则只足以覆盖遮蔽一根地纬。以实务考证下，纬密在30根/cm以上多采用半越，而纬密在30根/cm以下多采用全越。元以前的织金织物大都是以全越排列，到了明代则是全越与半越并存[6,7]。此片褐地金箔团花纹锦的纬密是在30根/cm以上，使用了2：1半越织造方式组成，符合此通则。虽然片金纬纱的扁平外观呈现良好的覆盖性，但是褐地金箔团花纹锦的褐黄地纬较粗，因此以地纬与片金纬纱以2：1呈现时，金箔无法完全遮蔽纬纱，但是由于褐地金箔团花纹锦地经、地纬色彩相同形成单一底色，因此虽然金箔无法完全遮蔽纬纱，仍然具有良好的图纹显花效果。

参考文献

[1] 刘治娟. 丝绸的历史［M］. 北京：新世纪出版社，2006：91.
[2] IvaRezic, LidijaCurkovic, MagdalenaUjevic. Simple Methods for Characterization of Metalsin Historical Textile Threads［J］. Elsevier Science:Talanta, 2010, Vol（82）:237–244.
[3] 陈炳应. 中国少数民族科学技术史丛书：纺织卷［M］. 南宁：广西科学技术出版社，1996：633-635.
[4] 陈正雄. 清代宫廷服饰［M］. 台北：台湾历史博物馆，2008：153.
[5] 汉声大过新年展［J/OL］.［2011-2-10］. http://db.books.com.tw/activity/2005_ECHO/newyear/echo_newyear_03.htm.
[6] 孙丽英，区秋明. 中国古代织金丝织物织造方法初探［J］. 浙江丝绸工学院学报，1993，10（3）：69-72.
[7] 谭芳. 织金织物和印金织物的沿革及异同［J］. 山东纺织经济，2007（1）：71-74.

附褐地金箔团花纹锦之细部织纹组织结构放大 60 倍图。

褐地金箔团花纹锦放大60倍图

织金锦 | 褐地金箔团花纹锦

褐黄地菱纹锦残片

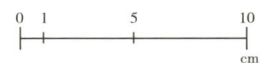

图 1　褐黄地菱纹锦残片

图 2　褐黄地菱纹锦残片放大图

　　褐黄地菱纹锦残片是一通梭织金并以地经接结、半越的织纹结构呈现的片金织物。它采用一细褐经纱与二纬（粗浅褐黄地纬、与扁平片金纬纱）交织而成，呈现褐黄的底色，表现出菱形（龟甲纹）的装饰构图。由于它年代久远磨损相当严重，因此许多纹路已不易清楚地观察到，只能依稀透过未磨损处观察到菱形与金箔的织纹外观，见图 1、图 2。经由仪器分析褐黄地菱纹锦残片织物组成的密度、粗细与材质成分为经密 260 根 / 英寸、地纬密 84 根 / 英寸；经纱粗细为地经 0.12mm、地纬 0.25mm、织金纬 0.38mm。

　　地经、地纬光谱有机物分析结果见图 3、图 4，经与 CNS2339，L3050 中 "纤维之红外线吸收光谱主要吸收带及特性波数" 的参数进行比对后，**判读地经与地纬材质与熟蚕丝纤维的光谱极为接近**（相关参数请参阅附录一），故再经由 CNS2339（纤维混用率试验法　第 1 部：纤维鉴别）之燃烧法进行地经与地纬材质的判定。实验结果为地经与地纬纤维在接近火焰时呈现卷曲状态；在火焰中呈卷曲状且着火燃烧，有燃烧毛发的臭味，残灰呈黑色膨胀状且易被压碎，**故判断地经与地纬材质为蚕丝**。

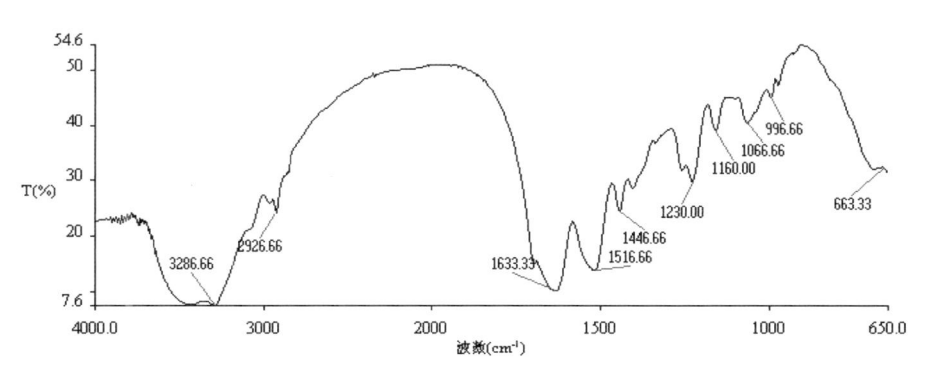

图3 褐黄地菱纹锦残片地经之FTIR

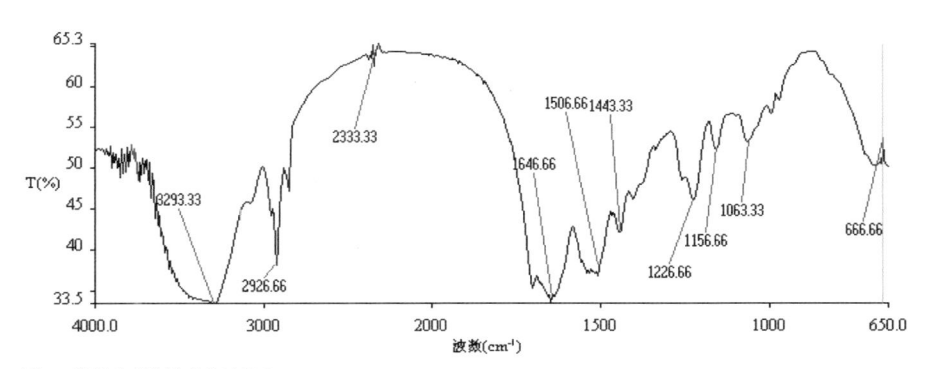

图4 褐黄地菱纹锦残片地纬之FTIR

据考证古金箔织物的片金是先将黄金打成金箔，用纸或动物表皮作片金的背衬，经切割成扁平状的片金后，再与丝线交织出织金锦，因扁平片金较丝线阔粗，故可显出金光闪闪的装饰效果。[1]为了判定褐黄地菱纹锦残片扁平片金纬纱的材质，采用EDS（Energy-Dispersive X-Ray Spectroscopy X射线能量散射光谱仪）无机材质分析，EDS无机材质分析是一非侵入性测量方式，常见于古织物的研究。[2] EDS无机材质分析是取织品不同部位至少三处进行分析，经由综合**判读藏青地菱纹牡丹锦扁平片金纬纱表面金属的材质主要成分为金（Au）**，代表EDS无机分析图见图5。

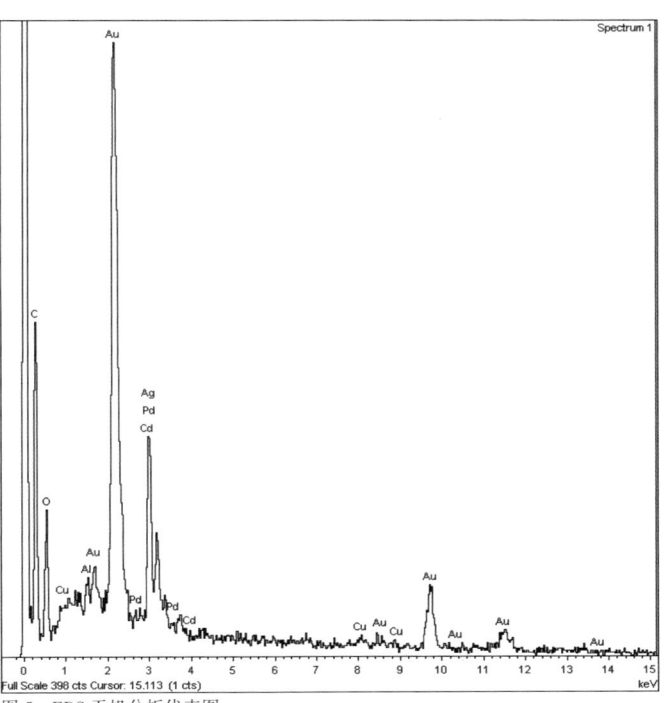

图5 EDS无机分析代表图

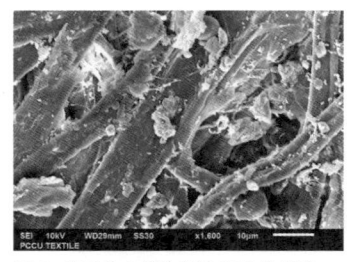

图 6 扁平片金纬纱底衬 SEM 分析图

扁平片金纬纱的底衬经由与金箔剥离处理成功的分离后，再以 SEM 扫描式电子显微镜分析，结果见图 6，可明显看出纤维状材质，再根据前述古片金制成考证资料判读制作扁平片金纬纱底衬的材质为纸类材质。希望藉由 FTIR 分析再进一步检测金纬纱纸底衬的材质，测试过程仍参照 CNS 标准检验方法［红外线吸收光谱测定方法之 A 法（溴化钾粒片法）］，测得扁平片金纬纱底衬的光谱有机物分析图见图 7。由于判读比对数据库（多为现今常用之材质）中无雷同的光谱图形，唯其特性波数出现 1376 呈现近纤维素纤维 1370 之特征，可呼应 SEM 分析结果，但是仍然无法推估出金纬纱纸底衬的材质。因为金纬纱常因纱线细与年代久远而在拆解的过程中出现断、散的现象，不易聚集足够纸底衬的量，故最后无法以燃烧法确认纸底衬材质。也由于不易取得更凸显了图 7 的珍贵性，据考证古织金的纸底衬在制造过程中，乌金纸是关键品，它是用当年生的嫩竹制成纸浆、加上豆汁等、制成纸坯，再多次涂刷鱼胶及油烟、烘干，使其强度高并在孔隙间充满炭粒，通常使用前还要拍上滑石粉，以减少金箔延展时的阻力。[3] 未来若是有相关材质的 FTIR 数据库能够提供比对，仍有可能判读出纸底衬的材质，进而成为考古之间接佐证资料。

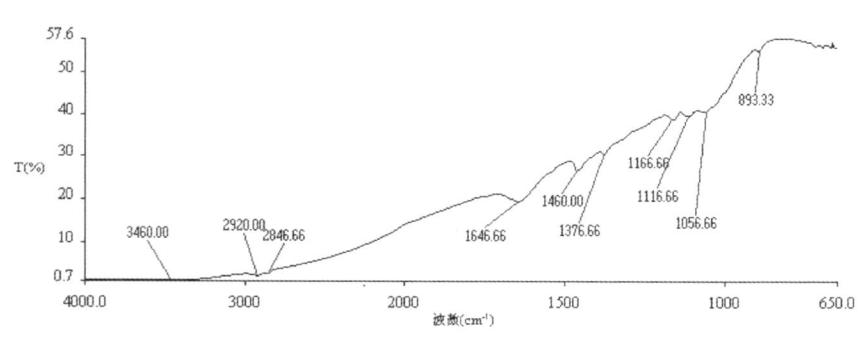

图 7 扁平片金纬纱底衬的 FTIR 分析图

褐黄地菱纹锦残片呈现了菱形的装饰构图，由于织片年代久远，故许多金箔显花处的金色多呈现脱落的现象。中国古织物中图案常带着吉祥祝贺之意，本块织锦以左、右斜纹组合成菱形的图案底纹，有如龟甲的外观，龟甲具有长寿的象征，故有延年益寿、长命百岁之意，因此菱形图案有此吉祥之喻义。

褐黄地菱纹锦残片织纹结构是一纬二重织物，它是以一根细褐经纱与两根纬纱（粗浅褐黄地纬、与扁平片金纬纱）交织而成，细褐经纱与粗浅褐黄地纬以五枚三飞经面缎纹交织出褐黄色的底色，虽然地纬为粗浅褐黄色，但是由于经纱密度大同时又采用显纱的经面缎纹，故底色呈现出经纱的褐色，细褐经纱与粗浅褐黄地纬又以变化纬面左斜与右斜纹交织出显现纬纱粗浅褐黄色的菱形图案，经纬纱交织组织图（经密＝纬密）可对照图 8。

粗浅褐黄色之菱形图案，这种组织结构方式称之为Damask。细褐色经纱再与扁平片金纬纱以纬二重一上四下左斜通梭织金的方式交织出显金织纹，见图9。经纬纱交织组织图可对照图8。

五枚三飞经面缎纹　　一上四下左斜

图8　经纬交织完全组织图

织金织物的扁平金纬纱与经纱交织时因其连续状态可分为挖梭织金或通梭织金，挖梭织金是在织造过程中金纬只依所需呈现金色的纹样来回盘织而成，并非以通幅的方式织入，现常以通经断纬称之。通梭织金是指金线以通幅织入织物。褐黄地龟甲纹锦残片则是属于通梭织金。因金纬通贯全幅相对减少手工而提高了劳动生产率，因此在元代至明清通梭织金占主导的地位。[4,5]

由于只使用一种经纱，因此本块褐黄地菱纹锦残片的经纱与扁平金箔纬纱的交织属于地经接结。在元朝以前的织金织物都是采用地经接结，显金处地经与扁平金箔纬纱交织出一上四下左斜纹，基本上隔经的隔数越大则金浮现也呈现越长的现象，也增强了显金的效果。

织金织物中两个纬纱（地纬与金纬）的排列比例，可直接以日语中全越与半越表示，全越是指地纬与金纬的排列呈现比例为1∶1，也就是说每织入一根地纬即织入一根金线纬纱，半越则是每织入两根地纬即织入一根金线纬纱，因此地纬与金纬的排列呈现比例为2∶1。基本上纬密较大时，地纬纱相对也较细，因此一根金纬的宽度足以覆盖遮蔽两根地纬。但是当纬密较小也就是地纬较粗时，一根金纬的宽度则只足以覆盖遮蔽一根地纬。以实务考证下，纬密在30根/cm以上多采用半越，而纬密在30根/cm

放大60倍　　　放大150倍　　　放大150倍

图9　褐黄地菱纹锦残片放大图

以下多采用全越。元以前的织金织物大都是以全越排列，到了明代则是全越与半越并存。[4,5]此片褐黄地菱纹锦残片纬密在30根/cm以上，呈现2∶1半越织造方式，符合上述通则，由于片金纬纱的扁平外观呈现良好的覆盖性，因此地纬与片金纬纱以2∶1时，呈现遮蔽底色与极佳金箔显花的效果。

参考文献

［1］刘治娟.丝绸的历史［M］.北京：新世纪出版社，2006：91.
［2］IvaRezic, LidijaCurkovic, MagdalenaUjevic. Simple Methods for Characterization of Metalsin Historical Textile Threads［J］. Elsevier Science:Talanta, 2010, Vol（82）:237-244.
［3］陈炳应.中国少数民族科学技术史丛书—纺织卷［M］.南宁：广西科学技术出版社，1996：633-635.
［4］孙丽英，区秋明.中国古代织金丝织物织造方法初探［J］.浙江丝绸工学院学报，1993，10（3）：69-72.
［5］谭芳.织金织物和印金织物的沿革及异同［J］.山东纺织经济，2007（1）：71-74.

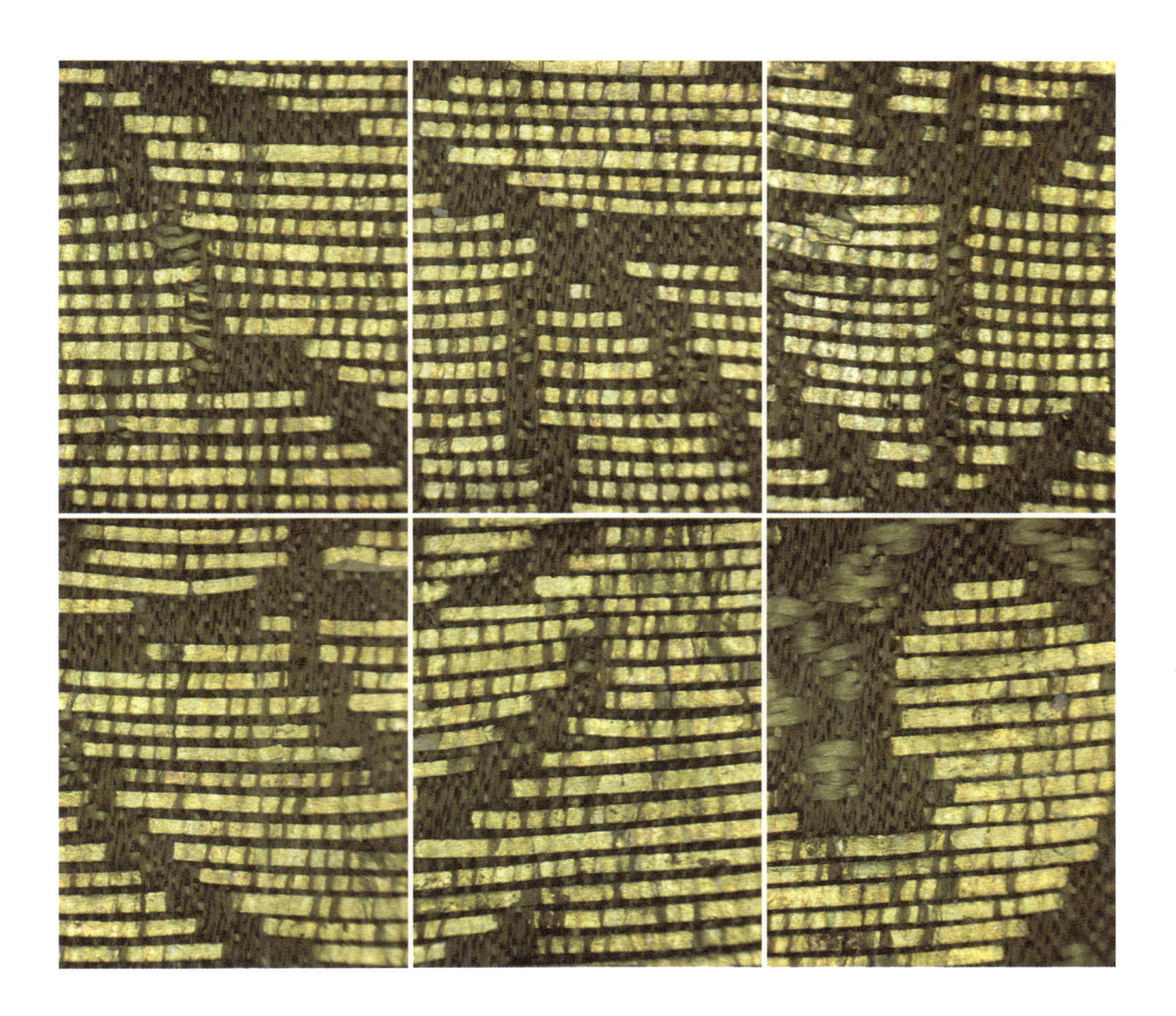

附褐黄地菱纹锦残片之细部织纹组织结构放大 60 倍与 150 倍图。

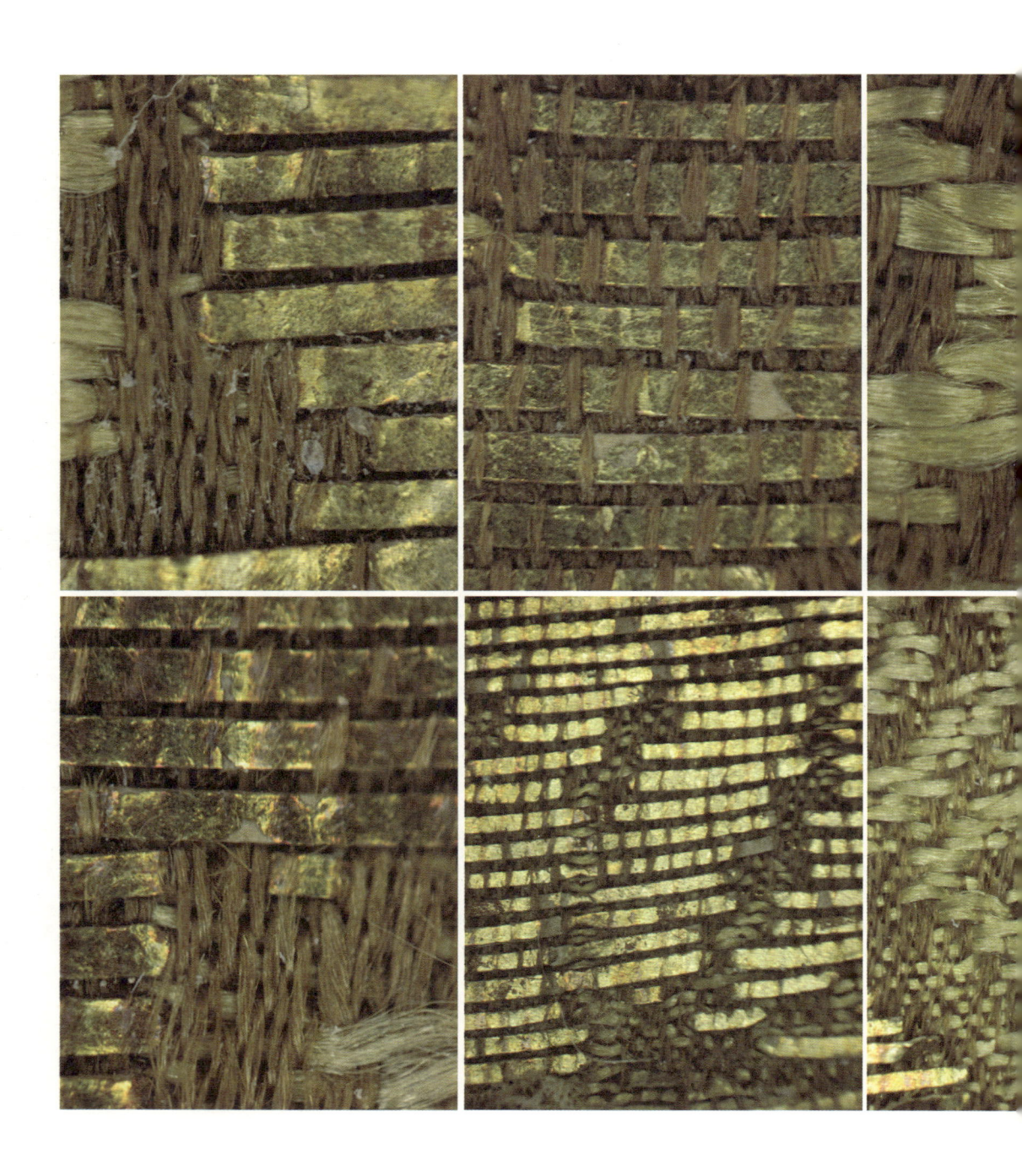

附褐黄地菱纹锦残片之细部织纹组织结构放大 60 倍与 150 倍图。

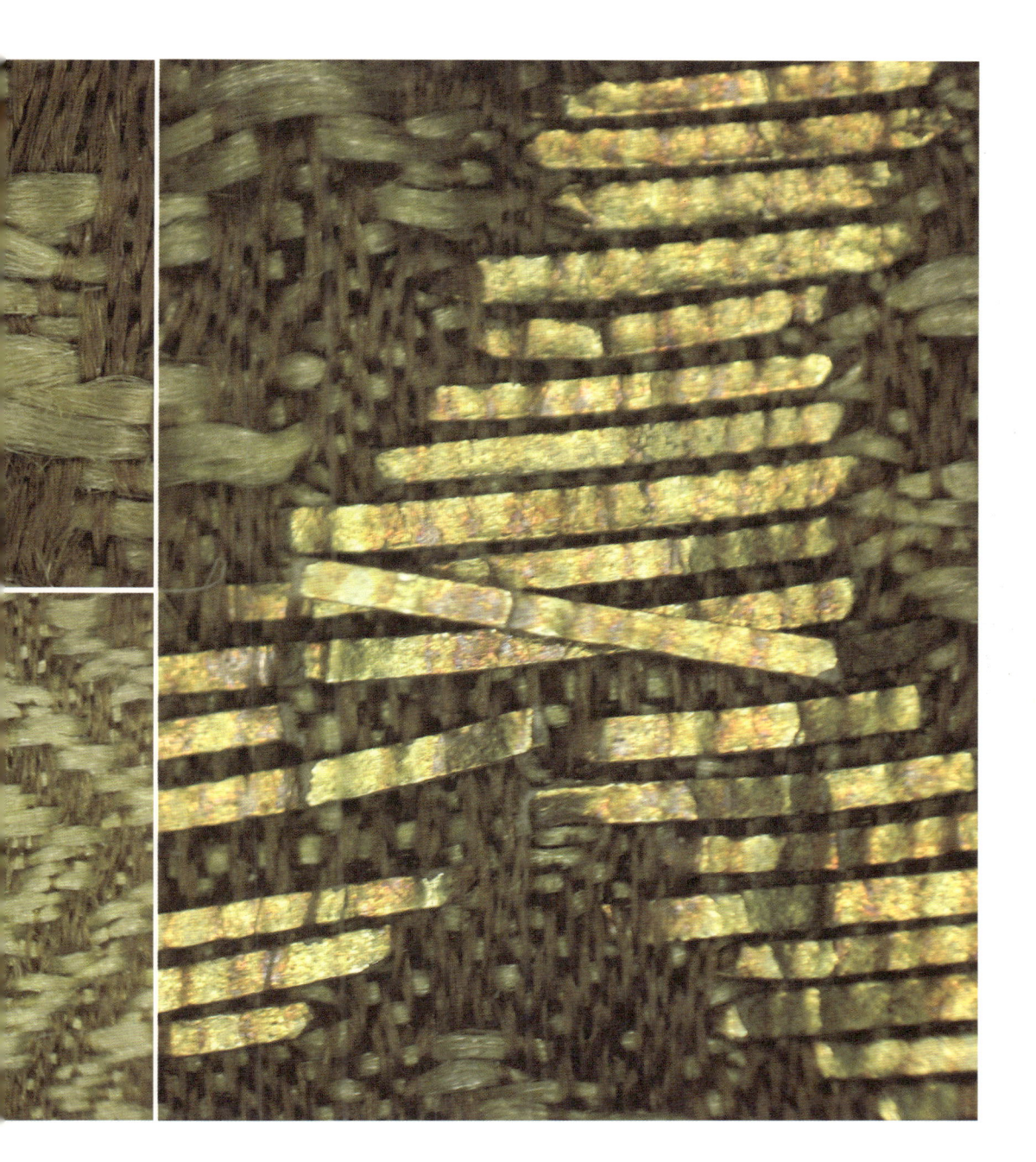

织金锦｜褐黄地菱纹锦残片

藏青地菱纹牡丹锦

图 1 藏青地菱纹牡丹锦

图 2 藏青地菱纹牡丹锦放大图

藏青地菱纹牡丹纹织金锦是一通梭织金并以特结经接结、全越织纹结构呈现的片金织物。它采用两种经纱（一为粗蓝色地经、一为细浅褐色特结经）与两种纬纱（一为粗褐色地纬、一为扁平片金纬纱）交织而成；呈现草绿色的底色，并以金箔显花，表现出牡丹花纹与菱形（龟甲）纹的构图，见图1、图2。藏青地菱纹牡丹锦的织造结构为地经密140根/英寸、地纬密64根/英寸；经纱粗细为地经0.1mm、特结经0.08mm、地纬0.29mm、织金纬0.38mm。

藏青地菱纹牡丹锦地经、地纬及特结经光谱有机物分析结果见图3~图5，经与CNS2339，L3050中"纤维之红外线吸收光谱主要吸收带及特性波数"的参数进行比对后，**判读地经与地纬材质与熟蚕丝纤维的光谱极为接近**（相关参数请参阅附录一），故再经由CNS2339（纤维混用率试验法 第1部：纤维鉴别）之燃烧法进行地经与地纬材质的判定。实验结果为地经与地纬纤维在接近火焰时呈现卷曲状态；在火焰中呈卷曲状且着火燃烧，有燃烧毛发的臭味，残灰呈黑色膨胀状且易被压碎，**故判断地经与地纬材质为蚕丝。**

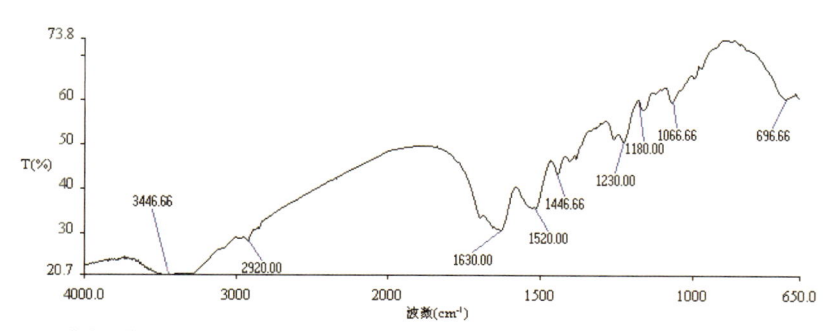

图 3　藏青地菱纹牡丹锦地经之 FTIR

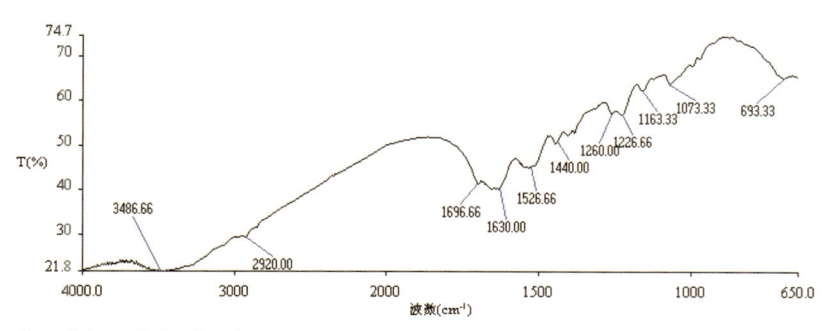

图 4　藏青地菱纹牡丹锦地纬之 FTIR

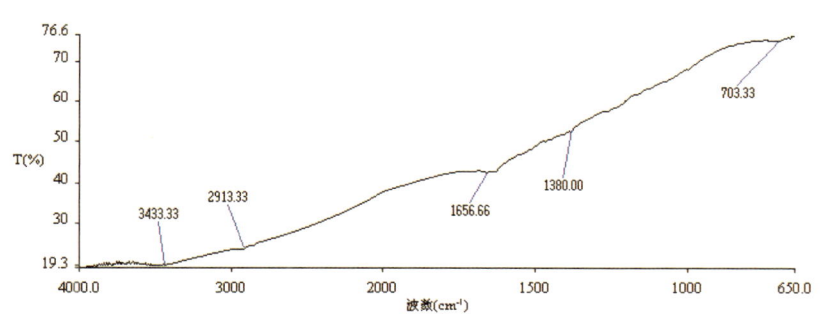

图 5　藏青地菱纹牡丹锦特结经之 FTIR

特结经之 FTIR 在判读比对数据库中无雷同的光谱图形，故再经由金相显微镜拍摄结果见图 6，符合 CNS2339 纤维鉴别第 14 页，麻的侧面外观，节状构造，故判读特结经之材质为麻，同时再经由 CNS2339（纤维混用率试验法 第 1 部：纤维鉴别）之燃烧法确认**特结经的材质为麻**。

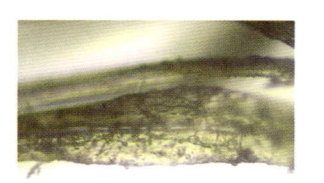

图 6　特结经纱金相显微镜拍摄图

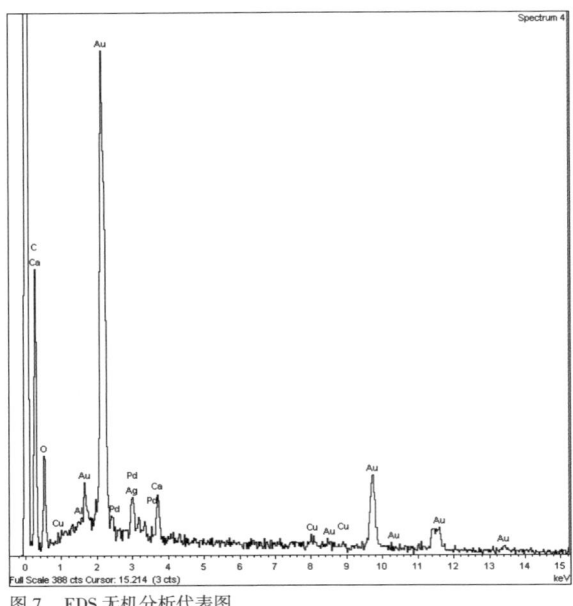

图7　EDS无机分析代表图

据考证古金箔织物的片金是先将黄金打成金箔，用纸或动物表皮作片金的背衬，经切割成扁平状的片金后，再与丝线交织出织金锦，因扁平片金较丝线阔粗，故可显出金光闪闪的装饰效果。[1] 为了判定藏青地龟甲纹牡丹锦扁平片金纬纱的材质采用EDS（Energy-Dispersive X-Ray Spectroscopy X射线能量散射光谱仪）无机材质分析，EDS无机材质分析是一非侵入性测量方式，常见于古织物的研究。[2] EDS无机材质分析是取织品不同部位至少三处进行分析，经由综合**判读藏青地菱纹牡丹锦扁平片金纬纱表面金属的材质主要成分为金**，代表EDS无机分析图见图7。

扁平片金纬纱底衬的材质经由将底衬材质与金箔剥离处理取出后，以SEM扫描式电子显微镜分析结果见图8，可明显看出纤维状材质，故初期判读制作扁平片金纬纱底衬的材质为纸类材质；中国古时造纸经历采用各种不同植物纤维为原料，最后发现，真正适合造纸的植物，必须是纤维素丰富、供应不乏、容易处理且价格低廉的材料。其中含有较多长纤维素的大麻尤为其中的上选[3,4]。因此再进行与测量地经地纬完全相同的FTIR检测分析，依照CNS国家标准搭配溴化钾依比例研磨测试样本，可测得扁平片金纬纱底衬的光谱有机物分析图（图9），将图9的FTIR特征波峰值与大麻实物所测得的FTIR特征波峰值（图10）进行比对，图9之扁平片金纬纱底衬的波形与大麻虽然接近但仍然无法完全符合，此因二者皆为纤维素材质，故两者波形相似，但两者特征波峰尚不同，如底衬不具有大麻材料的2133之特征波峰。

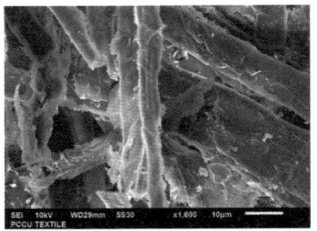

图8　扁平片金纬纱底衬SEM分析图

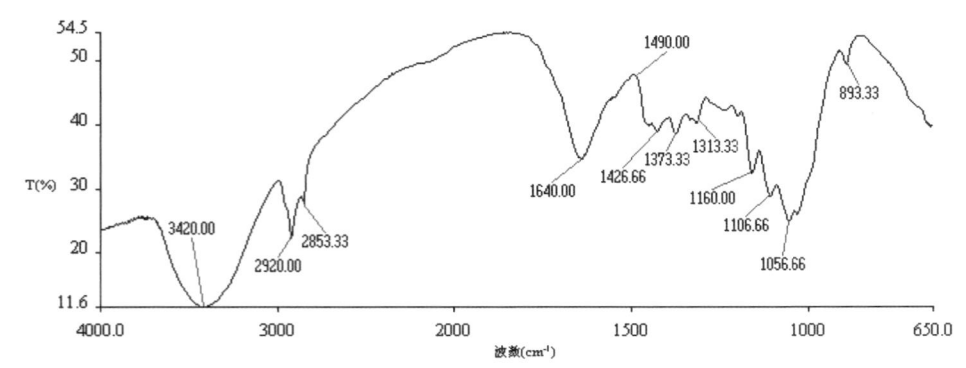

图9　扁平片金纬纱底衬的FTIR分析图

图 10 大麻的 FTIR 分析图

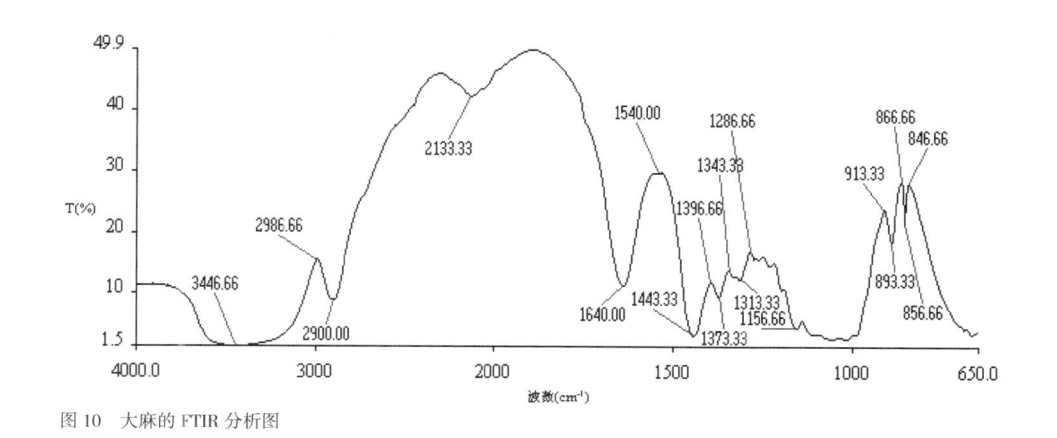

在元代时麻布已为民间一种普遍的染织品，元代王祯（衣书）亦记载，苎麻制作技术的进步[5]，故再根据 CNS2339（附录一 各种纤维之红外线吸收光谱主要吸收带及特征波数）与苎麻进行比对，发现扁平片金纬纱底衬与苎麻的主要吸收带及特征波数相符合（详细比对见表1），**判读制作本块扁平片金纬纱底衬的材质应为麻类，若再细分时则与苎麻特征波数最为接近**。

表 1 FTIR 特性波数比对表　　　　　　　　　　　　　　　　　　　　单位：cm⁻¹

纤维名称	主要吸收带及特性波数
大麻	3446　2900　2133　1640　1443　1373　1156
苎麻	3400~3350　2900　　　1630　1430　1370　1100~970　550
本片织金锦	3420　2920　　　1640　1426　1373　1106　1106　1056

藏青地菱纹牡丹锦呈现了牡丹与菱形的装饰构图，由于织片年代久远，故许多金箔显花处的金色多呈现脱落的现象。中国古织物中图案常有吉祥祝贺之意，本块织锦的牡丹构图为群芳之冠，蕴含着富贵与荣华[6]，它又以左、右斜纹组合成菱形之图案底纹，有如龟甲之外观，龟甲具有长寿的象征，故有着延年益寿、长命百岁之意，菱形图案也间接地带有此吉祥之喻义。

藏青地菱纹牡丹锦织纹结构是以粗蓝色经纱与粗褐色纬纱以三上一下、二上一下右（左）斜纹共同交织出藏青地龟甲纹的底纹，黄色特结经纱又与扁平片金纬纱以平纹的方式交织出显金织纹，经纬纱交织的组织图（经密＝纬密）可对照图11，局部放大60倍与150倍图见图12、图13。

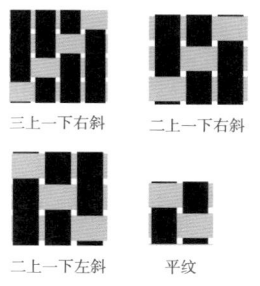

三上一下右斜　二上一下右斜
二上一下左斜　平纹

图 11 经纬交织完全组织图

织金织物的扁平金纬纱与经纱交织时根据其连续状态，可分为挖梭织金或通梭织金。挖梭织金是在织造过程中金纬只依所需呈现金色的纹样来回盘织而成，并非以通幅方式织入，现常以通经断纬称之。通梭织金是指金线以通幅织入织物。藏青地龟甲纹牡丹锦则属于通梭织金。观察放大 60 倍的织纹实物交织图可清楚地看到以金线作纬时，通幅织入织片，在需要显金图纹时即上升至织物的表面，不需金图纹时则沉于织物的背面，这一种织法即为通梭织金织法。因金纬通贯全幅相对减少手工而提高了劳动生产率，因此在元代至明清通梭织金占主导的地位[7,8]。

藏青地菱纹牡丹锦因使用两种经纱（粗蓝色地经与细黄色特结经），因此本块藏青地菱纹牡丹锦的细黄色特结经纱与扁平金箔纬纱的交织属于特结经接结。每隔两根地

图 12　藏青地菱纹牡丹锦局部放大 60 倍图

图 13　藏青地菱纹牡丹锦局部放大 150 倍图

经引入一根细黄色特结经与扁平金箔纬纱以平纹交织。使用特结经与扁平金箔纬纱交织时，可克服地经接结织金反面因金纬浮长过长所造成之凌乱状况。反之地经接结法织金的扁平片金纬纱只在花纹处与地经产生交织，在无花纹处扁平片金纬纱沉于织物的反面而呈现长的浮长，易造成反面凌乱的外观；由于特结经接结法无论在正面与反面都有特结经与扁平金箔纬纱相交织，因此即使在织物的反面也不会呈现过长的浮长，同时在织物的反面呈现与正面图纹相反且完整的织物结构特色，见图12。

织金织物中地纬与金纬排列数量的比例，可以日语中全越与半越表示，全越是指地纬与金纬的排列呈现比例为1∶1，也就是说每织入一根地纬即织入一根金线纬纱，半越则是每织入两根地纬即织入一根金线纬纱，因此地纬与金纬的排列呈现比例为2∶1。基本上纬密较大时，地纬纱相对也较细，因此一根金纬的宽度足以覆盖遮蔽两根地纬。但是当纬密较小也就是地纬较粗时，一根金纬的宽度则只足以覆盖遮蔽一根地纬。以实务考证下，纬密在30根/cm以上多采用半越，而纬密在30根/cm以下多采用全越。元以前之织金织物大都是以全越排列，到了明代则是全越与半越并存[7,8]。此片藏青地菱纹牡丹锦纬密在30根/cm以下，呈现1∶1全越织造方式，符合此通则。本块藏青地菱纹牡丹锦呈现1∶1全越织造方式，由于织片扁平金纬纱呈现良好的覆盖性，因此即使地纬与片金纬纱以1∶1全越为织造方式时，仍然呈现极佳的显花效果。

参考文献

[1] 刘治娟. 丝绸的历史 [M]. 北京：新世纪出版社，2006：91.
[2] IvaRezic, LidijaCurkovic, MagdalenaUjevic. Simple Methods for Characterization of Metalsin Historical Textile Threads [J]. Elsevier Science:Talanta, 2010, Vol（82）:237-244.
[3] 潘吉星. 中国造纸史话 [M]. 北京：新华书店，1998：1-20.
[4] 中华科技，蔡侯纤纸，造纸术的传播，古代的造纸过程 [J/OL]. [2011-7-16]. http://epaper.nstm.gov.tw/chinascience/E/e-index.html.
[5] 吴淑生，田自秉. 中国染织史 [M]. 上海：上海人民出版社，1986：221.
[6] 陈雯雯，周晓鸣. 中式旗袍元素在当代服装设计中的应用与研究 [C]. / 北京服装学院. 传承文化，创意未来：2010年"中国概念＆创意产业"国际服饰文化及教育研讨会（ICCEC）论文集. 北京：中国纺织出版社，2010：19.
[7] 孙丽英，区秋明. 中国古代织金丝织物织造方法初探 [J]. 浙江丝绸工学院学报，1993，10（3）：69-72.
[8] 谭芳. 织金织物和印金织物的沿革及异同 [J]. 山东纺织经济，2007（1）：71-74.

附藏青地菱纹牡丹锦之细部织纹组织结构放大 60 倍与 150 倍图。

织金锦 | 藏青地菱纹牡丹锦

石青地蔓枝小花纹锦

图1 石青地蔓枝小花纹锦

石青地蔓枝小花纹锦是一通梭织金并以特结经接结、全越、表里交换双面织的织纹结构所呈现的片金织物。它采用两种经纱（粗蓝色地经与细黄色特结经）与两种纬纱（粗褐色地纬与扁平片金纬纱）交织而成；呈现蓝褐色的底色，并以金箔显花，表现出小花与缠枝藤蔓装饰构图，见图1。

石青地蔓枝小花纹锦的织造结构为地经密180根/英寸、地纬密58根/英寸；地经0.13mm、特结经0.11mm、地纬0.31mm、织金纬0.21mm。

图2 金相显微镜拍摄的特结经外观

石青地蔓枝小花纹锦特结经在判读比对后数据库中无雷同的光谱图形，故再经由金相显微镜拍摄结果见图2，符合CNS2339纤维鉴别第14页，麻的侧面外观和节状构造，故判读特结经的材质为麻，同时再经由CNS2339（纤维混用率试验法）第4、第2、第1节燃烧试验**判读确认特结经的材质为麻**。石青地蔓枝小花纹锦地经、地纬及特结经光谱有机物分析结果见图3~图5，经与CNS2339，L3050中"纤维之红外线吸收光谱主要吸收带及特性波数"的参数进行比对后，**判读地经与地纬材质与蚕丝纤维的光谱接近**（相关参数请参阅附录一），故再经由CNS2339（纤维混用率试验法 第1部：纤维鉴别）之燃烧法进行地经与地纬材质的判定。实验结果为地经与地纬纤维在接近火焰时呈现卷曲状态；在火焰中呈卷曲状且着火燃烧，有燃烧毛发的臭味，残灰呈黑色膨胀状且易被压碎，**故判断地经与地纬材质为蚕丝**。

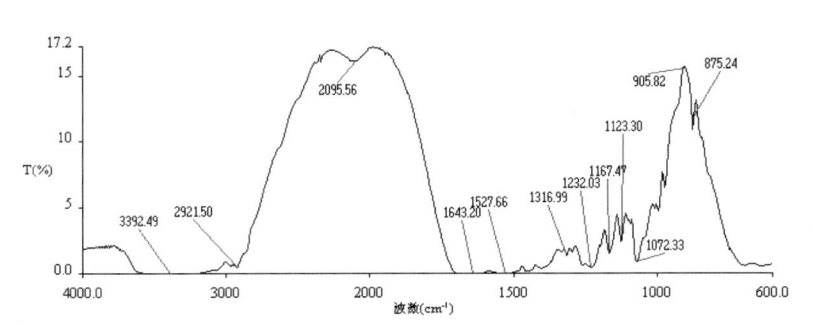

图3 石青地蔓枝小花纹锦地经之FTIR

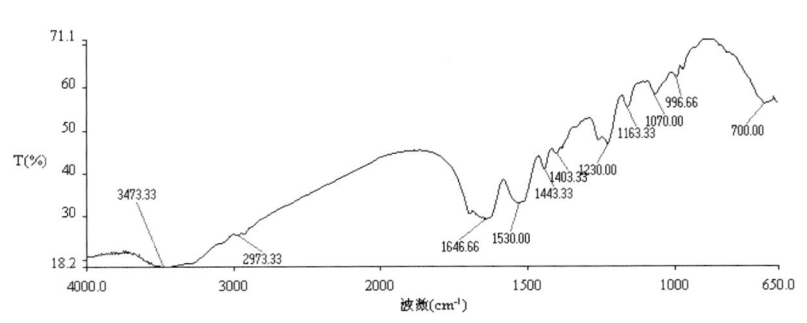

图4 石青地蔓枝小花纹锦地纬之FTIR

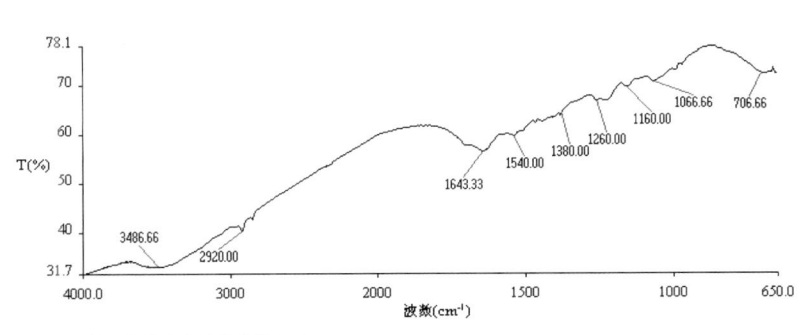

图5 石青地蔓枝小花纹锦特结经之FTIR

据考证古金箔织物的片金是先将黄金打成金箔，用纸或动物表皮作片金的背衬，经切割成扁平状的片金后，再与丝线交织出织金锦，因扁平片金较丝线阔粗，故可显出金光闪闪的装饰效果。[1] 为了判定石青地蔓枝小花纹锦扁平片金纬纱的表面金属材质，采用EDS（Energy-Dispersive X-Ray Spectroscopy X射线能量散射光谱仪）无机材质分析，EDS无机材质分析是一非侵入性测量方式，常见于古织物的研究，[2] EDS无机材质分析是取织品不同部位至少三处进行分析，经由综合**判读石青地蔓枝小花纹锦扁平片金纬纱表面金属的材质主要成分为金（Au）**，代表EDS无机分析图见图6。

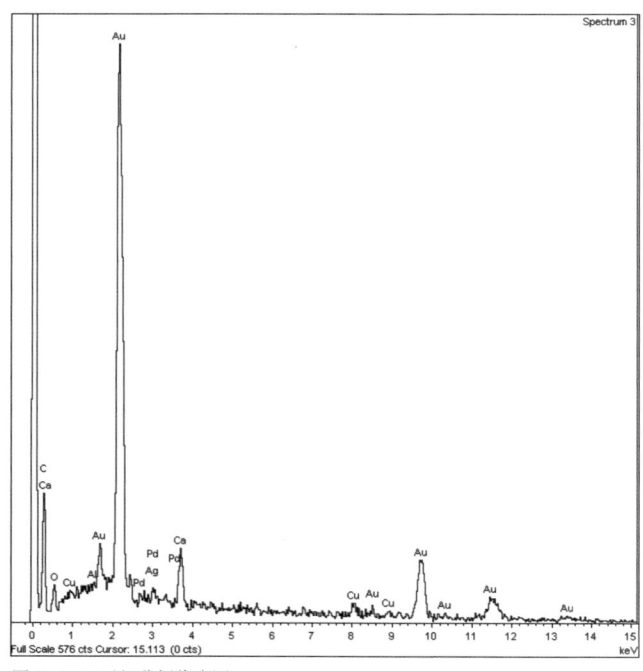

图6 EDS无机分析代表图

扁平片金纬纱的底衬经由与金箔剥离处理成功的分离后，再以SEM扫描式电子显微镜分析，结果见图7，可明显看出纤维状材质，再根据前述古片金制成考证资料判读制作扁平片金纬纱底衬的材质为纸类材质。希望藉由FTIR分析再进一步检测金纬纱纸底衬的材质，测试过程仍参照CNS标准检验方法［红外线吸收光谱测定方法之A法（溴化钾粒片法）］，测得扁平片金纬纱底衬的光谱有机物分析图，见图8。

由于判读比对数据库（多为现今常用之材质）中无雷同的光谱图形，唯其特性波数出现1373呈现近纤维素纤维1370之特征，可呼应SEM分析结果，但是仍然无法推估出金纬纱纸底衬的材质。因为金纬纱常因纱线细与年代久远而在拆解的过程中出现断、散的现象，不易聚集足够纸底衬的量，故最后无法以燃烧法确认纸底衬材质。

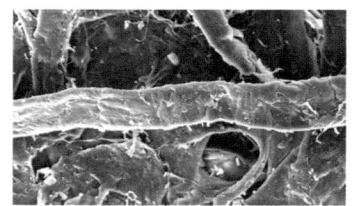

图7 扁平片金纬纱底衬SEM分析图

也由于不易取得更凸显了实验结果图8的珍贵性，据考证古织金的纸底衬在制造过程中乌金纸是关键品，它是用当年生的嫩竹制成纸浆、加上豆汁等、制成纸坯，再多次涂刷鱼胶及油烟、烘干，使其强度高并在孔隙间充满炭粒，通常使用前还要拍上滑石

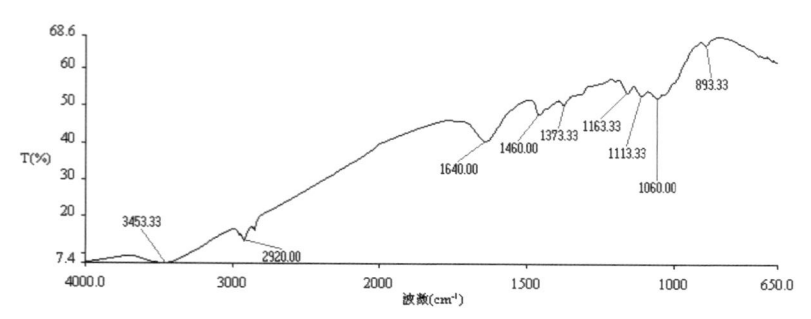

图8 扁平片金纬纱底衬的FTIR分析图

粉，以减少金箔延展时的阻力。[3] 未来若是有相关材质的 FTIR 数据库能够提供比对，仍有可能判读出纸底衬的材质，进而成为考古的间接佐证资料。

石青地蔓枝小花纹锦的织纹结构是采用两种色经纱（一为粗蓝色地经、一为细黄色特结经）与两种纬纱（粗褐色地纬与扁平片金纬纱）交织而成；它的粗蓝色经纱与粗褐色纬纱以二上一下右斜交织出底布，由于经密大于纬密故底布多呈现出经纱蓝色的色泽，见图9，黄色特结经纱又与扁平片金纬纱以一上二下右斜，通梭织金的方式交织出显金织纹，见图10。经纬纱交织的组织图（经密＝纬密）可对照图11。

图9　石青地蔓枝小花纹锦60倍放大图（一） 　　图10　石青地蔓枝小花纹锦60倍放大图（二）

以现代织纹结构分析，此片石青地蔓枝小花纹锦交织的方法是采用表里交换双面织的方式交织。表面的图案呈现粗蓝色经纱与粗褐色纬纱以交织出蓝褐色的色块，以及细黄色经纱与扁平金箔纬纱交织出一上二右斜的显金图纹（与扁平片金纬纱所交织的经纱为一细黄色之纱线，故交织后较能完整呈现扁平片金纬纱的金箔色泽）。观察图11即清楚地呈现出表里交换双面料正反面色块与织纹互为反对的图像。

二上一下右斜　一上二下右斜
图11　经纬交织完全组织图

观察织片正反面放大图（图12），即清楚地呈现织纹正反面对称的表现，同时也观察到以金线作纬时，通幅织入织片，在需要显金图纹时即上升至织物的表面，不需金图纹时则沉于织物的反面，这一种织法即为通梭织金织法。故石青地缠枝小花纹锦的扁平片金与经纱是以通梭织金织法交织而成，当金纬通贯全幅相对减少手工而提高了劳动生产率，因此在元代至明清通梭织金占主导的地位。由于此石青地缠枝小花纹锦残片许多处皆因年代久远呈现磨损，故各图像中金箔图样处显现了两种色泽，一种色泽接近白色，那是金箔被磨损后底衬材料的颜色，没有磨损处则呈现了金色应当有的金色光泽。

图12　石青地蔓枝小花纹锦60倍放大图正面（左）反面（右）

　　地经接结法织金的金线只在花纹处与地经产生交织，在无花纹处金线沉于织物的反面而呈现长的浮长，易造成背面凌乱的外观；特结经接结法无论在正面与反面都有特结经与扁平金箔纬纱相交织，因此在织物的反面不会呈现过长的浮长，同时在织物的反面呈现与正面图纹相反且完整的织物结构特色。织金开始采用特结经与金线接结之技法据考证不会远于元代。[4,5]

　　石青地蔓枝小花纹锦使用两种经纱（粗蓝色地经与细黄色特结经），因此本块石青地蔓枝小花纹锦的细黄色特结经纱与扁平金箔纬纱的交织是属于特结经接结。石青地蔓枝小花纹锦每隔三根地经引入特结经一根与扁平金箔纬纱以一上二下右斜纹交织。使用特结经与扁平金箔纬纱交织，克服了地经接结织金背面因金纬浮长过长所造成之凌乱状况。

　　织金织物中地纬与金纬排列数量的比例，常直接以日语中全越与半越表示，全越是指地纬与金纬的排列呈现比例为1∶1，也就是说每织入一根地纬即织入一根金线纬纱，半越则是每织入两根地纬即织入一根金线纬纱，因此地纬与金纬的排列呈现比例为2∶1。基本上纬密较大时，地纬纱相对也较细，因此一根金纬的宽度足以覆盖遮蔽两根地纬。但是当纬密较小也就是地纬较粗时，一根金纬的宽度则只足以覆盖遮蔽一根地纬。以实务考证下，纬密在30根/cm以上多采用半越，而纬密在30根/cm以下多采用全越。元以前之织金织物大都是以全越排列，到了明代则是全越与半越并存。[4,5] 石青地蔓枝小花纹锦纬密在 30 根 /cm 以下，呈现 1∶1 全越织造方式，符合此通则；石青地蔓枝小花纹锦是呈现 1∶1 全越织造方式，由于片金纬纱的扁平外观呈现良好的覆盖性，因此即使地纬与片金纬纱呈现极佳遮蔽底纹与显花的效果。

参考文献

［1］刘治娟. 丝绸的历史［M］. 北京：新世纪出版社，2006：91.
［2］IvaRezic, LidijaCurkovic, MagdalenaUjevic. Simple Methods for Characterization of Metalsin Historical Textile Threads［J］. Elsevier Science:Talanta, 2010, Vol（82）:237-244.
［3］陈炳应. 中国少数民族科学技术史丛书—纺织卷［M］. 南宁：广西科学技术出版社，1996：633-635.
［4］孙丽英，区秋明. 中国古代织金丝织物织造方法初探［J］. 浙江丝绸工学院学报，1993，10（3）：69-72.
［5］谭芳. 织金织物和印金织物的沿革及异同［J］. 山东纺织经济，2007（1）：71-74.

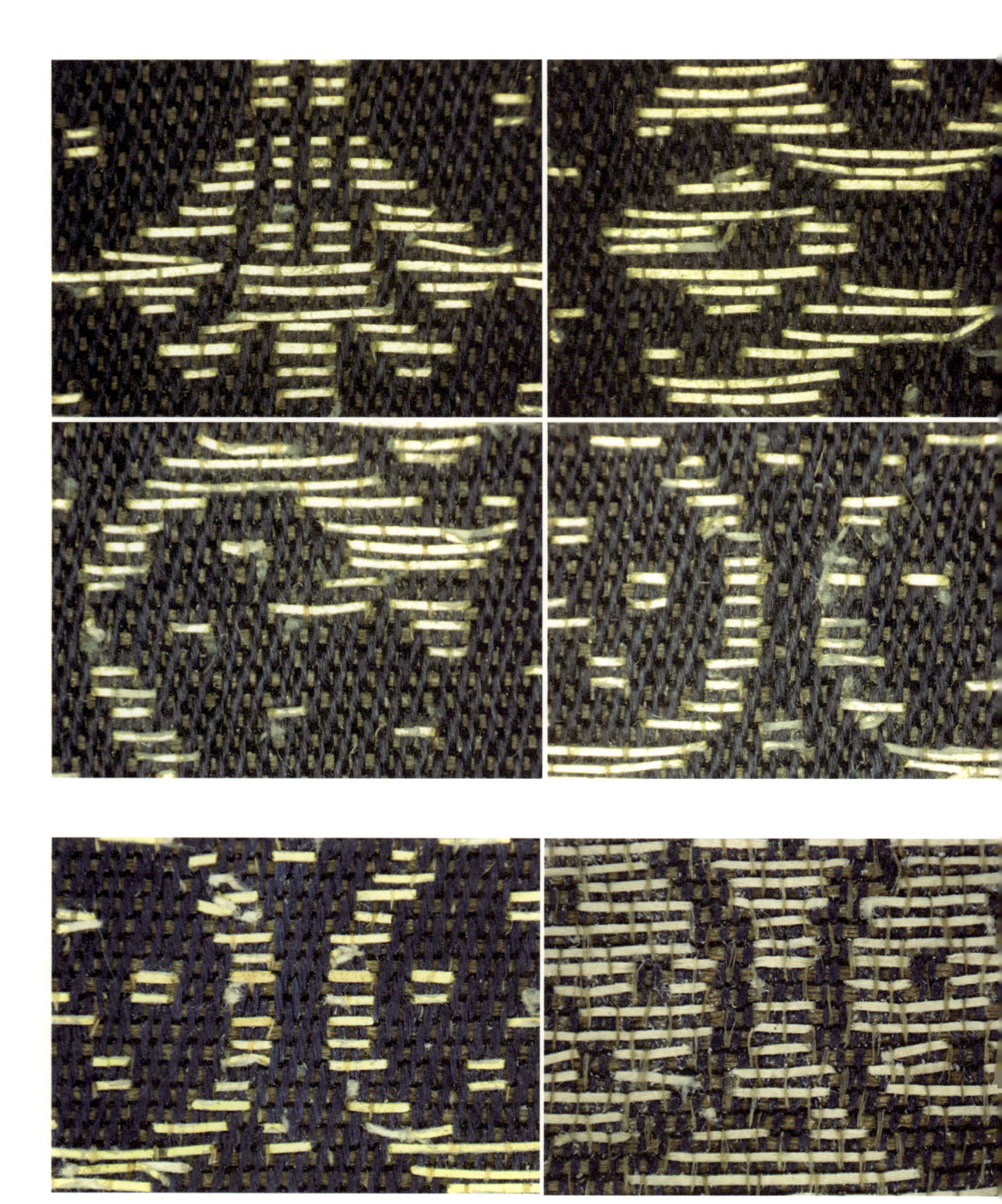

附石青地蔓枝小花纹锦之细部织纹组织结构放大 60 倍图。

正面　　　　　　　　　　　　　反面

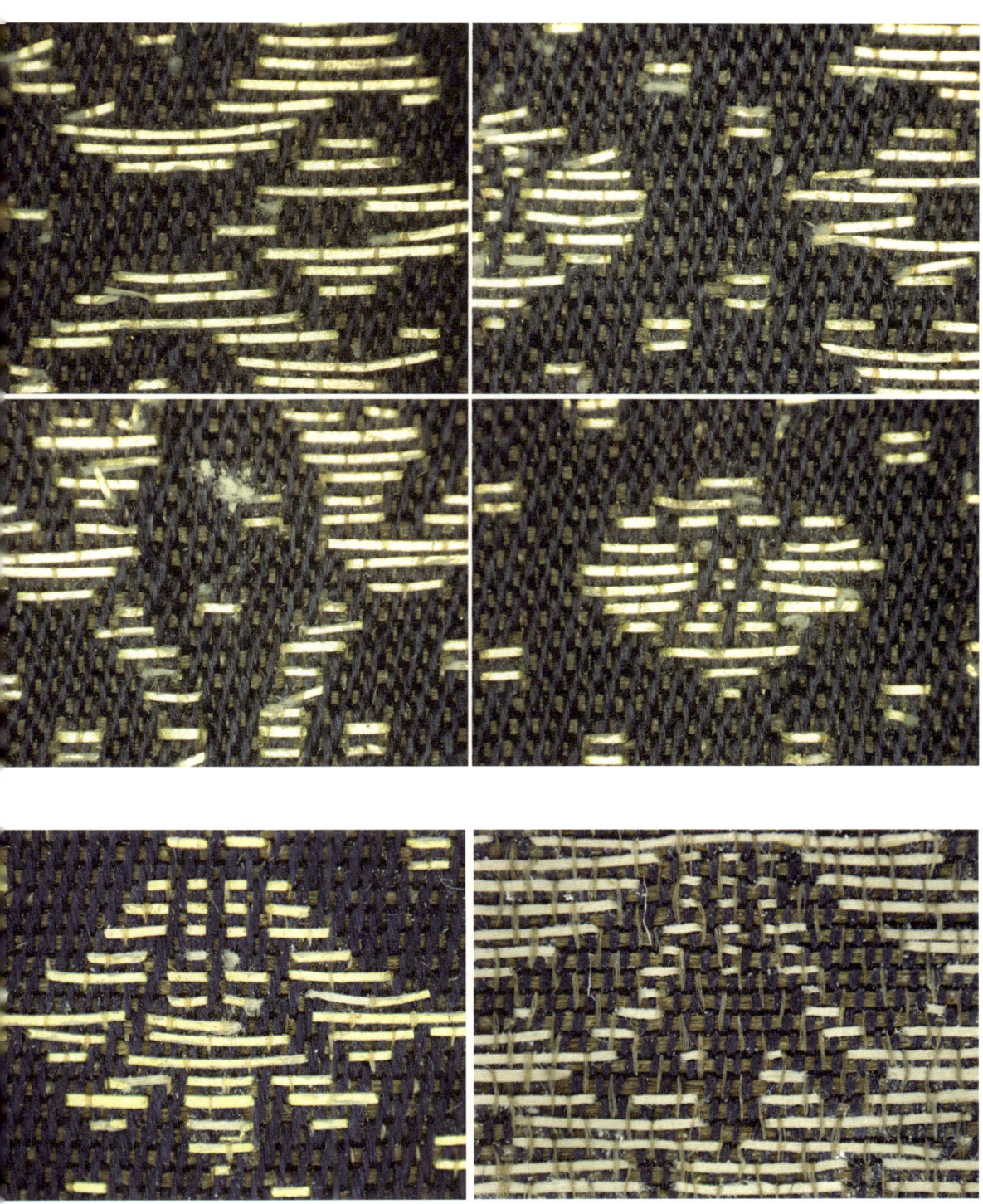

正面 反面

织金锦｜石青地蔓枝小花纹锦

深石青地凤凰蔓枝花纹锦

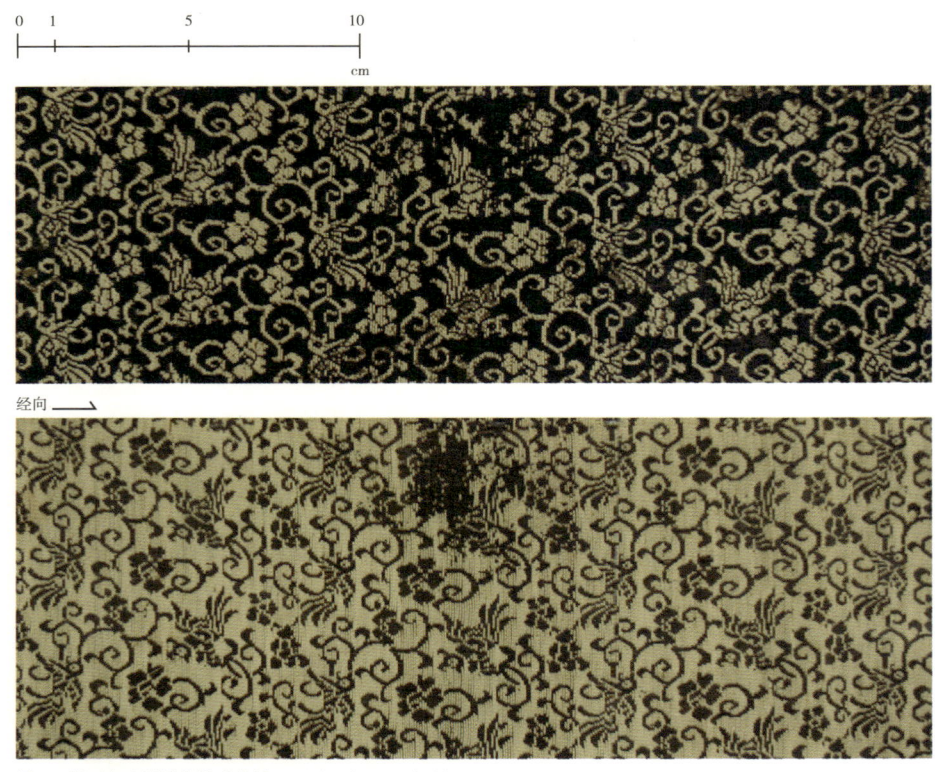

图1 深石青地凤凰蔓枝花纹锦正面（上）反面（下）

　　深石青地凤凰蔓枝花纹锦是一通梭织金并以特结经接结、全越、表里交换双面织的织纹结构呈现的片金织物。它采用两种经纱（粗蓝色地经与细浅米色特结经）与两种纬纱［粗灰黑色地纬与扁平片白金（钯）纬纱］交织而成；呈现深蓝色的底色，并以白金箔显花，表现出凤凰与缠枝花之装饰构图，见图1。

　　深石青地凤凰蔓枝花纹锦的织造结构为地经密205根/英寸、地纬密48根/英寸；地经纱粗0.11mm、特结经纱粗0.12mm、地纬纱粗0.36mm、扁平白金纬纱粗0.54mm。

　　地经、地纬及特结经光谱有机物分析结果见图2～图4，经与CNS2339，L3050中"纤维之红外线吸收光谱主要吸收带及特性波数"的参数进行比对后，**判读地经与地纬材质与蚕丝纤维类的光谱较为接近**（相关参数请参阅附录一），故再经由CNS2339（纤维混用率试验法 第1部：纤维鉴别）之燃烧法进行地经与地纬材质的判定。实验结果为地经与地纬纤维在接近火焰时呈现卷曲状态；在火焰中呈卷曲状且着火燃烧，有燃烧毛发的臭味，残灰呈黑色膨胀状且易被压碎，**故判断地经与地纬材质为蚕丝**。

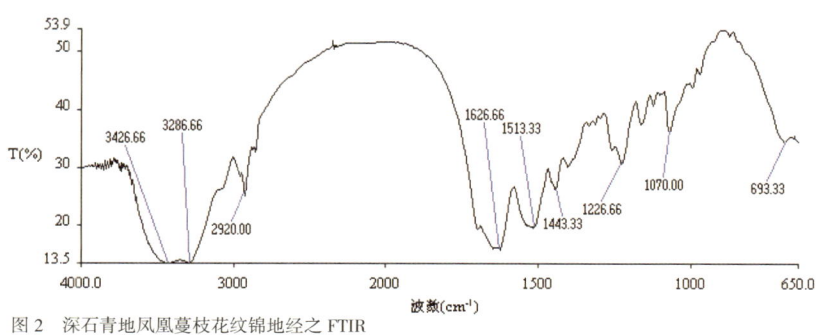

图 2 深石青地凤凰蔓枝花纹锦地经之 FTIR

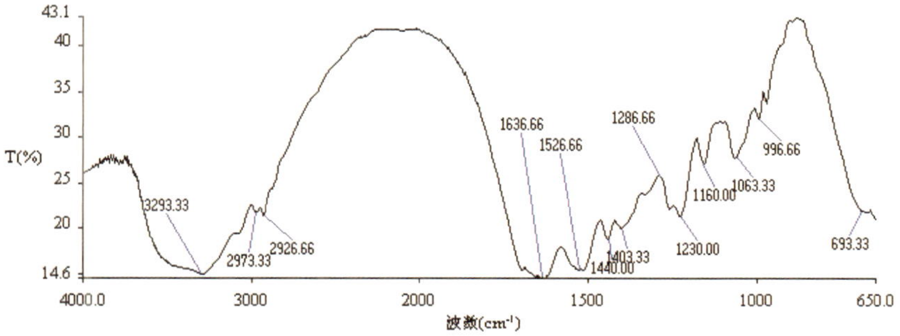

图 3 深石青地凤凰蔓枝花纹锦地纬之 FTIR

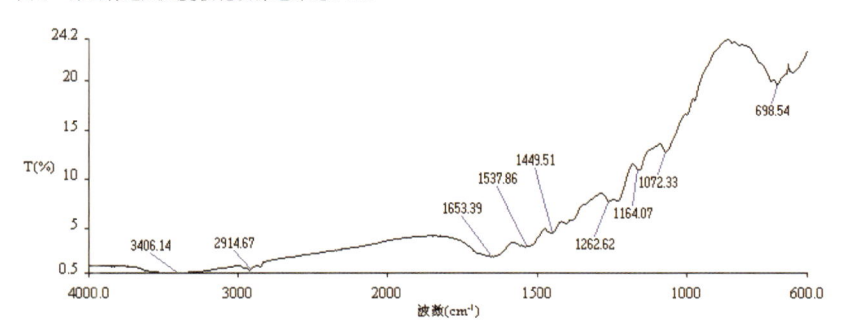

图 4 深石青地凤凰蔓枝花纹锦特结经之 FTIR

特结经在判读比对后数据库中无雷同的光谱图形，故再经由金相显微镜拍摄，结果见图 5，符合 CNS2339 纤维鉴别第 14 页，麻的侧面外观和节状构造，故判读特结经的材质为麻，同时再经由 CNS2339（纤维混用率试验法）第 4、第 2、第 1 节燃烧试验**判读确认特结经的材质为麻**。

图 5 金相显微镜拍摄的特结经外观

据考证古金箔织物的片金是先将黄金打成金箔，用纸或动物表皮作片金的背衬，经切割成扁平状的片金后，再与丝线交织出织金锦，因扁平片金较丝线阔粗，故可显出金光闪闪的装饰效果。[1] 为了判定深石青地凤凰蔓枝花纹锦扁平片白金纬纱的表面金属材质，采用 EDS（Energy-Dispersive X-Ray Spectroscopy X 射线能量散射光谱仪）无机材质分析，EDS 无机材质分析是一非侵入性测量方式，常见于古织物的研究，[2] EDS 无机材质分析是取织品不同部位至少三处进行分析，经由综合**判读深石青地凤凰蔓枝花纹锦扁平片白金纬纱表面金属的材质主要成分为钯（Pd）**，代表 EDS 无机分析图见图 6。

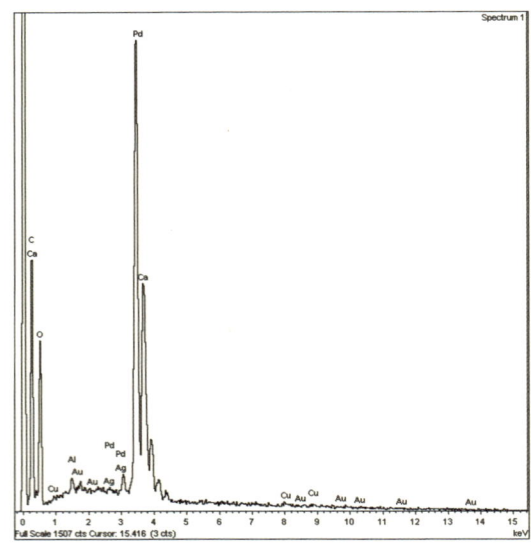

图6 EDS 无机分析代表图

钯位于元素周期表第五周期第Ⅷ族，是银白色且具有延展性的金属[3]，一般中国台湾制作珠宝的师傅经常采用金和钯的合金。它的代号为WG（WhiteGold），也就是白色金的意思，市场常以白金混称之。白色金具有良好的反射性，不易失去光泽，在铂和钯未大量使用之前，白色金为主要用来镶嵌宝石首饰的银白色金属。钯是铂族的一员，银白色，符号Pd，比重12，延展性强。常态下不易氧化和失去光泽。[4]

扁平片金纬纱底衬的材质经由将底衬材质与金箔剥离处理取出后，以SEM扫描式电子显微镜分析，结果见图7，可明显看出纤维状材质，故初期判读制作扁平片金纬纱底衬的材质为纸类材质；中国古时造纸历程采用各种不同植物纤维为原料，最后发现，真正适合造纸的植物，必须是纤维素丰富、供应不乏、容易处理，且价格低廉的材料。其中含有较多长纤维素的大麻尤为其中的上选[5,6]。

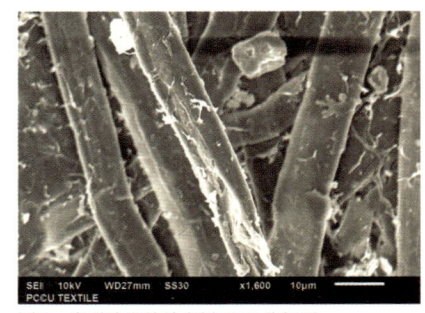

图7 扁平片金纬纱底衬SEM分析图

因此再进行与测量地经地纬完全相同的FTIR检测分析，依照CNS国家标准搭配溴化钾依比例研磨测试样本，可测得扁平片金纬纱底衬的光谱有机物分析图（图8），将图8的FTIR特征波峰值与大麻实物所测得的FTIR特征波峰值（图9）进行比对，图8之扁平片金纬纱底衬的波形与大麻虽然接近，但仍然无法完全符合，此因二者皆为纤维素材质，故两者波形相似，但两者特征波峰尚不同，如底衬不具有大麻材料的2133之特征波峰。

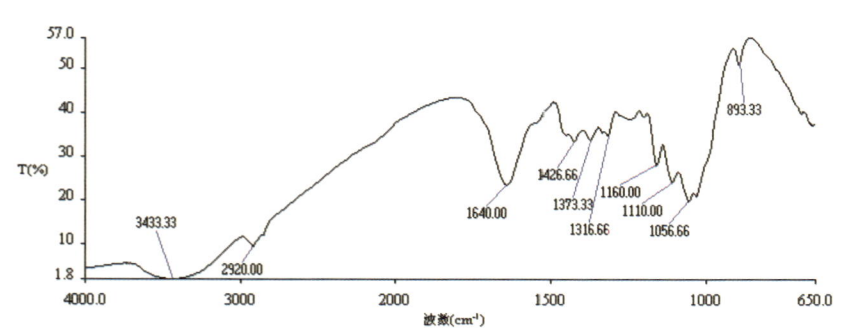

图8 扁平片金纬纱底衬的FTIR分析图

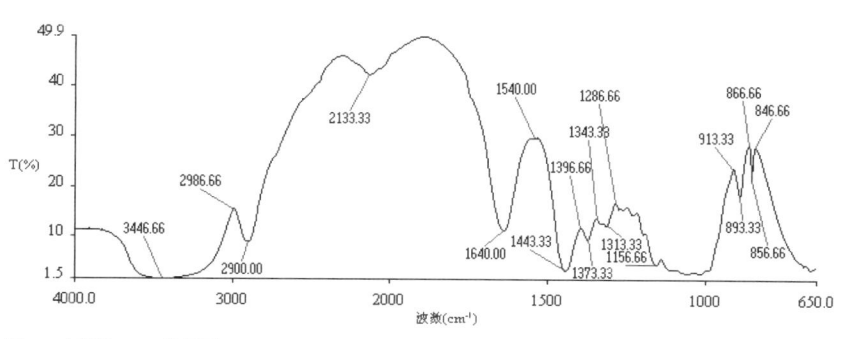

图 9　大麻的 FTIR 分析图

在元代时麻布已为民间一种普遍的染织品，元代王祯《衣书》亦记载，苎麻制作技术的进步[7]，故再根据 CNS2339［附录一　各种纤维的红外线吸收光谱主要吸收带及特征波数］与苎麻进行比对，发现扁平片金纬纱底衬与苎麻的主要吸收带及特征波数相符合（详细比对见表 1），**判读制作本块扁平片金纬纱底衬的材质应为麻类，若再细分时则与苎麻特征波数最为接近。**

表 1　FTIR 特性波数比对表　　　　　　　　　　　　　　　　　　　　　　　　单位：cm^{-1}

纤维名称	主要吸收带及特性波数						
大麻	3446	2900	2133	1640	1443	1373	1156
苎麻	3400~3350	2900	1630	1430	1370	1100~970	550
本片织金锦	3433	2920	1640	1426	1373	1056	

深石青地凤凰蔓枝花纹锦呈现深蓝色的底色，并以白金箔显花，表现出凤凰与缠枝花的装饰构图（图 10）。凤是在传说中能给人带来和平与幸福的瑞鸟，因此常作为吉祥、喜庆的象征。[8] 有关凤的记载，最早是在《列仙传》中提及之"萧史、弄玉"的故事，凤的故事由此而始，凤也就成了女性之象征，并称凤为百鸟之王，凤的形象为公鸡头、雉鸡身躯、鹤的颈与腿、鸳鸯的羽翼、孔雀的尾屏。龙、凤形象多为皇家所独占，常常出现在宫廷服饰上[9]，有富贵的含义，缠枝也有不断之意，因此深石青地凤凰蔓枝花纹锦有富贵不断之含义。

图 10　深石青地凤凰蔓枝花纹锦

深石青地凤凰蔓枝花纹锦的织纹结构采用两种色经纱与两种纬纱交织而成。粗蓝色经纱与粗灰黑色纬纱以二上一下右斜交织出深蓝色的底色，浅米色特结经纱又与扁平片白色金纬纱以一上二下右斜通梭织金的方式交织出显白色金织纹。经纬纱交织的组织图（经密＝纬密）可对照图11。观察织纹实物交织正反面放大图（图12～图14），可得知以金线作纬时，通幅织入织片，在需要显金图纹时即上升至织物的表面，不需白色金图纹时则沉于织物的反面，这一种织法即为通梭织金织法。因白色金纬通贯全幅相对减少手工而提高了劳动生产率，因此在元代至明清通梭织金占主导的地位。[10,11]

二上一下右斜

一上二下右斜

图11　经纬交织完全组织图

　　深石青地凤凰蔓枝花纹锦所使用的两种经纱（粗蓝色地经与细黄色特结经），每隔三根地经引入细浅米色特结经纱一根与扁平白色金箔纬纱以一上二下右斜交织形成图纹。因此深石青地凤凰蔓枝花纹锦的金箔交织属于特结经接结。使用特结经与扁平白色金箔纬纱交织，克服了地经接结的白色金反面因白色金纬浮长过长所造成之凌乱状况。由于地经接结法的白色金的白色金线只在花纹处与地经产生交织，在无花纹处金线沉于织物的反面而呈现长的浮长，易造成反面凌乱的外观；特结经接结法无论在正面与反面都有特结经与扁平金箔纬纱相交织，因此在织物的反面不会呈现过长的浮长，同时在织物的反面呈现与正面图纹相反且完整的织物结构特色。

　　以现代织纹结构分析，此片深石青地凤凰蔓枝花纹锦交织的方法是采用表里交换双面料的方式交织，粗蓝色经纱与粗灰黑色纬纱以二上一下右斜交织出深蓝色的底纹、细浅米色特结经与扁平白色金箔纬纱以平纹为主体结构交织出显白色金织纹（因为与扁平白色金箔纬纱交织的经纱为一相对细且色泽接近的纱线，故交织后较能完整将白色金箔的色泽呈

图12　深石青地凤凰蔓枝花纹锦60倍放大图（一）正面（左）反面（右）

现），因此双经双纬在表里交换反转后，整个织物的反面呈现与正面相反的图纹。

织金织物中两个纬纱（地纬与金纬）的排列比例，常以日语中全越与半越表示，全越是指地纬与金纬的排列呈现比例为1∶1，也就是说每织入一根地纬即织入一根金线纬纱，半越则是每织入两根地纬即织入一根金线纬纱，因此地纬与金纬的排列呈现比例为2∶1。以实务考证下，纬密在30根/cm以上多采用半越，而纬密在30根/cm以下多采用全越。元以前的织金织物大都是以全越排列，到了明代则是全越与半越并存。[10,11] 此片深石青地凤凰蔓枝花纹锦纬密在30根/cm以下，呈现1∶1全越织造方式，符合此通则，由于片金纬纱的扁平外观呈现良好的覆盖性，因此片金纬纱呈现极佳遮蔽地纬底纹与显花的效果。

图13　深石青地凤凰蔓枝花纹锦60倍放大图（二）正面（左）反面（右）

图14　深石青地凤凰蔓枝花纹锦150倍正面放大图

参考文献

［1］刘治娟.丝绸的历史［M］.北京：新世纪出版社，2006：91.
［2］IvaRezic, LidijaCurkovic, MagdalenaUjevic. Simple Methods for Characterization of Metalsin Historical Textile Threads［J］. Elsevier Science:Talanta, 2010, Vol（82）:237-244.
［3］钯、铂的性质与用途［J/OL］.［2011-1-10］http://www.wbkuangji.com/news/show-50.html.
［4］铂白、白金、k白金和钯金［J/OL］.［2011-1-10］http://www.jewellery.net.tw/news/news200006-07.htm.
［5］潘吉星.中国造纸史话［M］.北京：新华书店，1998：1-20.
［6］中华科技，蔡侯纤维，造纸术的传播，古代的造纸过程［J/OL］.［2011-7-16］http://epaper.nstm.gov.tw/china science/E/e-index.html.
［7］吴淑生、田自秉.中国染织史［M］.上海：上海人民出版社，1986：221.
［8］李祖定.中国传统吉祥图案［M］.上海：科学普及出版社，2003：32.
［9］陈正雄.清代宫廷服饰［M］.台北：台湾历史博物馆，2008：153.
［10］孙丽英，区秋明.中国古代织金丝织物织造方法初探［J］.浙江丝绸工学院学报，1993，10（3）:69-72.
［11］谭芳.织金织物和印金织物的沿革及异同［J］.山东纺织经济，2007（1）：71-74.

附深石青地凤凰蔓枝花纹锦之细部织纹组织结构放大 60 倍与 150 倍图。

深石青地凤凰蔓枝花纹锦 150 倍放大图

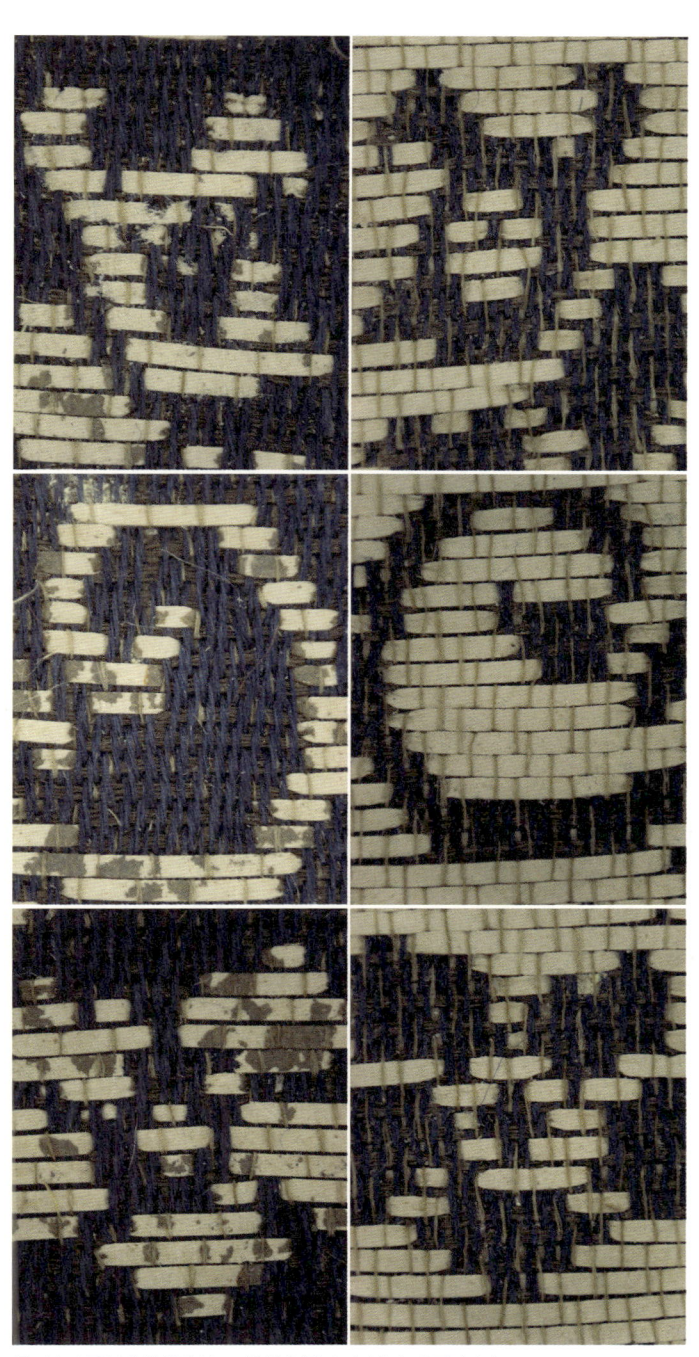

深石青地凤凰蔓枝花纹锦 60 倍放大图正面（左）反面（右）

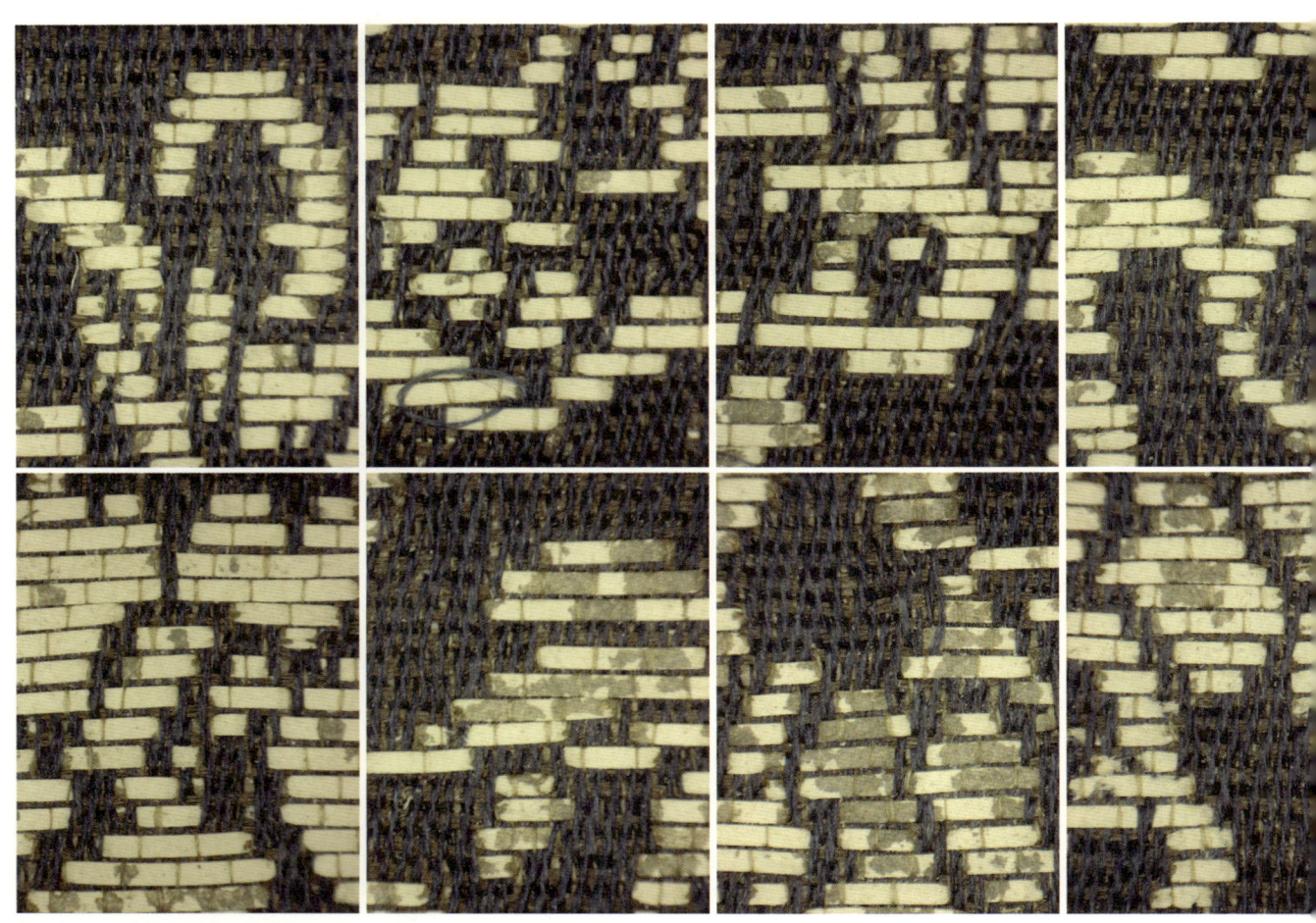

深石青地凤凰蔓枝花纹锦 60 倍放大图

织金锦 | 深石青地凤凰蔓枝花纹锦

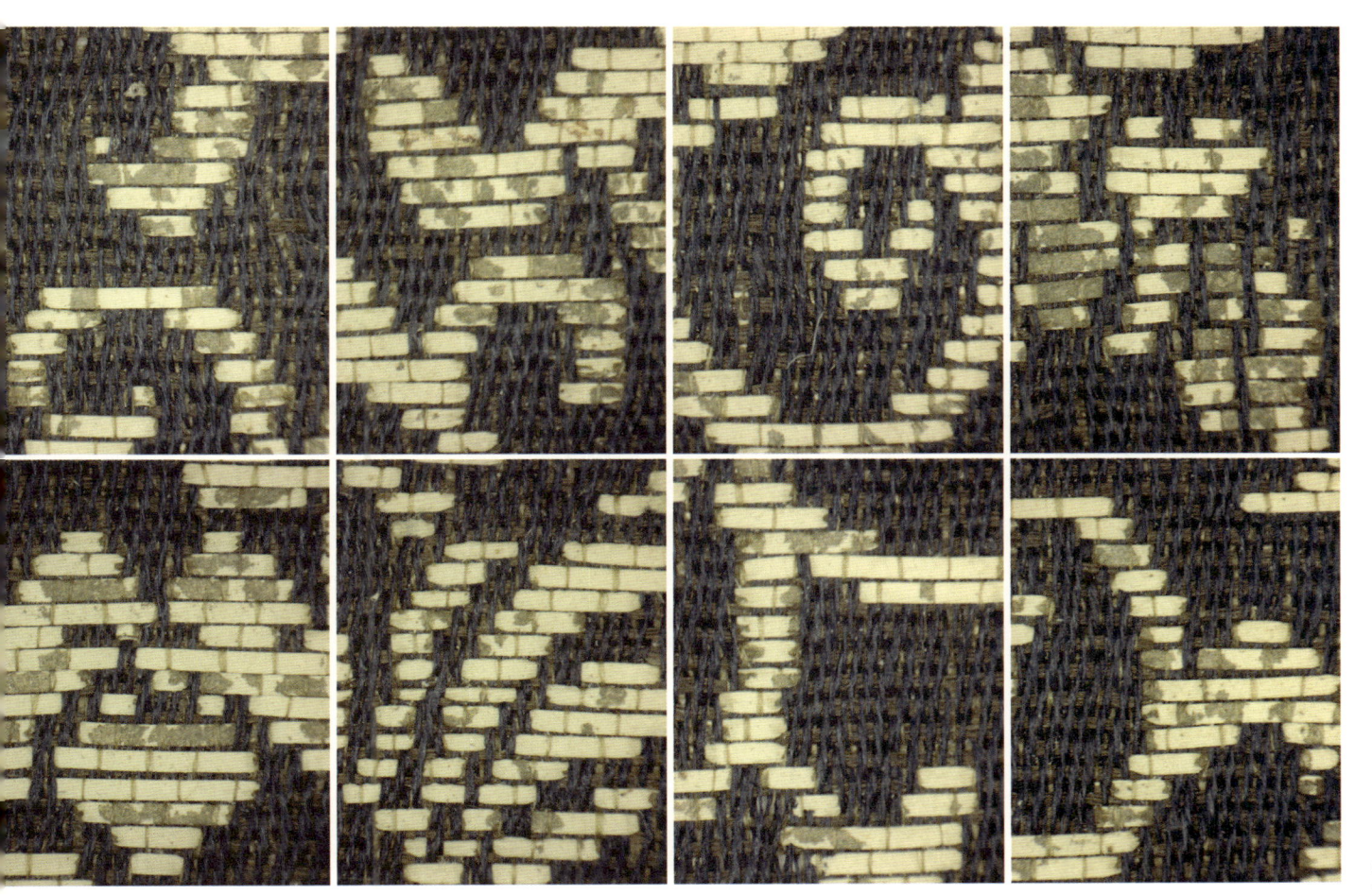

宝蓝地牡丹菊花纹锦

图1 宝蓝地牡丹菊花纹锦正面（上）反面（下）

图2 宝蓝地牡丹菊花纹锦循环复制图

宝蓝地牡丹菊花纹锦是一通梭织金并以特结经接结、全越、表里交换双面织的织纹结构呈现的片金织物。它采用两种经纱（粗蓝色地经与细黄色特结经）与两种纬纱（粗蓝色地纬与扁平片金纬纱）交织而成；呈现蓝色的底色，并以金箔显花，表现出抽象牡丹、菊花、金锭、犀角、宝珠、如意云头与方胜等装饰构图，见图1、图2。

宝蓝地牡丹菊花纹锦的织物结构为地经密192根/英寸、地纬密70根/英寸；经纱粗细为地经0.19mm、特结经0.08mm、地纬0.33mm、织金纬0.34mm。

宝蓝地牡丹菊花纹锦地经、地纬及特结经光谱有机物分析结果见图3～图5，经与CNS2339，L3050中"纤维之红外线吸收光谱主要吸收带及特性波数"的参数进行比对后，**判读地经与地纬材质与蚕丝纤维类的光谱较为接近**（相关参数请参阅附录一），故再经由CNS2339（纤维混用率试验法 第1部：纤维鉴别）之燃烧法进行地经与地纬材

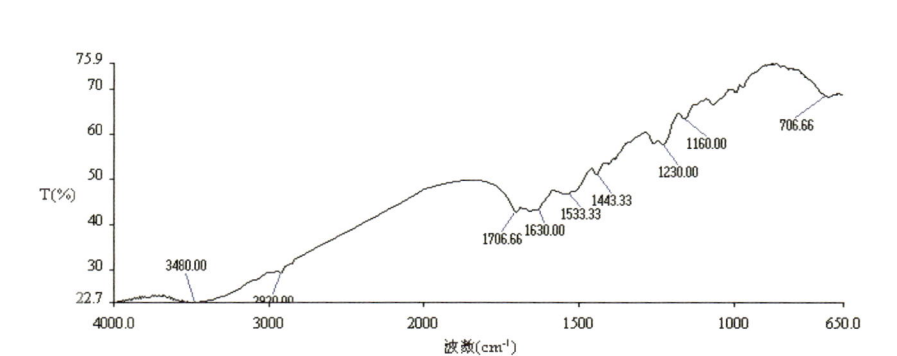

图3 宝蓝地牡丹菊花纹锦地经之FTIR

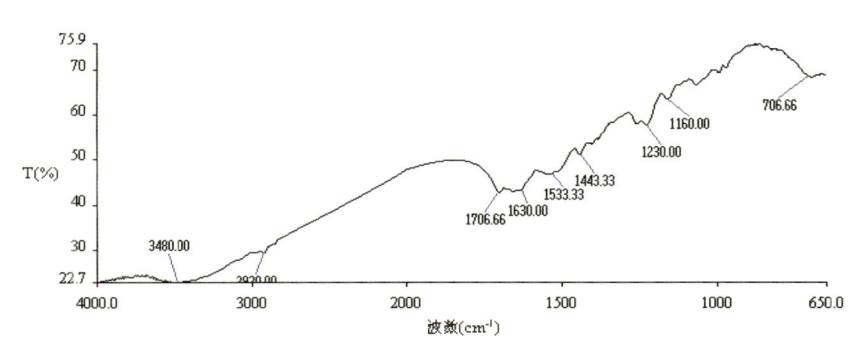

图4 宝蓝地牡丹菊花纹锦地纬之FTIR

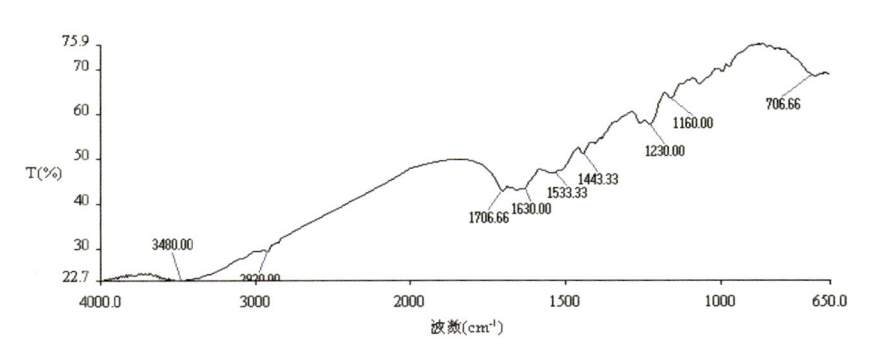

图5 宝蓝地牡丹菊花纹锦特结经之FTIR

质的判定。实验结果为地经与地纬纤维在接近火焰时呈现卷曲状态；在火焰中呈卷曲状且着火燃烧，有燃烧毛发的臭味，残灰呈黑色膨胀状且易被压碎，**故判断地经与地纬材质为蚕丝**。特结经之FTIR在判读比对数据库中也无雷同的光谱图形，故再经由金相显微镜拍摄，结果见图6，符合CNS2339纤维鉴别第14页，麻的侧面外观和节状构造，故判读**特结特结经的材质为麻**，同时再经由CNS2339（纤维混用率试验法 第1部：纤维鉴别）之燃烧法**确认特结经的材质为麻**。

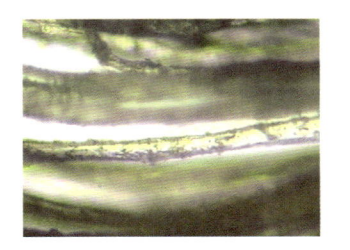

图6 特结经纱金相显微镜拍摄图

据考证古金箔织物的片金是先将黄金打成金箔，用纸或动物表皮作片金的背衬，经

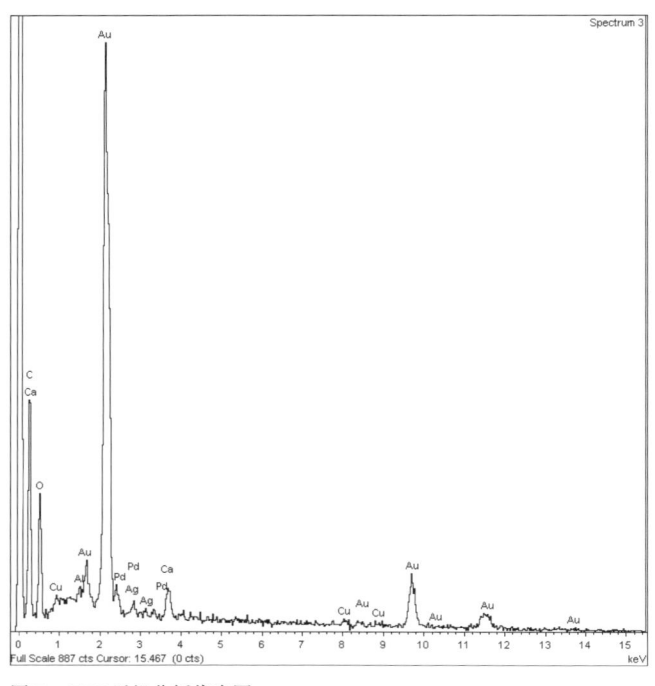

图7　EDS无机分析代表图

切割成扁平状的片金后,再与丝线交织出织金锦,因扁平片金较丝线阔粗,故可显出金光闪闪的装饰效果。[1] 为了判定宝蓝地牡丹菊花纹锦扁平片金纬纱的材质采用 EDS（Energy-Dispersive X-Ray Spectroscopy X 射线能量散射光谱仪）无机材质分析,EDS 无机材质分析是一非侵入性测量方式,常见于古织物的研究,[2] EDS 无机材质分析是取织品不同部位至少三处进行分析,经由综合,代表 EDS 无机分析图见图7。

扁平片金纬纱的底衬经由与金箔剥离处理成功的分离后,再以 SEM 扫描式电子显微镜分析,结果见图8,可明显看出纤维状材质,故初期判读制作扁平片金纬纱底衬的材质为纸类材质;中国古时造纸历程中采用各种不同植物纤维为原料,最后发现,真正适合造纸的植物,必须是纤维素丰富、供应不乏、容易处理,且价格低廉的材料。其中含有较多长纤维素的大麻尤为其中的上选。[3,4]

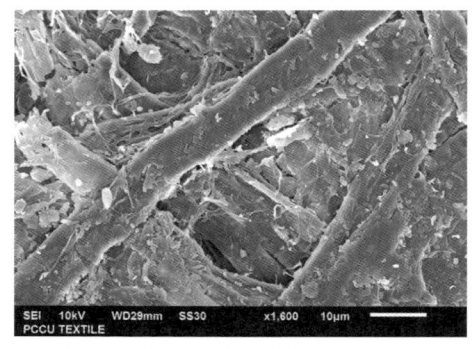

图8　扁平片金纬纱底衬 SEM 分析图

因此希望藉由 FTIR 分析再进一步检测金纬纱纸底衬的材质,测试过程仍参照 CNS 标准检验方法［红外线吸收光谱测定方法之 A 法（溴化钾粒片法）］,测得扁平片金纬纱底衬的光谱有机物分析图见图9。由于判读比对数据库（多为现今常用之材质）中无雷同的光谱图形,因此无法判读出金纬纱纸底衬的材质。因为金纬纱常因纱线细与年代久远而在拆解的过程中出现断、散的现象,不易聚集足够纸底衬的量,故最后无法以燃烧法确认纸底衬材质。也由于不易取得更凸显了图9的珍贵性,据考证古织金的纸底衬在制造过程中乌金纸是关键品,它是用当年生的嫩竹制成纸浆,加上豆汁等制成纸坯,再多次涂刷鱼胶及油烟,烘干,使其强度高并在孔隙间充满炭粒,通常使用前还要拍上滑石粉,以减少金箔延展时的阻力。[5] 未来若是有相关材质的 FTIR 数据库能够提供比对,仍有可能判读出纸底衬的材质,进而成为考古的间接佐证资料。

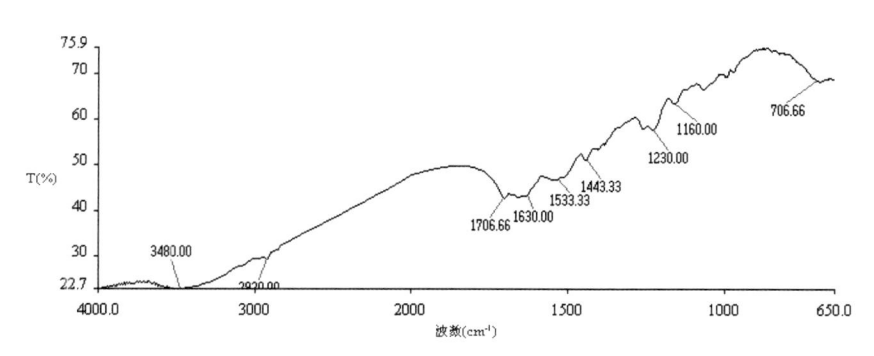

图9 扁平片金纬纱底衬的FTIR分析图

宝蓝地牡丹菊花纹锦呈现了丰富的吉祥图样，如牡丹、菊花、金锭、犀角、宝珠、如意云头与方胜等装饰构图；其中牡丹为群芳之冠，蕴含着富贵与荣华[6]，牡丹为中国传统名花，兼有色、香、韵三者之美，又有"国色天香"之雅号[7]；菊花色彩缤纷且风韵多姿，或雍容端庄，或幽静含情，或热烈奔放，有画意志情的"花之隐逸者"雅号，受古代文人推崇，象征高洁傲骨[8]。中国人极爱菊花，古神话传说中菊花又被赋予了吉祥、长寿的含意，如菊花与喜鹊组合表示"举家欢乐"，菊花与松树组合为"益寿延年"等广为民间所用。[9]钱具有实际流通价值，以钱纹图案作为装饰艺术时具有相当的写实性，显现出对生活的主观愿望，因此钱纹也是中国八宝图案常出现的图纹；钱纹与牡丹两种图案配置在一起有发财致富、荣华富贵的寓意。钱锭与如意纹有着"必定如意"的内涵。[10]中国钱纹有"避邪"与"富有"的象征。[11]犀角象征胜利，亦为八宝之一。[12]

方胜为中国传统吉祥物，古代一种首饰，形状是由两个斜方形一部分重叠相连而成，因此这种形状即代表同心双合、具有彼此相通的吉祥含意。胜原来是一种妇女戴在头上以装扮修饰的首饰。胜的取意是"优胜"、"优美"。胜即为妇女的优美首饰的总称，它又可细分为方胜、华胜、人胜。华胜、人胜都是实物肖形的，方胜则是几何形状的，是两个菱形压角相迭而组成的图形或花样。方胜一方面取胜的吉祥含义，寓意"优胜"；一方面取其形状的压角相迭，寓意"同心"，成为寓意丰富、图案精美的吉祥符，为"八宝"图案之一。[13]

中国古丝织物中常喜以含有吉庆祥瑞的八宝、八吉祥、八音等组成的图案为图纹，明十三陵之定陵（明神宗万历皇帝与其两后的陵墓）出土的古丝织物中，即出现许多八宝、八吉祥、八音等组成图纹的美丽织品，如万历帝棺内出土的绿八宝纹绸缂丝四团龙补交领夹龙袍织品上即呈现珊瑚、云头、方胜、银锭、古钱、金锭、双犀角、火珠之八宝图案，见图10[14]；孝端后棺内出土的红织金八宝纹罗裙是以八宝纹织制而成，见图11[14]；孝靖后棺内出土的拓黄八宝松竹梅岁寒三友缎，是以梅花为主花，梅花瓣内饰八宝纹，八宝纹以犀角、云头、金锭、方胜、银锭为一组，以犀角、云头、金锭、古钱、宝珠为另一组，见图 12[14]。详细观察这些出土织品的图纹与宝蓝地牡丹菊花纹锦的组成特质有极大的相似处，再加上宝蓝地牡丹菊花纹锦的花头纹样以饱满富丽型呈现，也与明定陵出土的织物图案风格相近，见图 13、图 14[15]，故推断宝蓝地牡丹菊花纹锦可能为明代的织金织片。

图 10　八宝图

图 11　八宝纹

图 12　梅花瓣

图 13　明定陵出土（一）

图 14　明定陵出土（二）

宝蓝地牡丹菊花纹锦的织纹结构采用两种色经纱与两种纬纱交织而成。粗蓝色经纱与粗蓝色纬纱以三上一下右斜交织出蓝色底色，黄色特结经纱又与扁平片金纬纱以平纹的方式交织出显金织纹。对照经纬纱交织的组织图（经密＝纬密）可对照图 15。

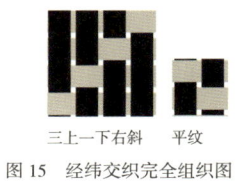

三上一下右斜　平纹

图 15　经纬交织完全组织图

织金织物的扁平金纬纱与经纱交织时因其连续状态可分为挖梭织金或通梭织金，挖梭织金是在织造过程中金纬只依所需呈现金色的纹样来回盘织而成，并非以通幅之方式织入，现常以通经断纬称之。通梭织金是指金线以通幅织入织物。宝蓝地牡丹菊花纹锦则是属于通梭织金。观察织片观察放大 60 倍与 150 倍的织纹实物交织图（图 16、图 17）可观察到以金线作纬时，通幅织入织片，在需要显金图纹时即上升至织物的表面，不需金图纹时则沉于织物的反面，这一种织法即为通梭织金织法。因金纬通贯全幅相对减少手工而提高了劳动生产率，因此在元代至明清通梭织金占主导的地位。

图16 宝蓝地牡丹菊花纹锦放大60倍照相图（一）正面（左）反面（右）

本块宝蓝地牡丹菊花纹锦的扁平金箔纬纱是与细黄色特结经纱产生交织，属于特结经接结。宝蓝地牡丹菊花纹锦每隔三根地经引入特结经一根与扁平金箔纬纱以平纹交织。织金开始采用特结经与金线接结之技法据考证不会远于元代。[16,17] 地经接结法织金的金线只在花纹处与地经产生交织，在无花纹处金线沉于织物的反面而呈现长的浮长，易造成反面凌乱的外观，使用特结经与扁平金箔纬纱交织，克服了地经接结于织金反面因金纬浮长过长所造成之凌乱状况；特结经接结法无论在正面与反面都有特结经与扁平金箔纬纱相交织，因此在织物的反面不会呈现过长的浮长，同时在织物的反面呈现与正面图纹相反且完整的织物结构特色，见图18。

图17 宝蓝地牡丹菊花纹锦放大150倍照相图

以现代织纹结构分析，此片宝蓝地牡丹菊花纹锦交织的方法是采用表里交换双面料的方式交织，也就是说宝蓝地牡丹菊花纹锦是以两个色块呈现图纹，粗蓝色经纱与粗蓝色纬纱以三上一下右斜所交织出蓝色之底纹色块，以及细黄色经纱与扁平金箔纬纱以平纹交织出显金织纹之色块（因为与扁平金箔纬纱交织的特结经是一极细之黄色纱线，故交织后能完整呈现金箔之色泽）。观察织物的反面，展现了织纹表里交换的特色，图案完全相反呈现，只是未呈现金箔外观，这是因为片金的制成是以纸或动物表皮作背衬，黄金金箔只打在表面后切割成扁平状，因此扁平片金只有表面呈现金箔，背面并不会呈现金箔之外观，正反面纪录图即清楚地呈现此特点。

图18　宝蓝地牡丹菊花纹锦放大60倍照相图（二）正面（左）反面（右）

织金织物中两个纬纱（地纬与金纬）的排列比例，常以日语中全越与半越表示，全越是指地纬与金纬的排列呈现比例为1∶1，也就是说每织入一根地纬即织入一根金线纬纱，半越则是每织入两根地纬即织入一根金线纬纱，因此地纬与金纬的排列呈现比例为2∶1。基本上纬密较大时，地纬纱相对也较细，因此一根金纬的宽度足以覆盖遮蔽两根地纬。但是当纬密较小也就是地纬较粗时，一根金纬的宽度则只足以覆盖遮蔽一根地纬。以实务考证下，纬密在30根/cm以上多采用半越，而纬密在30根/cm以下多采用全越。元以前之织金织物大都是以全越排列，到了明代则是全越与半越并存。[16,17]此片宝蓝地牡丹菊花纹锦纬密在30根/cm以下，呈现1∶1全越织造方式，符合此通则，由于片金纬纱之扁平外观呈现良好的覆盖性，因此即使地纬与片金纬纱以1∶1时呈现极佳遮蔽底纹与显花的效果。

参考文献

［1］刘治娟.丝绸的历史［M］.北京：新世纪出版社，2006：91.
［2］IvaRezic, LidijaCurkovic, MagdalenaUjevic. Simple Methods for Characterization of Metalsin Historical Textile Threads［J］. Elsevier Science:Talanta, 2010, Vol（82）:237–244.
［3］潘吉星.中国造纸史话［M］.北京：新华书店，1998：1-20.
［4］中华科技，蔡侯纤纸，造纸术的传播，古代的造纸过程［J/OL］.［2011-7-16］. http://epaper.nstm.gov.tw/chinascience/E/e-index.html.
［5］陈炳应，中国少数民族科学技术史丛书—纺织卷［M］.南宁：广西科学技术出版社，1996：633-635.
［6］陈雯雯，周晓鸣.中式旗袍元素在当代服装设计中的应用与研究［C］. // 北京服装学院.传承文化，创意未来：2010年"中国概念＆创意产业"国际服饰文化及教育研讨会（ICCEC）论文集.北京：中国纺织出版社，2010：19.
［7］李祖定.中国传统吉祥图案［M］.上海：科学普及出版社，2003：32.
［8］中国植物图纹的象征意涵［J/OL］.［2011-1-10］. http://s18982110.pixnet.net/blog/post/3844031.
［9］李祖定.中国传统吉祥图案［M］.上海：科学普及出版社，2003：28.
［10］简述古钱图案和文字在陶瓷器上的运用［J/OL］. http://special.artxun.com/20071226/article/720102dc19beff55abe344b7409a08d7.shtml.
［11］李祖定.中国传统吉祥图案［M］.上海：科学普及出版社，2003：51.
［12］李祖定.中国传统吉祥图案［M］.上海：科学普及出版社，2003：66.
［13］中国传统吉祥物—方胜［J/OL］. http://baike.baidu.com/view/553126.htm.
［14］王岩，罗青主编.万历帝后的衣橱—明定陵丝织集锦［M］.台北：东大书局，2005：151，110，125.
［15］王岩，罗青主编.万历帝后的衣橱—明定陵丝织集锦［M］.台北：东大书局，2005：130，132.
［16］孙丽英，区秋明.中国古代织金丝织物织造方法初探［J］.浙江丝绸工学院学报，1993：10（3），69-72.
［17］谭芳.织金织物和印金织物的沿革及异同［J］.山东纺织经济，2007（1）：71-74.

附宝蓝地牡丹菊花纹锦之细部织纹组织结构放大 60 倍与 150 倍图。

宝蓝地牡丹菊花纹锦放大 60 倍照相图

织金锦｜宝蓝地牡丹菊花纹锦

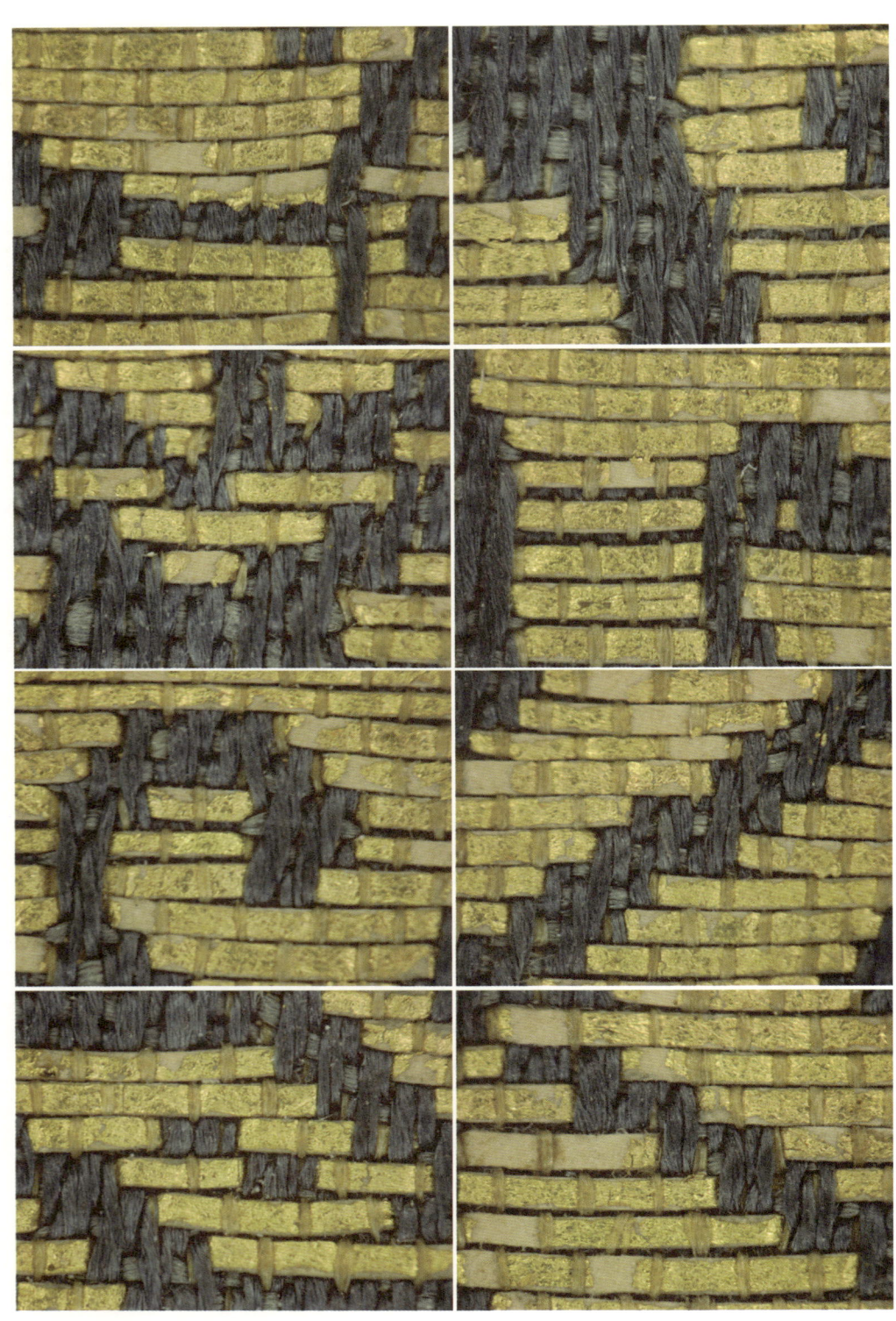

宝蓝地牡丹菊花纹锦放大 150 倍照相图

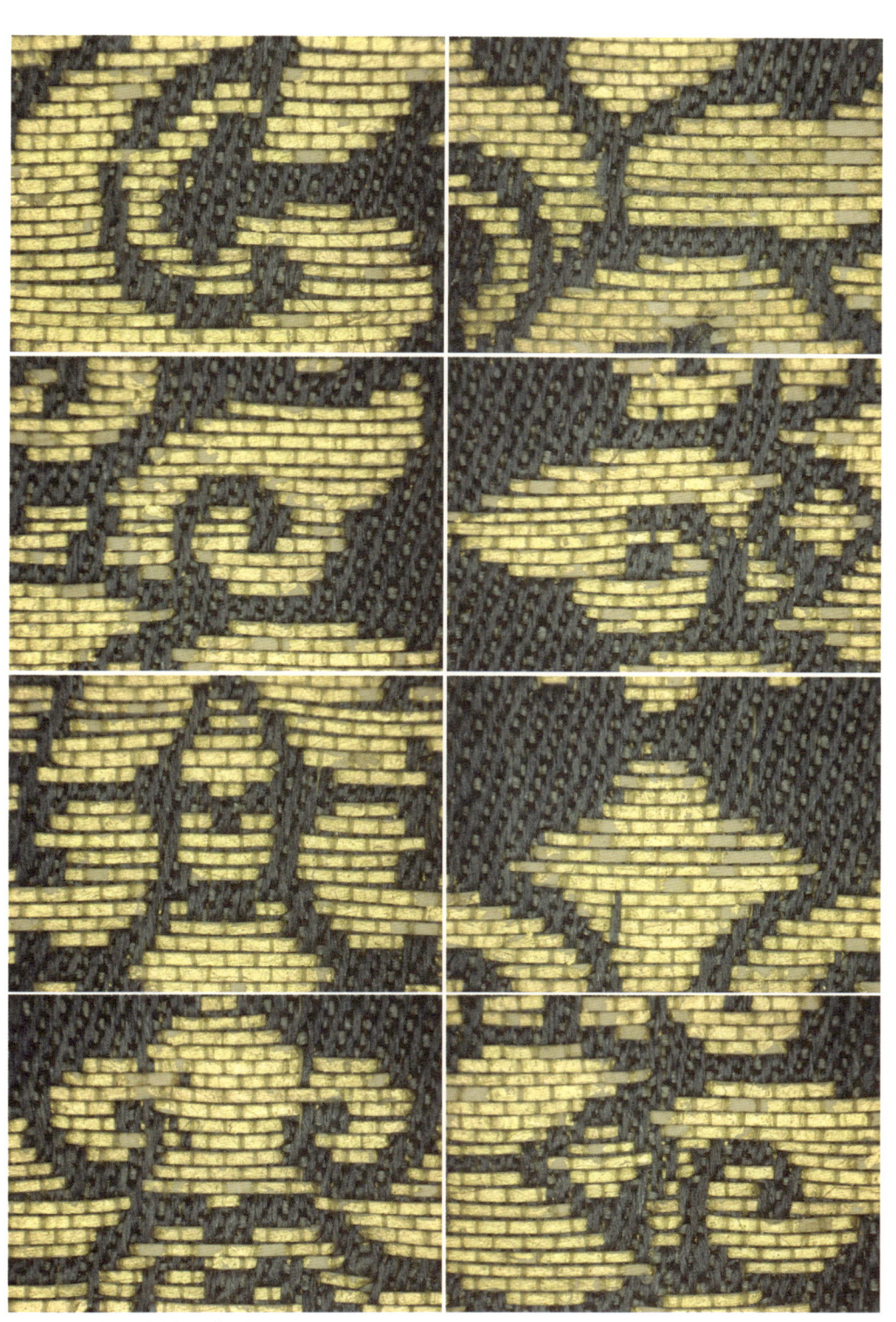

宝蓝地牡丹菊花纹锦放大 60 倍照相图

宝蓝地牡丹菊花纹锦放大60倍照相图正面（左）反面（右）

织金锦｜宝蓝地牡丹菊花纹锦

绿地团花纹锦

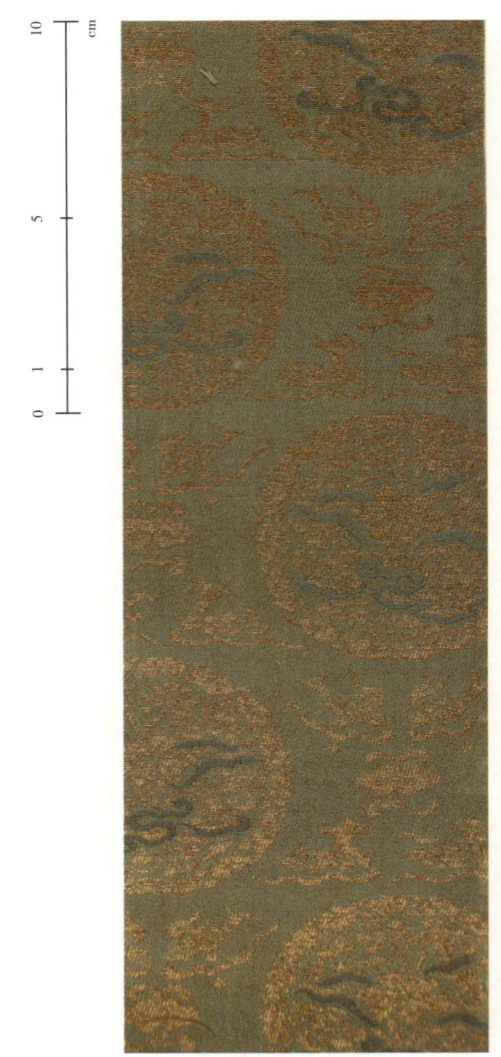

图1　绿地团花纹锦

图2　绿地团花纹锦局部放大图

绿地团花纹锦是一通梭织金并以地经接结、全越的织纹结构呈现的片金织物。它采用一浅草绿色经纱与三纬（宝蓝色、浅草绿色地纬与扁平片金纬纱）交织呈现出以花纹、云纹与彩带所组合的团花构图，见图1、图2。

绿地团花纹锦的织造结构为经密174根/英寸、地纬密为60根/英寸；经纱粗细为地经0.16mm、地纬（宝蓝色）0.25mm、地纬（浅草绿色）0.26mm、织金纬0.3mm。

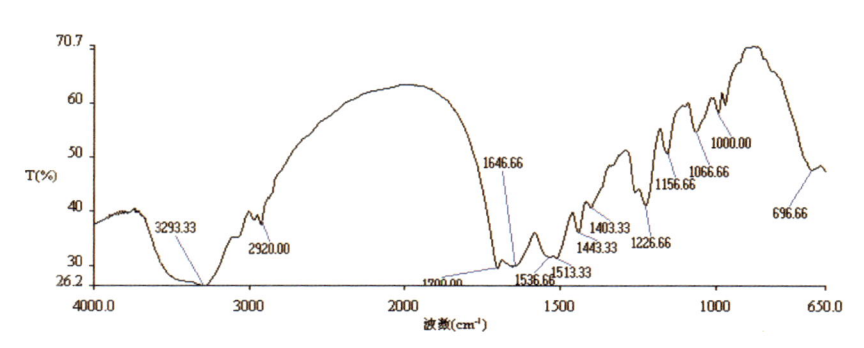

图 3　绿地团花纹锦地经之 FTIR

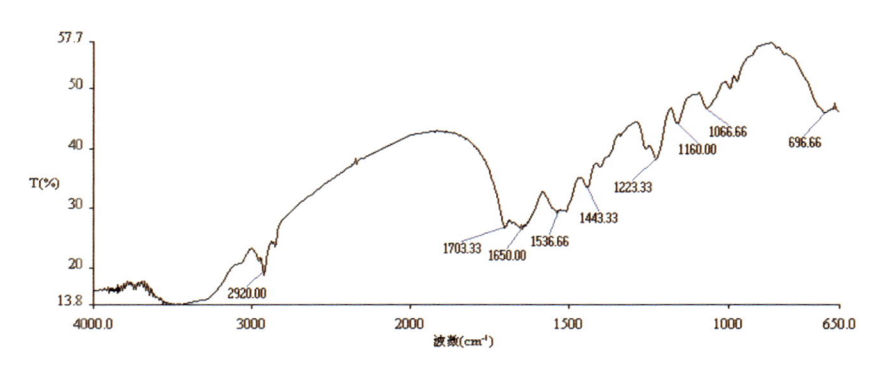

图 4　绿地团花纹锦浅绿色地纬之 FTIR

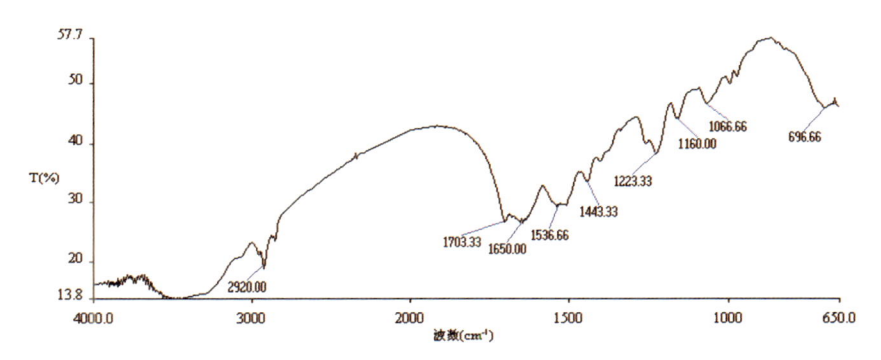

图 5　绿地云纹团花纹锦蓝色地纬之 FTIR

绿地团花纹锦地经、地纬（浅草绿与蓝色）光谱有机物分析结果见图 3～图 5，经与 CNS2339，L3050 中"纤维之红外线吸收光谱主要吸收带及特性波数"的参数进行比对后，地经与地纬（浅草绿与蓝色）材质测试结果的主要吸收带及特性波数接近蚕丝类，地经与地纬（浅草绿与蓝色）主要吸收带及特性波数更与熟蚕丝极为相似（相关参数请参阅附录一），故再经由 CNS2339（纤维混用率试验法 第 1 部：纤维鉴别）之燃烧法进行地经与地纬材质的判定。实验结果为地经与二纬纤维在接近火焰时呈现卷曲状态；在火焰中呈卷曲状且着火燃烧，有燃烧毛发的臭味，残灰呈黑色膨胀状且易被压碎，**故判断地经与二纬材质为蚕丝。**

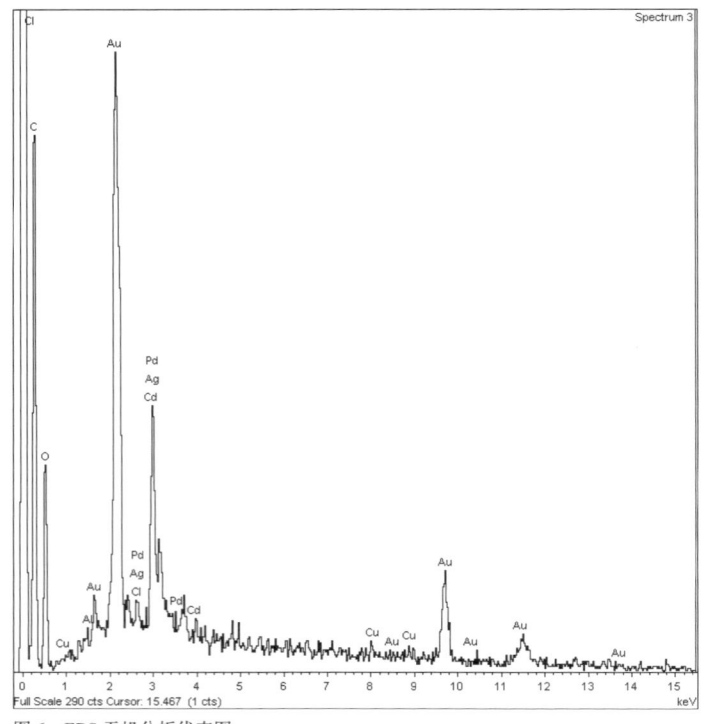

图6 EDS无机分析代表图

据考证古金箔织物的片金是先将黄金打成金箔，用纸或动物表皮作片金的背衬，经切割成扁平状的片金后，再与丝线交织出织金锦，因扁平片金较丝线阔粗，故可显出金光闪闪的装饰效果。[1] 为了判定绿地团花纹锦扁平片金纬纱的材质采用EDS（Energy-Dispersive X-Ray Spectroscopy X射线能量散射光谱仪）无机材质分析，EDS无机材质分析是一非侵入性测量方式，常见于古织物的研究。[2] EDS无机材质分析是取织品不同部位至少三处进行分析，经由综合**判读绿地团花纹锦扁平片金纬纱表面金属的材质主要成分为金**，代表EDS无机分析图见图6。

扁平片金纬纱的底衬经由与金箔剥离处理成功的分离后，再以SEM扫描式电子显微镜分析，结果见图7，可明显看出纤维状材质，再根据前述古片金制程考证资料判读制作扁平片金纬纱底衬的材质为纸类材质。希望藉由FTIR分析再进一步检测金纬纱纸底衬的材质，测试过程仍参照CNS标准检验方法［红外线吸收光谱测定方法之A法（溴化钾粒片法）］，测得扁平片金纬纱底

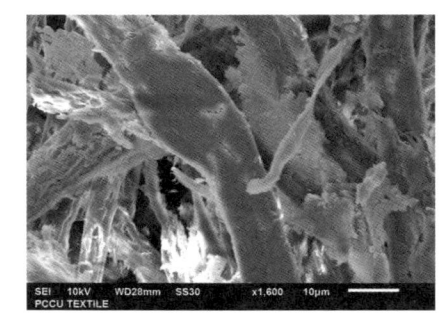

图7 扁平片金纬纱底衬SEM分析图

衬的光谱有机物分析图（图8）。由于判读比对数据库（多为现今常用之材质）中无雷同的光谱图形，唯其特性波数出现1376呈现近纤维素纤维1380之特征，可呼应SEM分析结果，但是仍然无法推估出金纬纱纸底衬的材质。

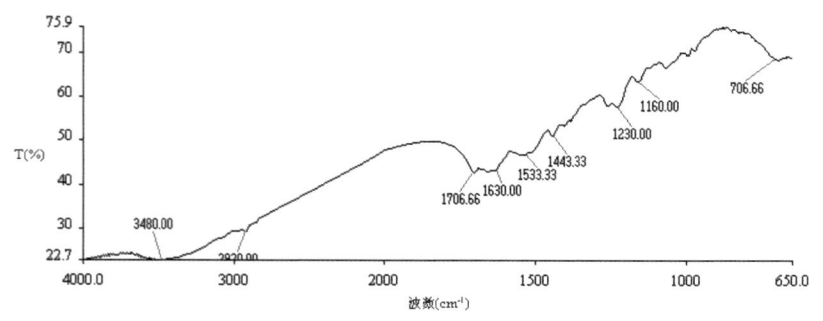

图8 扁平片金纬纱底衬的FTIR分析图

因为金纬纱常因纱线细与年代久远而在拆解的过程中出现断、散的现象，不易聚集足够纸底衬的量，故最后无法以燃烧法确认纸底衬材质。也由于不易取得更凸显了图8的珍贵性，据考证古织金的纸底衬在制造过程中乌金纸是关键品，它是用当年生的嫩竹制成纸浆、加上豆汁等、制成纸坯，再多次涂刷鱼胶及油烟、烘干，使其强度高并在孔隙间充满炭粒，通常使用前还要拍上滑石粉，以减少金箔延展时的阻力。[3]未来若是有相关材质的FTIR数据库能够提供比对，仍有可能判读出纸底衬的材质，进而成为考古之间接佐证资料。

中国图纹经常带着吉祥、祝贺之意，多数图纹皆运用熟悉的自然现象，以艺术手法表现美好祥瑞的图案，用以表达祝贺与情感。本块绿地云纹团花纹锦是以云纹为主要组成的团花构图，并在团花与团花间呈现火纹与如意纹的图饰。云为大自然中抬头可见之物，代表了神仙的坐骑，同时云还是雨之源，故云纹有着滋润万物之意[4]；云是中国图案上重要的装饰形象，古人在器皿、服饰上创造的云形层出不穷。[5]云纹在明代丝织纹样中应用最为广泛，除了和龙纹组成云龙图案外，也与八宝、八吉祥纹合构成复合图样，或单独作为主题纹样。[6]火则有着照耀光辉之意。如意纹则取其音与意的吉祥含义，此片织物所呈现的如意纹又与蒙古族重要图纹哈木尔云纹相似。[7]团花为中国传统图形，常出现在陶瓷、刺绣、剪纸与织物上，大部分的团花都有个中心点，纹样由中心向四方辐射开展。中心点表示个人的心愿，也就是祈求的主题意念；辐射的图样表示由此观照四面八方，期望事事顺畅无碍。[8]图9为绿地团花纹锦在团花与团花间之散云图纹的中心，出现以双如意云头所组成的吉祥图纹。

图9 双如意云头

绿地团花纹锦的织纹结构是以一浅草绿色经纱与三纬（浅草绿色地纬、宝蓝色与扁平片金纬纱）交织而成，浅草绿色经纱与浅草绿色地纬以二上一下右斜交织出浅草绿色的底纹，浅草绿色经纱又与宝蓝色纬纱以平纹、纬二重组织交织形成一暗蓝色图纹色块，浅草绿色经纱又与扁平片金纬纱以一上四下右斜纹、纬二重组织交织出显纬色的织纹。经纬纱交织的组织图（经密＝纬密）可对照图10。绿地团花纹锦60倍与150倍放大图见图11、图12。

二上一下右斜　　一上四下右斜
图10 经纬交织完全组织图

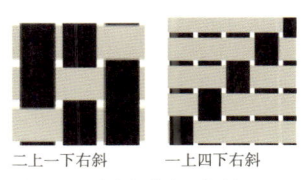

织金织物的扁平金纬纱与经纱交织时因其连续状态可分为挖梭织金或通梭织金，挖梭织金是在织造过程中金纬只依所需呈现金色的纹样来回盘织而成，并非以通幅之方式织入，现常以通经断纬称之。通梭织金是指金线以通幅织入织物。绿地团花纹锦则是属

图 11　绿地团花纹锦 60 倍放大图　　　图 12　绿地团花纹锦 150 倍放大图

图 13　绿地团花纹锦放大 60 倍照相图正面（左）反面（右）

于通梭织金。观察织片放大60倍的织纹实物交织图（图13），可得知以金线作纬时，通幅织入织片，在需要显金图纹时即上升至织物的表面，不需金图纹时则沉于织物的反面，这一种织法即为通梭织金织法。因金纬通贯全幅相对减少手工而提高了劳动生产率，因此在元代至明清通梭织金占主导的地位。[9,10]

由于只使用一种经纱，因此本块绿地团花纹锦的经纱与扁平金箔纬纱的交织属于地经接结。同时绿地团花纹锦之地经与扁平金箔纬纱以一上四下右斜纹纬二重交织，基本上隔经的隔数越大则片金浮长也呈现越长的现象，相对也增强了显金的效果。绿地团花纹锦因一上四下斜纹显现金纬纱浮长数为四，展现良好的显金效果。

织金织物中两个纬纱（地纬与金纬）的排列比例，常以日语中全越与半越表示，全越是指地纬与金纬的排列呈现比例为1：1，也就是说每织入一根地纬即织入一根金线纬纱，半越则是每织入两根地纬即织入一根金线纬纱，因此地纬与金纬的排列呈现比例为2：1。基本上纬密较大时，地纬纱相对也较细，因此一根金纬的宽度足以覆盖遮蔽二根地纬。但是当纬密较小也就是地纬较粗时，一根金纬的宽度则只足以覆盖遮蔽一根地纬。以实务考证下，纬密在30根/cm以上多采用半越，而纬密在30根/cm以下多采用全越。元以前的织金织物大都是以全越排列，到了明代则是全越与半越并存。[9,10] 此片绿地团花纹锦纬密在30根/cm以下，呈现1：1全越织造方式，符合此通则，由于片金纬纱的扁平外观呈现良好的覆盖性，即使地纬与片金纬纱以1：1时仍然呈现极佳遮蔽底纹与显花的效果。

参考文献

［1］刘治娟．丝绸的历史［M］．北京：新世纪出版社，2006：91.
［2］IvaRezic, LidijaCurkovic, MagdalenaUjevic. Simple Methods for Characterization of Metalsin Historical Textile Threads［J］. Elsevier Science:Talanta, 2010, Vol（82）:237-244.
［3］陈炳应，中国少数民族科学技术史丛书—纺织卷［M］．南宁：广西科学技术出版社，1996：633-635.
［4］陈正雄．清代宫廷服饰［M］．台北：台湾历史博物馆，2008：153.
［5］李祖定．中国传统吉祥图案［M］．上海：科学普及出版社，2003：56.
［6］王岩，罗青．万历帝后的衣橱—明定陵丝织集锦［M］．台北：东大书局，2005：8.
［7］刘琦．哈木尔图案［M］．南昌：江西美术出版社，2008.
［8］汉声大过新年展［J/OL］．［2011-2-8］．http://db.books.com.tw/activity/2005_ECHO/newyear/echo_newyear_03.htm.
［9］孙丽英，区秋明．中国古代织金丝织物织造方法初探［J］．浙江丝绸工学院学报，1993，10（3）：69-72.
［10］谭芳．织金织物和印金织物的沿革及异同［J］．山东纺织经济，2007（1）：71-74.

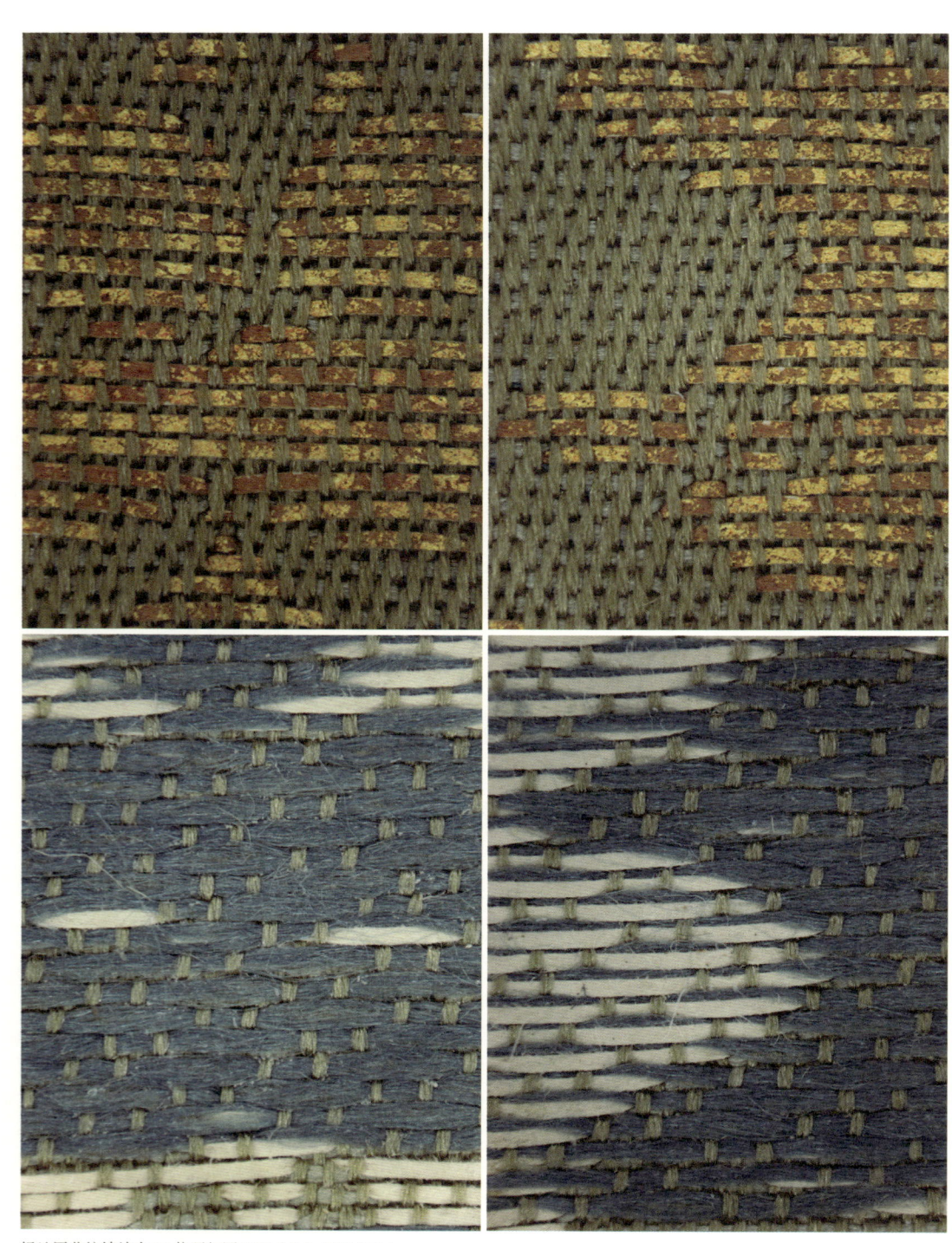

附绿地团花纹锦之细部织纹组织结构放大 60 倍与 150 倍图。

绿地团花纹锦放大 60 倍照相图正面（上）反面（下）

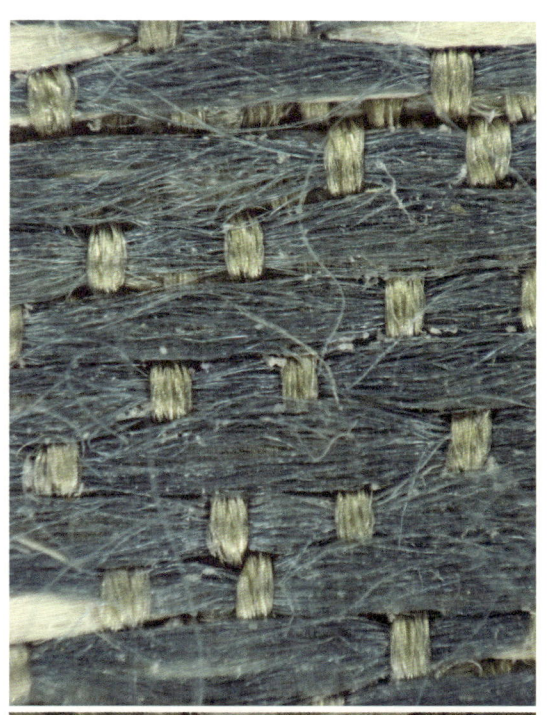

绿地团花纹锦放大150倍照相图正面（上）反面（下）

织金锦｜绿地团花纹锦

绿地团花纹锦放大 60 倍照相图

织金锦｜绿地团花纹锦

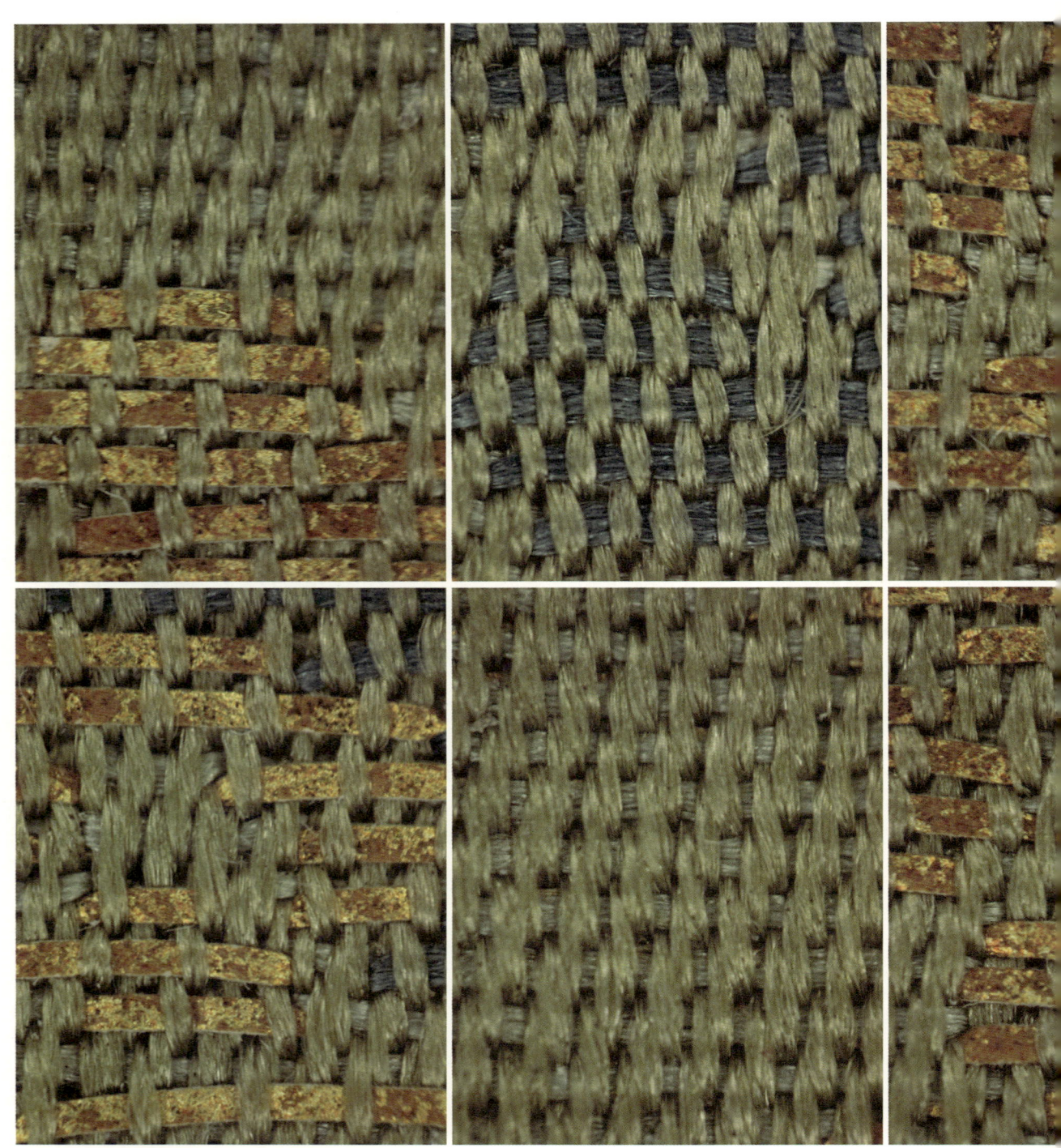

绿地团花纹锦放大 150 倍照相图

织金锦 ｜ 绿地团花纹锦

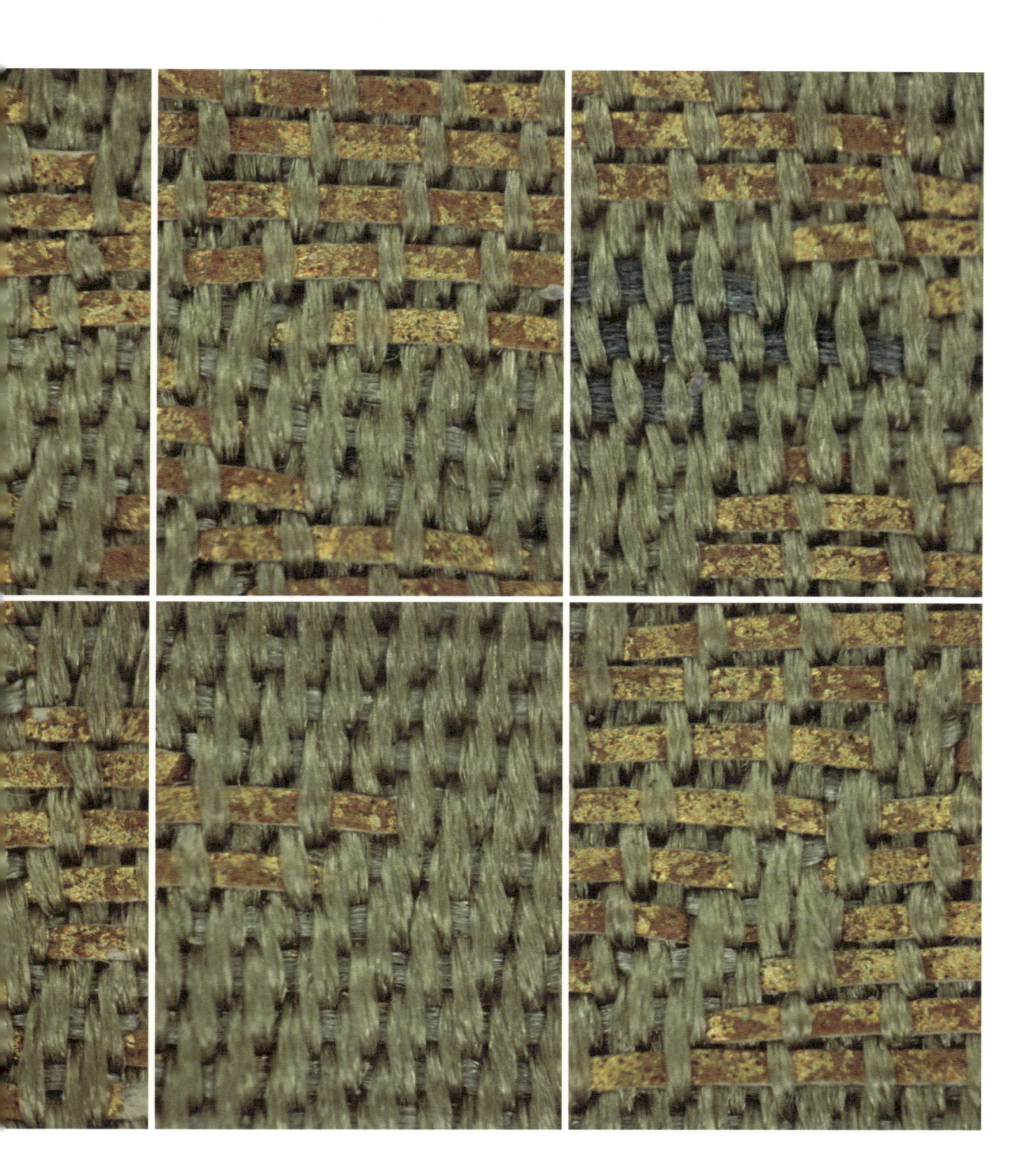

115

绿地缠枝牡丹花纹锦

图1 绿地缠枝牡丹花纹锦

绿地缠枝牡丹花纹锦是一通梭织金、全越织造方式并以特结经接结的织纹结构呈现的片金织物，呈现出以片金显现牡丹花与缠枝的纹饰构图，见图1。它采用两种经纱（粗草绿色地经、细黄色特结经）与两种纬纱（粗草绿色地纬与扁平片金纬纱）交织而成；呈现粗草绿色的底色，并以金箔显花，表现出牡丹花纹与藤蔓的装饰构图。

绿地缠枝牡丹花纹锦的织物结构为地经密192根／英寸、地纬密72根／英寸；经纱粗细为地经0.16mm、地纬0.19mm、特结经纱粗0.15mm、织金纬0.37mm。

经与CNS2339，L3050中"纤维之红外线吸收光谱主要吸收带及特性波数"的参数进行比对后，初步**判读地经与地纬材质测试结果的主要吸收带及特性波数接近熟蚕丝**，故再经由CNS2339（纤维混用率试验法 第1部：纤维鉴别）之燃烧法进行地经与地纬材质的判定。实验结果为地经与地纬纤维接近火焰时呈现卷曲状态；在火焰中呈卷曲状且着火燃烧，有燃烧毛发的臭味，残灰呈黑色膨胀状且易被压碎，**故判断地经与地纬材质为蚕丝**。特结经之FTIR在判读比对数据库中无雷同的光谱图形，故再经由金相显微镜拍摄（250倍率），结果见图2，符合CNS2339纤维鉴别第14页，麻的侧面外观和节状构造，故判读特结经的材质为麻，同时再经由CNS2339（纤维混用率试验法）第4、第2、第1节燃烧试验**判读确认特结经的材质为麻**。地经、地纬、特结经有机物分析结果见图3～图5。

图2 金相显微镜拍摄的特结经外观

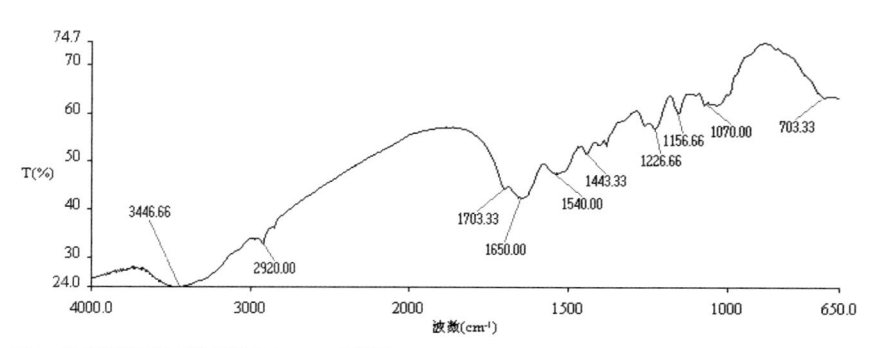

图3 绿地缠枝牡丹花纹锦地经之 FTIR 光谱图

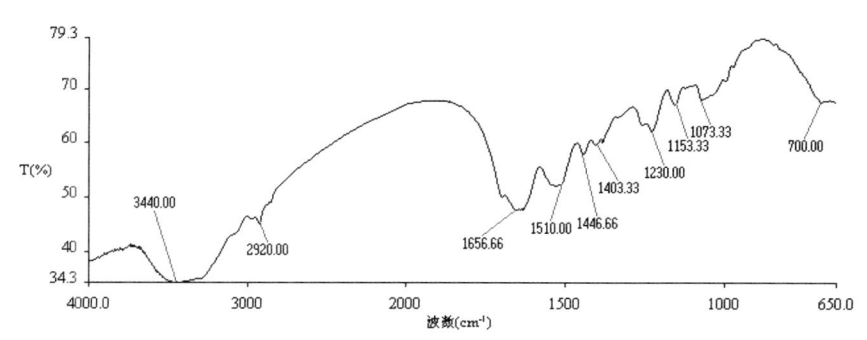

图4 绿地缠枝牡丹花纹锦地纬之 FTIR 光谱图

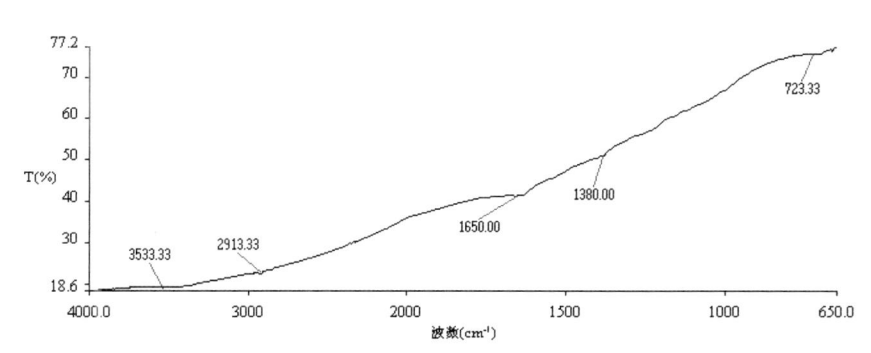

图5 绿地缠枝牡丹花纹锦特结经之 FTIR 光谱图

据考证古金箔织物的片金是先将黄金打成金箔，用纸或动物表皮作片金的背衬，经切割成扁平状的片金后，再与丝线交织出织金锦，因扁平片金较丝线阔粗，故可显出金光闪闪的装饰效果。[1]为了判定绿地缠枝牡丹花纹锦的扁平片金纬纱的表面金属材质，采用 EDS（Energy-Dispersive X-Ray Spectroscopy X 射线能量散射光谱仪）无机材质分析，EDS 无机材质分析是一非侵入性测量方式，常见于古织物的研究。[2] EDS 无机材质分析是取织品不同部位至少三处进行分析。由于织片年代久远，故于金箔显花处的金色多呈现脱落的现象，因此 EDS 无机分析图随着取样位置金剥落状况的不同而检测出不太相同的结果，金剥落较不严重处测出的扁平片金纬纱材质主要成分为金与铜，同时并检测出含有少量铝等，金剥落较严重处由于背衬的纸暴露在表面，即检测出扁平片

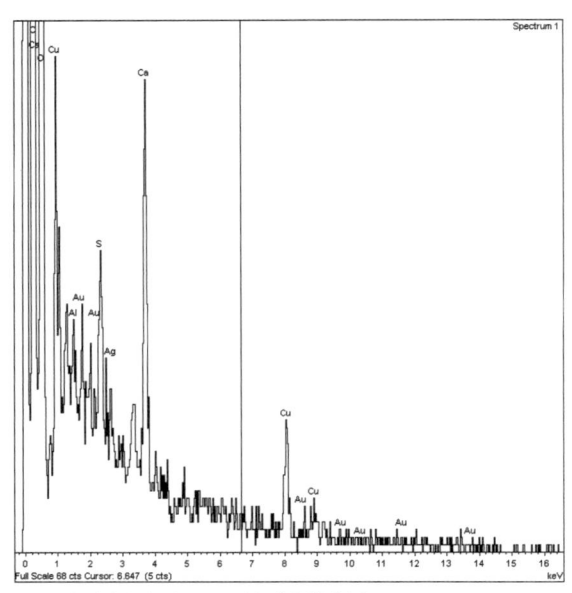

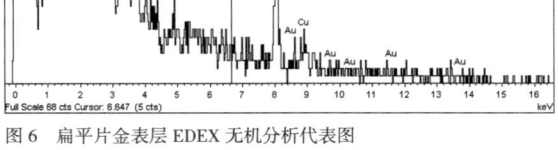

图6 扁平片金表层 EDEX 无机分析代表图

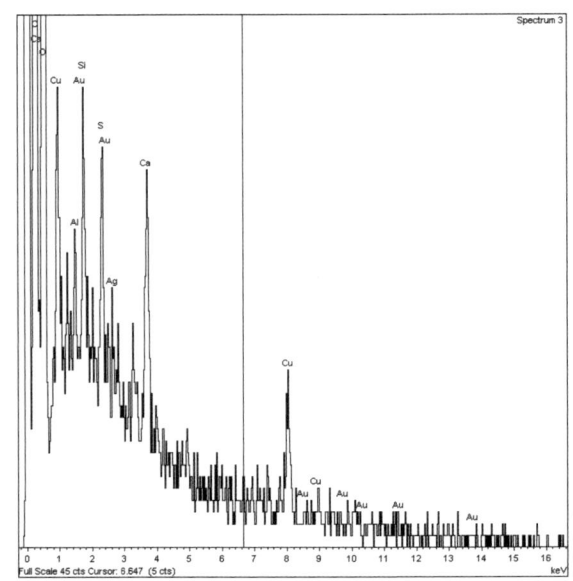

图7 扁平片金表层 EDS 无机分析代表图

金纬纱的材质主要成分则为碳与铜。由于在自然界纯金极少见，金的颜色为金黄色也随金杂质的含量而改变，如银与铂能使金的颜色变淡，铜能使金的颜色变深[3]，因此检测出结果虽含有铜等其他金属成分，但经由综合**判读绿地缠枝牡丹花纹锦扁平片金纬纱表面金属的材质，主要成分仍为金**，代表 EDS 无机分析图见图6、图7。

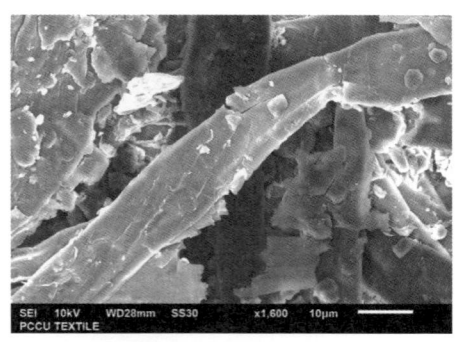

扁平片金纬纱的底衬经由与金箔剥离处理成功的分离后，再以 SEM 扫描式电子显微镜分析，结果见图8，可明显看出纤维状材质，再根据前述古片金制成考证资料**判读制作扁平片金纬纱底衬的材质为纸类材质**。

图8 扁平片金纬纱底衬 SEM 分析图

希望藉由 FTIR 分析再进一步检测金纬纱纸底衬的材质，测试过程仍参照 CNS 标准检验方法［红外线吸收光谱测定方法之 A 法（溴化钾粒片法）］，测得扁平片金纬纱底衬的光谱有机物分析图（图9）。由于判读比对数据库（多为现今常用的材质）中无雷同的光谱图形，唯其特性波数出现 1376 呈现近纤维素纤维 1370 之特征，可呼应 SEM 分析结果，但是仍然无法推估出金纬纱纸底衬的材质。由于金纬纱常因纱线细与年代久远而在拆解的过程中出现断、散的现象，不易聚集足够纸底衬的量，故最后无法以燃烧法确认纸底衬材质。也由于不易取得的因素更凸显了图9的珍贵性，据考证古织金的纸底衬在制造过程中乌金纸是关键品，它是用当年生的嫩竹制成纸浆、加上豆汁等、制成纸坯，再多次涂刷鱼胶及油烟、烘干，使其强度高并在孔隙间充满炭粒，通常使用前还要拍上滑石粉，以减少金箔延展时的阻力。[4]未来若是有相关材质的FTIR数据库能够提供比对，仍有可能判读出纸底衬的材质，进而成为考古的间接佐证资料。

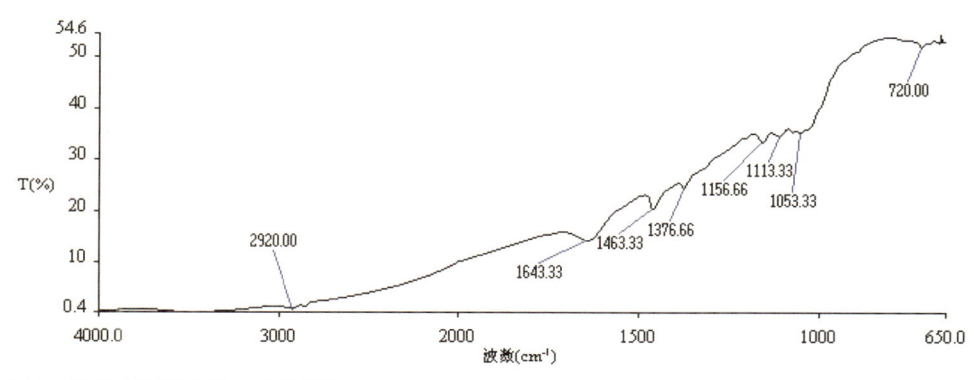

图9 扁平片金纬纱底衬的FTIR分析图

中国图纹经常带着吉祥、祝贺的意义，也常从植物形体本身来联想意义，以对自我的期许与植物生长的特性寻找共通特性[5]，牡丹为群芳之冠，绿地缠枝牡丹花纹锦中所呈现牡丹花装饰构图，即蕴含着富贵与荣华。[6]构成此织纹的结构是采用两种色经纱与两种色纬纱所交织而成。粗草绿色经纱与粗草绿色纬纱以二上一下右斜交织出草绿色的底纹，黄色特结经纱又与扁平片金纬纱以一上二下左斜通梭织金的方式交织出显金织纹。经纬纱交织的组织图（经密=纬密）可对照图10。

二上一下右斜　　一上二下左斜
图10 经纬交织完全组织图

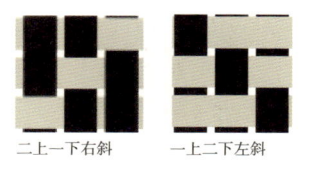

观察织片的织纹结构可清楚地看到以金线作纬时，通幅织入织片，在需要显金图纹时即上升至织物的表面，不需金图纹时则沉于织物的反面，这一种织法即为通梭织金织法。因金纬通贯全幅相对减少手工而提高了劳动生产率，因此在元代至明清通梭织金占主导的地位。[7,8]绿地缠枝牡丹花纹锦的织纹正反面放大图（图11），清楚地呈现了通缩织金与织纹结构特色。

绿地缠枝牡丹花纹锦使用了两种经纱（粗草绿色地经与细黄色特结经），每隔三根地经引入细黄色特结经一根与扁平金箔纬纱以一上二下左斜交织。因此绿地缠枝牡丹花纹锦的细黄色特结经纱与扁平金箔纬纱的交织是属于特结经接结。织金开始采用特结经与金线接结的技法据考证不会远于元代。[7,8]使用特结经与扁平金箔纬纱交织，克服了地经接结织金反面因金纬浮长过长所造成之凌乱状况。由于地经接结法织金的金线只在花纹处与地经产生交织，在无花纹处金线沉于织物的反面而呈现长的浮长，易造成背面凌乱的外观；特结经接结法无论在正面与反面都有特结经与扁平金箔纬纱相交织，因此在织物的背面不会呈现过长的浮长，同时在织物的反面呈现与正面图纹相反且完整的织物结构特色。

图11　绿地缠枝牡丹花纹锦放大照相图正面（左）反面（右）

以现代织纹结构分析，此片绿地缠枝牡丹花纹锦交织的方法是采用表里交换双面料的方式交织，表面的图案呈现粗草绿色经纱与粗草绿色纬纱以二上一下右斜所交织出草绿色的色块，细黄色经纱与扁平金箔纬纱以一上二下左斜交织出显金色块织纹（因为与扁平金箔纬纱所交织的经纱为一极细黄色之纱线，故交织后仍能完整的呈现金箔的色泽）。

织金织物的扁平金纬纱与经纱交织时因其连续状态可分为挖梭织金或通梭织金，挖梭织金是在织造过程中金纬只依所需呈现金色的纹样来回盘织而成，并非以通幅之方式织入，现常以通经断纬称之。通梭织金是指金线以通幅织入织物。绿地缠枝牡丹花纹锦则是属于通梭织金。织金织物中两个纬纱（地纬与金纬）的排列比例，常以日语中全越与半越表示，全越是指地纬与金纬的排列呈现比例为1∶1，也就是说每织入一根地纬即织入一根金线纬纱，半越则是每织入两根地纬即织入一根金线纬纱，因此地纬与金纬的排列呈现比例为2∶1。以实务考证下，纬密在30根/cm以上多采用半越，而纬密在30根/cm以下多采用全越。元以前的织金织物大都是以全越排列，到了明代则是全越与半越并存。[7,8] 此片绿地缠枝牡丹花纹锦纬密在30根/cm以下并呈现1∶1全越织造方式，符合此通则，由于片金纬纱之扁平外观呈现良好的覆盖性，因此即使地纬与片金纬纱以1∶1排列时，仍然呈现极佳遮蔽底纹与显花的效果。

参考文献

[1] 刘治娟. 丝绸的历史[M]. 北京：新世纪出版社，2006：91.
[2] IvaRezic, LidijaCurkovic, MagdalenaUjevic. Simple Methods for Characterization of Metalsin Historical Textile Threads[J]. Elsevier Science:Talanta, 2010, Vol（82）:237-244.
[3] 黄金里都有什么成分呢[J/OL]. http://wenwen.soso.com/z/q54735479.htm.
[4] 陈炳应. 中国少数民族科学技术史丛书—纺织卷[M]. 南宁：广西科学技术出版社，1996：633-635.
[5] 中国植物图纹的象征意涵[J/OL]. [2011-1-10]. http://s18982110.pixnet.net/blog/post/3844031.
[6] 陈雯雯，周晓鸣. 中式旗袍元素在当代服装设计中的应用与研究[C]. // 北京服装学院. 传承文化创意未来：2010年"中国概念＆创意产业"国际服饰文化及教育研讨会（ICCEC）论文集. 北京：中国纺织出版社，2010：19.
[7] 孙丽英，区秋明. 中国古代织金丝织物织造方法初探[J]. 浙江丝绸工学院学报，1993，10（3）：69-72.
[8] 谭芳. 织金织物和印金织物的沿革及异同[J]. 山东纺织经济，2007（1）：71-74.

附绿地缠枝牡丹花纹锦之细部织纹组织结构放大 60 倍与 150 倍图。

绿地缠枝牡丹花纹锦放大 60 倍照相图

织金锦 | 绿地缠枝牡丹花纹锦

123

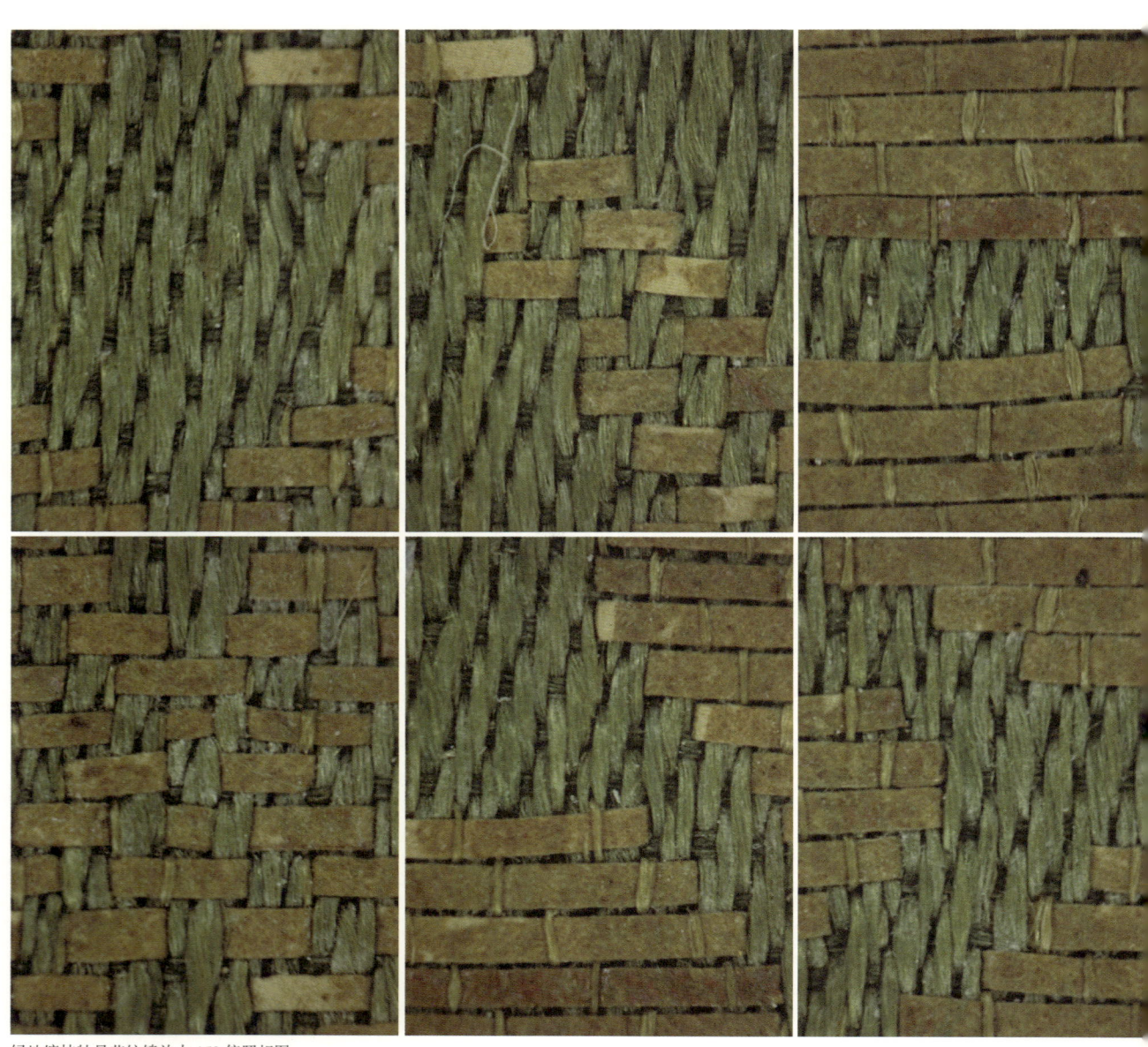

绿地缠枝牡丹花纹锦放大 150 倍照相图

织金锦 | 绿地缠枝牡丹花纹锦

125

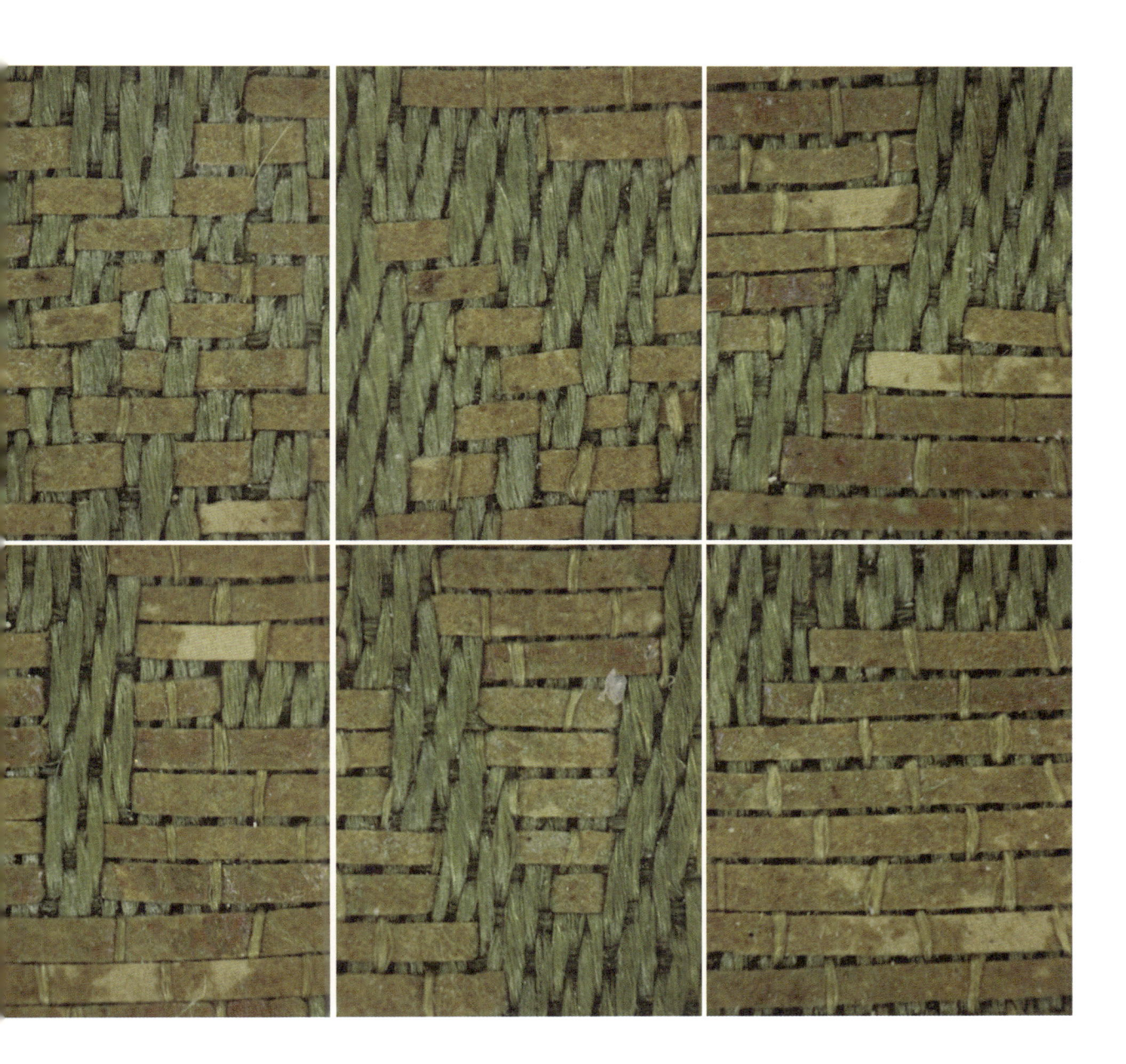

褐地万字花纹锦

图 1　褐地万字花纹锦

　　褐地万字花纹锦是一通梭织金并以特结经接结、全越的织纹结构组成的片金织物。它采用两种经纱（粗褐色地经与细米灰色特结经）与两种纬纱（粗暗草绿色地纬与扁平片金纬纱）交织而成，表现出卍字不断与抽象花叶纹之构图，见图 1。

　　褐地万字花纹锦的织造结构为地经密 168 根／英寸、地纬密 62 根／英寸；经纱粗细为地经 0.17mm、特结经 0.08mm、地纬 0.35mm、织金纬 0.26mm。

　　经与 CNS2339，L3050 中"纤维之红外线吸收光谱主要吸收带及特性波数"的参数进行比对后，**判读地经与地纬材质与蚕丝纤维类之光谱较为接近**（相关参数请参阅附录一），故再经由 CNS2339（纤维混用率试验法 第 1 部：纤维鉴别）之燃烧法进行地经与地纬材质的判定。实验结果为地经与地纬纤维在接近火焰时呈现卷曲状态；在火焰中呈卷曲状且着火燃烧，有燃烧毛发的臭味，残灰呈黑色膨胀状且易被压碎，**故判断地经与地纬材质为蚕丝**。特结经在判读比对后数据库中也无雷同的光谱图形，故再经由金相显微镜拍摄，结果见

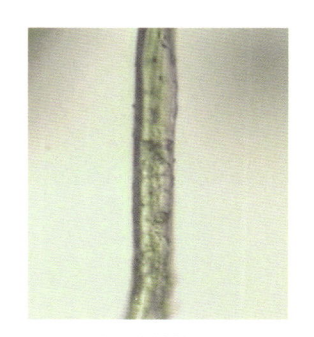

图 2　金相显微镜拍摄的特结经外观

图 2，符合 CNS2339 纤维鉴别第 14 页，麻的侧面外观和节状构造，故判读特结经的材质为麻，同时再经由 CNS2339（纤维混用率试验法 第 1 部：纤维鉴别）之燃烧法确

认**特结经的材质为麻**。褐地万字花纹锦的地经、地纬及特结经光谱有机物分析结果见图 3～图 5。

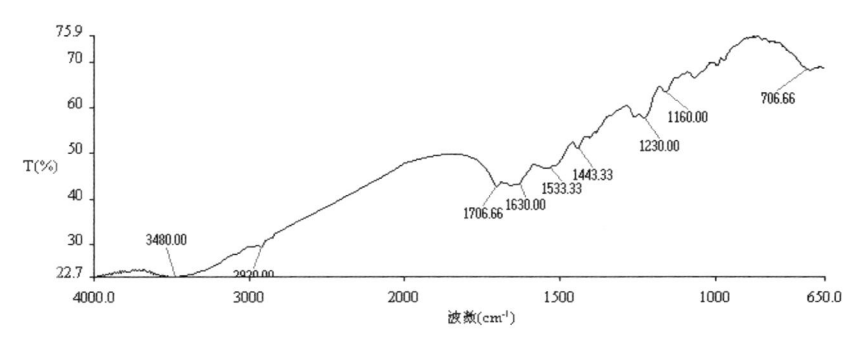

图 3　褐地万字花锦地经之 FTIR

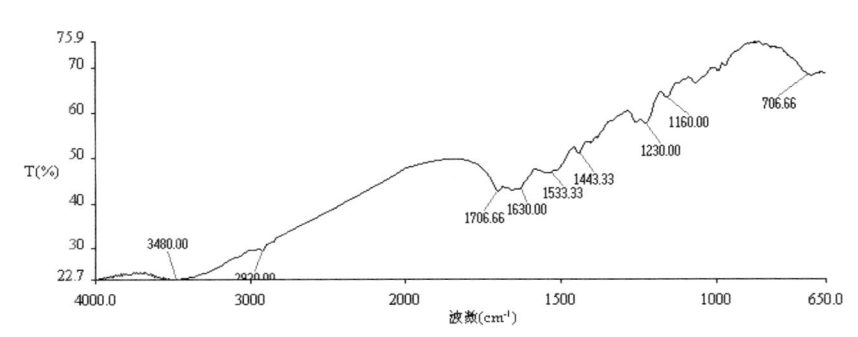

图 4　褐地万字花锦地纬之 FTIR

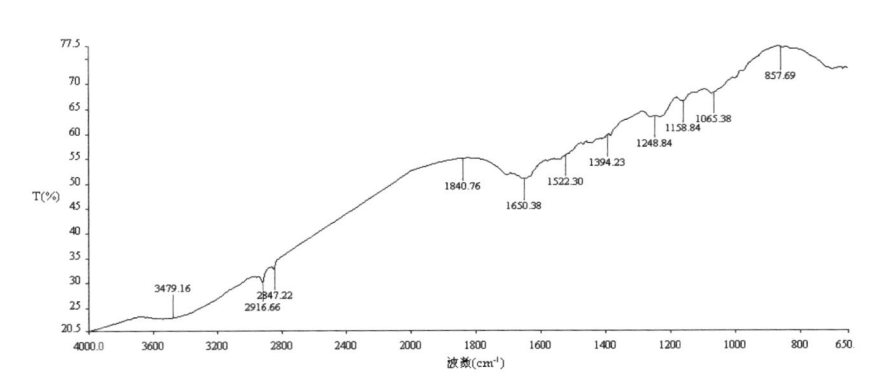

图 5　褐地万字花纹锦特结经之 FTIR

据考证古金箔织物的片金是先将黄金打成金箔，用纸或动物表皮作片金的背衬，经切割成扁平状的片金后，再与丝线交织出织金锦，因扁平片金较丝线阔粗，故可显出金光闪闪的装饰效果。[1] 为了判定褐地万字花纹锦扁平片金纬纱的材质而采用 EDS（Energy-Dispersive X-Ray Spectroscopy X 射线能量散射光谱仪）无机材质分析，EDS

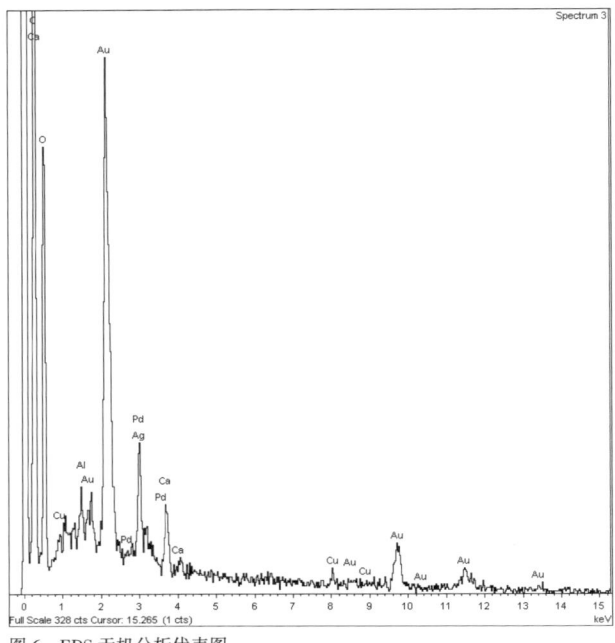

图6 EDS无机分析代表图

无机材质分析是一非侵入性测量方式，常见于古织物的研究。[2] EDS无机材质分析是取织品不同部位至少三处进行分析，经由综合判读褐地万字花纹锦扁平片金纬纱表面金属的材质主要成分为金，EDS无机分析代表图见图6。

扁平片金纬纱的底衬经由与金箔剥离处理成功的分离后，再以SEM扫描式电子显微镜分析，结果见图7，可明显看出纤维状材质，再根据前述古片金制程考证资料**判读制作褐地万字花纹锦的扁平片金纬纱底衬的材质应为纸类材质**。中国古时造纸经历采用各种不同植物纤维为原料，最后发现，真正适合造纸的植物，必须是纤维素丰富、供应不乏、容易处理，且价格低廉的材料。其中含有较多长纤维素的大麻尤为其中的上选。[3,4]

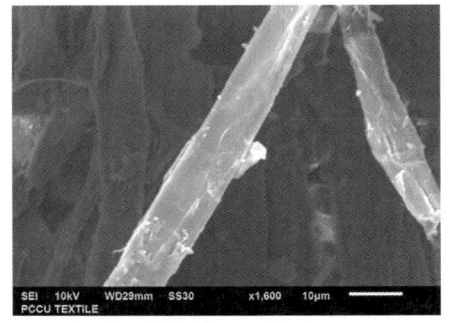

图7 扁平片金纬纱底衬SEM分析图

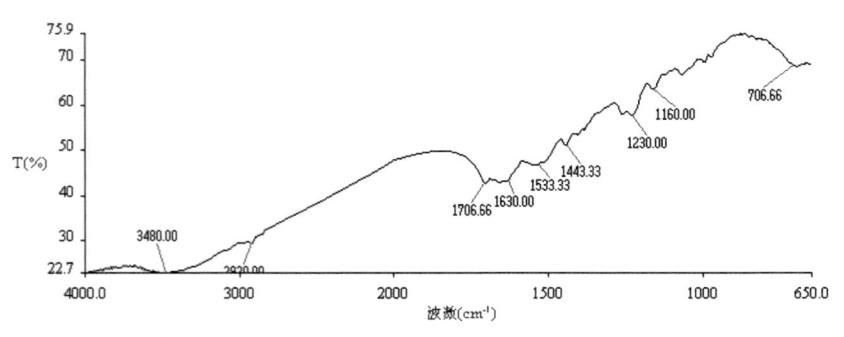

图8 扁平片金纬纱底衬的FTIR分析图

因此希望藉由FTIR分析再进一步检测金纬纱纸底衬的材质，测试过程仍参照CNS 2339标准检验方法［红外线吸收光谱测定方法之A法（溴化钾粒片法）］，测得扁平片金纬纱底衬的光谱有机物分析图（图8）。由于判读比对数据库（多为现今一般常用之材质）中无雷同的光谱图形，因此无法判读出褐地万字花纹锦金纬纱纸底衬的材质。因为金纬纱常因材质细与年代久远而在拆解的过程中出现断、散的现象，不易聚集足够纸底衬的量，故最后无法以燃烧法确认纸底衬材质。也由于不易取得更凸显了图 8 的珍贵性。据考证古织金的纸底衬在制造过程中乌金纸是关键品，它是用当年生的嫩竹制成纸浆、加上豆汁等、制成纸坯，再多次涂刷鱼胶及油烟、烘干，使其强度高并在孔隙间充满炭粒，通常使用前还要拍上滑石粉，以减少金箔延展时的阻力。[5] 未来若是有相关材质的 FTIR 数据库能够提供比对，仍有可能判读出纸底衬的材质，进而成为考古的间接佐证资料。

褐地万字花纹锦采用粗褐色地经、细米灰色特结经与粗暗草绿色地纬、扁平片金纬纱交织而成，由于地经纱密度高于地纬，故地经、地纬交织后多呈现褐色地经的底纹，特结经与地纬、扁平片金纬交织则表现出卍字不断与抽象花叶纹的显花构图。褐地万字花纹锦所呈现抽象卍字不断也与回纹外观相近；中国佛教对"卍"字的译释也不尽一致，北魏时期的一部经书把它译成"万"字，唐代玄奘等人将它译成"德"字，强调佛的功德无量，唐代女皇帝武则天又把它定为"万"字，意思是集天下一切吉祥功德。"卍"字有两种写法，一种是右旋"卍"，一种是左旋"卐"，两种都应该被采用。佛家大多认为应以右旋为准，因为佛教以右旋为吉祥，佛家举行各种佛教仪式都是右旋进行的。[6] 它是一个具有神秘色彩并被佛教徒视为吉祥和功德的符号。图纹"卍"字表示平安，卍字不断有家族、庙中之香烟绵延不断的含义[7]。

中国的皇帝和皇后所使用的丝织物中即常以卍字为图纹，比如说皇帝所使用丝织物除了使用 12 章纹样外，还常配有卍字、寿字、蝙蝠和如意云作为地纹，寓意"万寿洪福"。[8] 在明十三陵之定陵（明神宗万历皇帝与其两后的陵墓）出土的古丝织物中，即出现一些有着卍字为图纹的美丽织品，万历帝棺内出土的织金奔兔纱匹料，以奔兔、无极纹、卍字和灵芝组成的图案，寓意"万寿无极"；如意纹绸绣四团龙补交领龙袍，纹样由四个如意云头组成柿蒂形，在其中心是一古钱，钱心又饰一卍字，"柿"谐音"事"，寓意"万古事事如意"（图 9）；缂丝龙云肩通袖龙襕交领夹龙袍，纹样由海水、海螺、如意云、卍字、飘带、瓶、银锭和方胜组成，寓意"万代吉祥，平安如意"（图 10）。另一件织金万寿福喜缎缂丝八团龙圆领夹龙袍，地纹以带、磬、双鱼、如意云、卍字、蝙蝠、长圆形寿字相组合，寓意"万代吉庆有余，福寿长远"之意。孝端后棺内出土的织金妆花绸缂丝云龙方补方领女夹衣，以鹿、灵芝捧寿、蝙蝠和卍字组成图案，寓意"万寿福禄"（图 11）。[9]

图 9　柿蒂形纹样

图10 寓意"万代吉祥，平安如意"纹样　　图11 寓意"万寿福禄"纹样

褐地万字花纹锦底纹图案也接近回纹纹样，由于回纹也被民间称为是"富贵不断头"的一种纹样，因此也与卍字不断的图纹含义相近；它是由古代陶器和青铜器上的雷纹衍化而来，因为它是由横竖短线折绕组成的方形或圆形的回环状花纹，形如"回"字，所以称作回纹，寓意"连绵不断，子孙万代，吉利深长，富贵不断头"。回纹图案在明清的织绣、地毯、木雕、瓷器和建筑装饰上到处可见，主要用作边饰或底纹，富有整齐、划一而丰富的效果。织锦纹样中有把回纹以四方连续组合的，俗称为"回回锦"。[10] 此底纹图案为中国传统纹样，雷同的底纹图案也出现在新疆博物馆典藏之宋代宝蓝地大天华锦（图12）[11] 与新疆博物馆典藏之明代褐白格子华双面锦上（图13）。[12]

图12 宝藏地大天华锦　　图13 褐白格子华双面锦正面（左）反面（右）

褐地万字花纹锦的织纹结构是粗褐色地经与粗暗草绿色地纬，以二上一下经面左斜纹且经纱密度高于纬纱交织出显经色的褐色底纹，细米灰色特结经纱则与扁平片金纬纱以平纹通梭织金的方式交织出显金抽象花叶织纹，细米灰色特结经纱又与粗暗草绿色地纬以平纹织纹显现卍字不断与抽象花叶外框的图纹。经纬纱交织的组织图（经密 = 纬密）可对照图 14。观察放大 60 倍的织纹实物交织图即清楚地呈现二经二纬相互交织的状况，由于纱线光影的影响，似乎出现一深褐色之纬纱与粗褐色地经交织（图 15），经由观察放大 150 倍的织纹实物交织图清楚地呈现，褐色底纹处是以粗褐色经纱与粗暗草绿色地纬的交织结果（图 16）。同时也可清楚地看到以金线作纬时，通幅织入织片，在需要显金图纹时即上升至织物的表面，不需金图纹时则沉于织物的反面，这一种织法即为通梭织金织法。因金纬通贯全幅相对减少手工而提高了劳动生产率，因此在元代至明清通梭织金占主导的地位。[13,14]

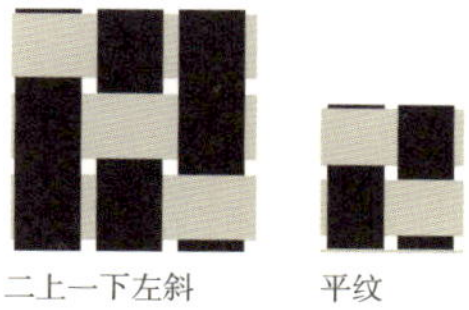

二上一下左斜　　平纹
图 14　经纬交织完全组织图

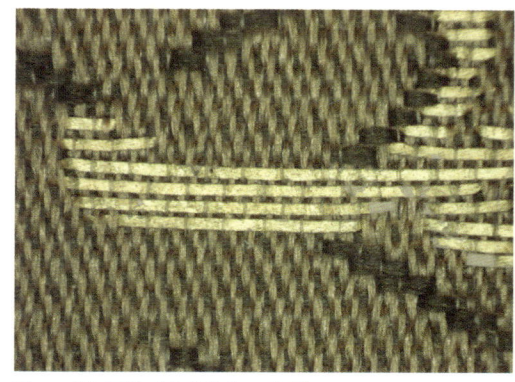

图 15　褐地万字花纹锦放大 60 倍图 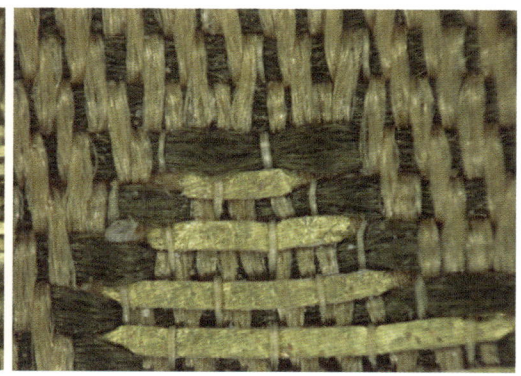　　　图 16　褐地万字花纹锦放大 150 倍图

褐地万字花纹锦使用了两种经纱（粗褐色地经与细米灰色特结经），故本块褐地万字花纹锦的细米灰色特结经纱与扁平金箔纬纱的交织属于特结经接结。每隔三根地经引入细米灰色特结经一根并与扁平金箔纬纱以平纹交织。使用特结经与扁平金箔纬纱交织时，可克服地经接结织金背面因金纬浮长过长所造成之凌乱状况。反之地经接结法织金的扁平片金纬纱只在花纹处与地经产生交织，在无花纹处扁平片金纬纱沉于织物的反面而呈现长的浮长，易造成背面凌乱的外观。织金开始采用特结经与金线接结之技法据考证不会远于元代。[13,14]

织金织物中两个纬纱（地纬与金纬）的排列比例，常以日语中全越与半越表示，全越是指地纬与金纬的排列呈现比例为 1∶1，也就是说每织入一根地纬即织入一根金线纬纱，半越则是每织入两根地纬即织入一根金线纬纱，因此地纬与金纬的排列呈现比例为 2∶1。基本上纬密较大时，地纬纱相对也较细，因此一根金纬的宽度足以覆盖遮蔽二根地纬。但是当纬密较小也就是地纬较粗时，一根金纬的宽度则只足以覆盖遮蔽一根地纬。经实务考证，纬密在 30 根 /cm 以上多采用半越，而纬密在 30 根 /cm 以下多采用全越。元以前的织金织物大都是以全越排列，到了明代则是全越与半越并存。[13,14] 褐地万字花纹锦纬密在 30 根 /cm 以下，并呈现 1：1 全越织造方式，符合此通则，由于褐地万字花纹锦的扁平金纬纱与地纬比较稍细，无法完全覆盖地纬，但是经由织纹与密度的配合，即使地纬与片金纬纱以 1：1 排列时仍然呈现极佳的显花效果。因此褐地万字花纹锦仍然呈现相当好的显金图纹效果。

参考文献

[1] 刘治娟. 丝绸的历史 [M]. 北京：新世纪出版社，2006：91.
[2] IvaRezic, LidijaCurkovic, MagdalenaUjevic. Simple Methods for Characterization of Metalsin Historical Textile Threads [J]. Elsevier Science:Talanta, 2010, Vol（82）:237-244.
[3] 潘吉星. 中国造纸史话 [M]. 北京：新华书店，1998：1-20.
[4] 中华科技，蔡侯纤纸，造纸术的传播，古代的造纸过程 [J/OL]. [2011-7-16]. http://epaper.nstm.gov.tw/chinascience/E/e-index.html.
[5] 陈炳应. 中国少数民族科学技术史丛书—纺织卷 [M]. 南宁：广西科学技术出版社，1996：633-635.
[6] 卍字解 [J/OL]. [2011-1-20]. http://baike.baidu.com/view/722355.htm.
[7] 吉祥图案 [J/OL]. [2011-1-20]. http://ee.tcc.edu.tw/08community/dajiamazu/htm/c3-6.htm.
[8] 王岩，罗青. 万历帝后的衣橱 – 明定陵丝织集锦 [M]. 台北：东大书局，2005：7.
[9] 王岩，罗青. 万历帝后的衣橱 – 明定陵丝织集锦 [M]. 台北：东大书局，2005：9-10.
[10] 回纹寓意深长，文化绵延不断 [J/OL]. [2010-2]. http://www.huaweigroup.com/bencandy.php?fid=51&id=620.
[11] 武敏着，刘良佑. 织绣，中华古文物鉴藏系列 [M]. 台北：幼狮文化，1992：180.
[12] 武敏着，刘良佑. 织绣，中华古文物鉴藏系列 [M]. 台北：幼狮文化，1992：226.
[13] 孙丽英，区秋明. 中国古代织金丝织物织造方法初探 [J]. 浙江丝绸工学院学报，1993, 10（3）：69-72.
[14] 谭芳. 织金织物和印金织物的沿革及异同 [J]. 山东纺织经济，2007（1）：71-74.

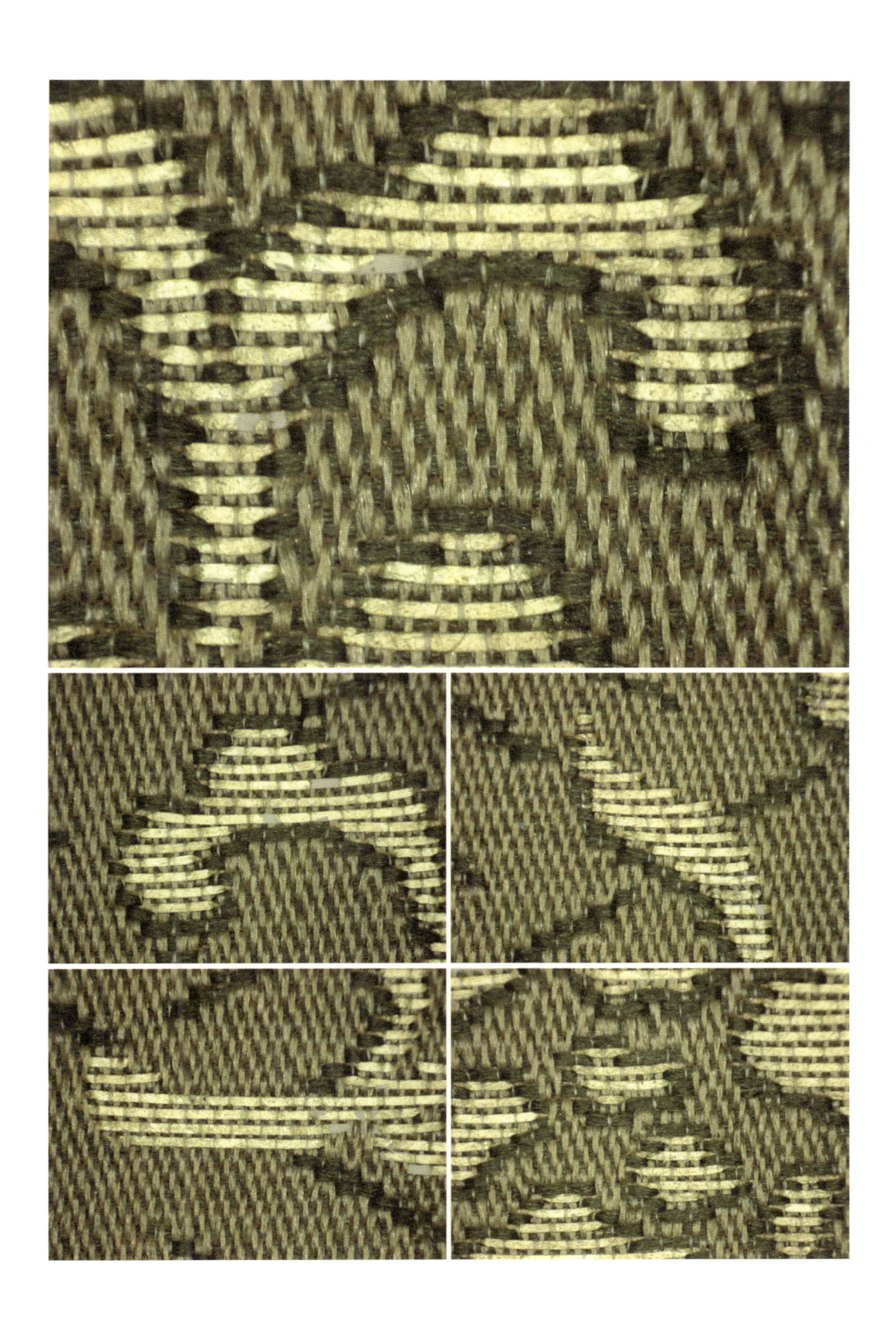

附褐地万字花纹锦之细部织纹组织结构放大 60 倍与 150 倍图。

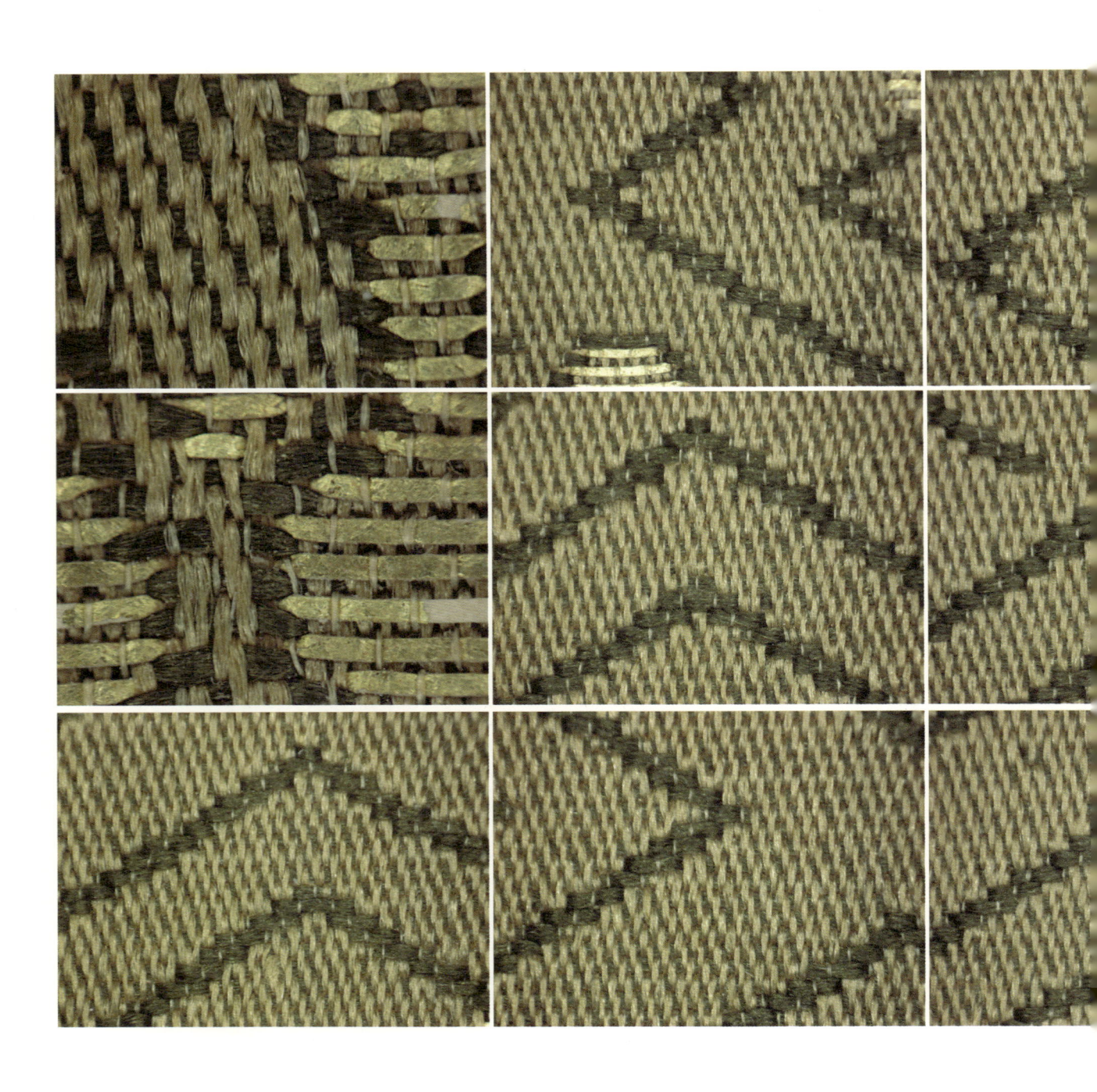

附褐地万字花纹锦之细部织纹组织结构放大 60 倍与 150 倍图。

织金锦　褐地万字花纹锦

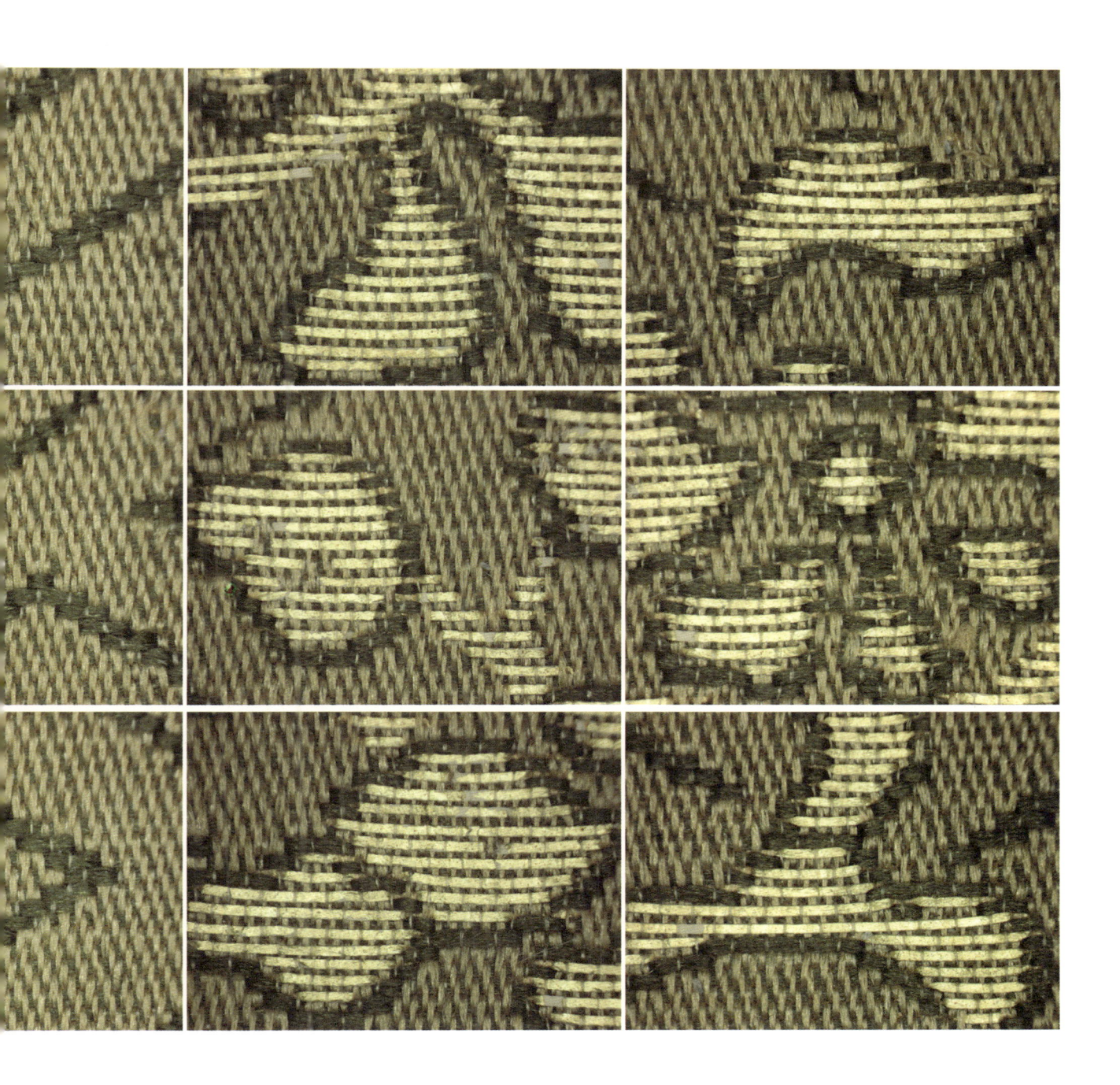

135

附褐地万字花纹锦及细部织纹组织结构放大 150 倍图。

织金锦 | 褐地万字花纹锦

宝相双迭花织锦残片

图1 宝相双迭花织锦残片及放大图

宝相双迭花织锦残片是一通梭织金并以地经接结、全越的织纹结构呈现的片金织物。由扁平片金纬纱表现出宝相双迭花织锦残片的织纹图案。由于此织片年代久远，故以仅存之数片条状残片聚集呈现，见图1。

宝相双迭花织锦残片的织造结构为经密255根／英寸、地纬密72根／英寸；经纱粗细为地经0.14mm、地纬0.23mm、织金纬0.33mm。

宝相双迭花织锦残片的地经、地纬光谱有机物分析结果见图2、图3，经与CNS2339，L3050中"纤维之红外线吸收光谱主要吸收带及特性波数"的参数进行比对后，**判读地经与地纬材质与蚕丝纤维类的光谱较为接近**（相关参数请参阅附录一），故再经由CNS2339（纤维混用率试验法 第1部：纤维鉴别）之燃烧法进行地经与地纬材质的判定。实验结果为地经与地纬纤维在接近火焰时呈现卷曲状态；在火焰中呈卷曲状且着火燃烧，有燃烧毛发的臭味，残灰呈黑色膨胀状且易被压碎，**故判断地经与地纬材质为蚕丝**。

据考证古金箔织物的片金是先将黄金打成金箔，用纸或动物表皮作片金的背衬，经切割成扁平状的片金后，再与丝线交织出织金锦，因扁平片金较丝线阔粗，故可显出金光闪闪的装饰效果。[1]为了判定宝相双迭花织锦残片扁平片金纬纱的材质，采用EDS（Energy-Dispersive X-Ray Spectroscopy X射线能量散射光谱仪）无机材质分析，EDS无机材质分析是一非侵入性测量方式，常见于古织物的研究，[2]EDS无机材质分析是取织品不同部位至少三处进行分析，经由综合判读宝相双迭花织锦残片的扁平片金纬纱表面金属的材质主要成分为金，代表EDS无机分析图见图4。

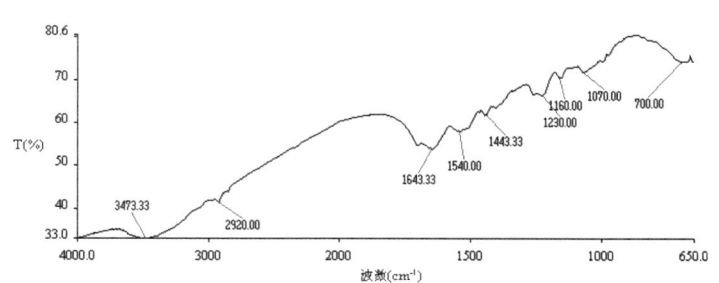

图2 宝相双迭花织锦地经之FTIR

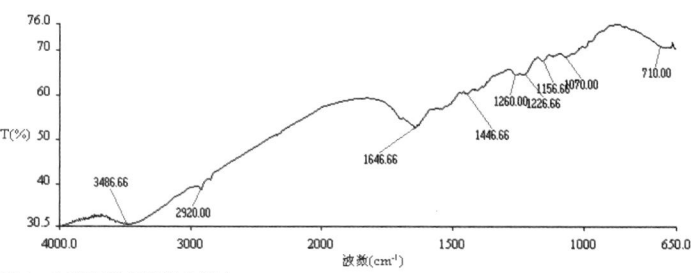

图3 宝相双迭花织锦地纬之FTIR

扁平片金纬纱底衬的材质经由将底衬材质与金箔剥离处理取出后，以SEM扫描式电子显微镜分析，结果见图5，可明显看出纤维状材质，故初期判读制作扁平片金纬纱底衬的材质为纸类材质；中国古时造纸经历采用各种不同植物纤维为原料，最后发现，真正适合造纸的植物，必须是纤维素丰富、供应不乏、容易处理，且价格低廉的材料。其中含有较多长纤维素的大麻尤为其中的上选。[3,4]因此再进行与测量地经地纬完全相同的FTIR检测分析，依照CNS国家标准搭配溴化钾依比例研磨测试样本，可测得扁平片金纬纱底衬的光谱有机物分析图（图6），将图6的FTIR特征波峰值与大麻实物所测得的FTIR特征波峰值（图7）进行比对，图6中扁平片金纬纱底衬的波形与大麻的特征波峰与波形无法符合。

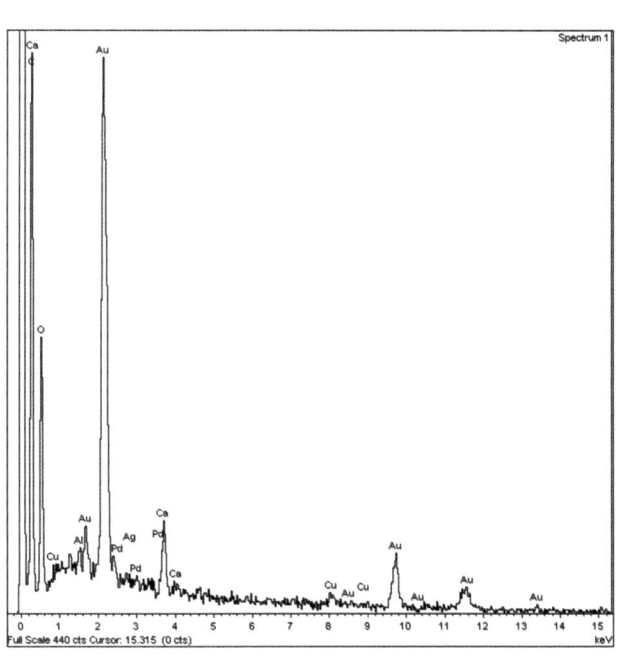

图4 EDS无机分析代表图

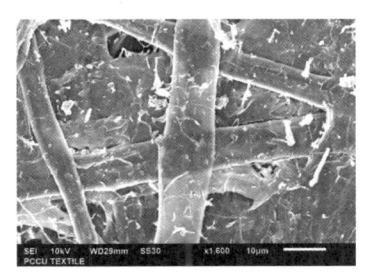

图5 扁平片金纬纱底衬SEM分析图

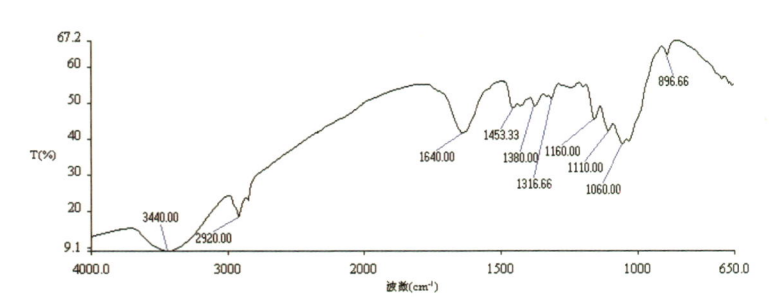

图6 扁平片金纬纱底衬的FTIR分析图

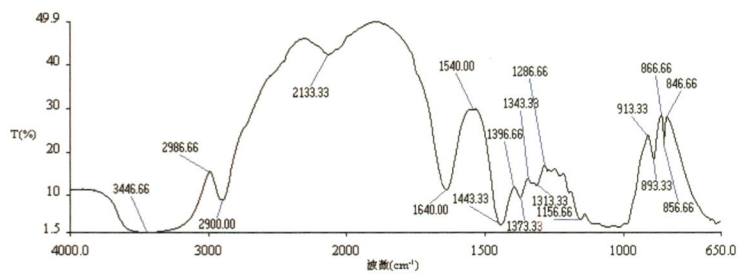

图7 大麻的FTIR分析图

在元代时麻布已为民间一种普遍的染织品，元代王祯《衣书》亦记载，苎麻制作技术的进步[5]，故再根据CNS2339"附录一各种纤维之红外线吸收光谱主要吸收带及特征波数"与苎麻进行比对，发现扁平片金纬纱底衬与苎麻的主要吸收带及特征波数较为符合（详细比对见表1），判读制作本块扁平片金纬纱底衬的材质应为麻类，若再细分时则与苎麻特征波数最为接近。

表1 FTIR特性波数比对表　　　　　　　　　　　　　　　　单位：cm⁻¹

纤维名称	主要吸收带及特性波数
大麻	3446　2900　2133　1640　1443　1373　1156
苎麻	3400~3350　2900　1630　1430　1370　1100~970　550
本片织金锦	3440　2920　1640　1453　1380　1060

宝相双迭花织锦残片是采用一浅米褐色经纱与两种纬纱（浅米褐色地纬与扁平片金纬纱）交织而成；它呈现浅米褐色的底色，并以金箔显花表现出宝相双迭花装饰构图，此种双迭花织构图常出现在花瓶织图饰上。

五枚三飞经面缎纹　　一上二下右斜

图8 经纬交织完全组织图

宝相双迭花织锦残片织纹结构是一纬二重织物，其浅米褐色经纱与浅米褐色纬纱以五枚三飞经面缎纹交织出浅米褐色的底色，浅米褐色经纱又与扁平片金纬纱以一上二下右斜纬二重组织的结构交织出显金织纹的图案。经纬纱交织的组织图（经密＝纬密）可对照图8。观察织片的织纹结构放大60倍的正反面图（图9）可清楚地看到以金线作纬时，通幅织入织片，在需要显金图纹时即上升至织物的表面，不需金图纹时则沉于织物的反面，此时无花纹处金线沉于织物的反面而于织物反面呈现长的浮长，由于扁平片金的金箔只加工于片金的正面，因此观察织物的反面时扁平片金即呈现无金箔的扁平片金底衬的浮长，这一种织法即为通梭织金织法。因金纬通贯全幅相对减少手工而提高了劳动生产率，因此在元代至明清通梭织金占主导的地位。[5,6]

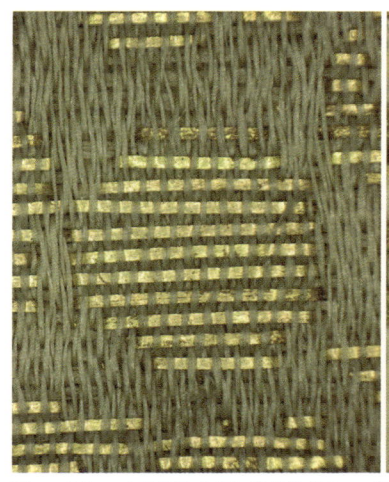

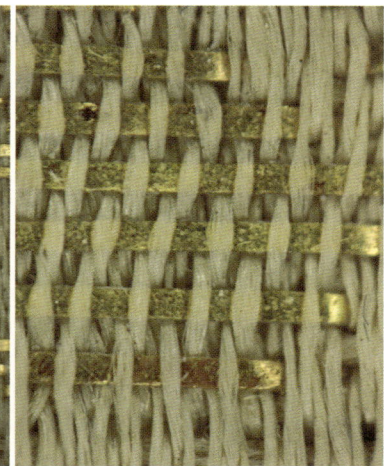

图9 宝相双迭花织锦残片织纹结构放大60倍图正面（左）反面（右）

由于只使用一种经纱，因此本块宝相双迭花织锦的经纱与扁平金箔纬纱的交织属于地经接结。显金处每隔三根有一根地经与扁平金箔纬纱交织出一上二下右斜纹，基本上隔经的隔数越大则金纬浮也呈现越长的现象，也使得显金效果大大的增强。

织金织物中两个纬纱（地纬与金纬）的排列比例，可直接以日语中全越与半越表示，全越是指地纬与金纬的排列呈现比例为1∶1，也就是说每织入一根地纬即织入一根金线纬纱，半越则是每织入两根地纬即织入一根金线纬纱，因此地纬与金纬的排列呈现比例为2∶1。以实务考证下，纬密在30根/cm以上多采用半越，而纬密在30根/cm以下多采用全越。元以前的织金织物大都是以全越排列，到了明代则是全越与半越并存[5,6]。此片宝相双迭花织锦残片纬密在30根/cm以下，呈现1∶1全越织造方式，符合此通则，由于片金纬纱的扁平外观呈现良好的覆盖性，因此片金纬纱呈现极佳遮蔽地纬底纹与显花的效果。

参考文献

[1] 刘治娟. 丝绸的历史 [M]. 北京：新世纪出版社，2006：91.
[2] IvaRezic, LidijaCurkovic, MagdalenaUjevic. Simple Methods for Characterization of Metalsin Historical Textile Threads [J]. Elsevier Science:Talanta, 2010, Vol（82）:237-244.
[3] 潘吉星. 中国造纸史话 [M]. 北京：新华书店，1998：1-20.
[4] 中华科技，蔡侯纤纸，造纸术的传播，古代的造纸过程 [J/OL]. [2011-7-16]. http://epaper.nstm.gov.tw/chinascience/E/e-index.html.
[5] 吴淑生，田自秉. 中国染织史 [M]. 上海：上海人民出版社，1986：221.
[6] 谭芳. 织金织物和印金织物的沿革及异同 [J]. 山东纺织经济，2007（1）：71-74.

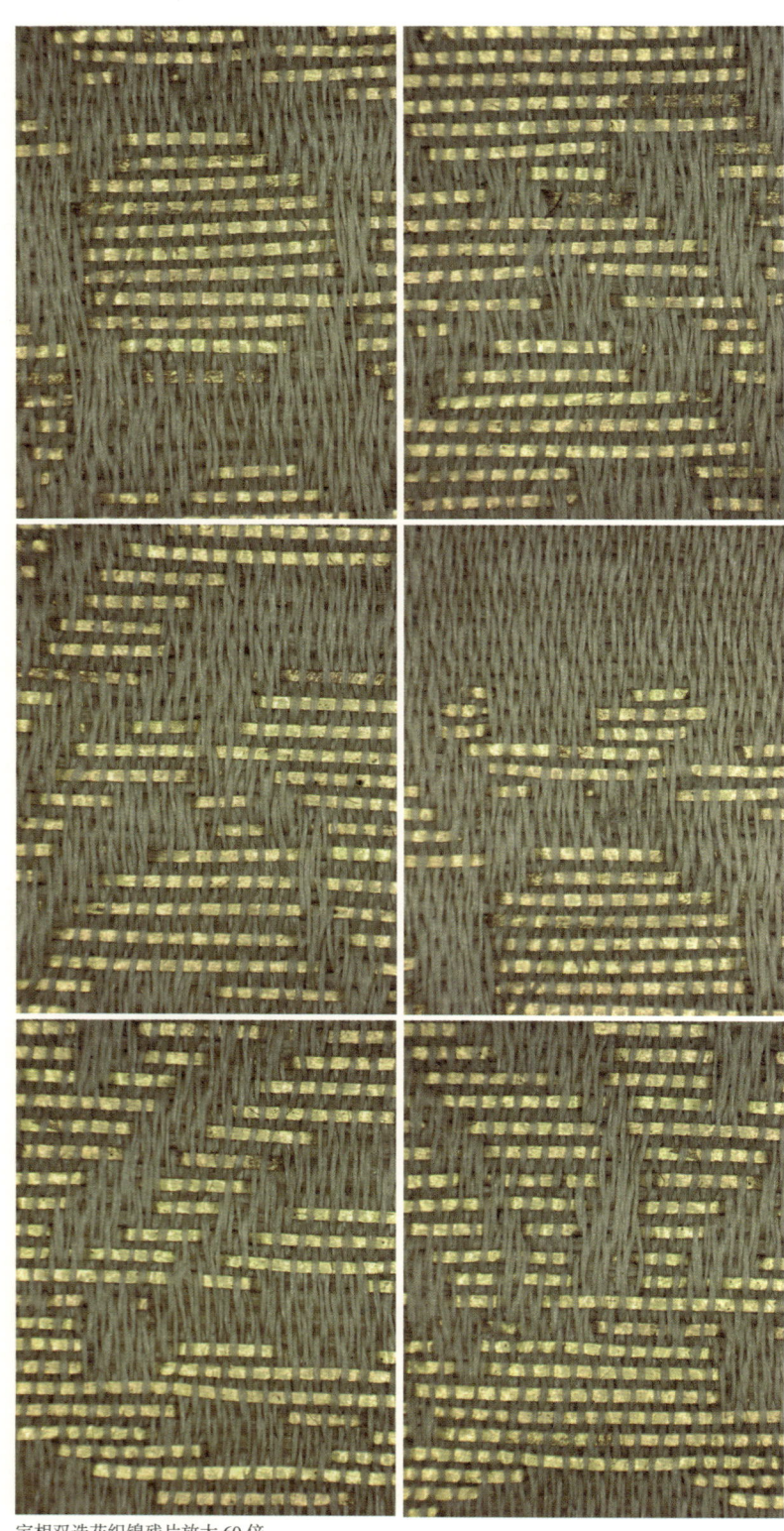

附宝相双迭花织锦残片之细部织纹组织结构放大 60 倍与 150 倍图。

宝相双迭花织锦残片放大 60 倍

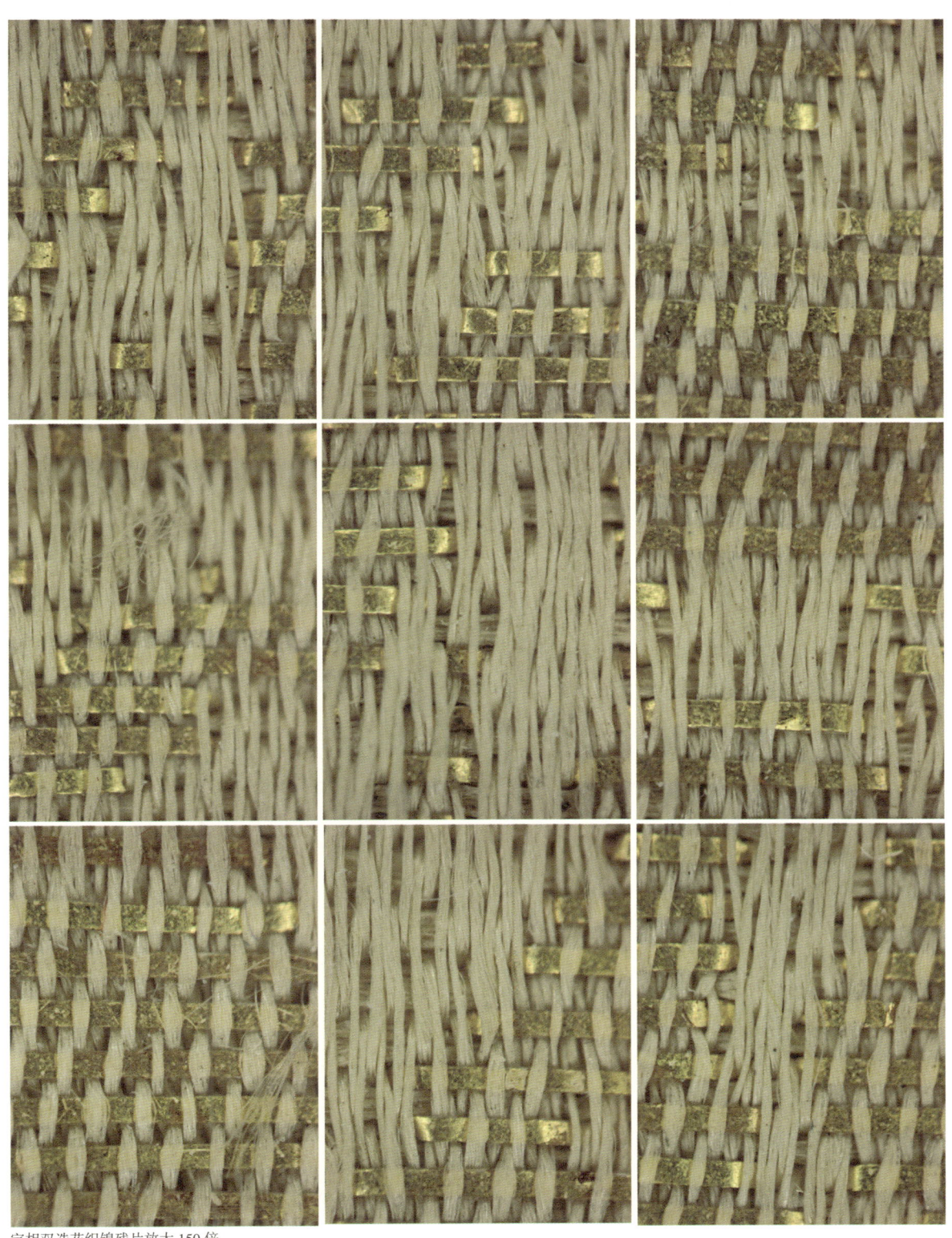

宝相双迭花织锦残片放大 150 倍

织金锦｜宝相双迭花织锦残片

宝相双迭花织锦残片放大60倍图正面（上）反面（下）

织金锦 | 宝相双迭花织锦残片

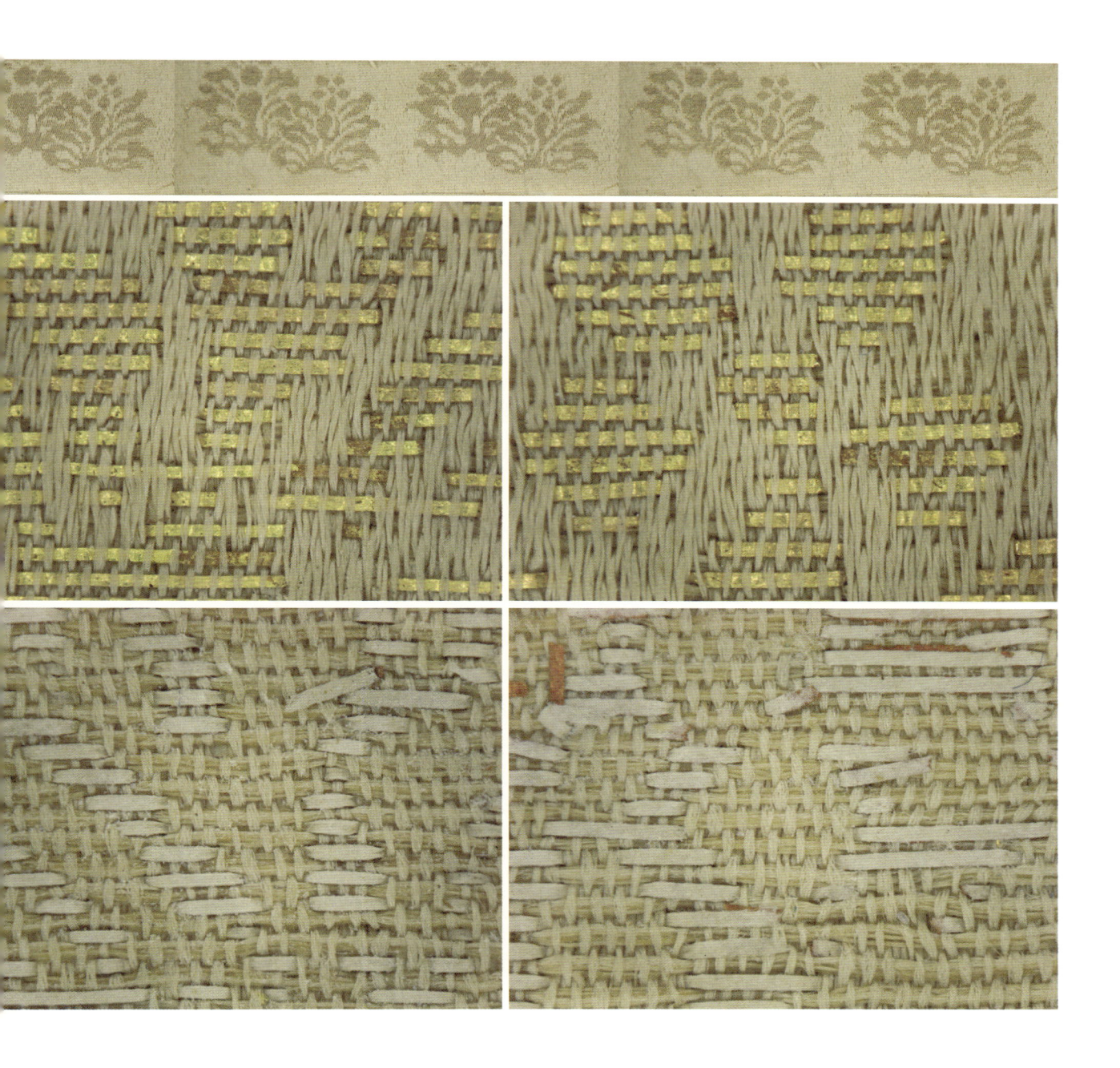

褐地串枝葫芦花卉纹织金锦

图1 褐地串枝葫芦花卉纹织金锦及放大图

　　褐地串枝葫芦花卉纹织金锦是一通梭织金并以地经接结、半越的织纹结构呈现的片金织物。织物组成的密度为经密160根／英寸、地纬密96根／英寸；经纱粗细为地经0.16mm、地纬0.23mm、扁平片金纬0.32mm（以金相显微镜取得的粗细记录请参阅附录二）。❶

---

❶ 由于古织金织物的纱线为手工捻制，捻数偏低且粗细不均，若是将之拆解后测量会有数值偏大的现象（因低捻度纱线松开之故），为了统一测量标准，故透过金相显微镜直接取纱线在织物上所呈现的粗细计算呈现。

褐地串枝葫芦花卉纹织金锦的图纹，呈现出三种葫芦（两大一小）的图像。两个较大型的葫芦图像中，一葫芦上方呈现了行书体寿字纹样，下方呈现了山岳云气的图纹。另一大葫芦中，于葫芦上方有着蝙蝠展翅翱翔的图案，下方则呈现海螺与波涛立水纹样的图纹。较小型葫芦图像上方呈现梅花、下方呈现火珠的图纹，见图1。褐地串枝葫芦花卉纹织金锦是以一褐色经与二纬（蓝色与扁平片金纬）交织而成的织金织物；褐色经纱与粗蓝色地纬分别以五枚三飞经面缎纹交织出褐色底纹、五枚三飞纬面缎纹交织出暗蓝色图纹，以及与扁平片金纬纱以一上四下左斜、通梭织金、纬二重织方式勾勒出显金的图纹。

经由 FTIR（傅立叶转换红外线光谱仪）测量与纤维鉴别燃烧法，**地经与地纬材质皆为蚕丝**，透过 EDS（X 射线能量散射光谱仪）无机材质分析，**扁平片金纬纱的材质表面金箔的主要成分为金**，底衬材质经由 SEM 扫描式电子显微镜与 FTIR（光谱有机物分析）观察与测量比对，**扁平片金纬纱底衬材质的纸质材质应为苎麻**。❶

---

❶ 本篇"褐地串枝葫芦花卉纹织金锦"已通过《文化资产保护学刊》的审核，并于第十九期刊出。

附褐地串枝葫芦花卉纹织金锦之细部织纹组织结构放大 60 倍与 150 倍图。

褐地串枝葫芦花卉纹织金锦放大 150 倍

织金锦 | 褐地串枝葫芦花卉纹织金锦

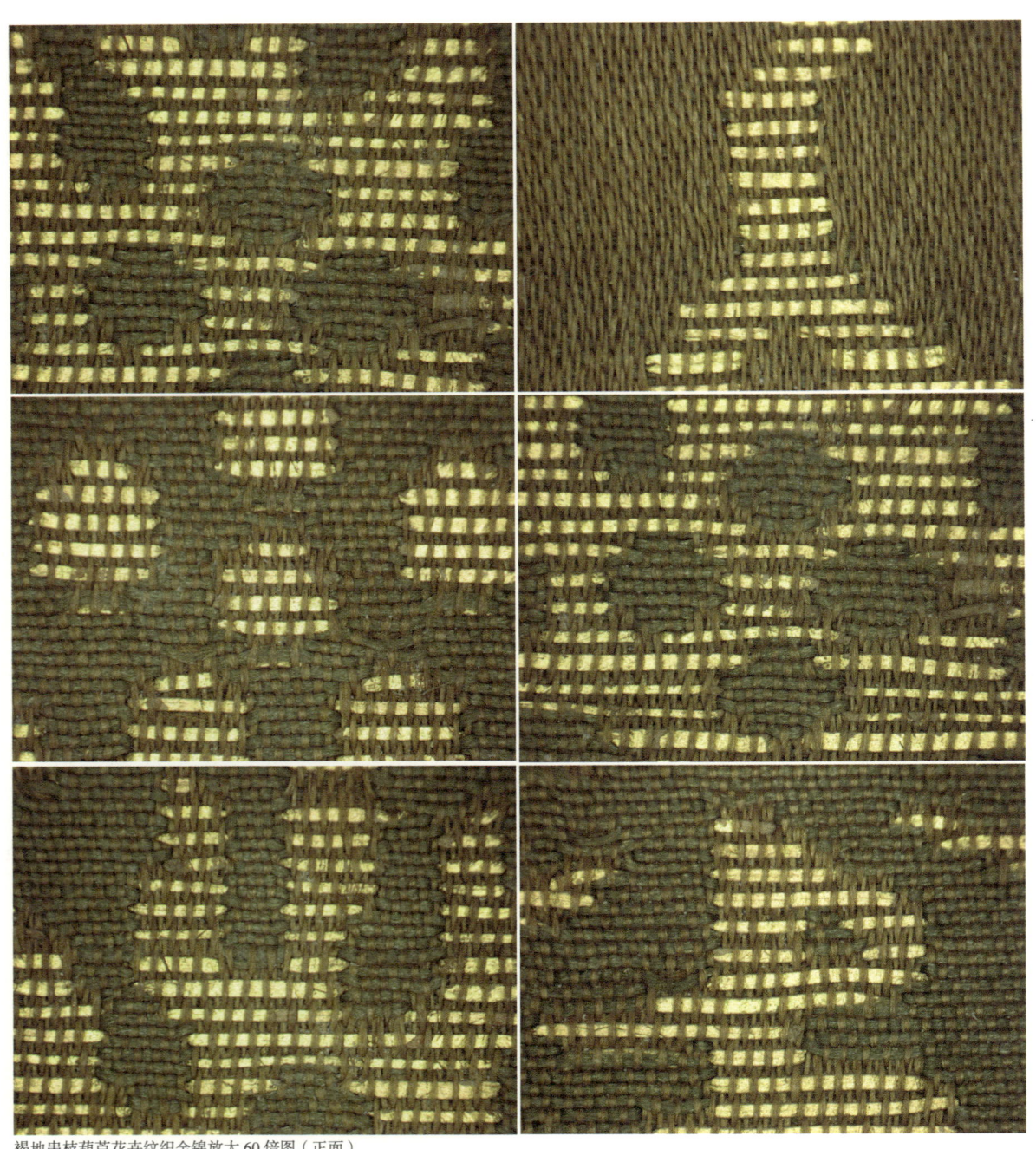

褐地串枝葫芦花卉纹织金锦放大60倍图（正面）

褐地串枝葫芦花卉纹织金锦放大 60 倍图（反面）
褐地串枝葫芦花卉纹织金锦的图片详细记录了此织片的图样与织纹结构，同时未出现于发表的期刊内。

褐黄地织金缠枝莲花纹锦

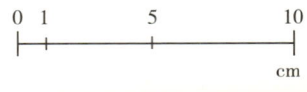

图1 褐黄地织金缠枝莲花纹锦正面

图2 褐黄地织金缠枝莲花纹锦反面

褐黄地织金缠枝莲花纹锦是一通梭织金并以地经接结、半越的织纹结构呈现的片金织物，由扁平片金纬纱呈现的缠枝莲花织纹图案见图1、图2。织物组成的密度为经密168根/英寸、地纬密70根/英寸；经纱粗细为地经0.08mm、地纬0.35mm、扁平片金纬0.34mm（以金相显微镜取得的粗细记录请参阅附录二）。❶

经由FTIR（傅立叶转换红外线光谱仪）测量与纤维鉴别燃烧法得知，褐黄地织金缠枝莲花纹锦**地经与地纬材质皆为蚕丝**；且经由EDS（X射线能量散射光谱仪）无机材质分析，显示扁平片金纬纱的材质表面金箔的主要成分为金；而底衬材质经由SEM扫描式电子显微镜与FTIR（光谱有机物分析）观察与测量比对扁平片金纬纱的纸底衬的材质应属于纤维素纤维所制成的纸类材质。

褐黄地织金缠枝莲花纹锦是以一褐黄色经纱与二纬（褐黄色地纬与扁平片金纬纱）纬二重织法交织而成，褐黄色经纱与褐黄色地纬以二上一下右斜交织出褐黄底色，褐黄经纱又与扁平片金纬纱以一上二下左斜的方式交织出显金缠枝莲花纹。经图纹推断本织片极有可能为明代的织片。❷

---

❶ 由于古织金织物的纱线为手工捻制，捻数偏低且粗细不均，若是将之拆解后测量会有数值偏大的现象（因低捻度纱线松开之故），为了统一测量标准，故透过金相显微镜直接取纱线在织物上所呈现的粗细计算呈现。
❷ 本篇"褐黄地织金缠枝莲花纹锦"已通过国外期刊审核并收录于 *The Research Journal of Textile and Apparel*，出刊日期为2012年6月。

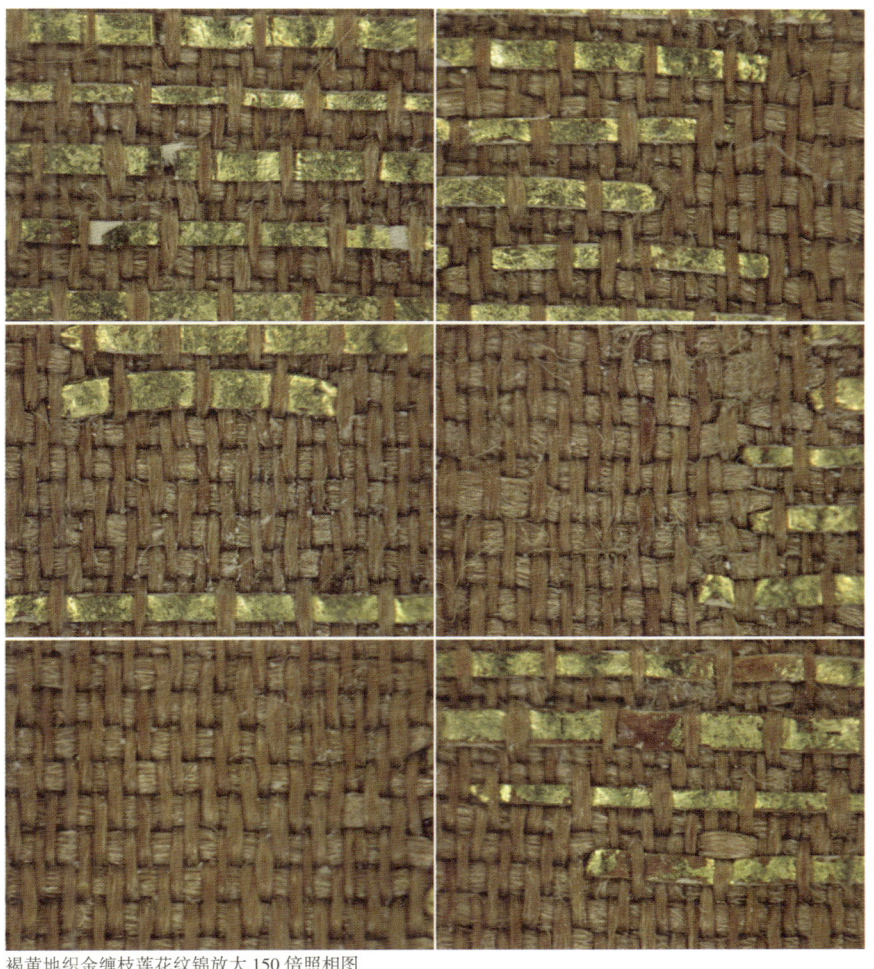

附褐黄地织金缠枝莲花纹锦之细部织纹组织结构放大60倍与150倍图。

褐黄地织金缠枝莲花纹锦放大150倍照相图

褐黄地织金缠枝莲花纹锦放大60倍照相图正面（左）反面（右）

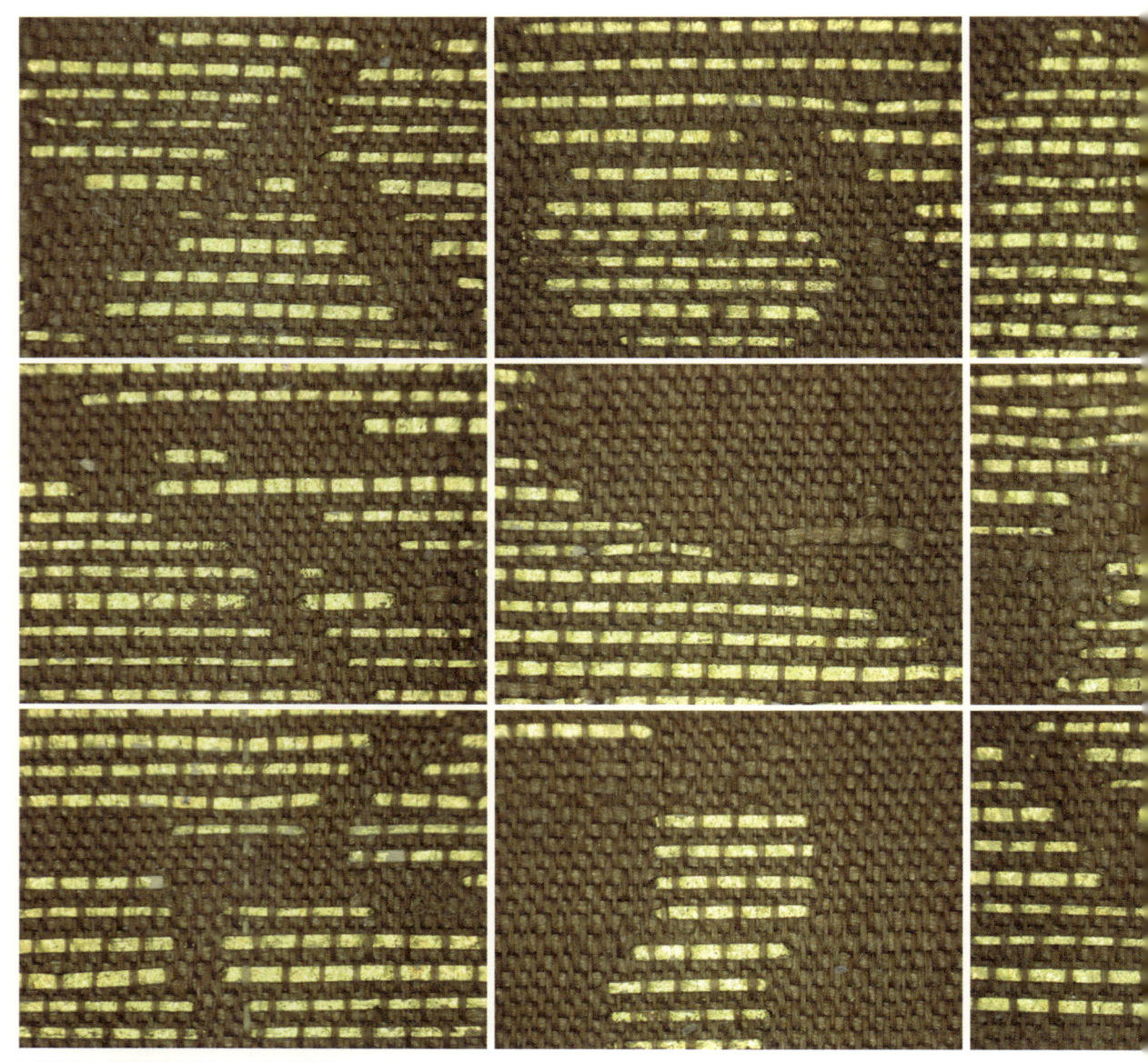

褐黄地织金缠枝莲花纹锦放大 60 倍照相图

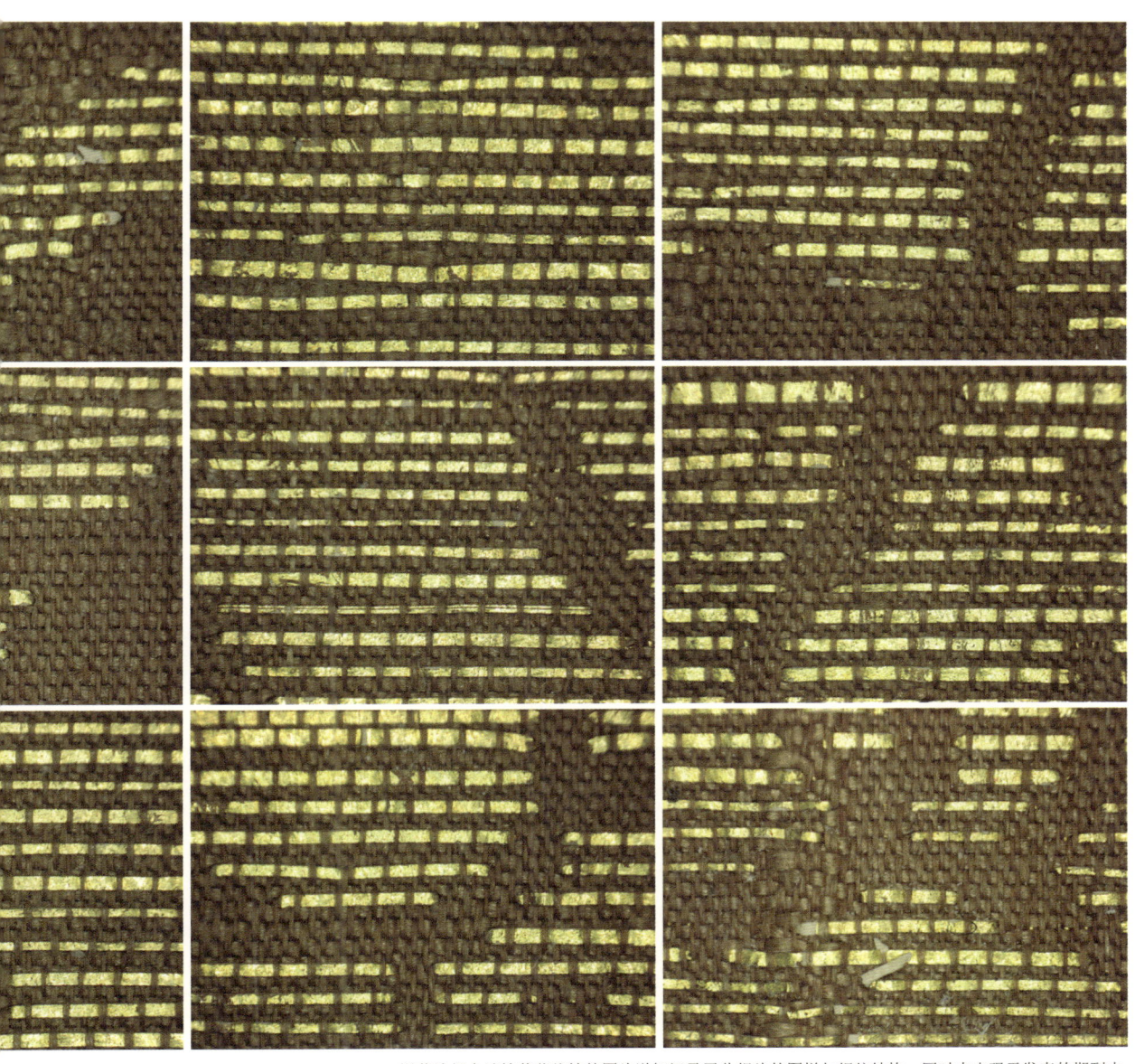

褐黄地织金缠枝莲花纹锦的图片详细记录了此织片的图样与织纹结构，同时未出现于发表的期刊内。

褐地团龙花纹锦

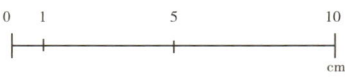

图1 褐地团龙花纹锦（下图呈现金箔花叶处的反光效果）

　　褐地团龙花纹锦是一通梭织金并以地经接结、半越的织纹结构呈现的片金显金织物。它是采用一种细浅褐色经纱与四种纬纱（粗浅褐色地纬、粗深蓝色纬纱、粗浅米色纬纱、粗草绿色纬纱与扁平片金纬纱）交织而成，见图1。它的织造结构密度为经密186根/英寸、地纬密76根/英寸；地经粗0.08mm、地纬粗0.24mm、扁平片金纬粗0.56mm、草绿色纬纱粗0.40mm、深蓝色纬纱粗0.41mm（以金相显微镜取得的粗细记录请参阅附录二）❶。

　　褐地团龙花纹锦呈现草绿色的底色，并以金箔显花，表现出牡丹花纹与菱形（龟甲）纹的构图。经由 FTIR（傅立叶转换红外线光谱仪）测量与纤维鉴别燃烧法，**地经与地纬材质皆为蚕丝，特结经材质为麻**；且经由 EDS 无机材质分析，显示**扁平片金纬纱的材质表面金箔的主要成分为金**；而底衬材质经由 SEM 扫描式电子显微镜与 FTIR（光谱有机物分析）观察与测量比对，**褐地团龙花纹锦扁平片金纬纱底衬的材质应为麻类，若再细分时则与苎麻特征波数最为接近**。

　　褐地团龙花纹锦织纹结构是以纬二重组织构成，其细浅褐色经纱与粗浅褐色地纬以二上一下右斜交织出褐色的底色，细浅褐色经纱分别与粗草绿色纬纱、扁平片金纬纱以一上二下左斜织纹，交织出具有龙头、龙火、龙爪与龙尾的团龙图纹；而细浅褐色经纱又与扁平片金纬纱以一上二下左斜织纹，交织出菊花叶的造型；细浅褐色经纱与粗深蓝色纬纱、粗浅米色纬纱、扁平片金纬纱再以一上二下左斜织纹，交织出两种色泽的宝花造型；由于叶子呈现菊花叶片的图像，此宝花应为一抽象菊花的织纹图像。❷

---

❶ 由于古织金织物的纱线为手工捻制，捻数偏低且粗细不均，若是将之拆解后测量会有数值偏大的现象（因低捻度纱线松开之故），为了统一测量标准，故透过金相显微镜直接取纱线在织物上所呈现的粗细计算呈现。
❷ 本篇"褐地团龙花纹锦"已于 The 2012 BIFT-ITAA（Beijing Institute of Fashion Technology-International Textile and Apparel Association）Join Symposium 国际研讨会发表，同时收录于《中国纺织》，出刊日期为 2012 年 6 月。

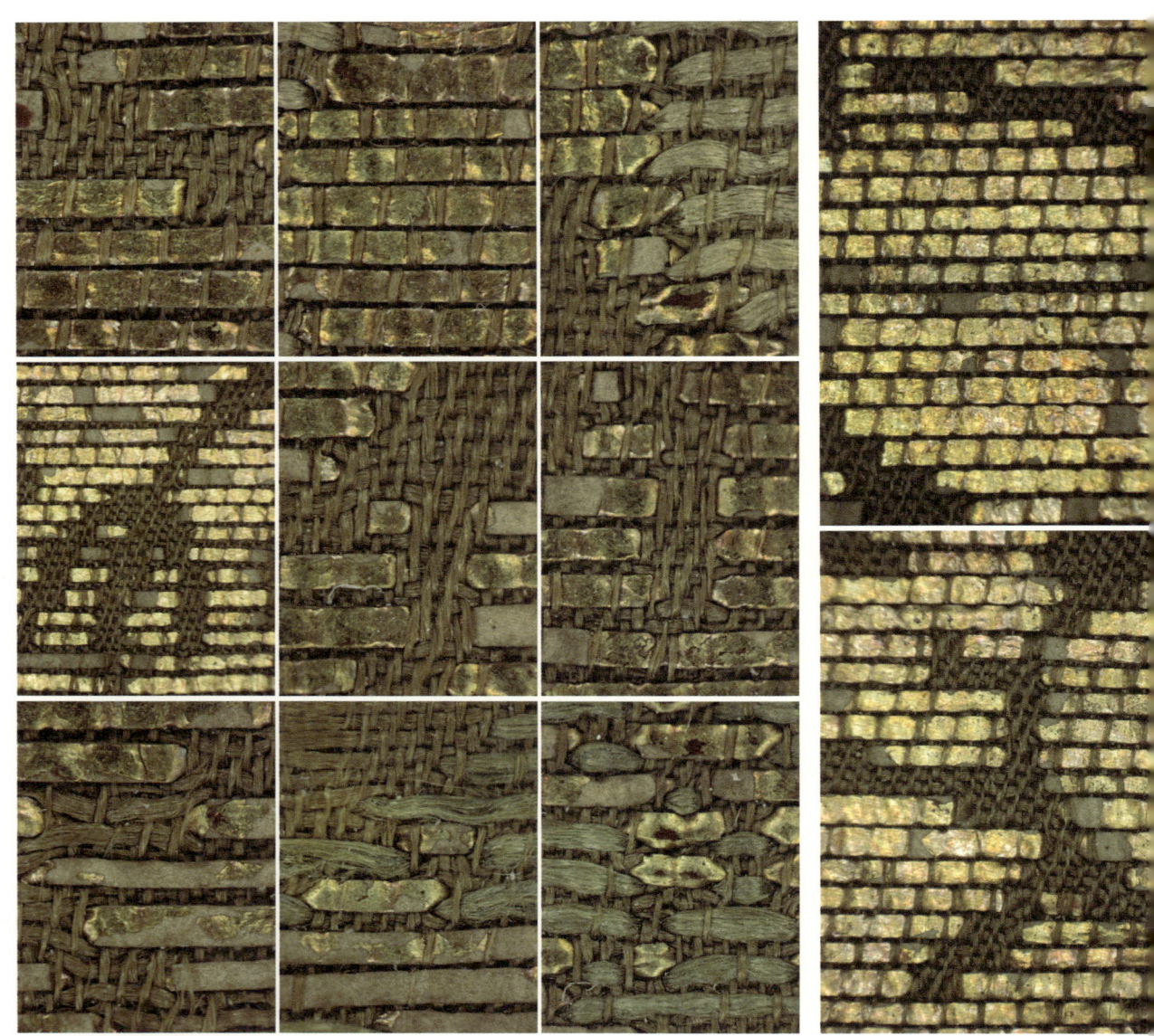

附褐地团龙花纹锦之细部织纹组织结构放大60倍与150倍图。

褐地团龙花纹锦150倍放大图

褐地团龙花纹锦 60 倍放大图
褐地团龙花纹织金锦的图片详细记录了此织片的图样与织纹结构，同时未出现于发表的期刊内。

石青地牡丹花纹锦

图1　石青地牡丹花纹锦

　　石青地牡丹花纹锦是一通梭织金并以特结经接结、全越的织纹结构呈现的片金织物。它采用两种经纱（一为粗蓝色地经、一为细黄色特结经）与两种纬纱（粗蓝色地纬与扁平片金纬纱）交织而成；呈现蓝色的底色，并以金箔显花，表现出牡丹花、犀角、钱纹与缠枝藤蔓的装饰构图，见图1。石青地牡丹花纹锦的织造结构为地经密160根／英寸、地纬密64根／英寸；地经纱粗0.13mm、特结经纱粗0.14mm、地纬纱粗0.25mm、扁平片金纬粗0.42mm（以金相显微镜取得的粗细记录请参阅附录二）。❶

　　经由FTIR（傅立叶转换红外线光谱仪）测量与纤维鉴别燃烧法得知，石青地牡丹花纹锦**地经与地纬材质皆为蚕丝，特结经的材质为麻**；且经由EDS（X射线能量散射光谱仪）无机材质分析，显示**扁平片金纬纱的材质表面为金箔**；❷而底衬材质经由SEM扫描式电子显微镜与FTIR（光谱有机物分析）观察与测量比对扁平片金纬纱的纸底衬的材质可明显看出为纤维状材质，见图2。同时FTIR特性波数显现1380呈现近纤维素纤维1370之特征波数，**故判读扁平片金纬纱的纸底衬的材质应属于纤维素纤维所制成的纸类材质**，❸见图3。

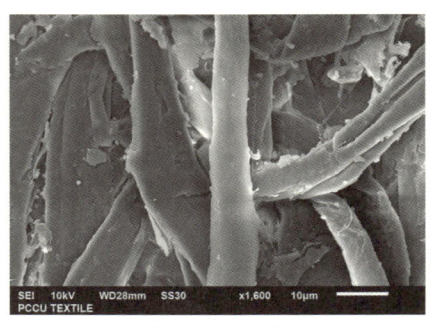

图2　扁平片金纬纱底衬SEM分析图

---

❶ 由于古织金织物的纱线为手工捻制，捻数偏低且粗细不均，若是将之拆解后测量会有数值偏大的现象（因低捻度纱线松开之故），为了统一测量标准，故透过金相显微镜直接取纱线在织物上所呈现的粗细计算呈现。
❷ 本篇"石青地牡丹花纹锦"已通过国内期刊审核并收录于《书画艺术学刊》第10期，台湾艺术大学美术学院，书画艺术学系出版，2011年6月，页55。
❸ 《书画艺术学刊》收录之后，再进一步检测研究的结果。

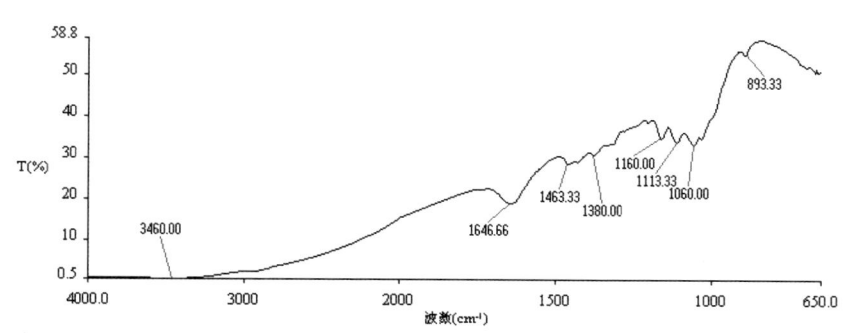

图 3　扁平片金纬纱底衬的 FTIR 分析图

　　石青地牡丹花纹锦的织纹结构是采用两种色经纱与两种色纬纱所交织而成。粗蓝色经纱与粗蓝色纬纱以三上一下右斜交织出蓝色的底色，黄色特结经纱又与扁平片金纬纱以平纹的方式交织出显金织纹（因为与扁平金箔纬纱所交织的经纱为一极细黄色的纱线，故交织后仍能完整地呈现金箔的色泽）。以现代织纹结构分析，这种组织属于表里交换双面料的结构。

附石青地牡丹花纹锦之细部织纹组织结构放大 60 倍与 150 倍图。

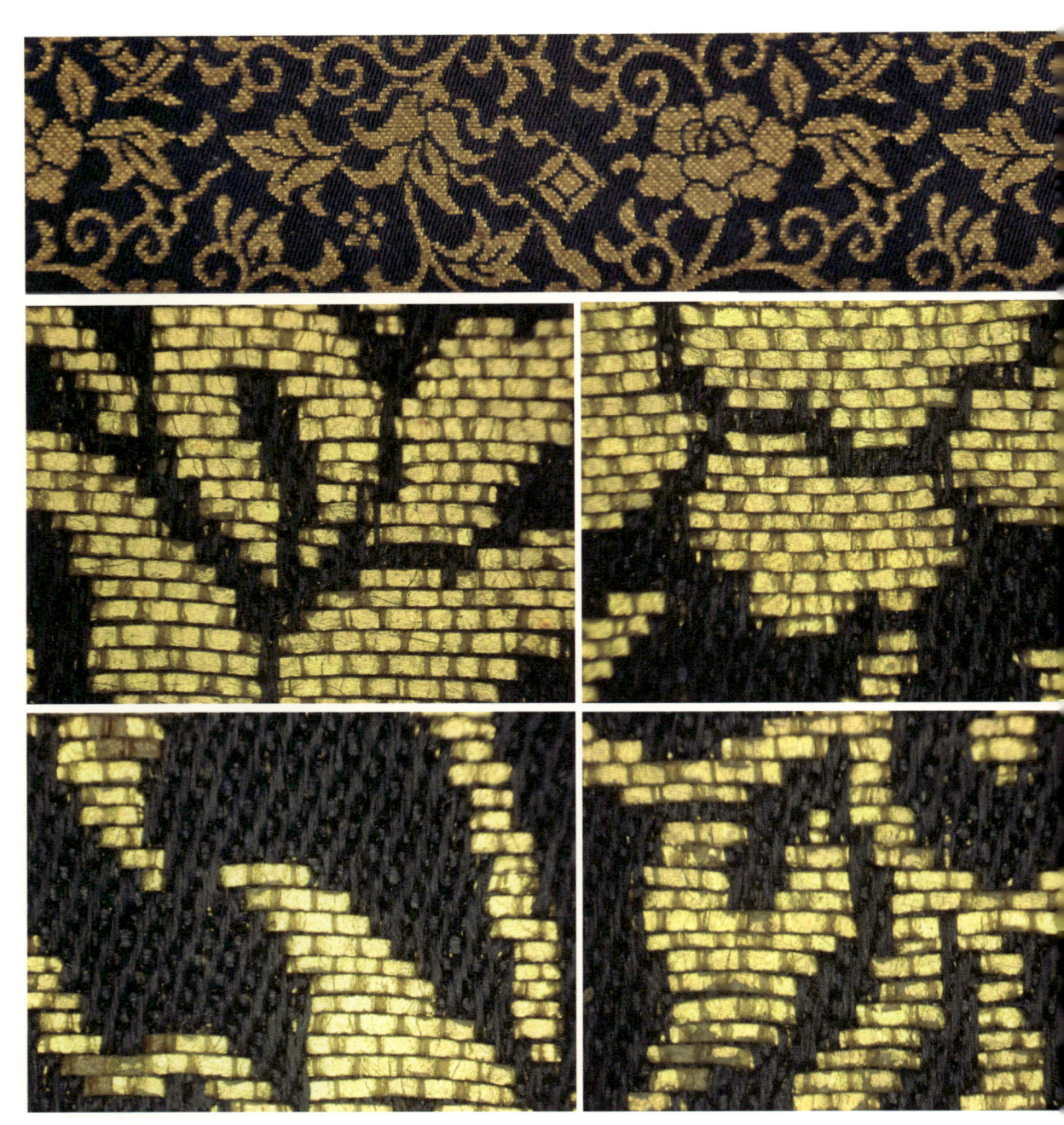

石青地牡丹花纹锦织纹结构放大 60 倍图

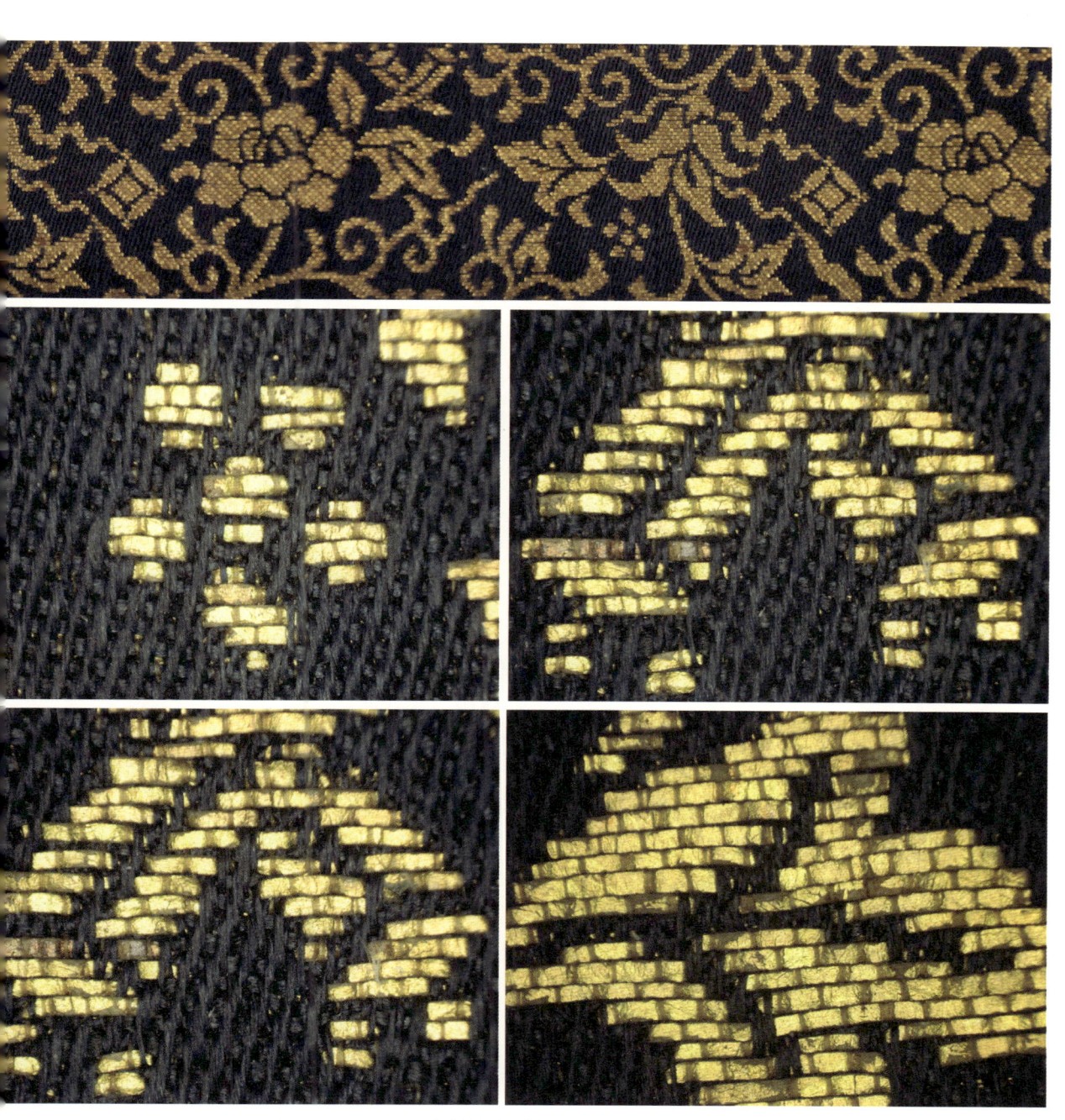

石青地牡丹花纹锦的图片详细记录了此织片的图样与织纹结构，同时未出现于发表的期刊内。

织金锦｜石青地牡丹花纹锦

163

石青地牡丹花纹锦放大 60 倍照相图（正面）　　　石青地牡丹花纹锦放大 60 倍照相图（反面）

石青地牡丹花纹锦放大 150 倍照相图

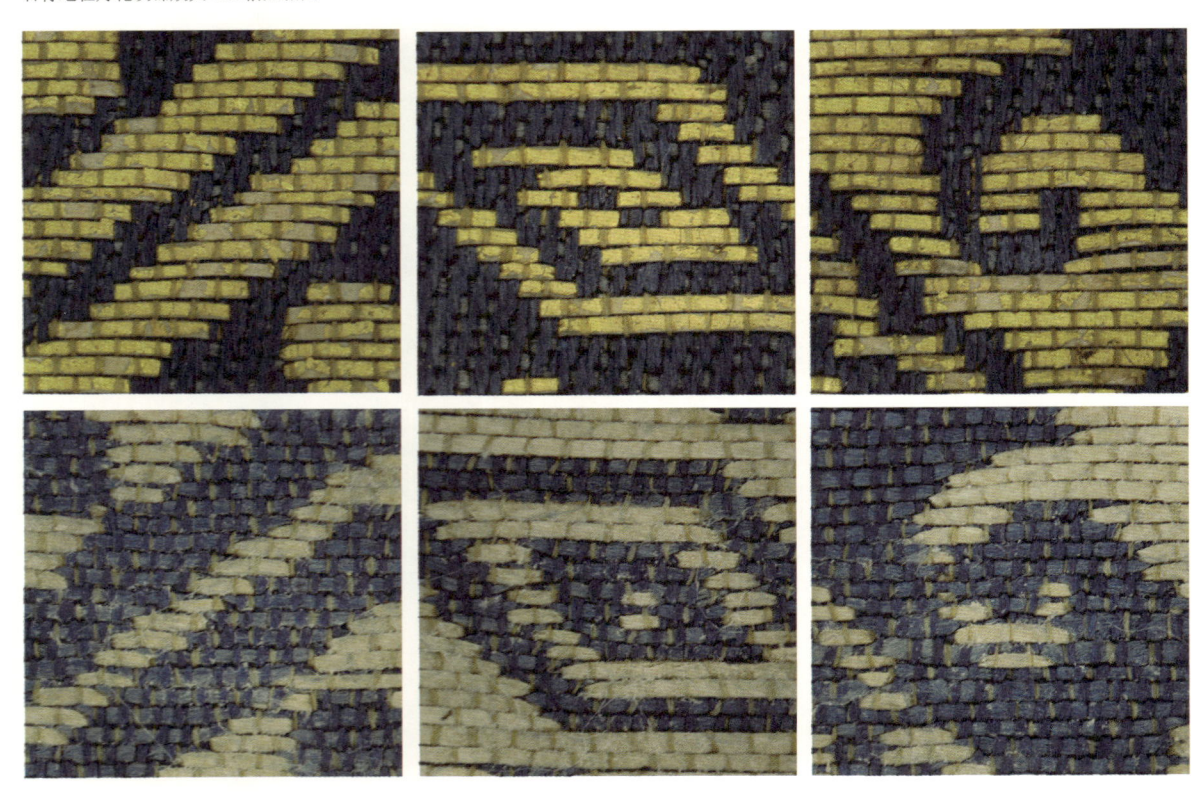

石青地牡丹花纹锦放大 60 倍照相图

织锦缎

褐地蔓枝牡丹纹缎

图1 褐地蔓枝牡丹纹缎正面

图2 褐地蔓枝牡丹纹缎反面

褐地蔓枝牡丹纹缎采用一细黄褐色经纱与一褐色纬纱交织而成；呈现出黄褐色的底色与褐色的显花，表现出蔓枝、牡丹花的装饰构图，见图1、图2。褐地蔓枝牡丹纹缎的织造结构为经密 160 根 / 英寸、纬密 64 根 / 英寸；经纱粗 0.09mm、纬纱粗 0.33mm。

褐地蔓枝牡丹纹缎的地经、地纬光谱有机物分析结果见图3、图4，经与 CNS2339，L3050 中"纤维之红外线吸收光谱主要吸收带及特性波数"的参数进行比对后，地经材质测试结果虽然波形较蚕丝差异大，但是主要吸收带及特性波数仍接近蚕丝；地纬材质测试结果，主要吸收带及特性波数呈现近 1370 纤维素特性波数的数值，则较接近纤维素纤维（棉麻类）（相关参数请参阅附录一），故再经由 CNS2339（纤维混用率试验法 第 1 部：纤维鉴别）之燃烧法，地经纤维接近火焰时呈现卷曲状态；在火焰中呈卷曲状且着火燃烧，有燃烧毛发的臭味，残灰呈黑色膨胀状且易被压碎，**故判断地经材质为蚕丝纤维**。地纬纤维一接近火焰时即着火燃烧，有燃烧纸的气味，残灰呈浅灰色、轻、羽状，且压后成灰烬消失，故判断地纬材质为纤维素纤维（棉或麻），由于地纬纱外观呈现平整且低捻较似麻的特征（棉纤维较短因此需以较多的捻度捻合成纱线，同时纱线的平整度较麻差），**故判定地纬纱材质为麻纤维**。

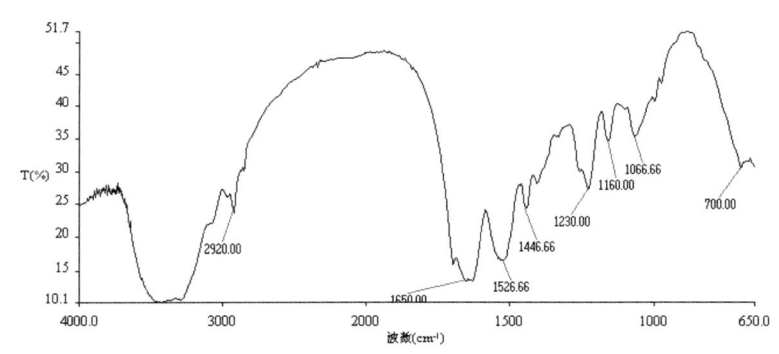

图3 褐地蔓枝牡丹纹缎地经之 FTIR

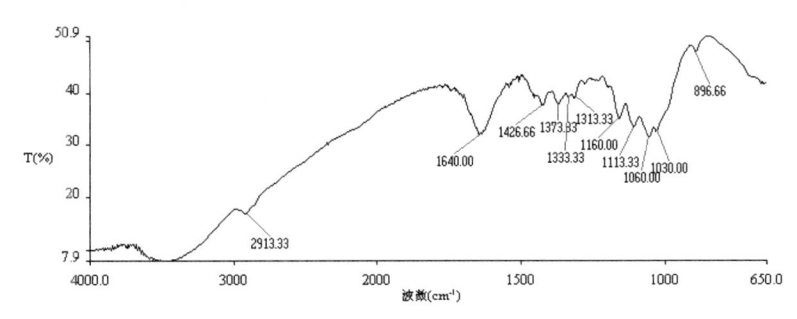

图4 褐地蔓枝牡丹纹缎地纬之 FTIR

褐地蔓枝牡丹纹缎呈现出蔓枝、牡丹的装饰构图。中国图纹经常带着吉祥、祝贺的意义，也常从植物形体本身来联想意义，以对自我的期许与植物生长的特性寻找共通特性[1]，牡丹为群芳之冠，蕴含着富贵与荣华[2]，宋文《爱莲说》中写道：牡丹，花之富贵者也，"富贵花"也成为赞美牡丹的别号，牡丹为中国传统名花，兼有色、香、韵三者之美，又有"国色天香"之雅号[3]；蔓枝为蔓生植物的枝茎，由于它滋长延伸、绵绵不断，因此人们寄予它有茂盛、长久的吉祥寓意。[4]褐地蔓枝牡丹纹缎中所呈现蔓枝、牡丹花的装饰构图，即富贵与荣华长长久久的含义。

底纹结构

五枚二飞经面缎纹（正）　　五枚三飞纬面缎纹（反）

图纹结构

五枚二飞纬面缎纹（正）　　五枚三飞经面缎纹（反）

图5　基础完全组织—经纬交织对照图

褐地蔓枝牡丹纹缎的织纹结构是经由两种不同的织纹交织出两种不同的色块以呈现出图纹。一色块为细黄褐经纱与褐色纬纱以五枚二飞经面缎纹的织纹交织的区块，由于是以经密大于纬密的经面缎纹结构呈现，此区块呈现出经纱黄褐色的色泽；另一色块为黄褐色经纱与褐色纬纱以五枚二飞纬面缎纹交织，由于经密大于纬密，故交织处外观呈现较短纬浮浮长，有着酷似平纹的外观，由于经纬纱交织是以纬面缎纹呈现，故仍呈现出纬纱褐色的色块，经纬纱交织的组织图（经密＝纬密）可对照图5。观察织物正面放大照相图（图6），即清楚地呈现此织纹特色。

本片褐地蔓枝牡丹纹缎对应现代织纹结构，属于Damask花缎的织法。Damask是以一组经纱与一组纬纱交织而成，织品的图纹部分采用与底纹不同之交错组织而呈现织物的图样，其织纹多以缎纹为主，有时也会加上斜纹合并使用，此种织物常使用与织物底纹不同

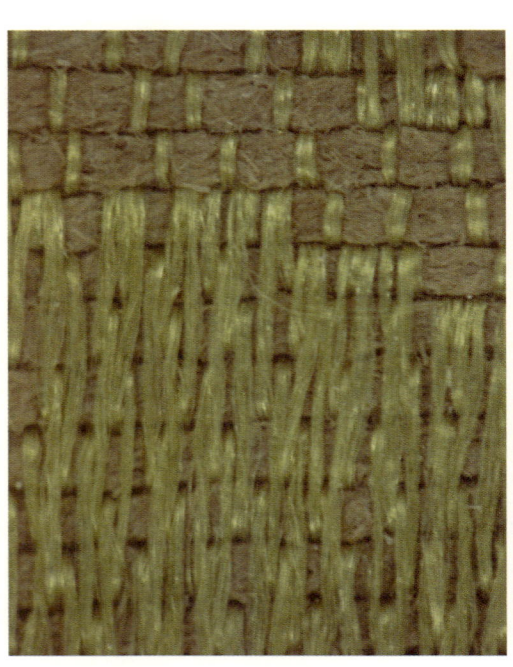

图6　褐地蔓枝牡丹纹缎放大织纹图

亮度、捻度或复杂度的纱线，以凸显织物的图纹。[5]Damask 的图纹处常以平纹、经重平（纬横凸纹）、纬面缎纹呈现，而底纹常是以缎纹、斜纹或是经重平（纬横凸纹）呈现。[6]本片褐地蔓枝牡丹纹缎是以经面缎纹为底纹、纬面缎纹为图纹组合呈现。

观察褐地蔓枝牡丹纹缎的织物正、反面放大照相图（图7），褐地缠枝牡丹纹缎以五枚二飞经面缎纹交织的正面区块，之反面呈现五枚三飞纬面缎纹交织的织纹，由于经密大于纬密、缩短了纬纱浮长，故呈现出酷似平纹的织纹。褐地缠枝牡丹纹缎正面以五枚二飞纬面缎纹交织的区块之反面呈现五枚三飞经面缎纹交织的织纹。

图7 褐地蔓枝牡丹纹缎放大照相图正面（左）反面（右）

参考文献

[1] 中国植物图纹的象征意涵[J/OL].[2011-1-10].http://s18982110.pixnet.net/blog/post/3844031.
[2] 陈雯雯，周晓鸣.中式旗袍元素在当代服装设计中的应用与研究[C].//北京服装学院.传承文化，创意未来：2010年"中国概念＆创意产业"国际服饰文化及教育研讨会（ICCEC）论文集.北京：中国纺织出版社，2010:19.
[3] 李祖定.中国传统吉祥图案[M].上海：科学普及出版社，2003：32.
[4] 李祖定.中国传统吉祥图案[M].上海：科学普及出版社，2003：48.
[5] John Gillow ,Bryan Sentence .World Textiles A Visual Guide To Tradition Techniques［M］. Thames & Hudson, London, 2005:82.
[6] Mcquaid Matilda.Structure and Surface Contemporary Japanese Textiles Organized［J］. New York: The Museum of Modern Art,1998.

附褐地蔓枝牡丹纹缎之细部织纹组织结构放大 60 倍与 150 倍图。

褐地蔓枝牡丹纹缎 60 倍放大图正面（左）反面（右）

织锦缎｜褐地蔓枝牡丹纹缎

褐地蔓枝牡丹纹缎 60 倍放大图

褐地蔓枝牡丹纹缎 150 倍放大图

织锦缎｜褐地蔓枝牡丹纹缎

茶地缠枝牡丹纹缎

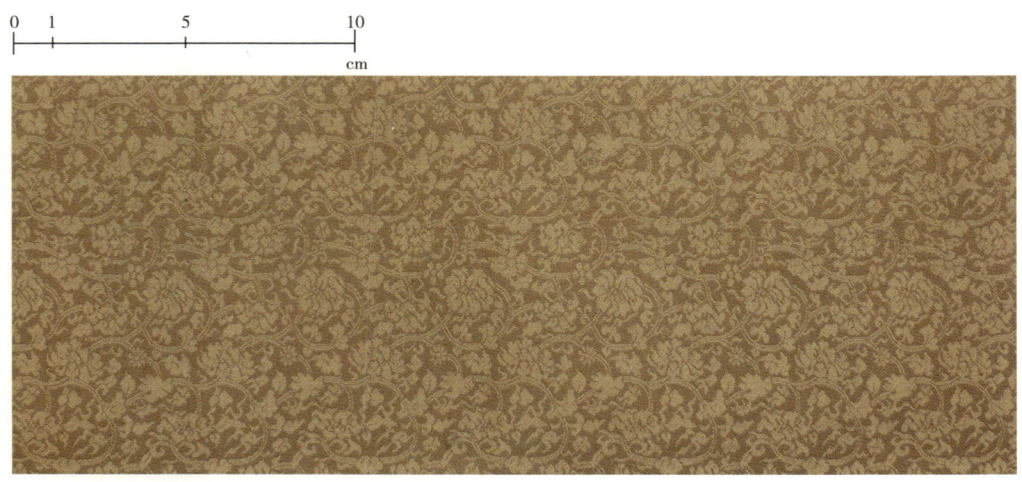

图1 茶地缠枝牡丹纹缎正面

图2 茶地缠枝牡丹纹缎反面

  茶地缠枝牡丹纹缎采用一褐色经纱与一米色纬纱交织而成；呈现出褐色的底色与米色的显花，表现出缠枝、牡丹花的装饰构图，见图1、图2。茶地缠枝牡丹纹缎的织造结构为经密260根/英寸、纬密72根/英寸；经纱粗0.17mm、纬纱粗0.31mm。

  茶地缠枝牡丹纹缎的地经、地纬光谱有机物分析结果见图3、图4，经与CNS2339，L3050中"纤维之红外线吸收光谱主要吸收带及特性波数"的参数进行比对后，地经与地纬材质测试结果的主要吸收带及特性波数接近蚕丝类，其中地经红外线吸收光谱的波形特征与熟蚕丝更相似，故再经由CNS2339（纤维混用率试验法 第1部：纤维鉴别）之燃烧法进行地经与地纬材质的判定。实验结果为地经与地纬纤维在接近火焰时呈现卷曲状态；在火焰中呈卷曲状且着火燃烧，有燃烧毛发的臭味，残灰呈黑色膨胀状且易被压碎，**故判断地经与地纬材质为蚕丝**。

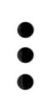

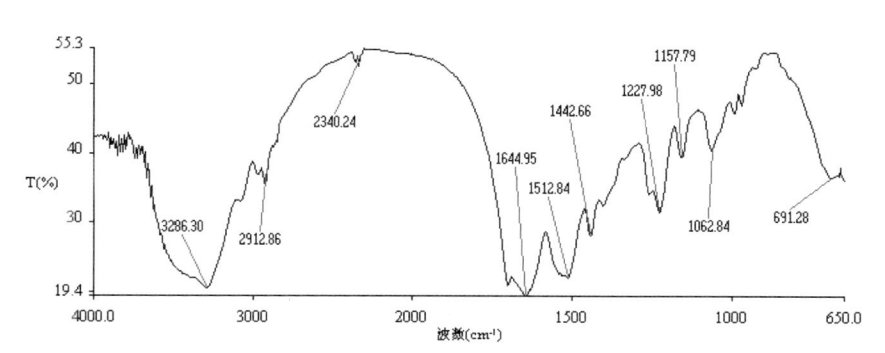

图 3　茶地缠枝牡丹纹缎地经之 FTIR

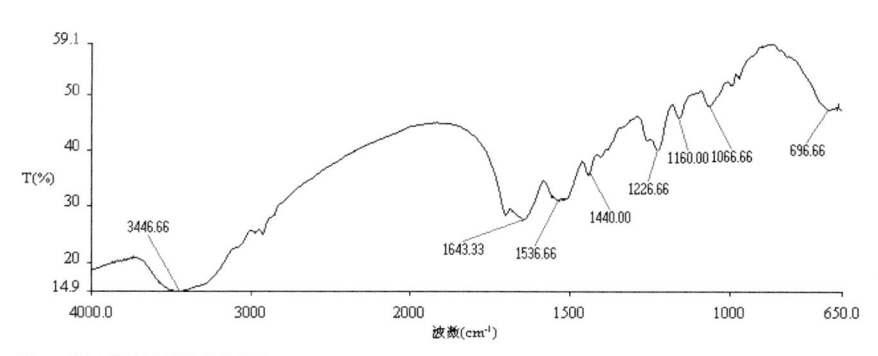

图 4　茶地缠枝牡丹纹缎地纬之 FTIR

茶地缠枝牡丹纹缎呈现出缠枝、牡丹花的装饰构图。缠枝花起源于唐代卷草纹样，其结构是以 S 形的藤蔓枝条为骨架，配以各种花、叶、果，在宋时被称为卷叶花卉，因属于抽象构图故与当时盛行的写生构图有很大的差异。缠枝花呈对称形，正面显示纹样，平稳庄重，是明代织品的重要代表。缠枝花枝条舒展，花形饱满，给人一种富贵美满的感受，可说是中国传统纹样之经典。[1]中国图纹经常带着吉祥、祝贺的意义，也常从植物形体本身来联想意义，以对自我的期许与植物生长的特性寻找共通特性。[2]牡丹花为群芳之冠，蕴含着富贵与荣华[3]，宋文《爱莲说》中写道：牡丹，花之富贵者也，"富贵花"也成为赞美牡丹的别号，牡丹为中国传统名花，兼有色、香、韵三者之美，又有"国色天香"之雅号。[4]

茶地缠枝牡丹纹缎的织纹结构是经由两种不同的织纹交织出两种不同的色块以呈现出图纹。一色块为褐色经纱与米色纬纱以五枚二飞经面缎纹的织纹交织的区块，由于经密大于纬密，此区块呈现出经纱褐色的色泽；另一色块为暗灰色经纱与浅灰色纬纱以五枚二飞纬面缎纹交织，由于经密大于纬密，故交织处外观呈现较短纬浮浮长、有着酷似平纹的外观，同时由于经纬纱交织是以纬面缎纹呈现，故多呈现出纬纱米色的色块，织物正面放大照相图清楚地呈此织纹特色，见图 5。

图5　茶地缠枝牡丹纹缎正面60倍与150倍放大照相图

与现代织纹结构对应，本片茶地缠枝牡丹纹缎属于Damask花缎的织法。Damask是以一组经纱与一组纬纱交织而成，织品的图纹部分采用与底纹不同的交错组织而呈现织物的图样，其织纹多以缎纹为主，有时也会加上斜纹合并使用，此种织物常使用与织物底纹不同亮度、捻度或复杂度的纱线，以凸显织物的图纹。[5] Damask的图纹处常是以平纹、经重平（纬横凸纹）、纬面缎纹呈现，而底纹常是以缎纹、斜纹、或是经重平（纬横凸纹）呈现。[6]本片茶地缠枝牡丹纹缎是以经面缎纹为底纹、纬面缎纹为图纹组合呈现。

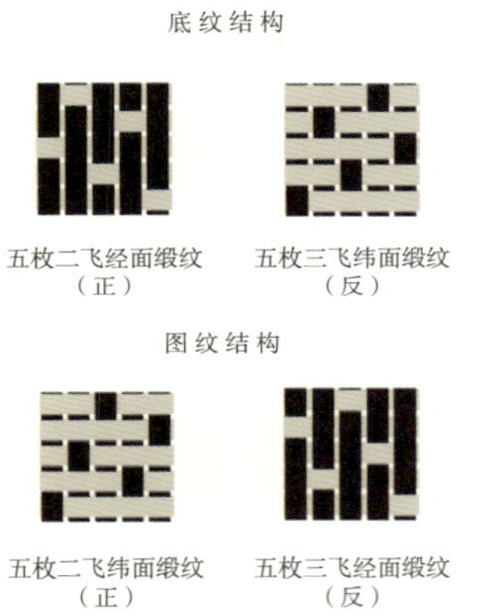

底纹结构

五枚二飞经面缎纹（正）　五枚三飞纬面缎纹（反）

图纹结构

五枚二飞纬面缎纹（正）　五枚三飞经面缎纹（反）

图6　基础完全组织—经纬交织对照图

茶地缠枝牡丹纹缎以五枚二飞经面缎纹交织的正面区块之反面呈现五枚三飞纬面缎纹交织的织纹，由于经密大于纬密、缩短了纬纱浮长，故呈现出酷似平纹的织纹；茶地缠枝牡丹纹缎正面以五枚二飞纬面缎纹交织的区块之反面呈现五枚三飞经面缎纹交织的织纹。经纬纱交织的组织图（经密＝纬密）可对照图6。茶地缠枝牡丹纹缎的织物正、反面放大照相图见图7。

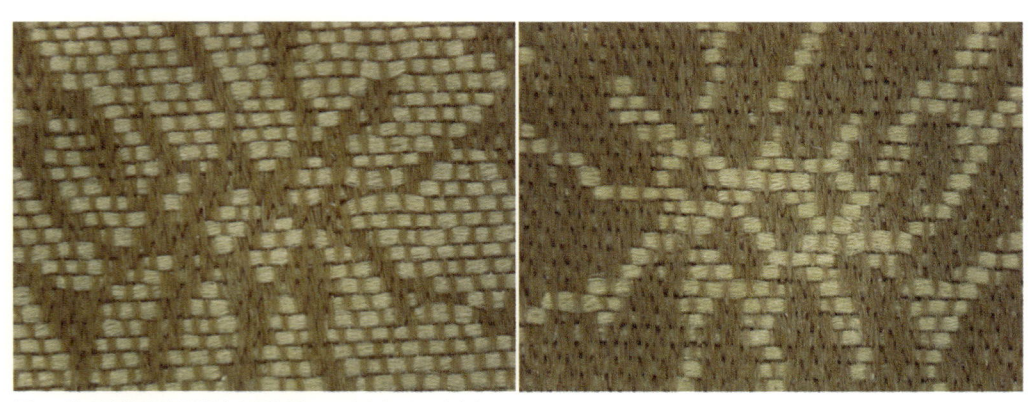

图7　茶地缠枝牡丹纹缎放大照相图正面（左）反面（右）

古裱褙织物之重现

176

参考文献

［1］上海市服装行业协会，中国服装编审委员会.中国服装大典［M］.上海：文汇出版社，1999：277.
［2］中国植物图纹的象征意涵［J/OL］.［2011-1-10］.http://s18982110.pixnet.net/blog/post/3844031.
［3］陈雯雯，周晓鸣.中式旗袍元素在当代服装设计中的应用与研究［C］.//北京服装学院.传承文化，创意未来：2010年"中国概念&创意产业"国际服饰文化及教育研讨会（ICCEC）论文集.北京：中国纺织出版社，2010:19.
［4］李祖定.中国传统吉祥图案[M].上海：科学普及出版社，2003：32.
［5］John Gillow ,Bryan Sentence .World Textiles A Visual Guide To Tradition Techniques［M］.Thames & Hudson, London, 2005:82.
［6］Mcquaid Matilda.Structure and Surface Contemporary Japanese Textiles Organized［J］. New York: The Museum of Modern Art,1998.

附茶地缠枝牡丹纹缎之细部织纹组织结构放大 60 倍与 150 倍图。

茶地缠枝牡丹纹缎 60 倍放大图

织锦缎―茶地缠枝牡丹纹缎

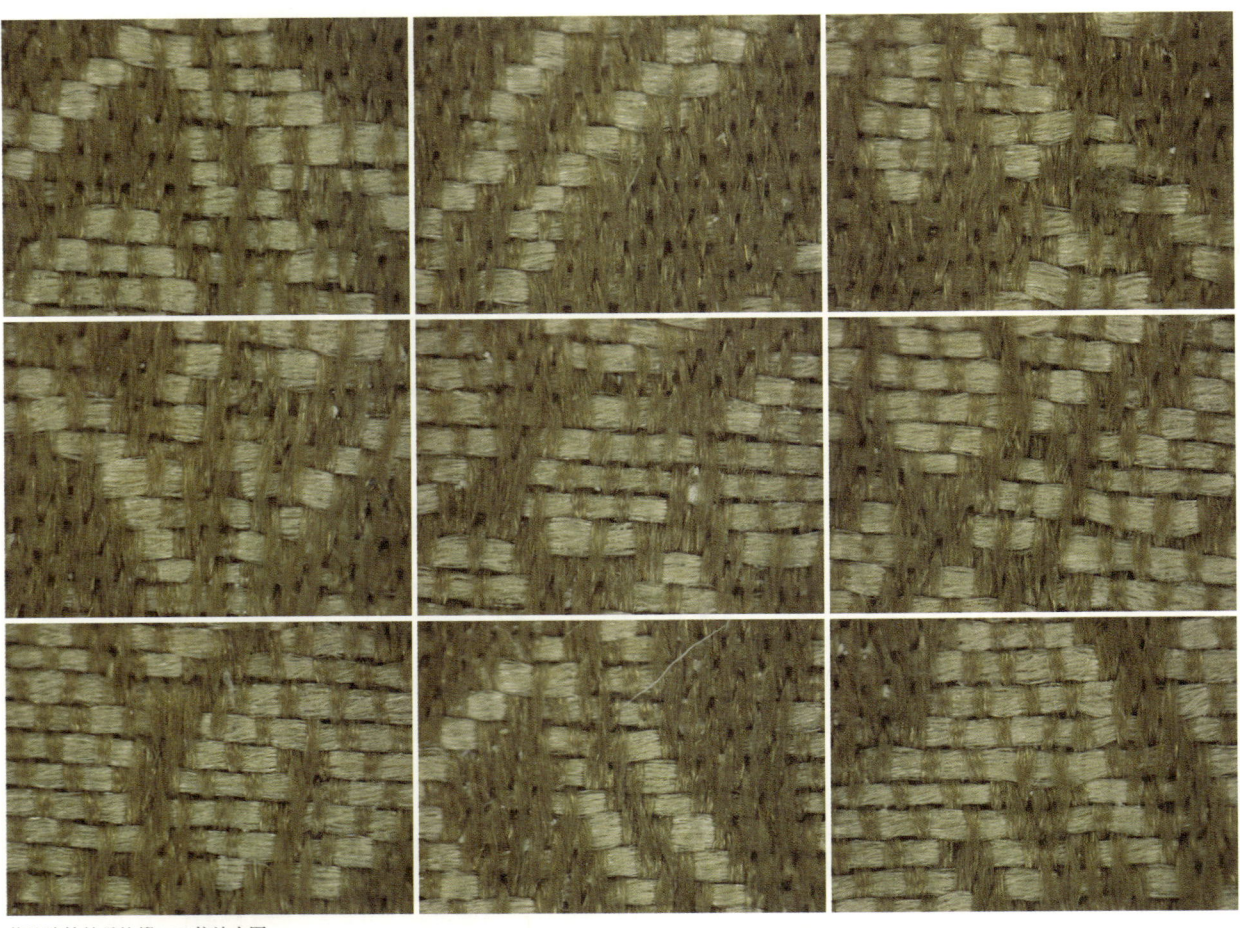

茶地缠枝牡丹纹缎 150 倍放大图

茶地缠枝牡丹纹缎 60 倍放大图正面（左）反面（右）

织锦缎｜茶地缠枝牡丹纹缎

米黄地蔓枝花纹缎

图1　米黄地蔓枝花纹缎（上）及局部放大图（下）

米黄地蔓枝花纹缎采用一细米黄色具光泽经纱与一米色纬纱交织而成；呈现出米黄色的底色与米黄光泽色的显花，表现出缠枝、花的装饰构图。织片因照相而出现少许色泽偏差，见图1。米黄地蔓枝花纹缎的织造结构为经密165根/英寸、纬密73根/英寸；经纱粗0.07mm、纬纱粗0.31mm。

米黄地蔓枝花纹缎的地经、地纬光谱有机物分析结果见图2、图3，经与CNS2339，L3050中"纤维之红外线吸收光谱主要吸收带及特性波数"的参数进行比对后，地经材质测试结果主要吸收带及特性波数接近蚕丝，尤其是光谱特征与熟蚕丝极为接近，地纬材质测试结果主要吸收带及特性波数呈现近1370纤维素特性波数的数值，则较接近纤维素纤维（棉麻类）（相关参数请参阅附录一），故再经由CNS2339（纤维混用率试验法 第1部：纤维鉴别）之燃烧法，地经纤维接近火焰时呈现卷曲状态；

在火焰中呈卷曲状且着火燃烧，有燃烧毛发的臭味，残灰呈黑色膨胀状且易被压碎，**故判断地经材质为蚕丝纤维**。地纬纤维一接近火焰时即着火燃烧，有燃烧纸的气味，残灰呈浅灰色、轻、羽状，且压后成灰烬消失，故判断地纬材质为纤维素纤维（棉或麻），由于地纬纱外观呈现平整且低捻较似麻的特征（棉纤维较短因此需以较多的捻度捻合成纱线，同时纱线的平整度较麻差），**故判定地纬纱材质为麻纤维**。

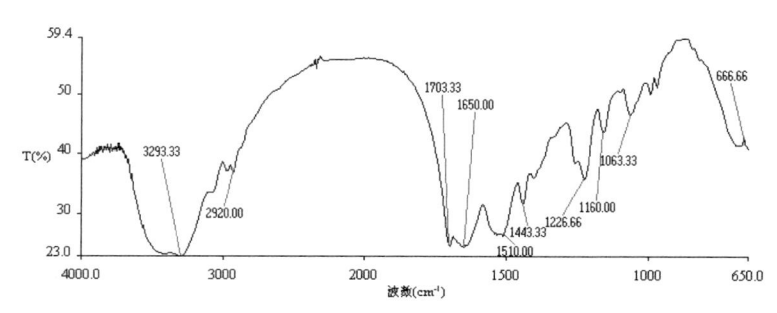

图 2 米黄地蔓枝花纹缎地经之 FTIR

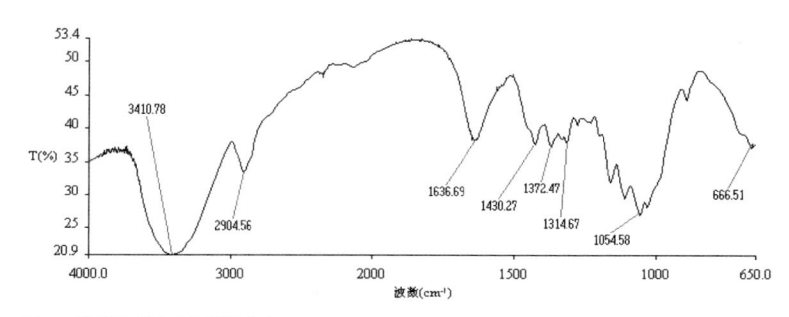

图 3 米黄地蔓枝花纹缎地纬之 FTIR

米黄地蔓枝花纹缎呈现出蔓枝、花朵的装饰构图。蔓枝花起源于唐代卷草纹样，其结构是以 S 形的藤蔓枝条为骨架，配以各种花、叶、果，在宋时被称为卷叶花卉，因属于抽象构图与当时盛行之写生构图有很大的差异。蔓枝花呈对称形，正面显示纹样，平稳庄重，是明代织品的重要代表。蔓枝花枝条舒展，花形饱满，给人一种富贵美满的感受，可说是中国传统纹样之经典。[1]

米黄地蔓枝花纹缎的织纹结构是以一细米黄色具光泽经纱与一米色纬纱经由两种不同的织纹交织出两种不同的色块，呈现出米黄色的底色与米黄光泽色的显花图纹。米黄光泽色的显花图纹为细米黄经纱与米色纬纱以五枚二飞经面缎纹之织纹交织的区块，由于是以经密大于纬密的经面缎纹结构呈现，此区块呈现出具经纱米黄光泽之色泽；米黄色的底色为米黄色经纱与米色纬纱以五枚二飞纬面缎纹交织，由于经密大于纬密，故交织处外观呈现较短纬浮浮长、有着酷似平纹之外观，经纬纱交织后呈现出较无光泽的米黄色色块，织物正、反面 60 倍放大照相图清楚地呈现此织纹结构与光泽的特色，由于照相机光线偏蓝，故显现出的色泽有些失真，见图 4。

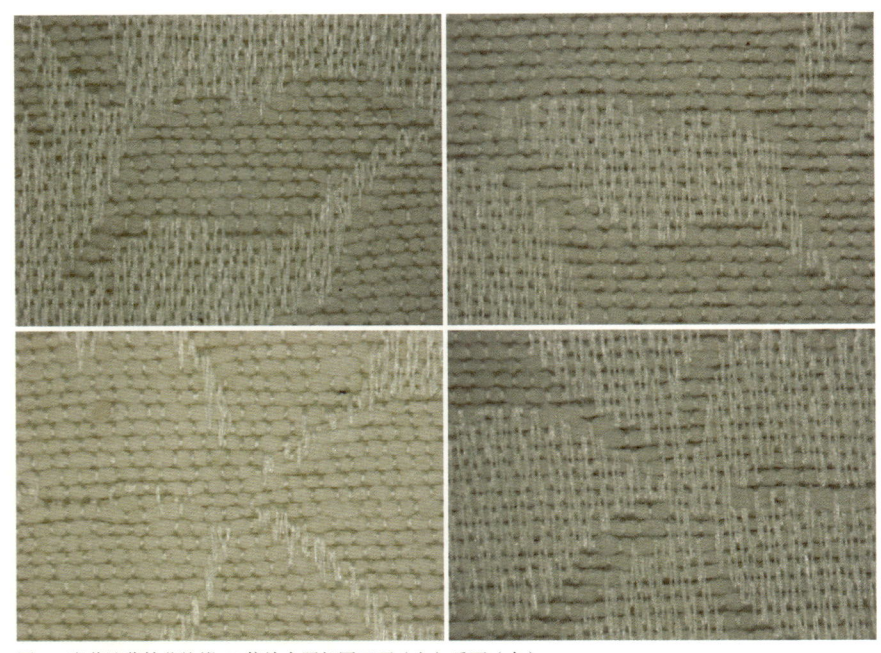

图4 米黄地蔓枝花纹缎60倍放大照相图正面（左）反面（右）

观察米黄地蔓枝花纹缎的织物正、反面60倍放大照相图，褐地缠枝牡丹纹缎以五枚二飞经面缎纹交织的正面区块之反面呈现五枚三飞纬面缎纹交织的织纹，由于经密大于纬密、缩短了纬纱浮长，故呈现出酷似平纹的织纹；米黄地蔓枝花纹缎正面以五枚二飞纬面缎纹交织的区块之反面呈现五枚三飞经面缎纹交织的织纹。经纬纱交织的组织图（经密＝纬密）可对照图5。

底纹结构

五枚二飞经面缎纹（正）　　五枚三飞纬面缎纹（反）

图纹结构

五枚二飞纬面缎纹（正）　　五枚三飞经面缎纹（反）

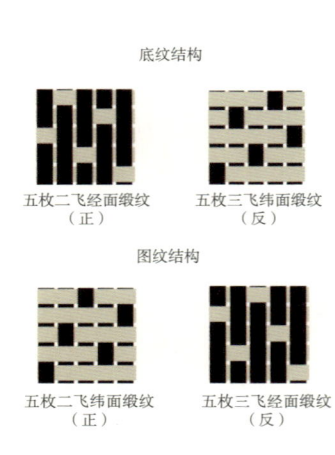

图5 基础完全组织—经纬交织对照图

与现代织纹结构对应，本片米黄地蔓枝花纹缎属于Damask花缎的织法。Damask是以一组经纱与一组纬纱交织而成，织品的图纹部分采用与底纹不同的交错组织而呈现织物的图样，其织纹多以缎纹为主，有时也会加上斜纹合并使用，此种织物常使用与织物底纹不同亮度、捻度或复杂度的图纹结构纱线，以凸显织物的图纹。[2]Damask的图纹处常以平纹、经重平（纬横凸纹）、纬面缎纹呈现，而底纹常以缎纹、斜纹或是经重平（纬横凸纹）呈现。[3]本片米黄地缠枝花纹缎是以经面缎纹为底纹、纬面缎纹为图纹组合呈现。

参考文献

[1] 上海市服装行业协会，中国服装编审委员会.中国服装大典[M].上海：文汇出版社，1999：277.
[2] John Gillow ,Bryan Sentence .World Textiles A Visual Guide To Tradition Techniques [M]. Thames & Hudson, London, 2005:82.
[3] Mcquaid Matilda.Structure and Surface Contemporary Japanese Textiles Organized [J]. New York: The Museum of Modern Art,1998.

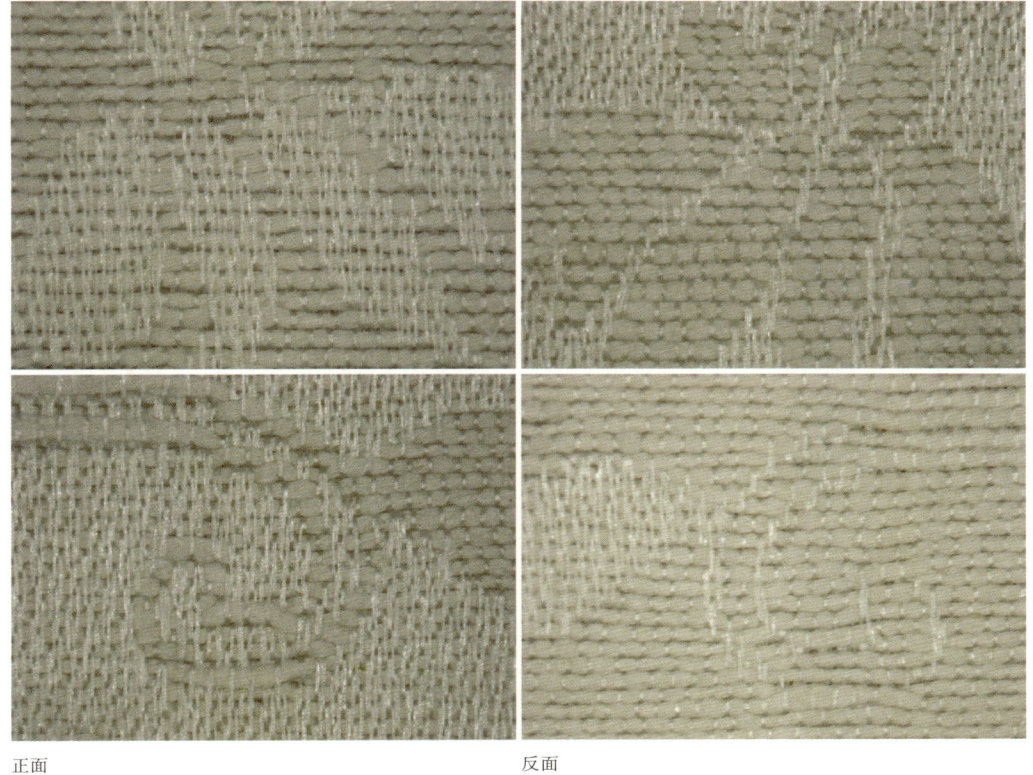

附米黄地蔓枝花纹缎之细部织纹组织结构放大 60 倍图。

正面　　　　　　　　　　　　　　　　反面

浅绿地蔓枝花纹缎

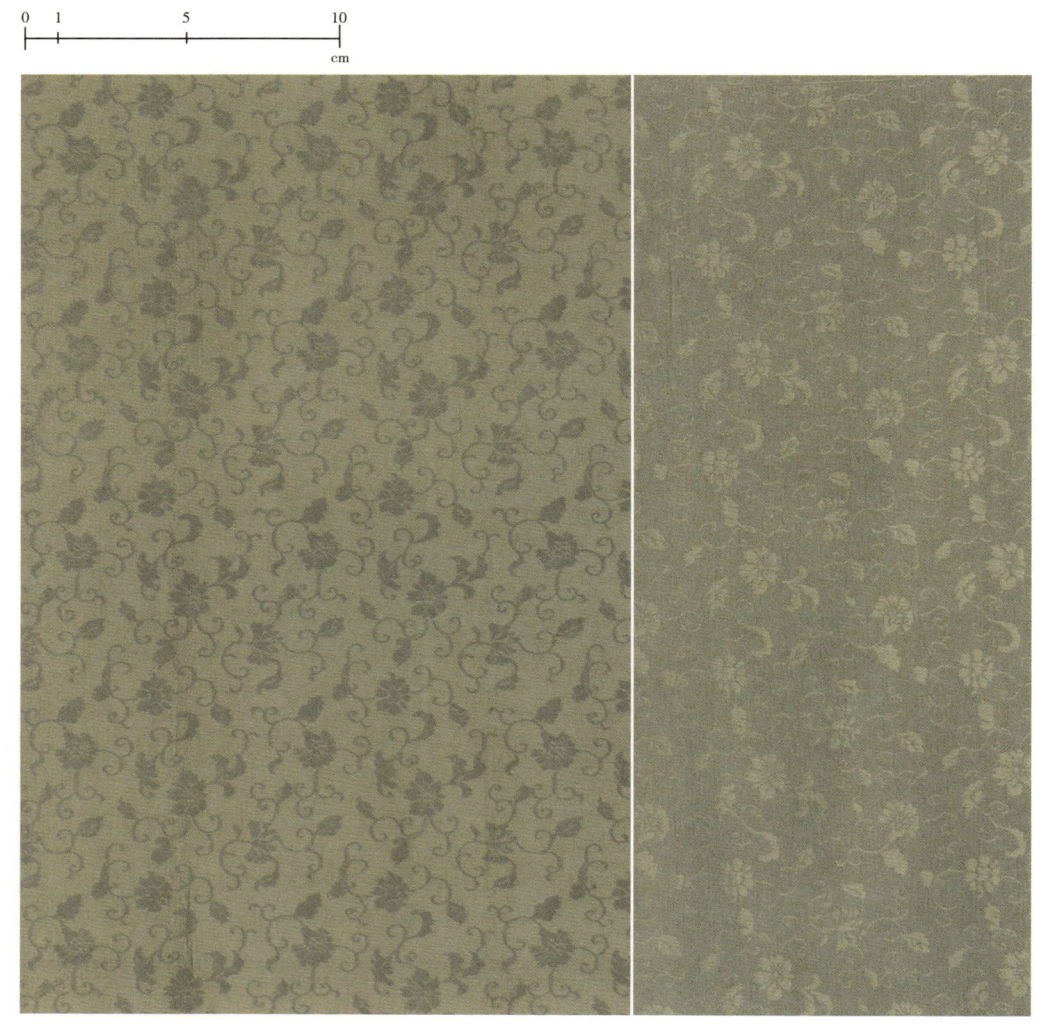

图1 浅绿地蔓枝花纹缎正面（左）反面（右）

浅绿地蔓枝花纹缎采用一细浅绿色具光泽经纱与一浅绿色纬纱交织而成；呈现出浅绿色具光泽的底色与浅绿色的显花，表现出缠枝、花的装饰构图。织片因照相而出现少许色泽偏差，见图1。浅绿地蔓枝花纹缎的织造结构为经密144根/英寸、纬密72根/英寸；经纱粗0.12mm、纬纱粗0.47mm。

浅绿地蔓枝花纹缎的地经、地纬光谱有机物分析结果见图2、图3，经与CNS2339，L3050中"纤维之红外线吸收光谱主要吸收带及特性波数"的参数进行比对后，地经材质测试结果主要吸收带及特性波数接近蚕丝、地纬材质测试结果主要吸收带及特性波数呈现近1370纤维素特性波数的数值，则较接近纤维素纤维（棉麻类）（相关参数请参阅附录一），故再经由CNS2339（纤维混用率试验法 第1部：纤维鉴别）

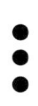

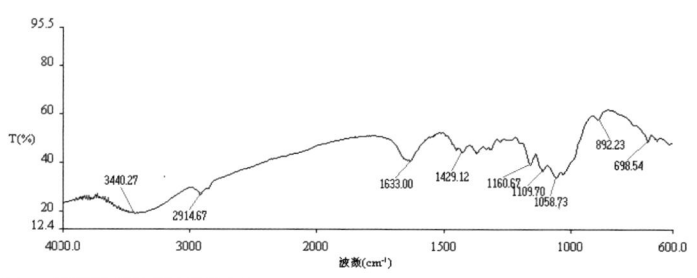

图 2　浅绿地蔓枝花纹缎地经之 FTIR

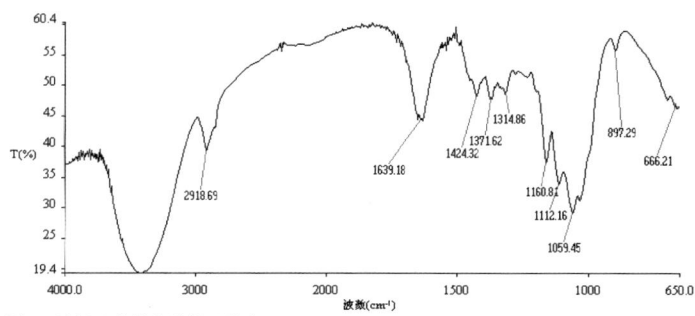

图 3　浅绿地蔓枝花纹缎地纬之 FTIR

之燃烧法，地经纤维接近火焰时呈现卷曲状态；在火焰中呈卷曲状且着火燃烧，有燃烧毛发的臭味，残灰呈黑色膨胀状且易被压碎，**故判断地经材质为蚕丝纤维**。地纬纤维一接近火焰时即着火燃烧，有燃烧纸的气味，残灰呈浅灰色、轻、羽状，且压后成灰烬消失，故判断地纬材质为纤维素纤维（棉或麻），由于地纬纱外观呈现平整且低捻较似麻的特征（棉纤维较短因此需以较多的捻度捻合成纱线，同时纱线的平整度较麻差），**故判定地纬纱材质为麻纤维**。

浅绿地蔓枝花纹缎呈现出蔓枝、花朵的装饰构图。蔓枝花起源于唐代卷草纹样，其结构是以 S 形的藤蔓枝条为骨架，配以各种花、叶、果，在宋时被称为卷叶花卉，因属于抽象构图，故与当时盛行的写生构图有很大的差异。蔓枝花呈对称形，正面显示纹样，平稳庄重，是明代织品的重要代表。蔓枝花枝条舒展，花形饱满，给人一种富贵美满的感受，可说是中国传统纹样之经典。[1]

浅绿地蔓枝花纹缎的织纹结构是以一细浅绿色具光泽经纱与浅绿色纬纱经由两种不同的织纹交织出两种不同的色块，呈现出浅绿色的底色与浅绿色的具光泽显花图纹。浅绿色的具光泽显花图纹为细浅绿具光泽经纱与浅绿色纬纱以五枚二飞经面缎纹的织纹交织的区块，由于是以经密大于纬密的经面缎纹结构呈现，此区块呈现出经纱的浅绿光色泽；浅绿的底色为浅绿经纱与浅绿纬纱以五枚二飞纬面缎纹交织，由于经密大于纬密，故交织处外观呈现较短纬浮浮长、有着酷似平纹的外观，经纬纱交织后呈现出较无光泽的浅绿地色块，织物放大照相图可清楚地呈现此织纹结构与光泽的特色。由于照相机辅助光线偏蓝，故显现出的色泽有些失真，见图 4。

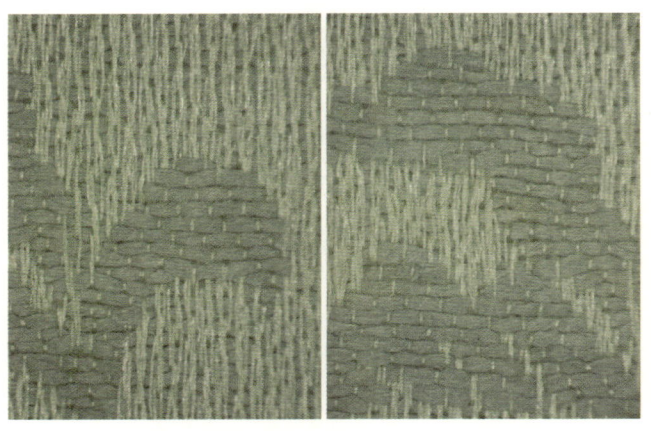

图 4 浅绿地蔓枝花纹缎放大织纹图

观察浅绿地蔓枝花纹缎的织物正、反面 60 倍放大照相图（图 5），浅绿地蔓枝花纹缎的底纹以五枚经面二飞缎纹交织的正面区块，其反面呈现五枚三飞纬面缎纹交织的织纹，由于经密大于纬密、缩短了纬纱浮长，故呈现出酷似平纹的织纹；浅绿地缠枝花纹缎的图纹则是以五枚二飞纬面缎纹交织的正面区块，其反面呈现五枚三飞经面缎纹交织的织纹，经纬纱交织组织对照图（经密＝纬密）可对照图 6。

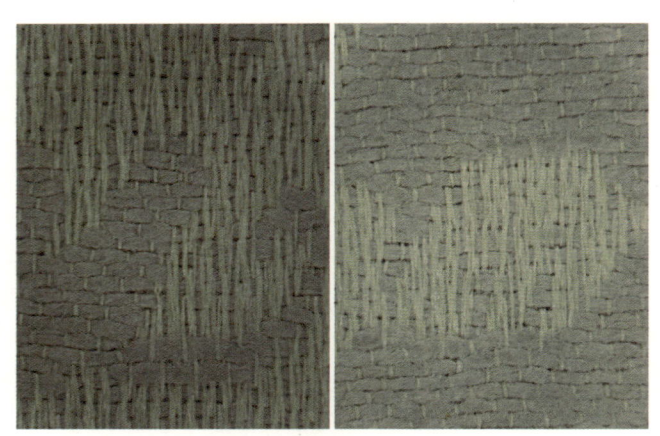

图 5 浅绿地蔓枝花纹缎 60 倍放大照相图正面（左）反面（右）

底纹结构

五枚二飞经面缎纹（正）　　五枚三飞纬面缎纹（反）

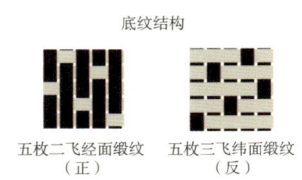

图纹结构

五枚二飞纬面缎纹（正）　　五枚三飞经面缎纹（反）

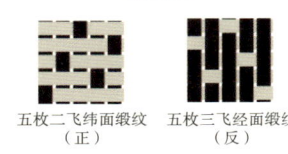

图 6 基础完全组织—经纬交织对照图

与现代织纹结构对应，本片浅绿地蔓枝花纹缎属于 Damask 花缎的织法。Damask 是以一组经纱与一组纬纱交织而成，织品的图纹部分采用与底纹不同的交错组织而呈现织物的图样，其织纹多以缎纹为主，有时也会加上斜纹合并使用，此种织物常使用与织物底纹不同亮度、捻度或复杂度的纱线，以凸显织物的图纹。[2] Damask 的图纹处常是以平纹、经重平（纬横凸纹）、纬面缎纹呈现，而底纹常是以缎纹、斜纹、或是经重平（纬横凸纹）呈现。[3] 本片浅绿地蔓枝花纹缎是以经面缎纹为底纹、纬面缎纹为图纹组合呈现。

参考文献

[1] 上海市服装行业协会，中国服装编审委员会. 中国服装大典 [M]. 上海：文汇出版社，1999：277.

[2] John Gillow, Bryan Sentence. World Textiles A Visual Guide To Tradition Techniques [M]. Thames & Hudson, London, 2005:82.

[3] Mcquaid Matilda. Structure and Surface Contemporary Japanese Textiles Organized [J]. New York: The Museum of Modern Art, 1998.

附浅绿地蔓枝花纹缎之细部织纹组织结构放大60倍图。

浅绿地蔓枝花纹缎60倍放大图正面（左）反面（右）

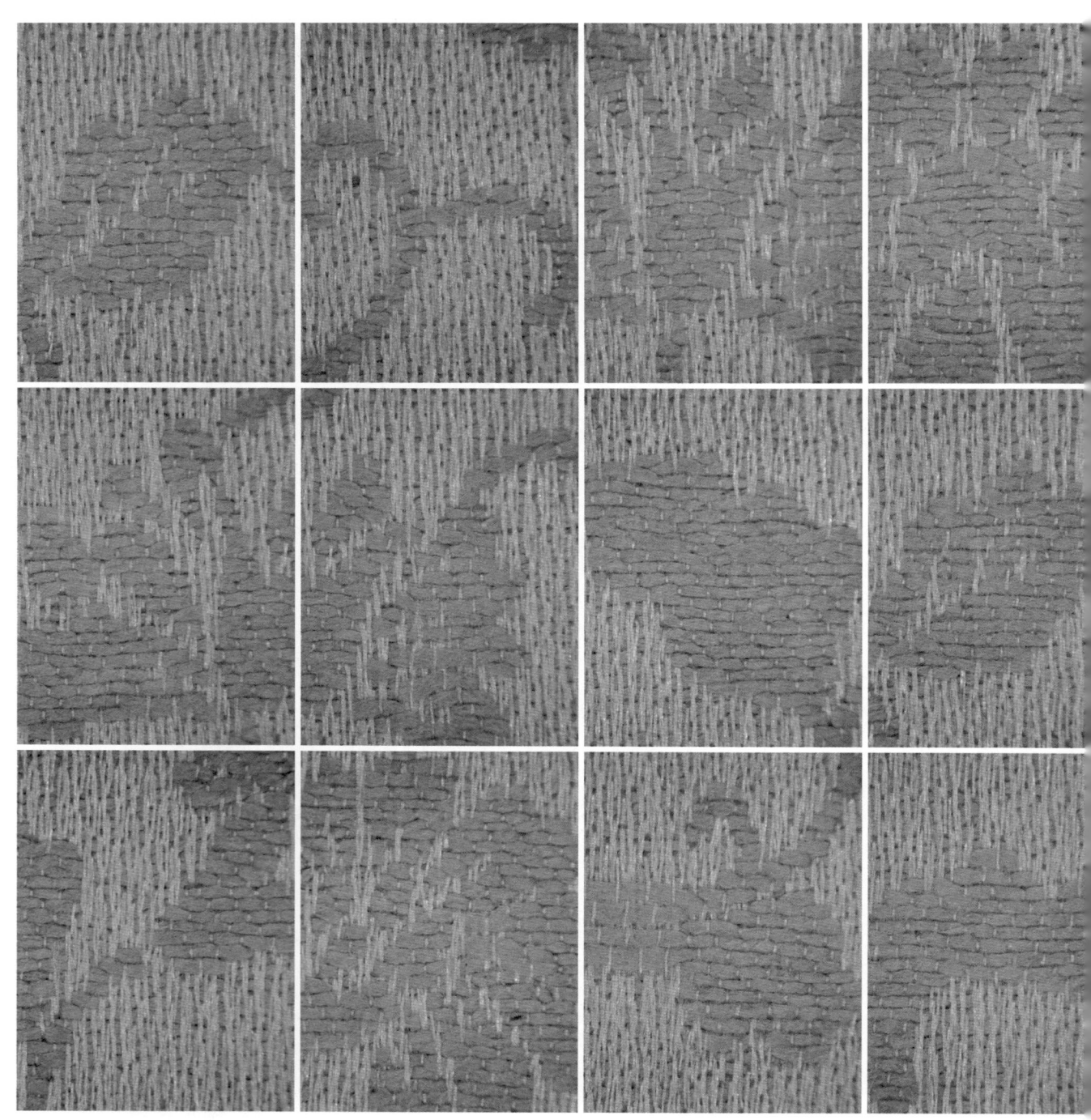

浅绿地蔓枝花纹缎 60 倍放大图

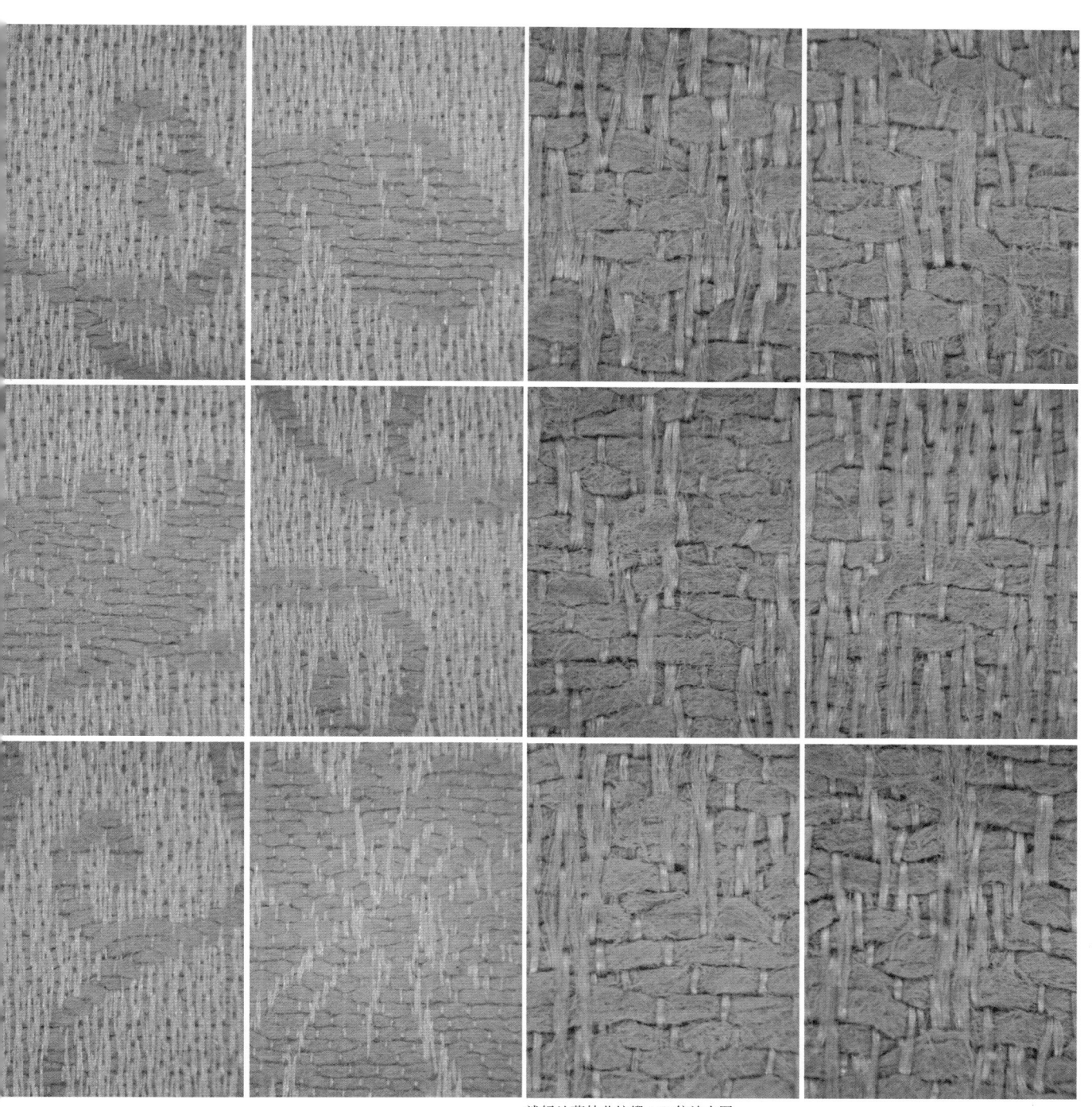

浅绿地蔓枝花纹缎 150 倍放大图

织锦缎｜浅绿地蔓枝花纹缎

鹅黄地宝瓶银锭花纹缎

图 1 鹅黄地宝瓶银锭花纹缎

  鹅黄地宝瓶银锭花纹缎采用一鹅黄色经纱与一米色纬纱交织而成；由于采用不同织纹，虽然经纬色泽相似，但透过经纱与纬纱因织纹浮长呈现的差异，在光线反射后，可明显呈现底纹与显花纹的区别，表现出宝瓶、银锭、玉兰花等的装饰构图，见图1、图2。鹅黄地宝瓶银锭花纹缎的织造结构为经密 160 根/英寸、纬密 64 根/英寸；经纱粗 0.11mm、纬纱粗 0.41mm。

  鹅黄地宝瓶银锭花纹缎的地经、地纬光谱有机物分析结果见图3、图4，经与CNS2339，L3050 中"纤维之红外线吸收光谱主要吸收带及特性波数"的参数进行比对后，地经材质测试结果主要吸收带及特性波数接近蚕丝、地纬材质测试结果主要吸收带及特性波数呈现近 1370 纤维素特性波数的数值，则较接近纤维素纤维（棉麻类）（相关参数请参阅附录一），故再经由 CNS2339（纤维混用率试验法 第 1 部：纤维鉴别）之燃烧法，地经纤维接近火焰时呈现卷曲状态，在火焰中呈卷曲状且着火燃烧，有燃

图 2　鹅黄地宝瓶银锭花纹缎局部放大图（左）宝瓶（右上）银锭（右下）

烧毛发的臭味，残灰呈黑色膨胀状且易被压碎，**故判断地经材质为蚕丝纤维**。地纬纤维一接近火焰时即着火燃烧，有燃烧纸的气味，残灰呈浅灰色、轻、羽状，且压后成灰烬消失，故判断地纬材质为纤维素纤维（棉或麻），由于地纬纱外观呈现平整且低捻较似麻的特征（棉纤维较短因此需以较多的捻度捻合成纱线，同时纱线之平整度较麻差），**故判定地纬纱材质为麻纤维**。

鹅黄地宝瓶银锭花纹缎呈现出宝瓶、银锭、似竹花与玉兰花的装饰构图。中国钱纹有着"避邪"与"富有"的象征。[1]钱具有实际流通价值，以钱纹图案作为装饰艺术时具有相当的写实性，显现出对生活的主观愿望，因此钱纹也是中国八宝图案常出现的图纹；钱锭与如意纹有着"必定如意"之内涵[2]，金、银锭的象征与钱锭相同。

中国古丝织物中常喜以含有吉庆祥瑞之意的八宝、八吉祥、八音等组成的图案为图纹。明十三陵之定陵（明神宗万历皇帝与其两后的陵墓）出土的古丝织物中，出现许多有八宝、八吉祥、八音等组成图纹的美丽织品，本块鹅黄地宝瓶银锭花纹缎中所

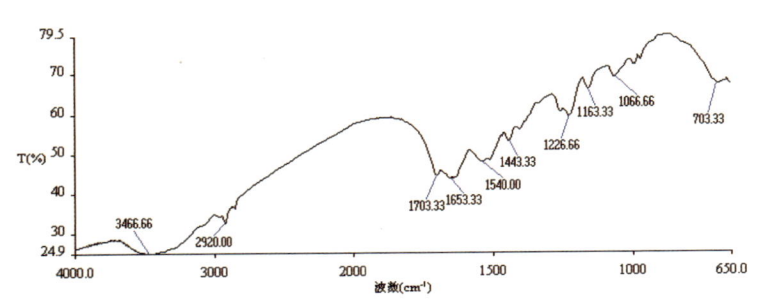

图 3 鹅黄地宝瓶银锭花纹缎地经之 FTIR

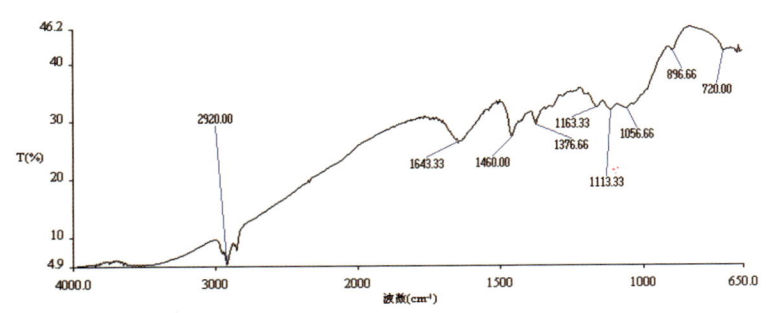

图 4 鹅黄地宝瓶银锭花纹缎地纬之 FTIR

呈现的宝瓶应当也是取其吉祥的含义，有着如意宝库取之不尽、圆满所求愿望之意。[3]

鹅黄地宝瓶银锭花纹缎中呈现了一大一小的花纹图案，较大形之花呈现较长与多的花瓣，对照古织品常见的花纹形态，其形态与玉兰花较接近，故将此花形判读为似玉兰花。较小形之花呈现六片花瓣，由于古织品常见的花纹形态中鲜少有六片，在明十三陵之定陵孝端后棺内东端北侧出土的大红长安竹绸，即呈现出形态接近的六瓣花（图5），虽然本织片图案并未呈现竹叶，由于织品的图案构图多以美观与抽象写意为主，故即将本织片所呈现的小花判读为似竹花。

图 5 大红长安竹绸之六瓣花纹样

鹅黄地宝瓶银锭花纹缎的结构是由鹅黄色经纱与米色纬纱经由两种不同的织纹交织，因织纹呈现不同经纬纱浮长，经由光线反射而呈现出底纹与显花纹两种不同的色块。一种色块是以五枚二飞经面缎纹为主的织纹交织的色块，呈现出鹅黄经纱色的色泽；另一种色块为鹅黄色经纱与米色纬纱以五枚二飞纬面缎纹交织呈现米色纬纱色的色块，织物正面放大照相图清楚地呈现此织纹特色，由于照相机内见光偏蓝，故色泽有些失真，见图6。

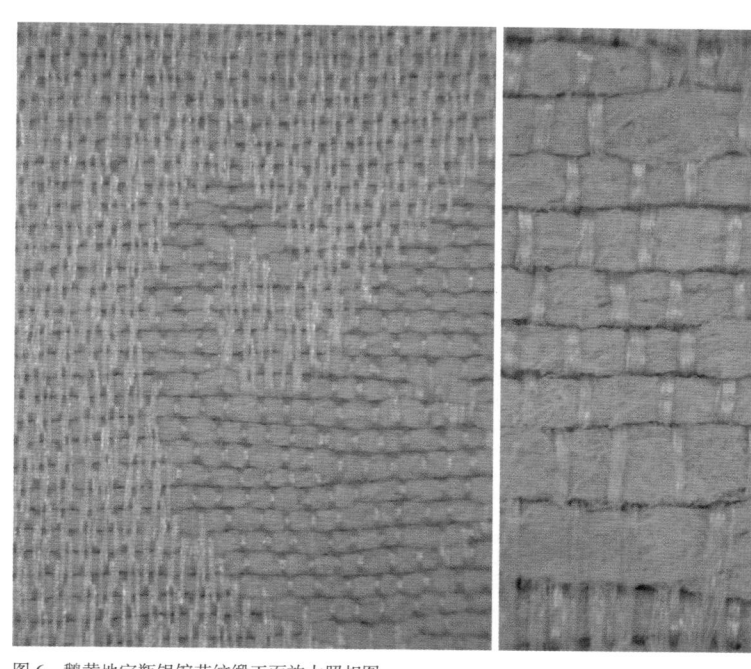

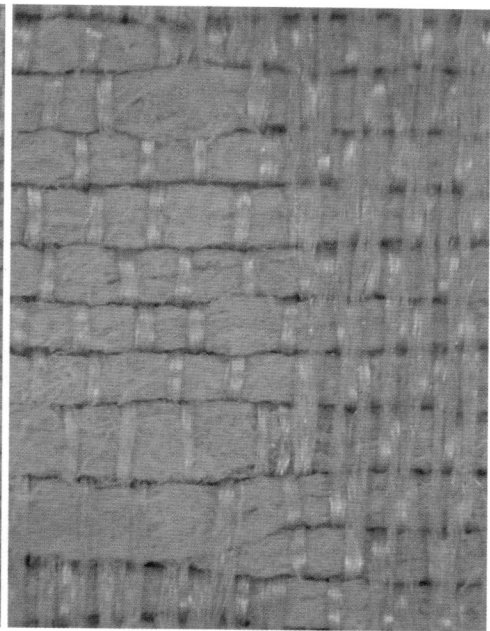

图6 鹅黄地宝瓶银锭花纹缎正面放大照相图

与现代织纹结构对应，本片鹅黄地宝瓶银锭花纹缎属于Damask花缎的织法。Damask是以一组经纱与一组纬纱交织而成，织品的图纹部分采用与底纹不同的交错组织而呈现织物的图样，其织纹多以缎纹为主，有时也会加上斜纹合并使用，此种织物常使用与织物底纹不同亮度、捻度或复杂度的纱线，以凸显织物的图纹。[4] Damask的图纹处常是以平纹、经重平（纬横凸纹）、纬面缎纹呈现，而底纹常是以缎纹、斜纹或是经重平（纬横凸纹）呈现。[5] 本片鹅黄地宝瓶银锭花纹缎是以经面缎纹为底纹、纬面缎纹为图纹组合呈现。相关织纹结构基础完全组织经纬交织对照图7。

底纹结构
五枚二飞经面缎纹

图纹结构
五枚二飞纬面缎纹

图7 基础完全组织—经纬交织对照图

参考文献

［1］李祖定.中国传统吉祥图案［M］.上海：科学普及出版社，2003：51.
［2］简述古钱图案和文字在陶瓷器上的运用［J/OL］. http://special.artxun.com/20071226/article/720102dc19beff 55abe344b740 9a08d7.shtml.
［3］财神宝瓶的意义及供养，财神宝瓶［J/OL］.［2011-11-18］. http://blog.yam.com/choeni/article/15619735.
［4］John Gillow, Bryan Sentence. World Textiles A Visual Guide To Tradition Techniques［M］. Thames & Hudson, London, 2005:82.
［5］Mcquaid Matilda. Structure and Surface Contemporary Japanese Textiles Organized［J］. New York: The Museum of Modern Art, 1998.

附鹅黄地宝瓶银锭花纹缎之细部织纹组织结构放大 60 倍与 150 倍图。

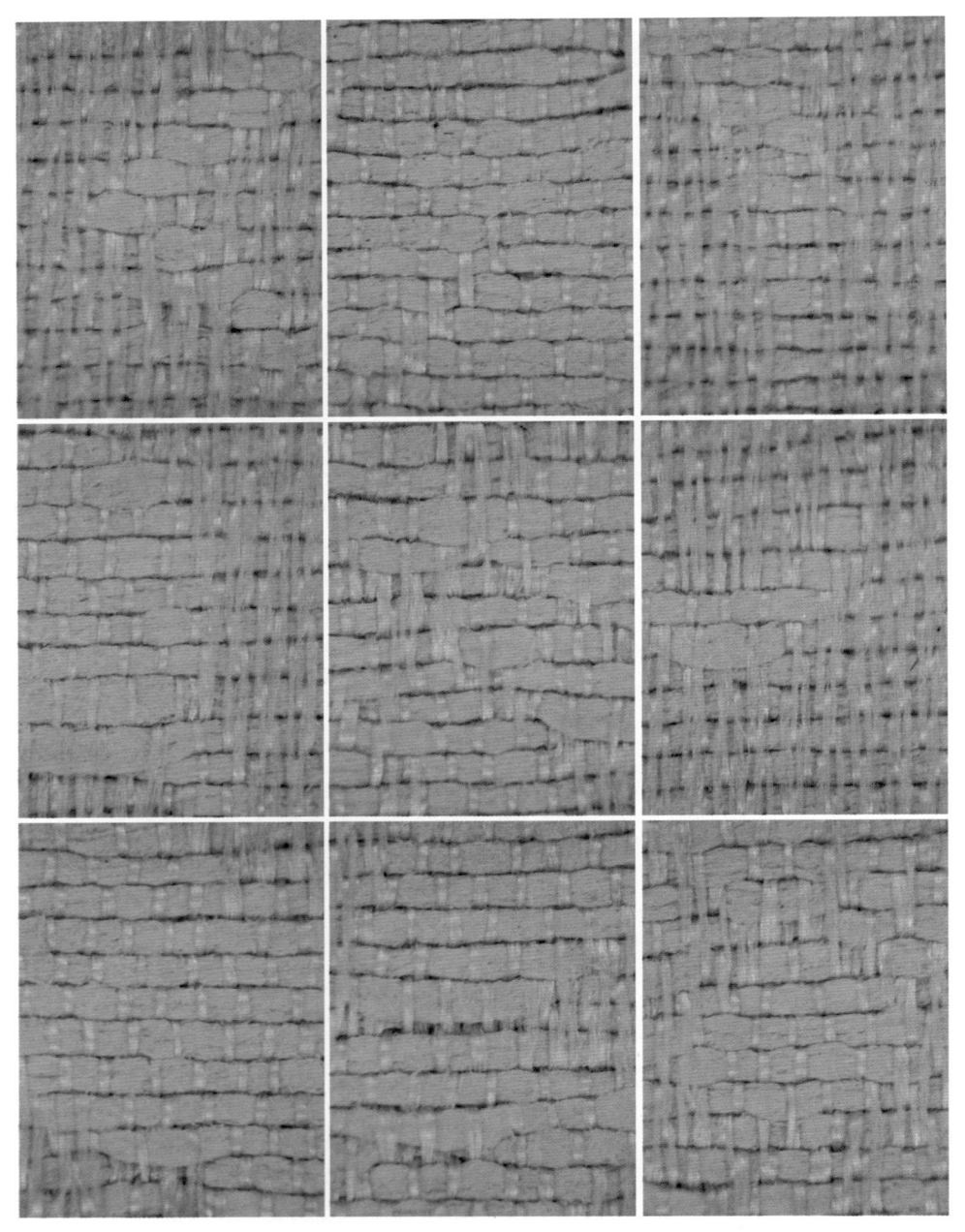

鹅黄地宝瓶银锭花纹缎 150 倍放大图

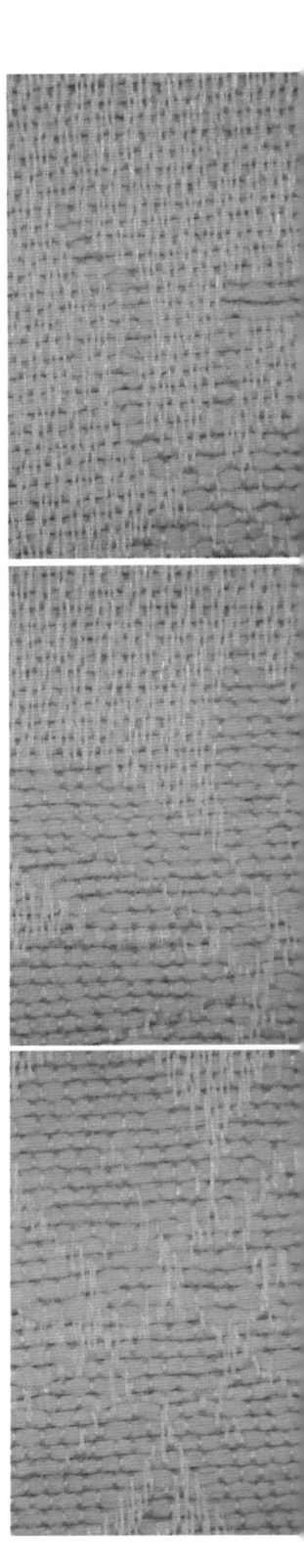

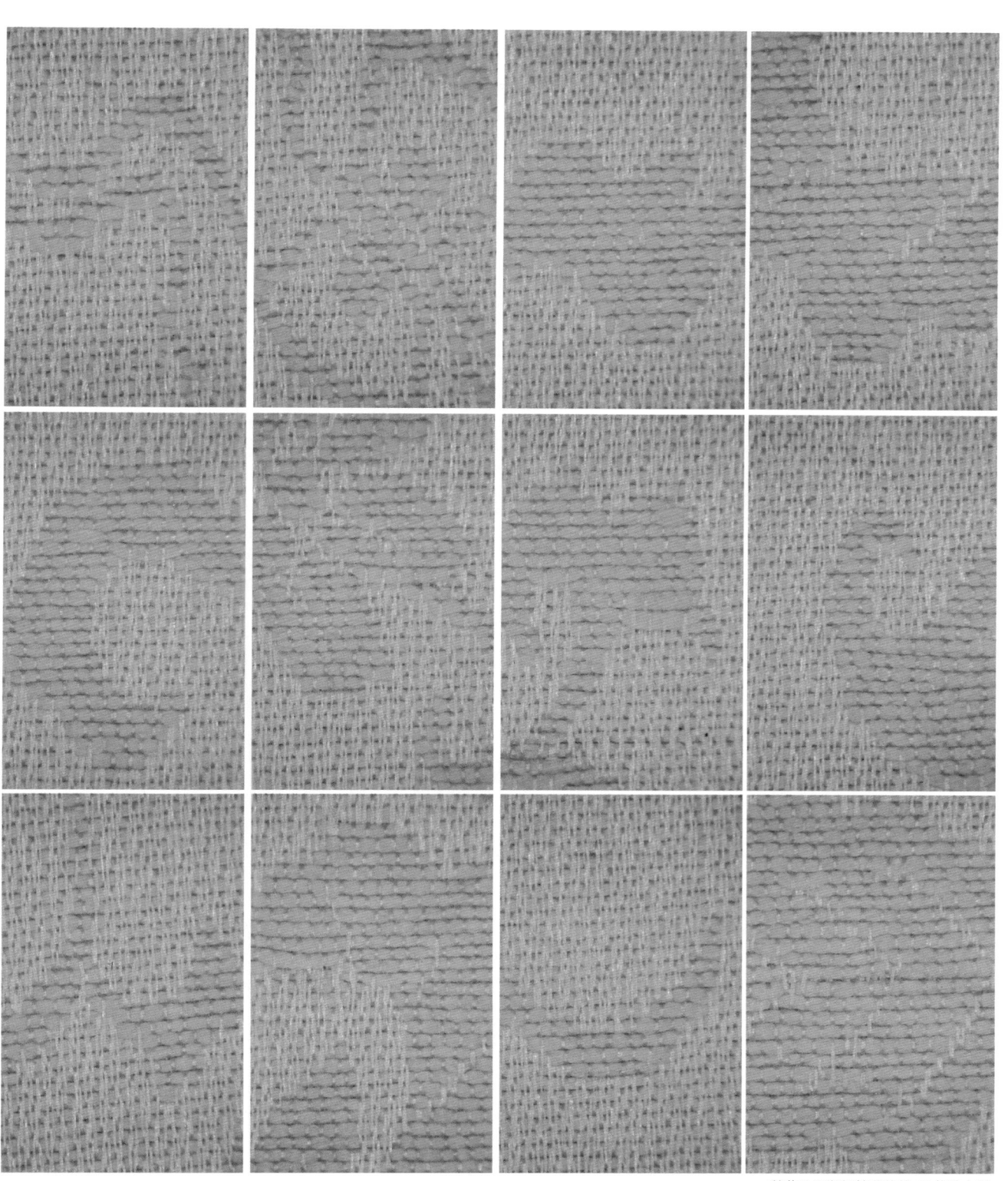

鹅黄地宝瓶银锭花纹缎 60 倍放大图

织锦缎｜鹅黄地宝瓶银锭花纹缎

落花流水纹缎

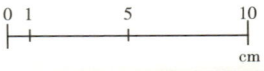

图1 落花流水纹缎（一）

图2 落花流水纹缎（二）

图3 落花流水纹缎局部放大图（一）　　图4 落花流水纹缎局部放大图（二）

落花流水纹缎采用一细灰绿色经纱与暗蓝色纬纱交织而成；呈现出暗蓝色的底色与灰绿色的显花，表现出落花流水的装饰构图，见图1～图4。落花流水纹缎的织造结构为经密265根/英寸、纬密64根/英寸；经纱粗0.1mm、纬纱粗0.37mm。

落花流水纹缎的地经、地纬光谱有机物分析结果见图 5、图 6，经与 CNS2339，L3050 中"纤维之红外线吸收光谱主要吸收带及特性波数"的参数进行比对后，**判读地经材质测试结果的主要吸收带及特性波数与波型特征接近蚕丝类**，地纬材质测试结果主要吸收带及特性波数呈现近 1370 纤维素特性波数的数值，则较接近纤维素纤维（棉麻类）（相关参数请参阅附录一），故再经由 CNS2339（纤维混用率试验法 第 1 部：纤维鉴别）之燃烧法，地经纤维接近火焰时呈现卷曲状态；在火焰中呈卷曲状且着火燃烧，有燃烧毛发的臭味，残灰呈黑色膨胀状且易被压碎，**故判断地经材质为蚕丝纤维**。地纬纤维一接近火焰时即着火燃烧，有燃烧纸的气味，残灰呈浅灰色、轻、羽状，且压后成灰烬消失，故判断地纬材质为纤维素纤维（棉或麻），由于地纬纱外观呈现平整且低捻较似麻的特征（棉纤维较短因此需以较多的捻度捻合成纱线，同时纱线的平整度较麻差），**故判定地纬纱材质为麻纤维**。

图 5 落花流水纹缎地经之 FTIR

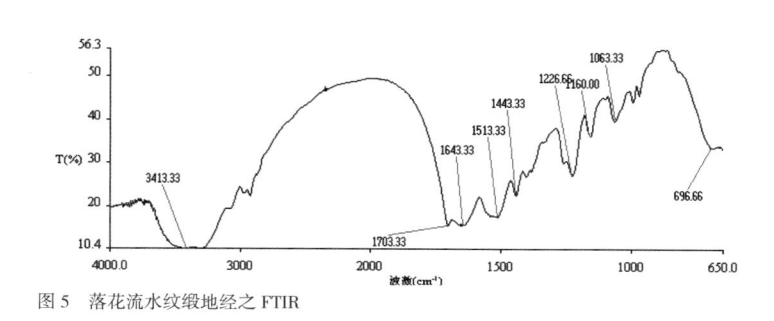

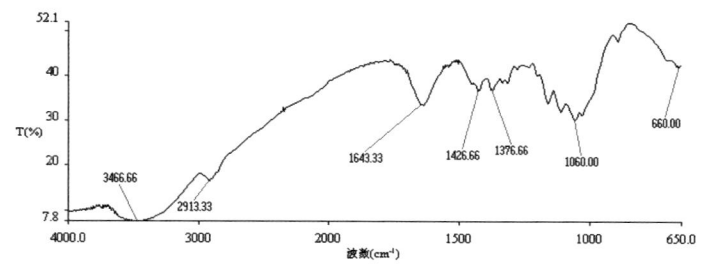

图 6 落花流水纹缎地纬之 FTIR

落花流水纹缎呈现出凋零的落花被流水带走的图像，故此图像常以"落花流水"称之、并常见于唐诗中。[1] 通常落花流水锦会以梅花、桃花或其他的单朵花儿作为素材并配与水流波纹，盛行于明代。"落花流水"图纹形态丰富，有巨浪送冰梅、也有落花漂浮于静流的模样，唐人有诗："桃花流水杳然去，别有天地非人间"。有着叙事大自然的优美意境。[2]

落花流水纹缎的织纹结构是经由两种不同的织纹交织出两种不同的色块以呈现出图纹。一色块为细灰绿色经纱与暗蓝色纬纱以五枚三飞经面缎纹的织纹交织的区块，由于是以经密大于纬密的经面缎纹结构呈现，此区块呈现出经纱灰绿色的色泽；另一色

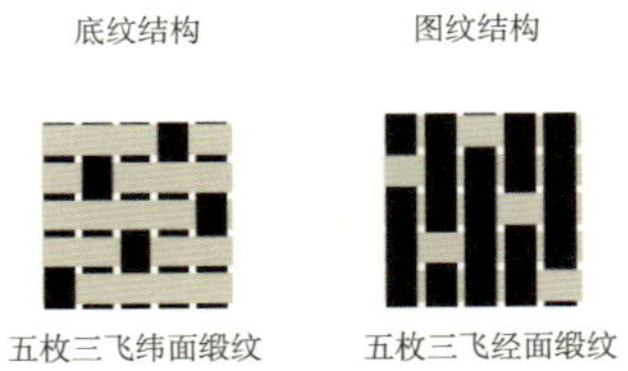

块为细灰绿色经纱与暗蓝色纬纱以五枚三飞纬面缎纹交织，由于经密大于纬密，故交织处外观呈现较短纬浮浮长、有着酷似平纹的外观，由于经纬纱交织是以纬面缎纹呈现，故仍呈现出纬纱暗蓝色的色块，经纬纱交织的组织图（经密＝纬密）可对照图7。织物正面放大60倍、150倍照相图清楚地呈现此织纹特色见图8。

图7 基础完全组织—经纬交织对照图

图8 落花流水纹缎放大织纹图60倍（左）150倍（右）

与西方织纹结构对应，本片落花流水纹缎属于 Damask 花缎的织法。Damask 是以一组经纱与一组纬纱交织而成，织品的图纹部分采用与底纹不同的交错组织而呈现织物的图样，其织纹多以缎纹为主，有时也会加上斜纹合并使用，此种织物常使用与织物底纹不同亮度、捻度或复杂度的纱线，以凸显织物的图纹。[3] Damask 的图纹处常是以平纹、经重平（纬横凸纹）、纬面缎纹呈现，而底纹常是以缎纹、斜纹、或是经重平（纬横凸纹）呈现。[4] 本片落花流水纹缎是以纬面缎纹为底纹、经面缎纹为图纹组合呈现。

参考文献

[1] A Fine and Very Rare Blue and White Dragon Bottle Vase［J/OL］．［2012-1］．http://www.christies.com/LotFinder/custom/lot_details.aspx?from=salesummary&pos=10&intObjectID=5200612.

[2] 李祖定．中国传统吉祥图案［M］．上海：科学普及出版社，2003：154.

[3] John Gillow, Bryan Sentence. World Textiles A Visual Guide To Tradition Techniques［M］．Thames & Hudson, London, 2005:82.

[4] Mcquaid Matilda. Structure and Surface Contemporary Japanese Textiles Organized［J］．New York: The Museum of Modern Art,1998.

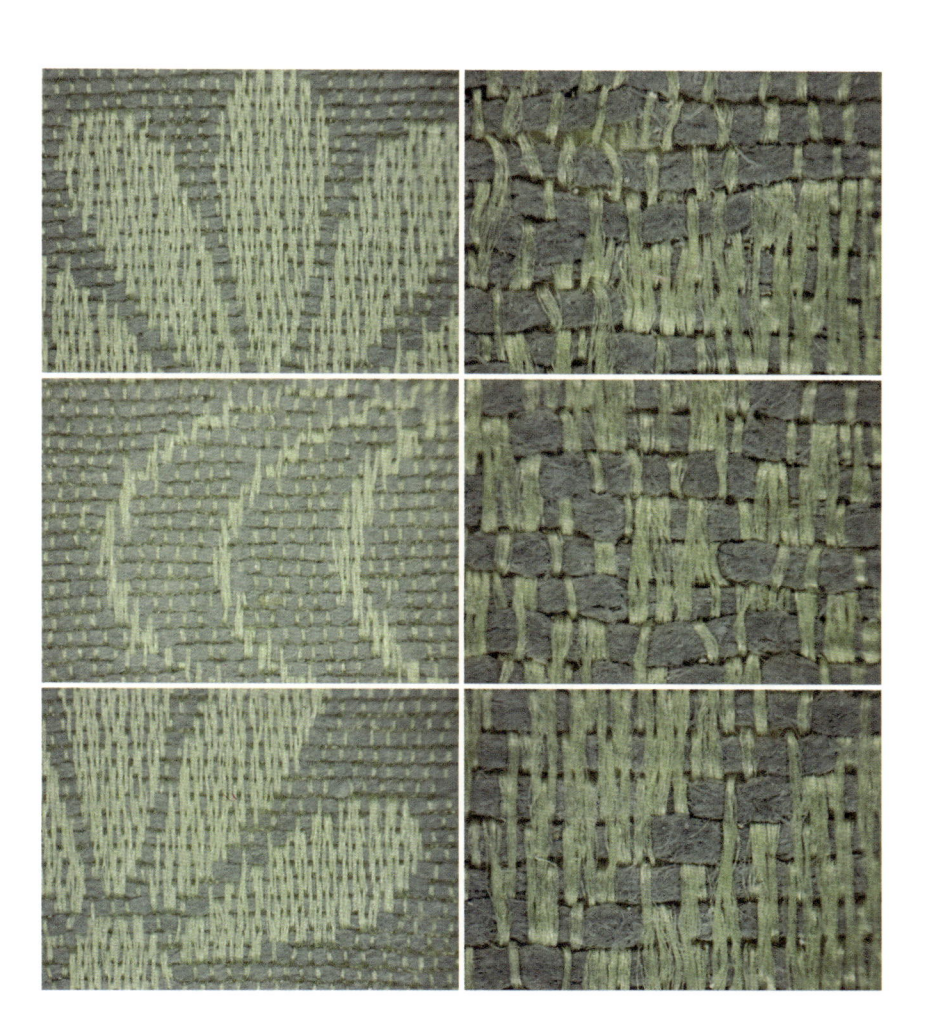

附落花流水纹缎之细部织纹组织结构放大 60 倍与 150 倍图。

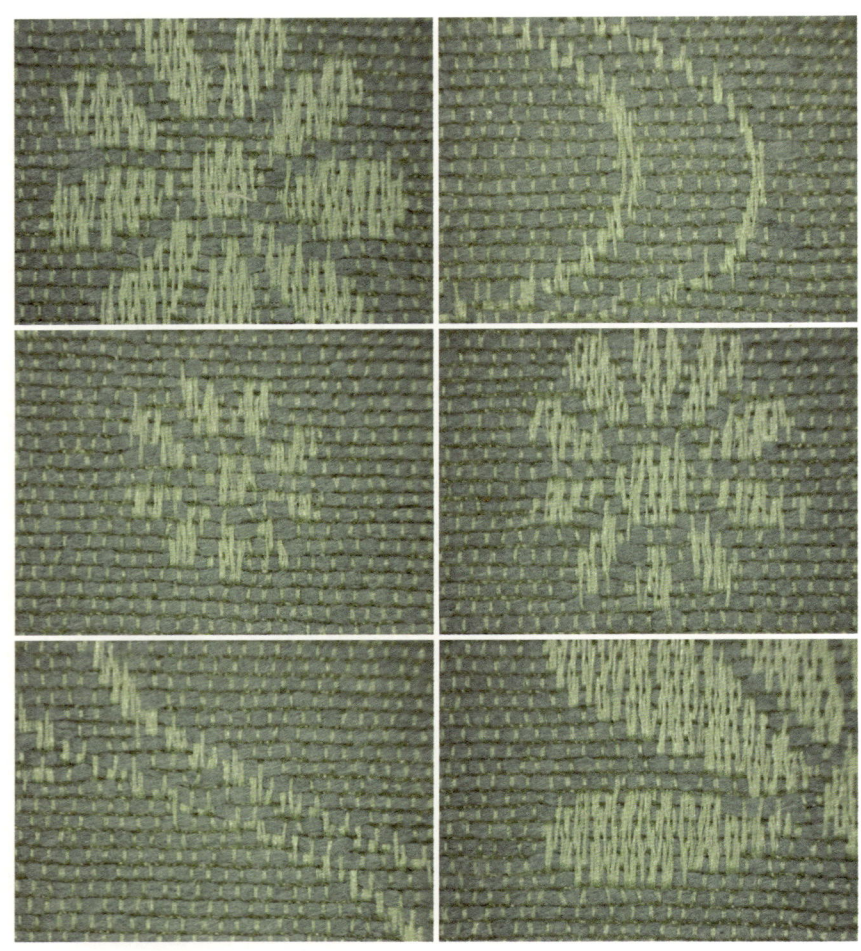

落花流水纹缎60倍放大图

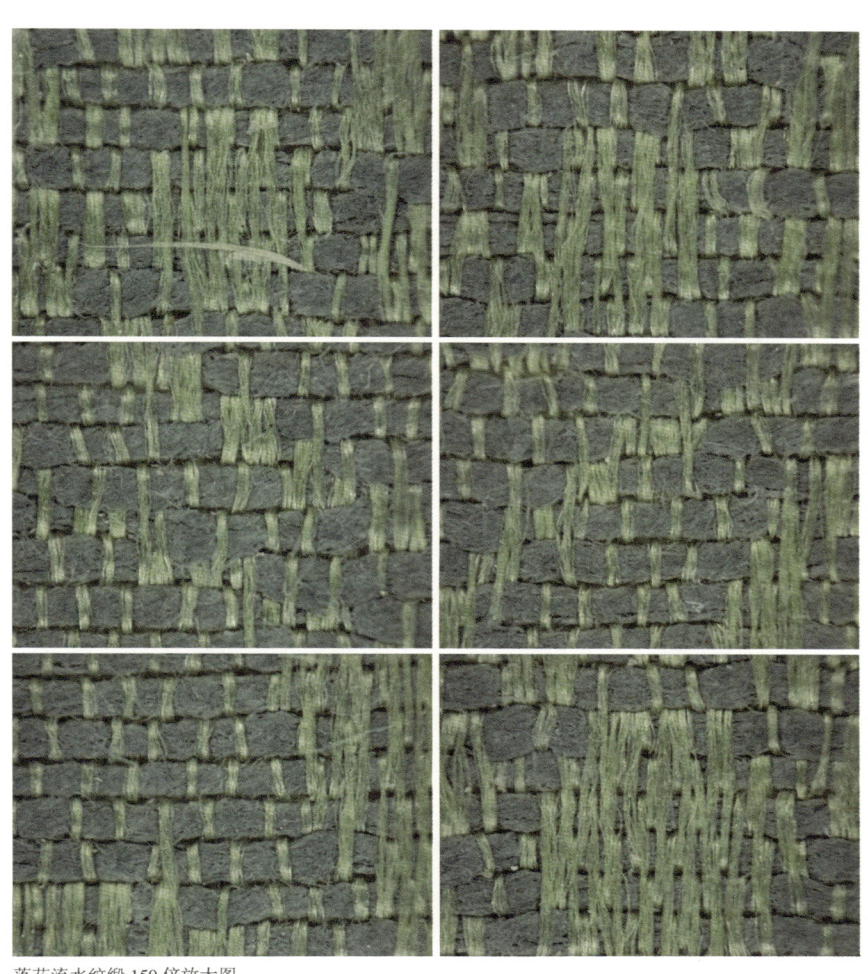

落花流水纹缎 150 倍放大图

暗灰绿地缠枝牡丹鸡冠花纹缎

图1 暗灰绿地缠枝牡丹鸡冠花纹缎正面及其放大图

暗灰绿地缠枝牡丹鸡冠花纹缎采用一暗灰绿色经纱与一浅褐色纬纱交织而成；呈现出暗灰绿色的底色与浅褐色的显花，表现出缠枝牡丹鸡冠花的装饰构图，见图1、图2。暗灰绿地缠枝牡丹鸡冠花纹缎的织造结构为经密160根／英寸、纬密88根／英寸；经纱粗0.16mm、纬纱粗0.24mm。

暗灰绿地缠枝牡丹鸡冠花纹缎的地经、地纬光谱有机物分析结果见图3、图4，经与CNS2339，L3050中"纤维之红外线吸收光谱主要吸收带及特性波数"的参数进行比对后，**判读地经与地纬材质测试结果的主要吸收带及特性波数接近蚕丝类**，其中地经与地纬红外线吸收光谱的波形特征更与熟蚕丝相似，（相关参数请参阅附录一），故再经由CNS2339（纤维混用率试验法 第1部：纤维鉴别）之燃烧法进行地经与地纬材质的判定。实验结果为地经与地纬纤维在接近火焰时呈现卷曲状态；在火焰中呈卷曲状且着火燃烧，有燃烧毛发的臭味，残灰呈黑色膨胀状且易被压碎，**故判断地经与地纬材质为蚕丝**。

图 2　暗灰绿地缠枝牡丹鸡冠花纹缎反面及其放大图

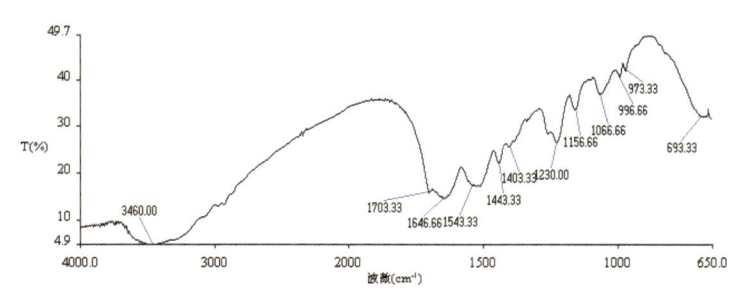

图 3　暗灰绿地缠枝牡丹鸡冠花纹缎地经之 FTIR

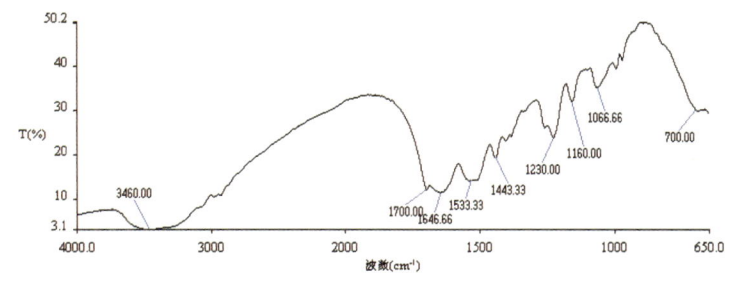

图 4　暗灰绿地缠枝牡丹鸡冠花纹缎地纬之 FTIR

暗灰绿地缠枝牡丹鸡冠花纹缎呈现出缠枝、牡丹、鸡冠花的装饰构图。缠枝花起源于唐代卷草纹样，其结构是以S形的藤蔓枝条为骨架，配以各种花、叶、果，在宋时被称为卷叶花卉，因属于抽象构图，故与当时盛行的写生构图有很大的差异。缠枝花呈对称形、正面显示纹样、平稳庄重，是明代织品的重要代表。缠枝花枝条舒展，花形饱满，给人一种富贵美满的感受，可说是中国传统纹样之经典。[1]

中国图纹经常带着吉祥、祝贺的意义，也常从植物形体本身来联想意义，以对自我的期许与植物生长的特性寻找共通特性。[2]牡丹花为群芳之冠，蕴含着富贵与荣华[3]，宋文《爱莲说》中写道：牡丹，花之富贵者也，"富贵花"也成为赞美牡丹的别号，牡丹为中国传统名花，兼有色、香、韵三者之美，又有"国色天香"之雅号[4]；古人吟诵鸡冠花多以其色彩与形象描述，于宋、元、明、清有相当多的描述，在隐喻性的描写中，有着对君子处事不随波逐流之人格品质的赞美。[5]将鸡冠花与公鸡同时加入构图中有着冠上加冠之意。

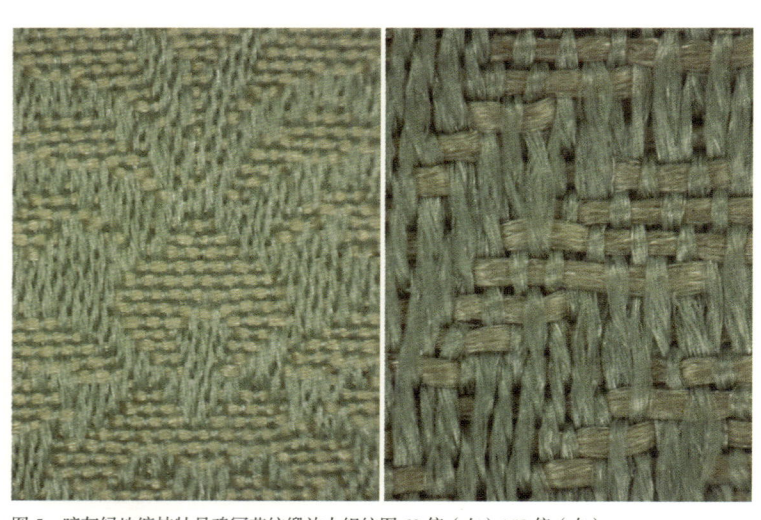

图5 暗灰绿地缠枝牡丹鸡冠花纹缎放大织纹图60倍（左）150倍（右）

暗灰绿地缠枝牡丹鸡冠花纹缎的织纹结构是经由两种不同的织纹交织出两种不同的色块以呈现出图纹。一色块是以暗灰绿色经纱与浅褐色纬纱以五枚二飞经面缎纹的织纹交织，由于经密大于纬密，故多覆盖纬纱呈现出暗灰绿色的底色；另一色块是暗灰绿色经纱与浅褐色纬纱以五枚二飞纬面缎纹交织，由于经密大于纬密，故交织处外观呈现较短的纬浮浮长、有着酷似平纹的外观，同时由于经纬纱交织是以纬面缎纹呈现，故多呈现出纬纱浅褐色色块，织物正面放大照相图清楚地呈现此织纹特色，见图5。暗灰绿地缠枝牡丹鸡冠花纹缎的经纱与纬纱的捻度相当低，观察放大150倍图时，可观察出纬纱几乎呈现无捻度的低捻状态。经纬纱交织的组织图（经密＝纬密）可对照图6。

底纹结构
五枚二飞经面缎纹（正）　五枚三飞纬面缎纹（反）
图纹结构
五枚二飞纬面缎纹（正）　五枚三飞经面缎纹（反）

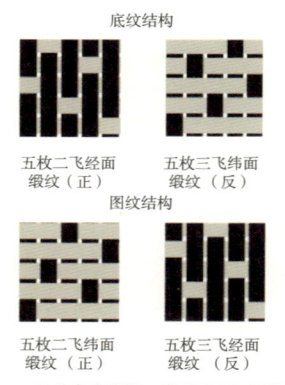

图6 基础完全组织—经纬交织对照图

与现代织纹结构对应，本片暗灰绿地缠枝牡丹鸡冠花纹缎属于 Damask 花缎的织法。Damask 是以一组经纱与一组纬纱交织而成，织品的图纹部分采用与底纹不同的交错组织而呈现织物的图样，其织纹多以缎纹为主，有时也会加上斜纹斜纹合并使用，此种织物常使用与织物底纹不同亮度、捻度或复杂度的纱线，以凸显织物的图纹。[6] Damask 的图纹处常是以平纹、经重平（纬横凸纹）、纬面缎纹呈现，而底纹常是以缎纹、斜纹、或是经重平（纬横凸纹）呈现。[7] 本片暗灰绿地缠枝牡丹鸡冠花纹缎是以经面缎纹为底纹、纬面缎纹为图纹组合呈现。

观察暗灰绿地缠枝牡丹鸡冠花纹缎的织物正、反面放大照相图（图7），暗灰绿地缠枝牡丹鸡冠花纹缎以五枚二飞经面缎纹交织的正面区块之反面呈现五枚三飞纬面缎纹交织的织纹，由于经密大于纬密、缩短了纬纱浮长，故也呈现出酷似平纹的织纹；暗灰绿色经纱与浅褐色纬纱正面以五枚二飞纬面缎纹交织的区块之反面呈现五枚三飞经面缎纹交织的织纹。

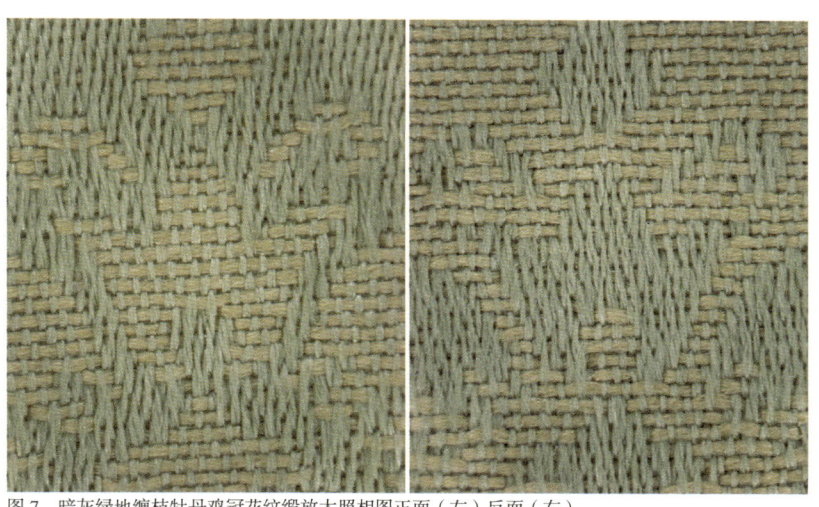

图7 暗灰绿地缠枝牡丹鸡冠花纹缎放大照相图正面（左）反面（右）

参考文献

[1] 上海市服装行业协会，中国服装编审委员会. 中国服装大典[M]. 上海：文汇出版社，1999：277.

[2] 中国植物图纹的象征意涵[J/OL].[2011-1-10].http://s18982110.pixnet.net/blog/post/3844031.

[3] 陈雯雯，周晓鸣. 中式旗袍元素在当代服装设计中的应用与研究[C]. // 北京服装学院. 传承文化，创意未来：2010年"中国概念＆创意产业"国际服饰文化及教育研讨会（ICCEC）论文集. 北京：中国纺织出版社，2010:19.

[4] 李祖定. 中国传统吉祥图案[M]. 上海：科学普及出版社，2003：32.

[5] 鸡冠花百度百科[J/OL].[2011-9-17].http://baike.baidu.com/view/20953.htm.

[6] John Gillow ,Bryan Sentence .World Textiles A Visual Guide To Tradition Techniques[M]. Thames & Hudson, London, 2005:82.

[7] Mcquaid Matilda.Structure and Surface Contemporary Japanese Textiles Organized[J]. New York: The Museum of Modern Art,1998.

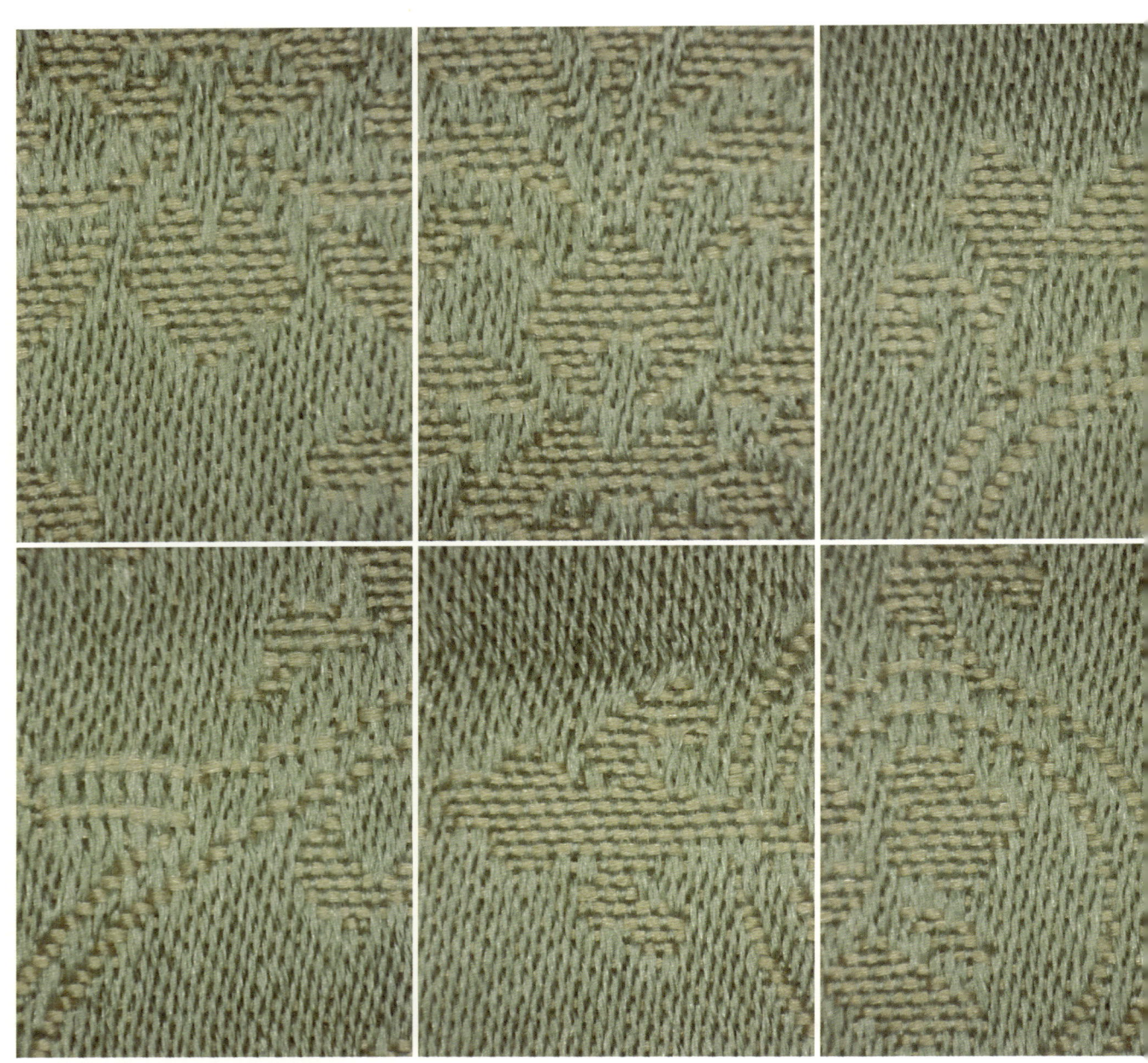

附暗灰绿地缠枝牡丹鸡冠花纹缎之细部织纹组织结构放大60倍与150倍图。

暗灰绿地缠枝牡丹鸡冠花纹缎60倍放大图

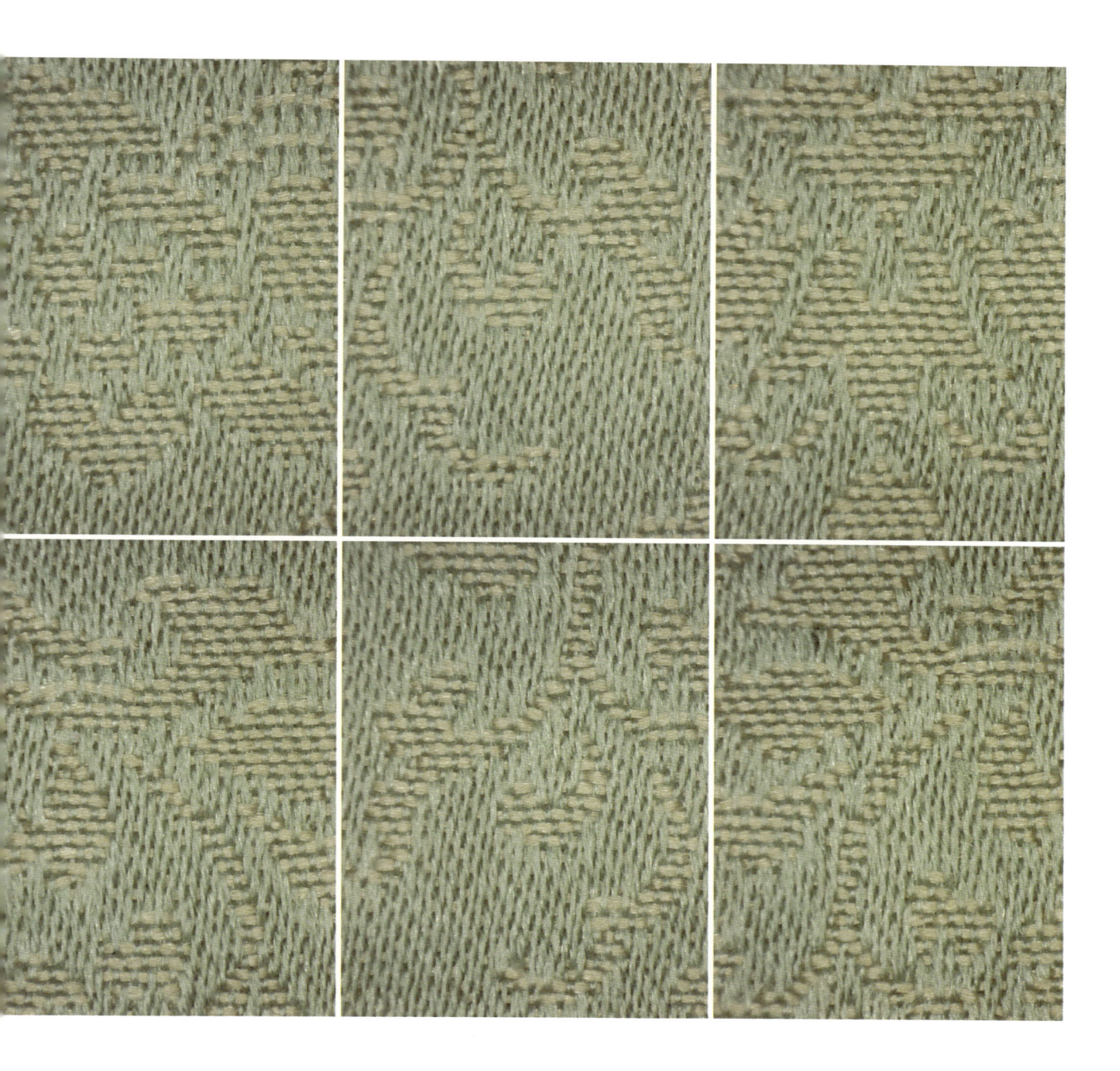

织锦缎｜暗灰绿地缠枝牡丹鸡冠花纹缎

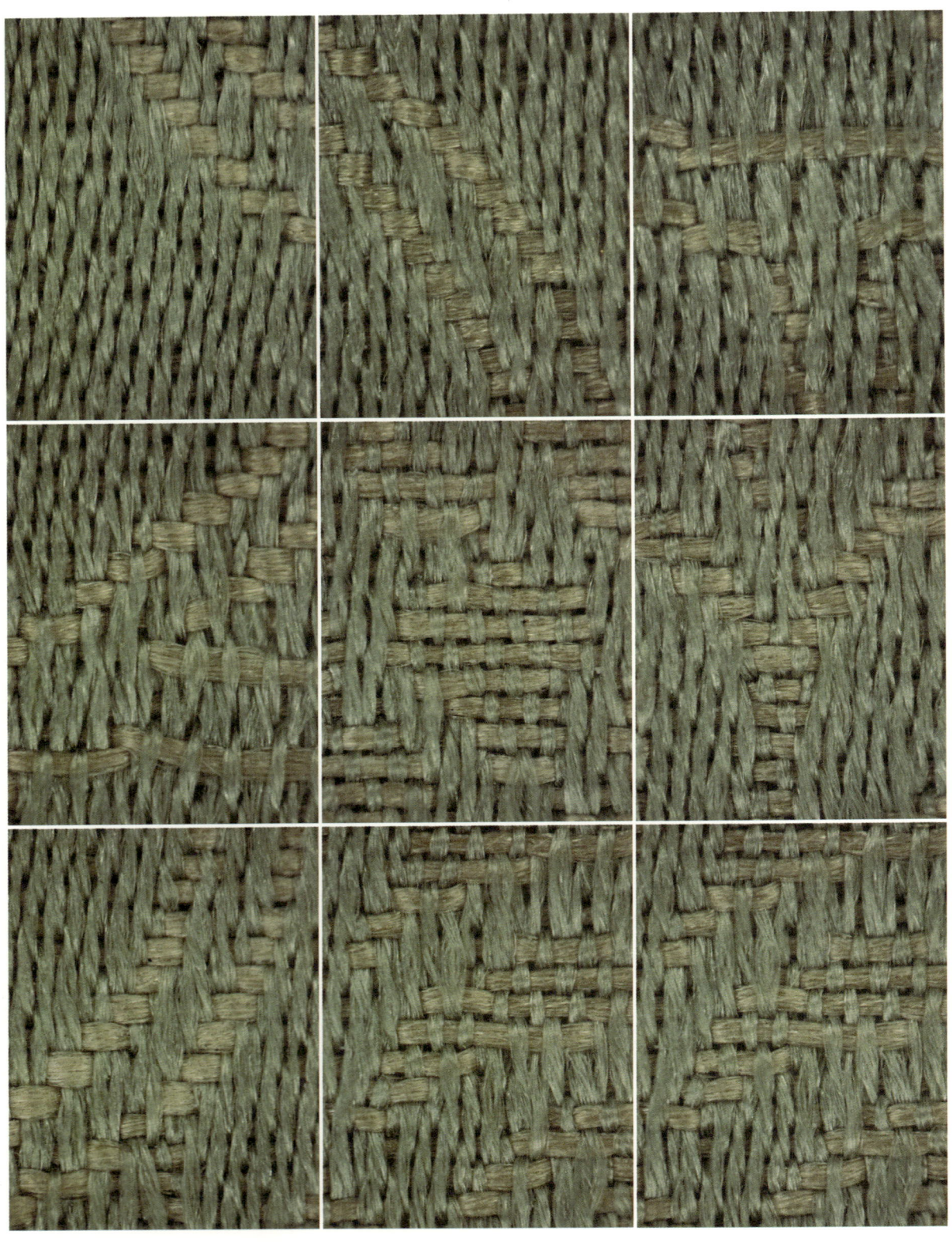

暗灰绿地缠枝牡丹鸡冠花纹缎 150 倍放大图

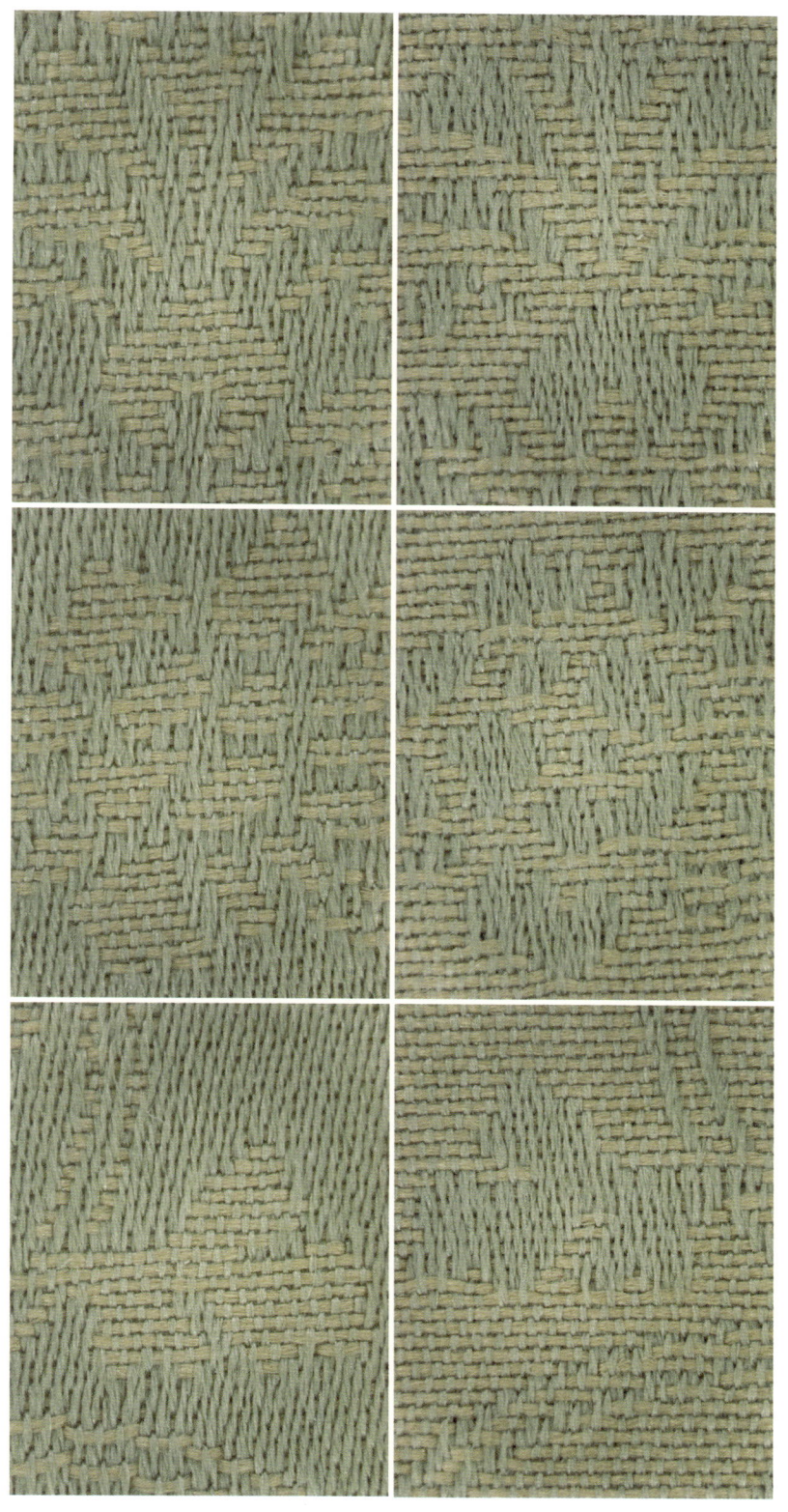

暗灰绿地缠枝牡丹鸡冠花纹缎 60 倍放大图正面（左）反面（右）

织锦缎｜暗灰绿地缠枝牡丹鸡冠花纹缎

浅褐绿地团龙云纹缎

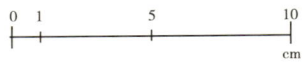

图 1　浅褐绿地团龙云纹缎（左）及局部放大图（右）

　　浅褐绿地团龙云纹缎采用一浅褐绿经纱与一浅灰色纬纱交织而成；呈现出浅褐绿的底色与浅灰色的显花，表现出团龙、云纹花的装饰构图。织片因照相而出现少许色泽偏差，见图1。浅褐绿地团龙云纹缎的织造结构为经密160根/英寸、纬密112根/英寸；经纱粗0.14mm、纬纱粗0.31mm。

　　浅褐绿地团龙云纹缎的地经、地纬光谱有机物分析结果见图2、图3，经与CNS2339，L3050中"纤维之红外线吸收光谱主要吸收带及特性波数"的参数进行比对后，地经材质测试结果主要吸收带及特性波数接近蚕丝、地纬材质测试结果主要吸收带及特性波数呈现近1370纤维素特性波数的数值，则较接近纤维素纤维（棉麻类）（相关参数请参阅附录一），故再经由CNS2339（纤维混用率试验法 第1部：纤维鉴别）之燃烧法，地经纤维接近火焰时呈现卷曲状态；在火焰中呈卷曲状且着火燃烧，有燃

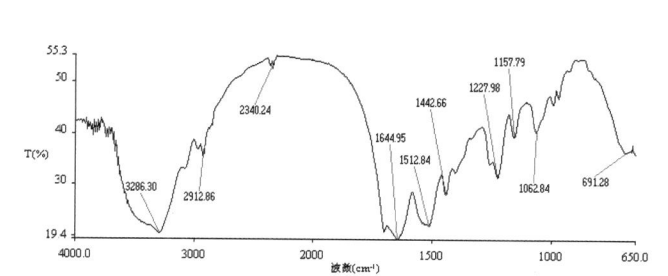

图 2 浅褐绿地团龙云纹缎地经之 FTIR

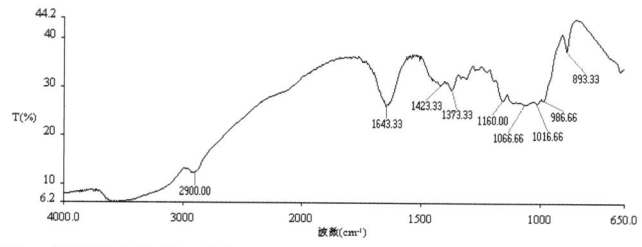

图 3 褐浅褐绿地团龙云纹缎地纬之 FTIR

烧毛发的臭味，残灰呈黑色膨胀状且易被压碎，**故判断地经材质为蚕丝纤维**；地纬纤维一接近火焰时即着火燃烧，有燃烧纸的气味，残灰呈浅灰色、轻、羽状灰烬，且压后即消失，**故判断地纬材质为纤维素纤维（棉或麻）**，由于地纬纱外观呈现平整且低捻较似麻的特征（棉纤维较短因此需以较多的捻度捻合成纱线，同时纱线的平整度较麻差），**故判定地纬纱材质为麻纤维**。

浅褐绿地团龙云纹缎呈现出团龙、云纹的装饰构图。据古代神话传说，中华民族的始祖伏羲和女娲形象的蛇身是龙的原始形，中国先祖禹的出世与黄龙相关。因此上古图腾时代，龙就被华夏先民当做祖神而敬奉。龙的形象集中了许多动物的特点：鹿的角、牛的头、蟒的身、鱼的鳞、鹰的爪。口角旁有须髯，它是英勇、权威和尊贵的象征，为此又被历代皇室所御用，帝王自称"真龙天子"，以取得臣民的信奉。现在中国民间仍把龙看做是神圣、吉祥、吉庆之物。龙以它英勇、尊贵、威武的象征，存在于中华民族的传统意识中。龙的图案从上古发展到明代，经历了许多的变化，有着丰富的造型，先秦以前的龙纹形象质朴粗犷、大多没有肢爪、近似爬行动物。秦汉时期多呈兽形、肢爪齐全、但无鳞甲，呈行走状、给人以虚无飘渺的感觉。明代以后龙的形象则更趋完善。[1]浅褐绿地团龙云纹缎所呈现出的龙形态为盘成圆形的团龙。

云是中国图案上的重要装饰形象，古人在各种器皿与服饰上创造的云形层出不穷。中国意匠的云形，不仅形象丰富生动，且具图案独特的意境美。[2]云纹在明代丝织纹样中应用最为广泛，除和龙纹组成云龙图案外，又和八宝纹、八吉祥纹等共同构成复合纹样，或单独作为主题纹样。云纹千姿百态、变幻万端，其中最为常见的是四合如意云，其次有如意云、大小勾云、行云、卧云、骨朵云和蘑菇状云等。[3]浅褐绿地团龙云纹缎即是以流畅的大小勾云与面向不同的双团龙所呈现出的装饰构图。

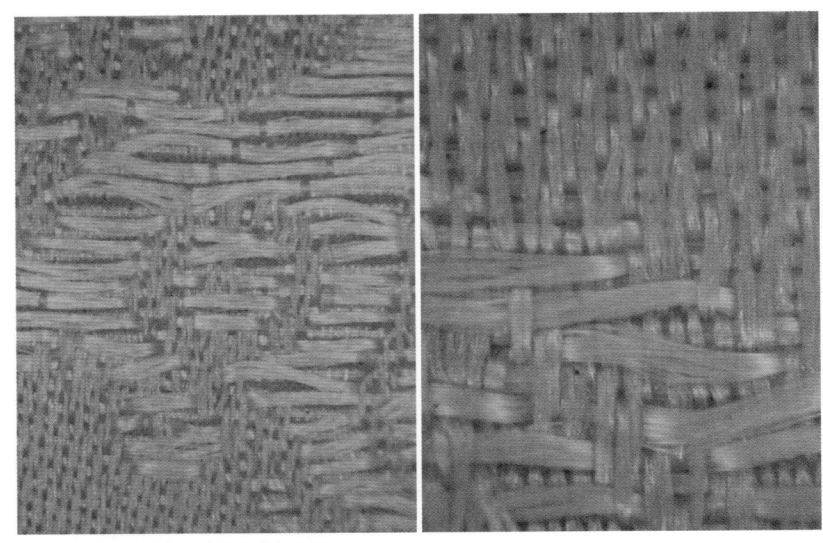

图4　浅褐绿地团龙云纹缎放大织纹图

浅褐绿地团龙云纹缎的织纹结构是经由两种不同的织纹交织出两种不同的色块以呈现出图纹。一色块为浅褐绿色经纱与浅灰色纬纱以五枚二飞经面缎纹的织纹交织的区块，由于经密大于纬密，此区块呈现出经纱浅褐绿色的色泽（由于照相机的光源偏白色，故图像显现出少许色差，未呈现浅褐绿色）；另一色块为浅褐绿色经纱与浅灰色纬纱以变化纬面斜纹交织，由于集中呈现纬纱浮长，故此组织区块呈现出纬纱浅灰色色块，织物正面放大照相图清楚的呈现此织纹特色，见图4。对照经纬纱交织的组织图（经密 = 纬密）可对照图5。

图5　五枚二飞经面缎纹组织

与现代织纹结构对应，本片浅褐绿地团龙云纹缎属于 Damask 花缎的织法。Damask 是以一组经纱与一组纬纱交织而成，织品的图纹部分采用与底纹不同的交错组织而呈现织物的图样，其织纹多以缎纹为主，有时也会加上斜纹合并使用，此种织物常使用与织物底纹不同亮度、捻度或复杂度的纱线，以凸显织物的图纹。[4] Damask 的图纹处常是以平纹、经重平（纬横凸纹）、纬面缎纹呈现，而底纹常是以缎纹、斜纹、或是经重平（纬横凸纹）呈现。[5] 本片浅褐绿地团龙云纹缎是以经面缎纹为底纹、纬面变化不规则斜纹为图纹组合呈现。

参考文献

[1] 李祖定.中国传统吉祥图案[M].上海：科学普及出版社，2003：32.

[2] 李祖定.中国传统吉祥图案[M].上海：科学普及出版社，2003：56.

[3] 王岩，罗青.万历帝后的衣橱—明定陵丝织集锦[M].台北：东大书局，2005：8.

[4] John Gillow ,Bryan Sentence .World Textiles A Visual Guide To Tradition Techniques[M]. Thames & Hudson, London, 2005:82.

[5] Mcquaid Matilda.Structure and Surface Contemporary Japanese Textiles Organized[J]. New York: The Museum of Modern Art,1998.

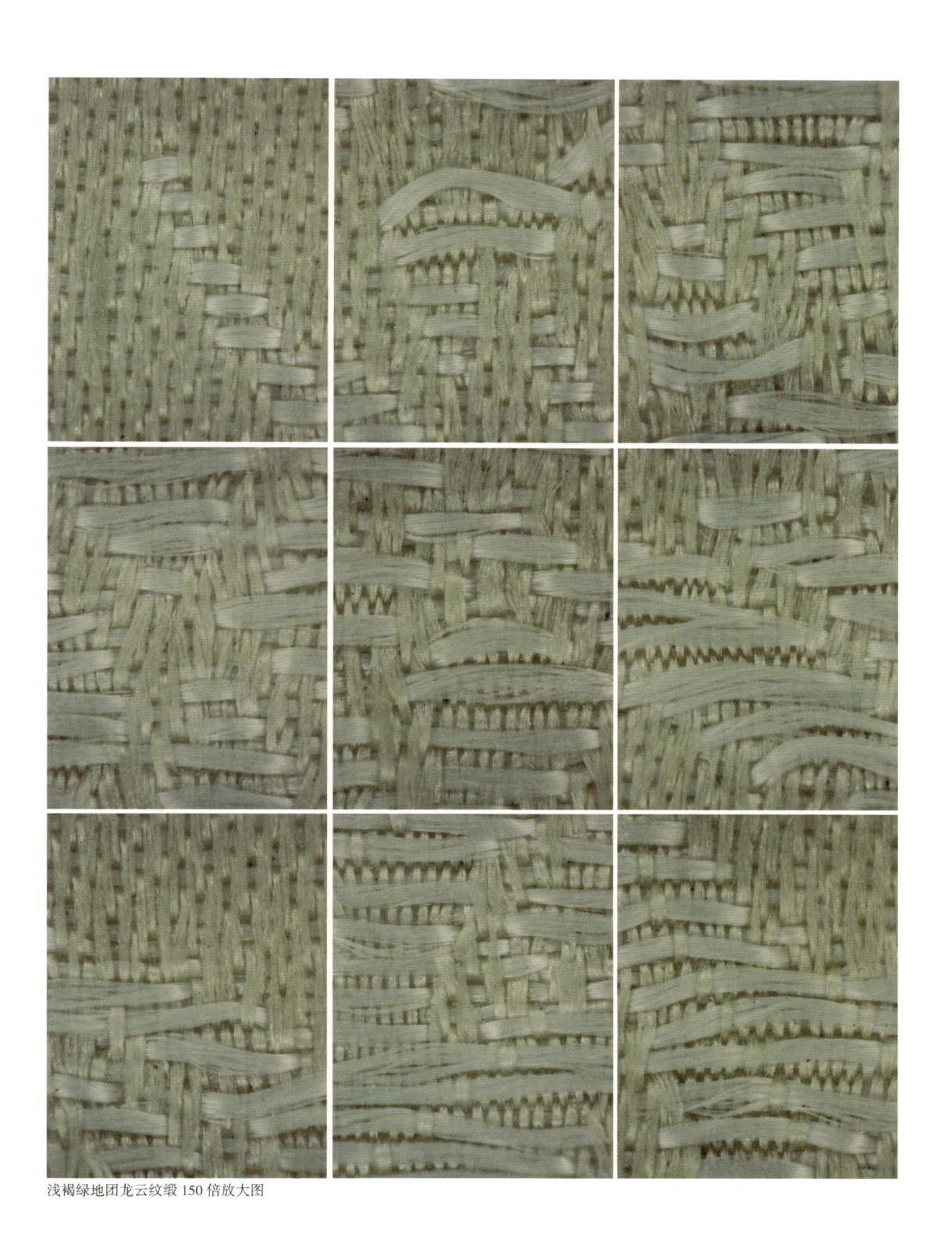

附浅褐绿地团龙云纹缎之细部织纹组织结构放大 60 倍与 150 倍图。

浅褐绿地团龙云纹缎 150 倍放大图

浅褐绿地团龙云纹缎 60 倍放大图

织锦缎│浅褐绿地团龙云纹缎

蓝地团龙如意纹缎

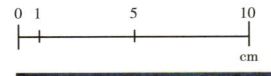

图 1　蓝地团龙如意纹缎

图 2　蓝地团龙如意纹缎放大图

蓝地团龙云纹缎采用一蓝色经纱与一具光泽蓝色纬纱交织而成。由于采用两种不同的组织，其织纹纹理的差异使得织片仍能展现出明显的底纹与显花纹路，表现出团龙、云纹花的装饰构图，见图1、图2。

蓝地团龙云纹缎的织造结构为经密 160 根／英寸、纬密 60 根／英寸；经纱粗 0.18mm、纬纱粗 0.29mm。

蓝地团龙云纹缎的地经、地纬光谱有机物分析结果见图3、图4。经与 CNS2339，L3050 中"纤维之红外线吸收光谱主要吸收带及特性波数"的参数进行比对后，**判读地经材质与熟蚕丝纤维的光谱极为接近**，地纬材质主要吸收带与天然纤维的光谱较为接近，并出现了 1376 接近纤维素纤维的波数特征（相关参数请参阅附录一），故再经由 CNS2339（纤维混用率试验法 第 1 部：纤维鉴别）之燃烧法进行地经与地纬材质的判定。实验结果地经纤维接近火焰时呈现卷曲状态；在火焰中呈卷曲状且着火燃烧，有燃烧毛发的臭味，残灰呈黑色膨胀状且易被压碎，**故判断地经材质为蚕丝纤维**；地纬纤维一接近火焰时即着火燃烧，有燃烧纸的气味，残灰呈浅灰色、轻、羽状灰烬，且压后即消失，故判断地纬材质为纤维素纤维（棉或麻），由于地纬纱外观呈现平整且低捻较似麻的特征（棉纤维较短，因此需以较多的捻度捻合成纱线，同时纱线的平整度较麻差），**故判定地纬纱材质为麻纤维**。

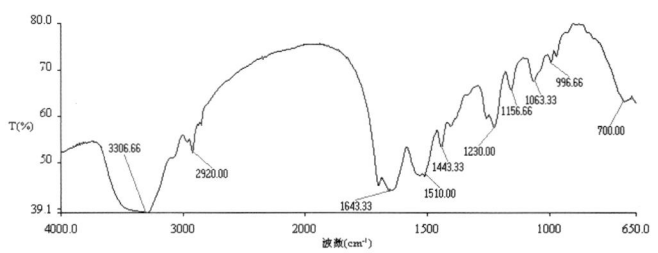

图 3 蓝地团龙云纹缎地经之 FTIR

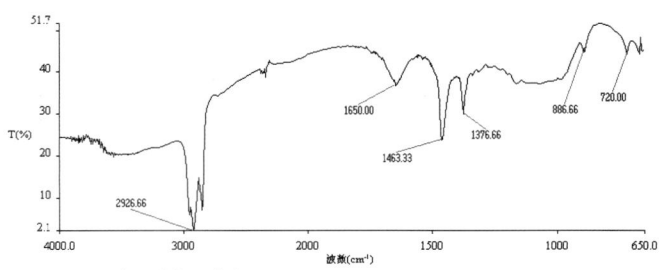

图 4 蓝地团龙云纹缎地纬之 FTIR

蓝地团龙云纹缎呈现出团龙、云纹的装饰构图。据古代神话传说，中华民族的始祖伏羲和女娲形象的蛇身是龙的原始形，中国先祖禹的出世与黄龙相关。因此上古图腾时代，龙就被华夏先民当做祖神而敬奉。龙的形象集中了许多动物的特点：鹿的角、牛的头、蟒的身、鱼的鳞、鹰的爪。口角旁有须髯，龙为英勇、权威和尊贵的象征，为此又被历代皇室所御用，帝王自称为"真龙天子"，以取得臣民的信奉。现在中国民间仍把龙看做是神圣、吉祥、吉庆之物。龙以它英勇、尊贵、威武的象征，存在于中华民族的传统意识中。龙的图案从上古发展到明代，经历了许多的变化，有着丰富的造型，先秦以前的龙纹形象质朴粗犷、大多没有肢爪、近似爬行动物。秦汉时期多呈兽形、肢爪齐全，但无鳞甲、呈行走状，给人以虚无飘缈的感觉。明代以后龙的形象则更趋完善。[1]蓝地团龙云纹缎所呈现出的龙形态为盘成圆形的团龙。

云是中国图案上的重要装饰形象，古人在各种器皿与服饰上创造的云形层出不穷。中国意匠的云形，不仅形象丰富生动，且具图案独特的意境美。[2]云纹在明代丝织纹样中应用最为广泛，除和龙纹组成云龙图案外，又和八宝纹、八吉祥纹等共同构成复合纹样，或单独作为主题纹样。云纹千姿百态、变幻万端，其中最为常见的是四合如意云，其次有如意云、大小勾云、行云、卧云、骨朵云和蘑菇状云等。[3]蓝地团龙云纹缎即是以流畅的大小勾云与面向不同的双团龙所呈现出的装饰构图。

蓝地团龙云纹缎采用一蓝色经纱与一具光泽蓝色纬纱交织而成；经由两种不同组织的织纹纹理差异而展现出明显的底纹与显花纹路，蓝地团龙云纹缎的底纹织纹结构是蓝色经纱与具光泽蓝色纬纱以五枚二飞经面缎纹的织纹交织的区块，由于经密大于纬密此区块多呈现出较无光泽的蓝色经纱；蓝地团龙云纹缎的图纹织纹结构是蓝色经纱与具光

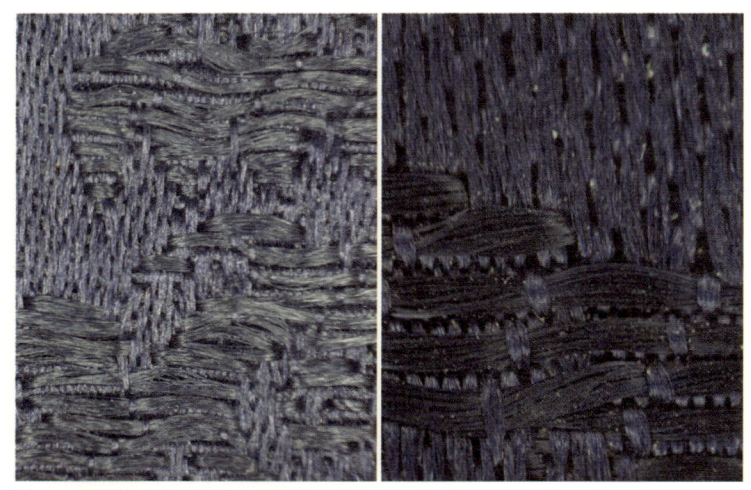

图5　蓝地团龙如意纹缎放大照相图60倍（左）150倍（右）

泽蓝色纬纱以变化纬面斜纹交织，由于集中呈现纬纱浮长，故此组织区块呈现出纬纱光泽蓝色的色块，织物正面放大60倍、150倍照相图清楚地呈现此织纹特色，见图5。蓝地团龙云纹缎的经纱与纬纱的捻度相当低，观察放大150倍图时，可观察出纬纱几乎呈现无捻度的低捻状态。经纬纱交织的组织图（经密＝纬密）可对照图6。本织片的图案、成分与结构除了色泽外，与本书另一织片——浅褐绿地团龙云纹缎非常接近，本织片应与浅褐绿地团龙云纹缎出自相同的年代。

图6　五枚二飞经面缎纹组织图

与现代织纹结构对应，本片蓝地团龙云纹缎属于Damask花缎的织法。Damask是以一组经纱与一组纬纱交织而成，织品的图纹部分采用与底纹不同的交错组织而呈现织物的图样，其织纹多以缎纹为主，有时也会加上斜纹合并使用，此种织物常使用与织物底纹不同亮度、捻度或复杂度的纱线，以凸显织物的图纹。[4] Damask的图纹处常以平纹、经重平（纬横凸纹）、纬面缎纹呈现，而底纹常以缎纹、斜纹或是经重平（纬横凸纹）呈现。[5] 本片蓝地团龙云纹缎是以经面缎纹为底纹、纬面变化不规则斜纹为图纹组合呈现。

参考文献

[1] 李祖定.中国传统吉祥图案[M].上海：科学普及出版社，2003：1.
[2] 李祖定.中国传统吉祥图案[M].上海：科学普及出版社，2003：56.
[3] 王岩，罗青.万历帝后的衣橱—明定陵丝织集锦[M].台北：东大书局，2005：8.
[4] John Gillow ,Bryan Sentence .World Textiles A Visual Guide To Tradition Techniques[M]. Thames & Hudson, London, 2005:82.
[5] Mcquaid Matilda.Structure and Surface Contemporary Japanese Textiles Organized[J]. New York: The Museum of Modern Art,1998.

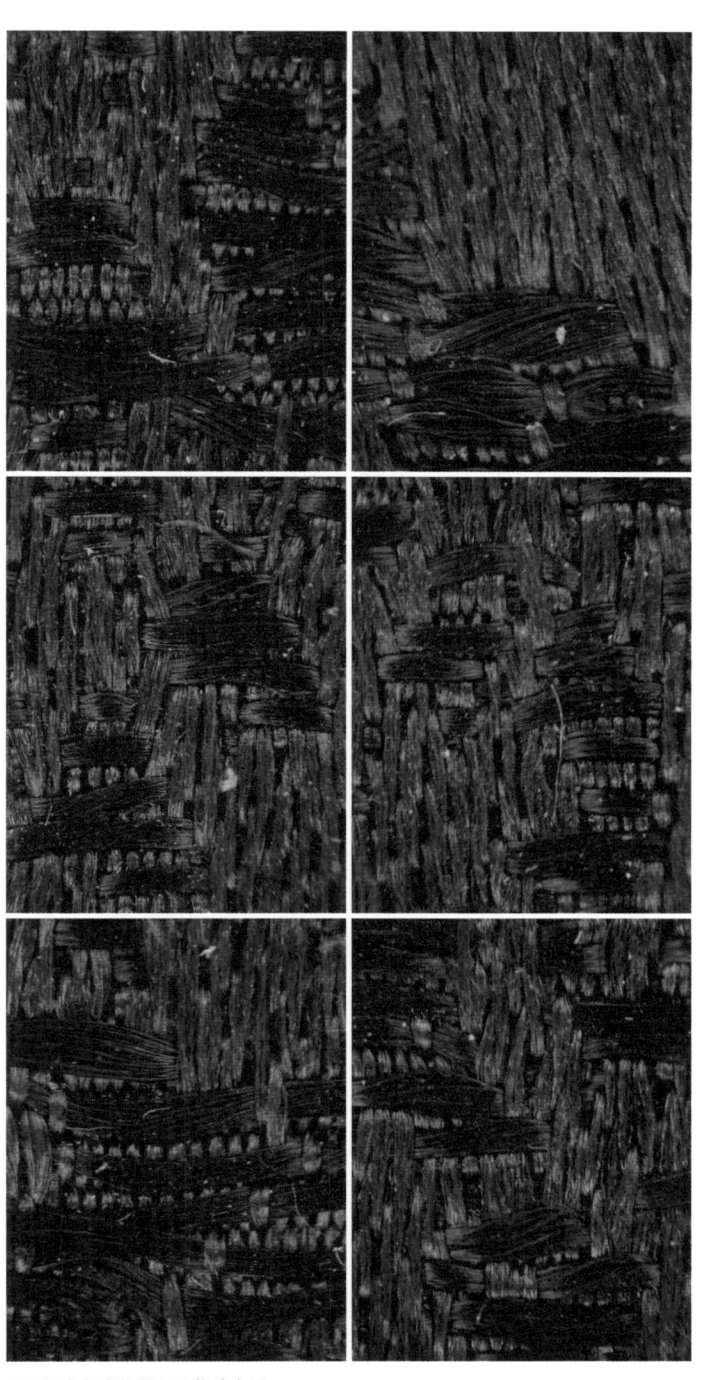

附蓝地团龙如意纹缎之细部织纹组织结构放大 60 倍与 150 倍图。

蓝地团龙如意纹缎 150 倍放大图

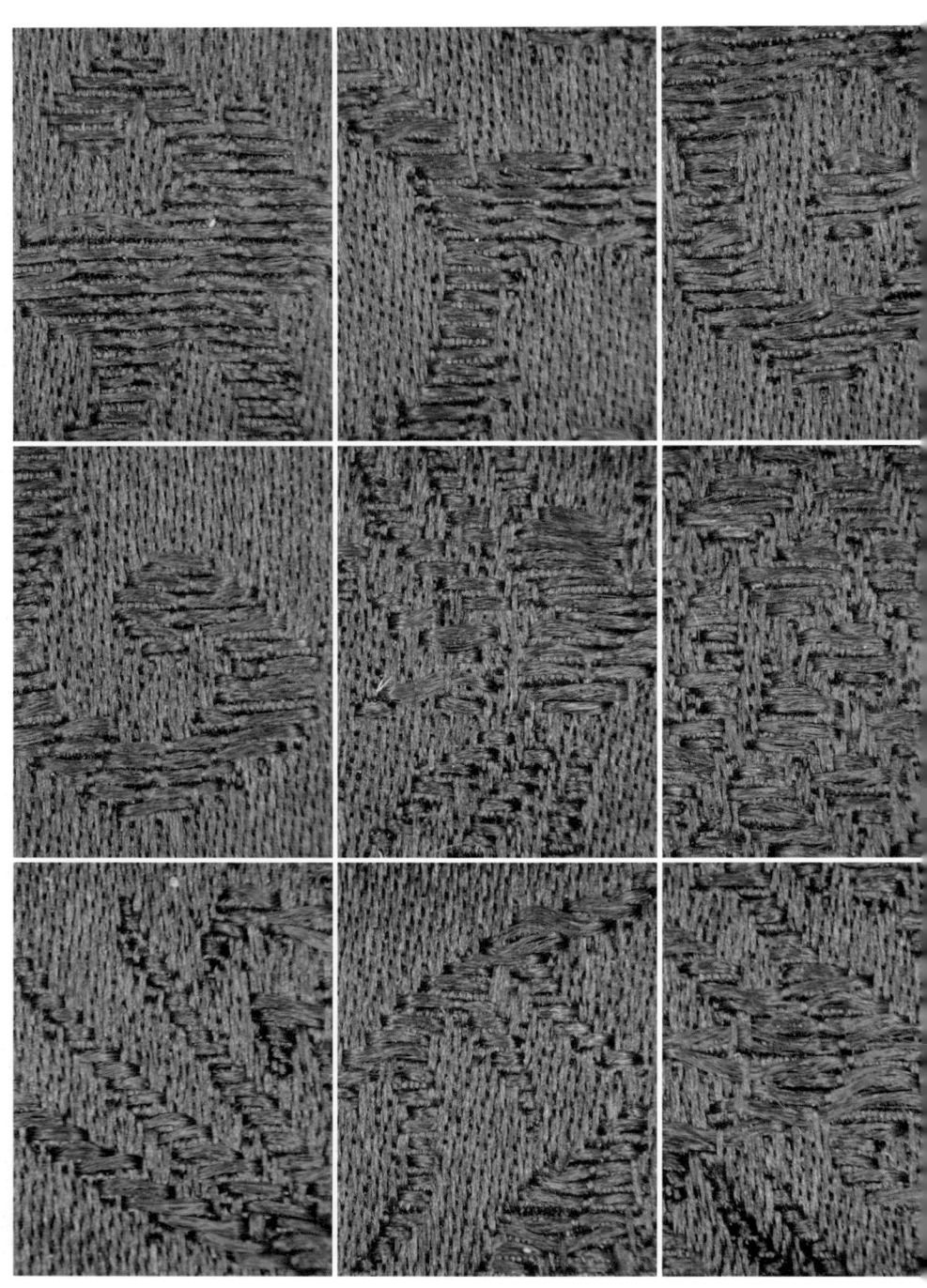

蓝地团龙如意纹缎 60 倍放大图

织锦缎 | 蓝地团龙如意纹缎

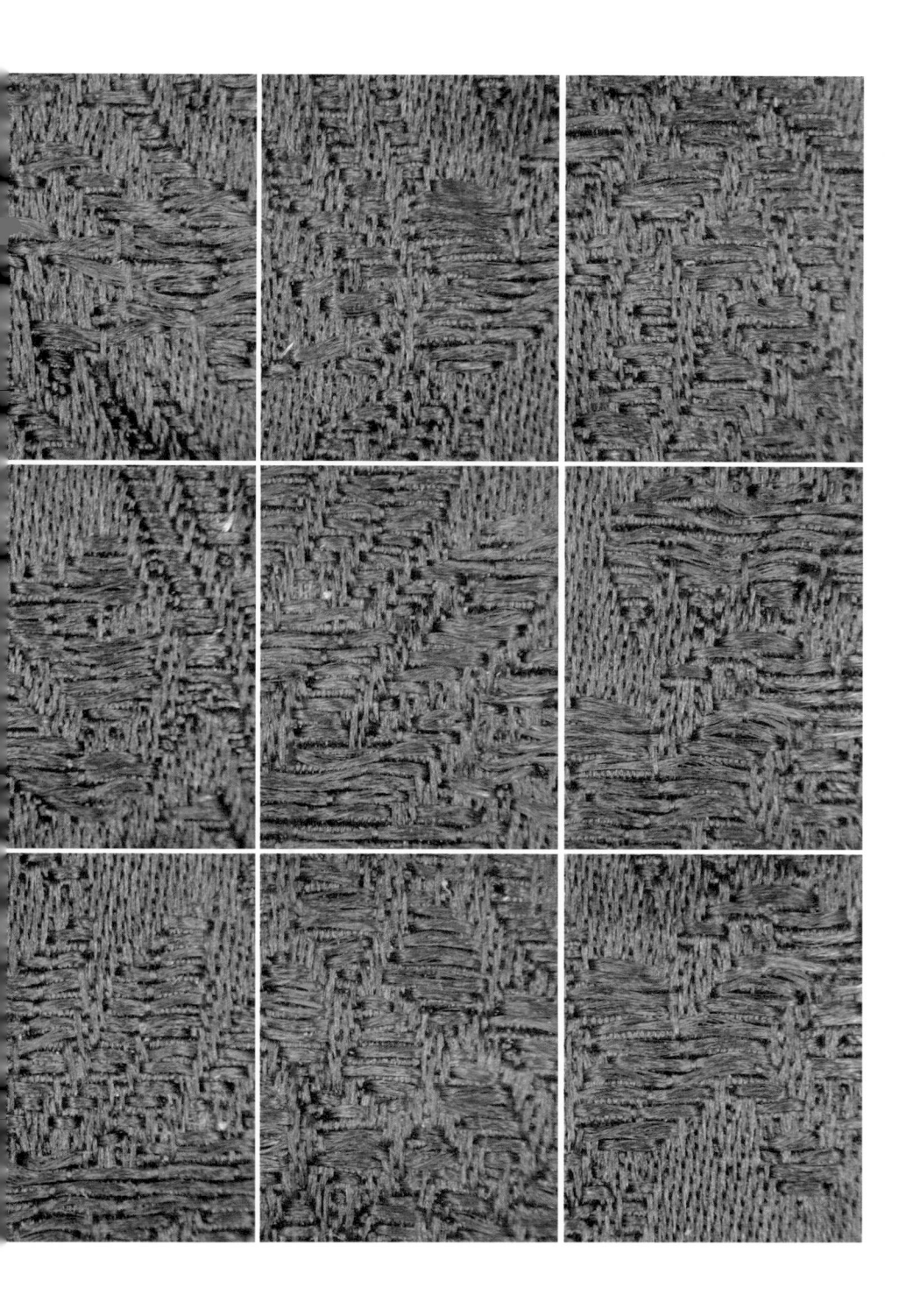

褐地水仙云纹缎

图 1　褐地水仙云纹缎　图 2　褐地水仙云纹缎局部放大图及纹样细节

图 3　水仙

图 4　拐子龙

　　褐地水仙云纹缎采用一褐色经纱与一褐色纬纱交织而成。由于采用不同织纹，虽然经纬色泽相同但经由光线反射，因织纹浮长差异而呈现出底纹与显花纹，表现出水仙、拐子龙、如意云纹等装饰构图。更由于褐地水仙拐子龙纹缎中显花纹的浮长较长，且久暴露于空气中，故导致褐色经纱因污化而呈现较深的褐色，使得图纹更加清楚，见图 1～图 4。褐地水仙云纹缎的织造结构为经密 180 根 / 英寸、纬密 80 根 / 英寸；经纱粗 0.17mm、纬纱粗 0.29mm。

　　褐地水仙云纹缎的地经、地纬光谱有机物分析结果见图 5、图 6，经与 CNS2339，L3050 中"纤维之红外线吸收光谱主要吸收带及特性波数"的参数进行比对后，地经与地纬材质测试结果的主要吸收带及特性波数接近蚕丝类，其中地经与地纬红外线吸收光谱的波形特征更与熟蚕丝相似，故再经由 CNS2339（纤维混用率试验法 第 1 部：纤维鉴别）之燃烧法进行地经与地纬材质的判定。实验结果为地经与地纬纤维在接近火焰时呈现卷曲状态；在火焰中呈卷曲状且着火燃烧，有燃烧毛发的臭味，残灰呈黑色膨胀状且易被压碎，**故判断地经与地纬材质为蚕丝**。

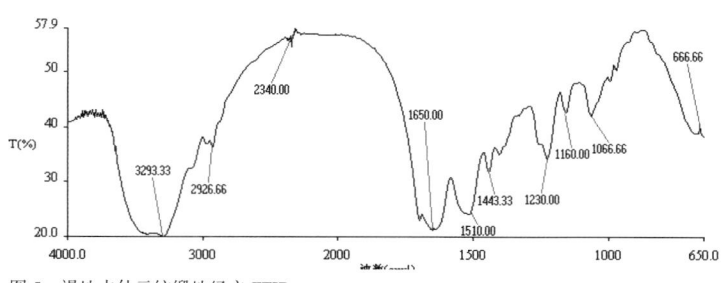

图 5　褐地水仙云纹缎地经之 FTIR

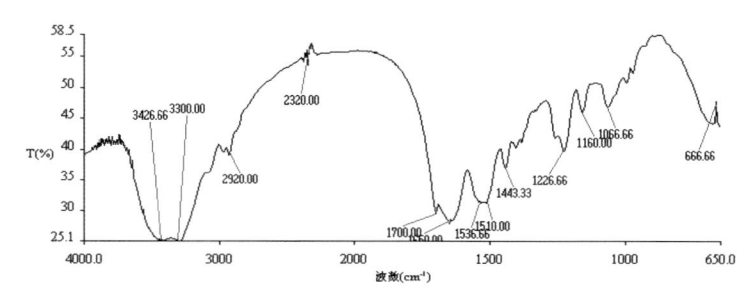

图 6　褐地水仙云纹缎地纬之 FTIR

褐地水仙云纹缎呈现出水仙、拐子龙与如意云纹的装饰构图。水仙花为我国十大名花之一，是中国民间的清供佳品，每过新年，人们都喜欢清供水仙，点缀作为年花。水仙只用清水供养不需土壤来培植。水仙的根，如银丝，纤尘不染；水仙的叶，碧绿葱翠传神；水仙的花，有如金盏银台，清秀美丽。因水仙生得颇像洋葱、大蒜，故六朝时称"雅蒜"、宋代称"天葱"。之后，人们还给它取了不少巧妙的名字，如金盏、银台等。[1] 中国文人墨客对植物的广泛使用，使得植物在文人世界里亦出现特殊的象征意义，水仙于中国文人的植物中象征"雅客"，[2] 见图 3。

拐子龙是一种将龙简单化的图案，接连不断的拐子龙包含着无限幸福之意，见图 4。[3] 褐地水仙拐子龙纹缎中也呈现出如意云纹的装饰构图。如意为器物之名，原柄端作手指状，用以搔痒可如人意而得名。而后又将柄端改成灵芝形或祥云形，寓意吉利，因形态美被民间广为采用。[4] 云为中国图案中一重要装饰形象，古人常凭云色察凶吉[5]，以如意祥云为图案有着如意吉祥之寓意。

褐地水仙云纹缎的结构是由褐色经纱与褐色纬纱经由两种不同的织纹交织，因织纹浮长不同，经由光线反射而呈现出底纹与显花纹两种不同的色块。一色块是以五枚经面缎纹为主的织纹交织的区块，呈现出灰褐经纱色的色泽；另一色块为褐色经纱与褐色纬纱以平纹交织呈现褐色的色块，织物正面放大照相图清楚地呈现此织纹特色，见图7。

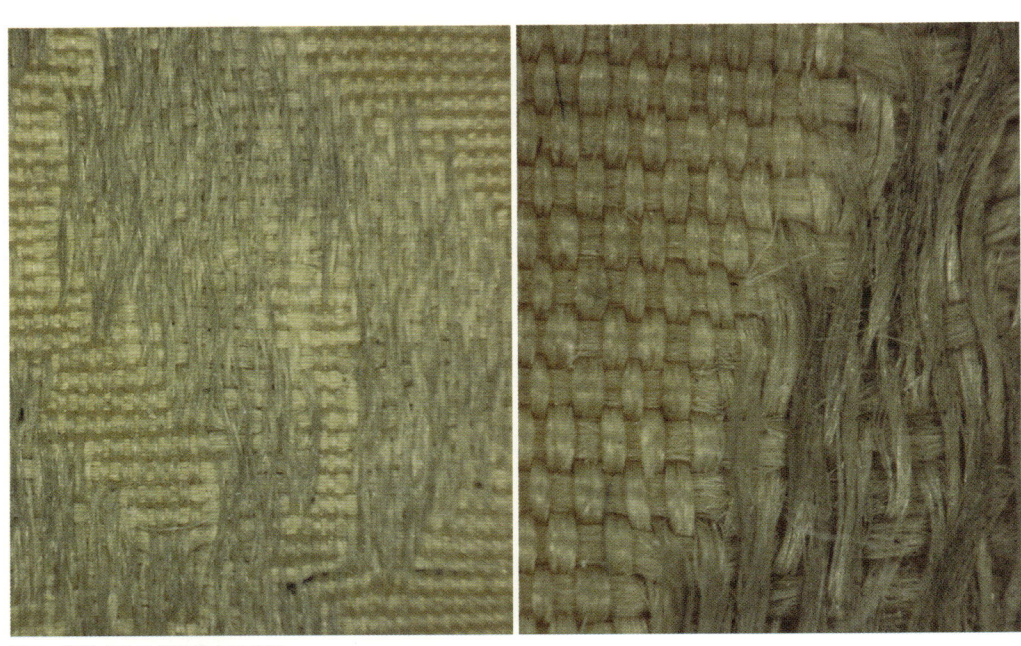

图7 褐地水仙云纹缎放大织纹图

与现代织纹结构对应，本片褐地水仙云纹缎属于Damask花缎的织法。Damask是以一组经纱与一组纬纱交织而成，织品的图纹部分采用与底纹不同的交错组织而呈现织物的图样，其织纹多以缎纹为主，有时也会加上斜纹合并使用，此种织物常使用与织物底纹不同亮度、捻度或复杂度的纱线，以凸显织物的图纹。[6] Damask的图纹处常以平纹、经重平（纬横凸纹）、纬面缎纹呈现，而底纹常以缎纹、斜纹或是经重平（纬横凸纹）呈现。[7] 本片褐地水仙拐子龙纹缎是以经面缎纹为底纹、平纹为图纹组合呈现。相关织纹结构基础完全组织经纬交织的组织图（经密＝纬密）可对照图8。

五枚经面缎纹　　平纹
图8 经纬交织完全组织图

参考文献

［1］水仙［J/OL］.［2011-5-24］.http://baike.baidu.com/view/15803.htm.

［2］中国植物图纹的象征意涵［J/OL］.［2011-1-17］.http://s18982110.pixnet.net/blog/post/3844031.

［3］李祖定.中国传统吉祥图案［M］.上海：科学普及出版社，2003：32.

［4］李祖定.中国传统吉祥图案［M］.上海：科学普及出版社，2003：55.

［5］李祖定.中国传统吉祥图案［M］.上海：科学普及出版社，2005：56.

［6］John Gillow, Bryan Sentence. World Textiles A Visual Guide To Tradition Techniques［M］. Thames & Hudson, London, 2005:82.

［7］Mcquaid Matilda. Structure and Surface Contemporary Japanese Textiles Organized［J］. New York: The Museum of Modern Art, 1998.

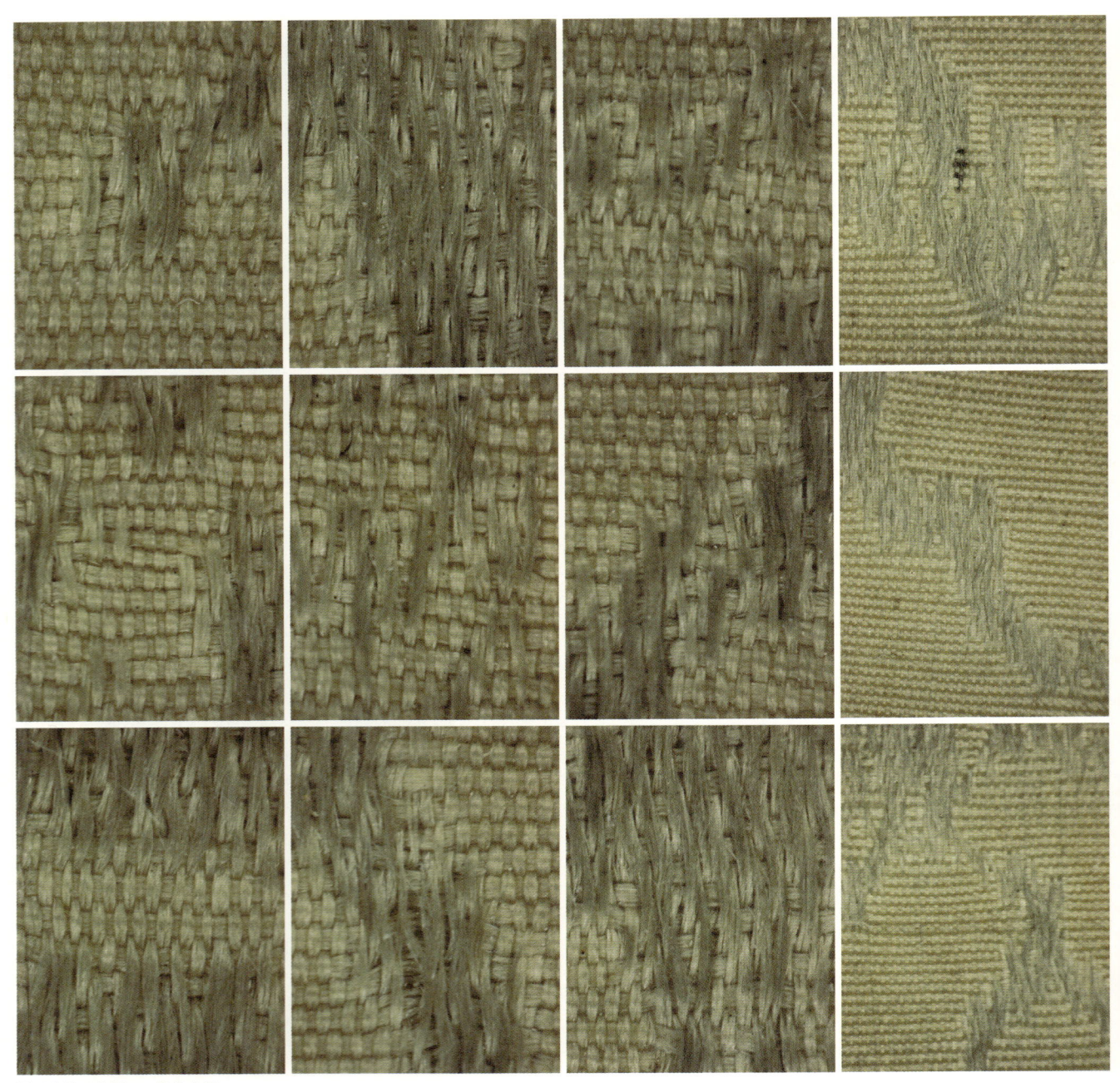

附褐地水仙云纹缎之细部织纹组织结构放大 60 倍与 150 倍图。

褐地水仙云纹缎 150 倍放大图

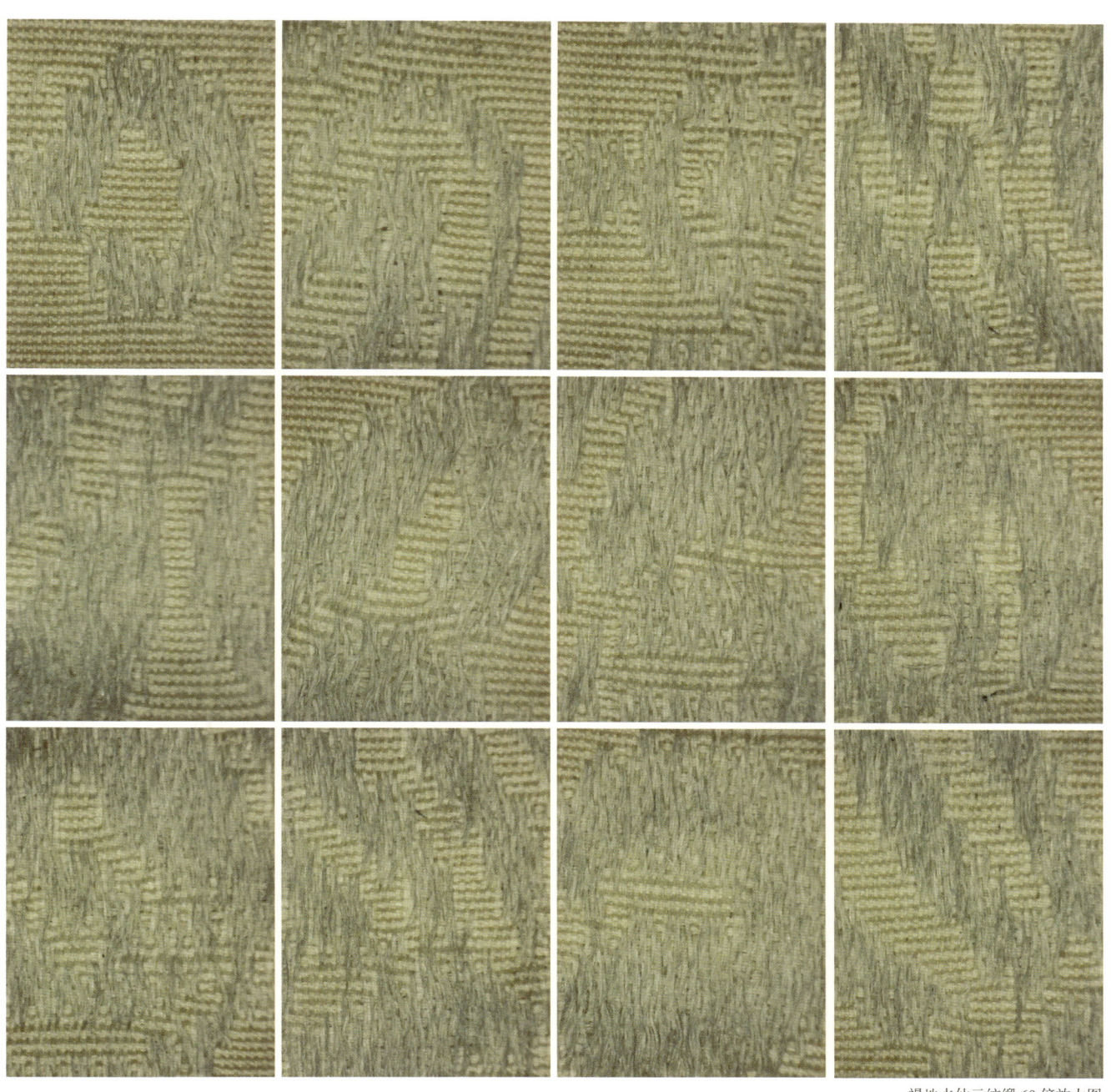

褐地水仙云纹缎 60 倍放大图

米地飞龙云纹缎

图 1　米地飞龙云纹缎　　　　　　　　图 2　米地飞龙云纹缎局部放大图

　　米地飞龙云纹缎采用一细米色具光泽经纱与一米色纬纱交织而成，呈现出米色具光泽的底色与米色的显花，表现出飞龙、云纹、宝珠的装饰构图。图 1 为织片比例图，图 2 为织片中所呈现的各种龙身飞舞的形态。

　　米地飞龙云纹缎的织造结构为经密 152 根 / 英寸、纬密 60 根 / 英寸；经纱粗 0.08mm、纬纱粗 0.28mm。

米地飞龙云纹缎的地经、地纬光谱有机物分析结果见图 3、图 4，经与 CNS2339，L3050 中 "纤维之红外线吸收光谱主要吸收带及特性波数" 的参数进行比对后，地经材质测试结果主要吸收带及特性波数接近蚕丝、地纬材质测试结果主要吸收带及特性波数呈现近 1370 纤维素特性波数的数值，则较接近纤维素纤维（棉麻类）（相关参数请参阅附录一），故再经由 CNS2339（纤维混用率试验法 第1部：纤维鉴别）之燃烧法进行判定，地经纤维接近火焰时呈现卷曲状态，在火焰中呈卷曲状且着火燃烧，有燃烧毛发的臭味，残灰呈黑色膨胀状且易被压碎，**故判断地经材质为蚕丝纤维**。地纬纤维一接近火焰时即着火燃烧，有燃烧纸的气味，残灰呈浅灰色、轻、羽状，且压后成灰烬消失，故判断地纬材质为纤维素纤维（棉或麻），由于地纬纱外观呈现平整且低捻较似麻的特征（棉纤维较短因此需以较多的捻度捻合成纱线，同时纱线的平整度较麻差），**故判定地纬纱材质为麻纤维**。

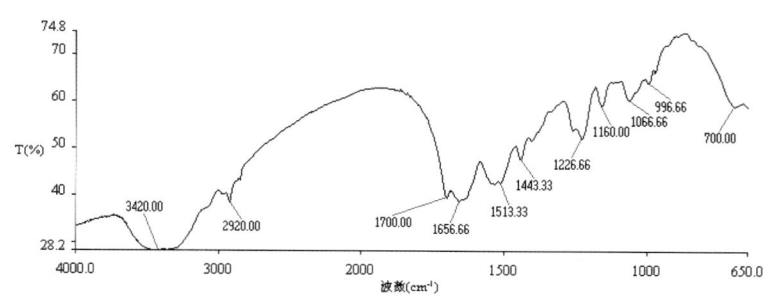

图 3 米地飞龙云纹缎地经之 FTIR

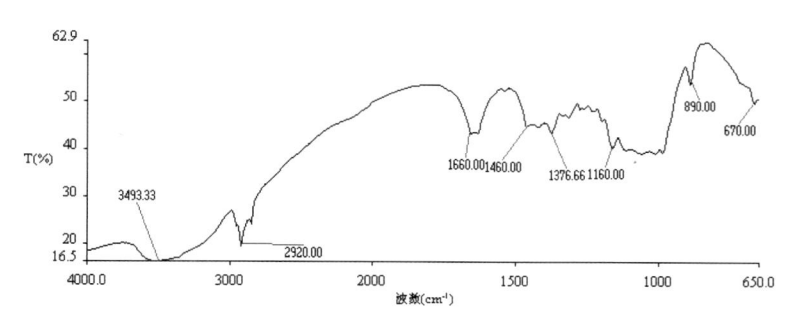

图 4 米地飞龙云纹缎地纬之 FTIR

米地飞龙云纹缎呈现出各个角度的飞龙形态、云纹与宝珠的装饰构图。龙为瑞兽，是中国传说中神意动物，源于上古时代，在华夏已流传了数千年，在一定意义上，它已是中华民族传统文化的象征，代表着祥瑞、和谐和奋进的内涵。[1]龙纹图案于构造及特色上区分为：状如行走的行龙，云气绕身露头藏尾的云龙，盘成圆形的团龙，头部呈正面的正龙，头部呈侧面的坐龙，头在上、尾在下的升龙与尾在上、头在下的降龙。[2]本块织缎不但呈现出以云气绕身露头藏尾的云龙，还有各个角度的龙身飞舞的形态，故于本文称其为飞龙。

云是中国图案上的重要装饰形象，古人在各种器皿与服饰上创造的云形层出不穷。中国意匠的云形，不仅形象丰富生动，且具图案独特的意境美。[3]云纹在明代丝织纹样中应用最为广泛，除和龙纹组成云龙图案外，又和八宝纹、八吉祥纹等共同构成复合纹样，或单独作为主题纹样。云纹千姿百态、变幻万端，其中最为常见的是四合如意云，其次有如意云、大小勾云、行云、卧云、骨朵云和蘑菇状云等。[4]本块织缎呈现出大小不同、形体纤细的云形，故认定其为大小勾云。

飞龙云纹缎的织纹结构是以一细米色具光泽经纱与一米色纬纱，经由两种不同的织纹交织出两种不同的区块，呈现出米色具光泽的底色与米色的显花，表现出飞龙、云纹、宝珠的装饰构图。米色具光泽的底色，是细米色具光泽经纱与米色纬纱以八枚三飞经面缎纹的织纹交织的区块，由于是以经密大于纬密的经面缎纹结构呈现，此区块呈现出经纱具光泽米色色泽；米色图纹为细米色具光泽经纱与米色纬纱交织，由于此区块组织结构是纬面缎纹，故多呈现较无光泽的米色纬纱，织物放大照相图清楚地呈现此织纹结构与光泽的特色。经纬纱交织的组织图（经密＝纬密）可对照图 5。由于照相机辅助八枚三飞纬面缎纹光线偏蓝，故显现出的色泽有些失真，见图 6。

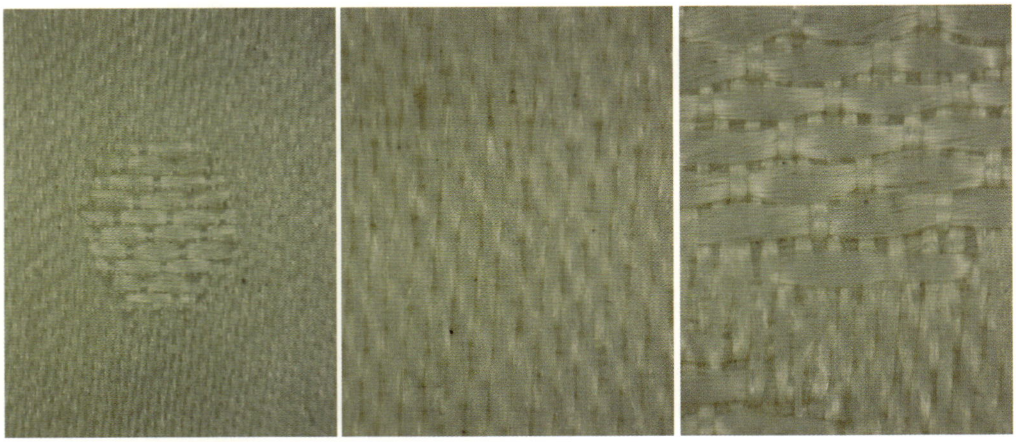

图 5 基础完全组织—经纬交织对照图

图 6 米地飞龙云纹缎放大照相图

与现代织纹结构对应，本片米地飞龙云纹缎属于 Damask 花缎的织法。Damask 是以一组经纱与一组纬纱交织而成，织品的图纹部分采用与底纹不同的交错组织而呈现的织物图样，其织纹多以缎纹为主，有时也会加上斜纹合并使用，此种织物常使用与织物底纹不同亮度、捻度或复杂度的纱线，以凸显织物的图纹。[5] Damask 的图纹处常以平纹、经重平（纬横凸纹）、纬面缎纹呈现，而底纹常以缎纹、斜纹或是经重平（纬横凸纹）呈现。[6]本片米地飞龙云纹缎是以经面缎纹为底纹、纬面缎纹为图纹组合呈现。

* 天然纤维类红外线光谱主要吸收带及特性波数请参见附录。

参考文献

［1］陈正雄.清代宫廷服饰［M］.台北：台湾历史博物馆，2008：169.

［2］李祖定.中国传统吉祥图案［M］.上海：科学普及出版社，2003：1.

［3］李祖定.中国传统吉祥图案［M］.上海：科学普及出版社，2003：56.

［4］王岩，罗青.万历帝后的衣橱—明定陵丝织集锦［M］.台北：东大书局，2005：8.

［5］John Gillow ,Bryan Sentence .World Textiles A Visual Guide To Tradition Techniques［M］. Thames & Hudson, London, 2005:82.

［6］Mcquaid Matilda.Structure and Surface Contemporary Japanese Textiles Organized［J］. New York: The Museum of Modern Art,1998.

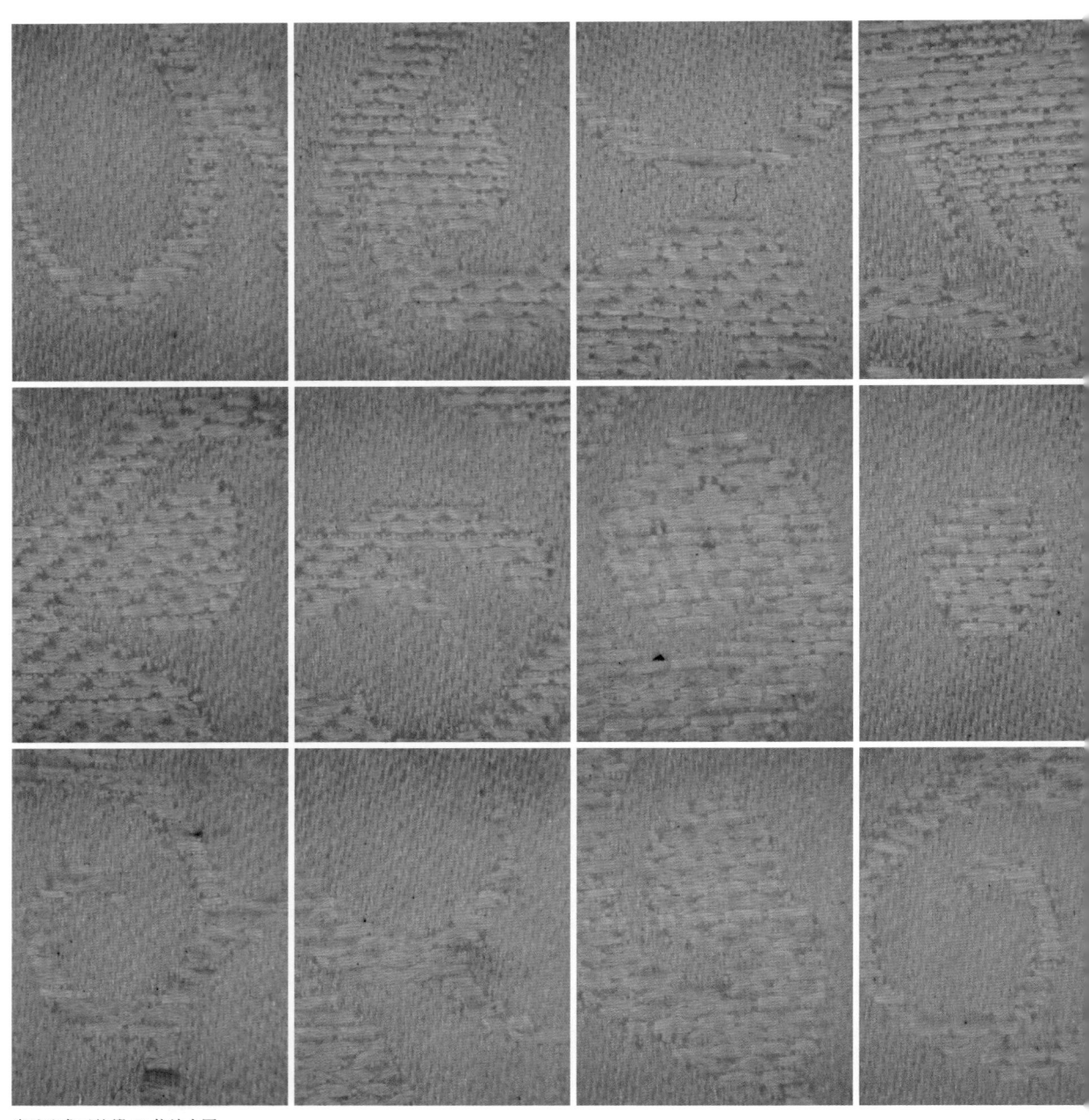

附米地飞龙云纹缎之细部织纹组织结构放大 60 倍与 150 倍图。

米地飞龙云纹缎 60 倍放大图

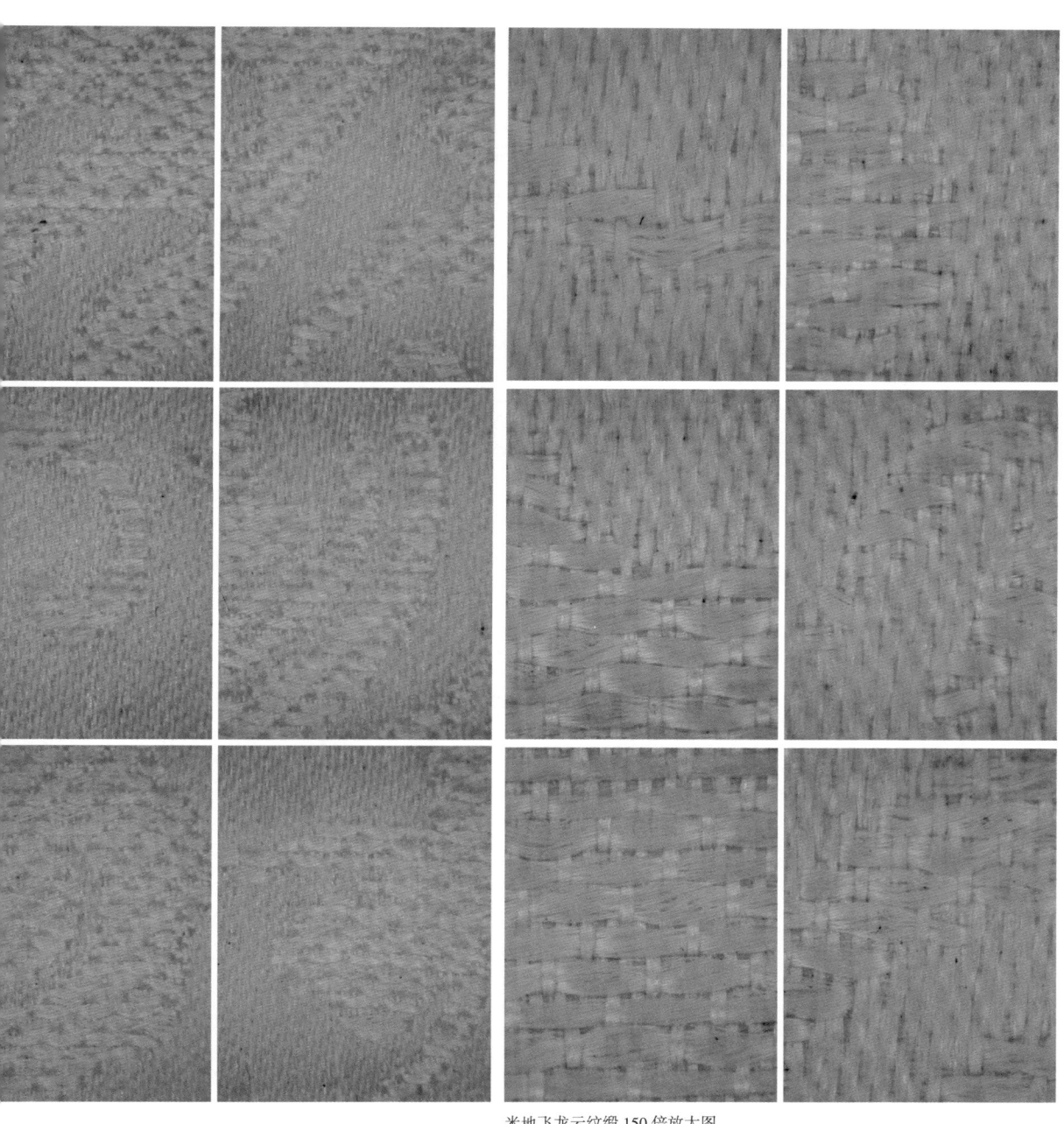

米地飞龙云纹缎 150 倍放大图

浅褐地缠枝石榴花绫

图1 浅褐地缠枝石榴花绫

图2 浅褐地缠枝石榴花绫局部放大图

浅褐地缠枝石榴花绫采用一浅褐色经纱与一灰白色纬纱交织而成；呈现出浅褐色的底色与浅灰褐色的显花，表现出缠枝石榴花的装饰构图，见图1、图2。

浅褐地缠枝石榴花绫的织造结构为经密168根/英寸、纬密64根/英寸；经纱粗0.2mm、纬纱粗0.32mm。

浅褐地缠枝石榴花绫的地经、地纬光谱有机物分析结果见图3、图4。经与CNS2339，L3050中"纤维之红外线吸收光谱主要吸收带及特性波数"的参数进行比对后，**判读地经与地纬材质与熟蚕丝纤维之光谱较为接近**（相关参数请参阅附录一），故再经由CNS2339（纤

维混用率试验法 第 1 部：纤维鉴别）之燃烧法进行地经与地纬材质的判定。实验结果为地经与地纬纤维在接近火焰时呈现卷曲状态；在火焰中呈卷曲状且着火燃烧，有燃烧毛发的臭味，残灰呈黑色膨胀状且易被压碎，**故判断地经与地纬材质为蚕丝。**

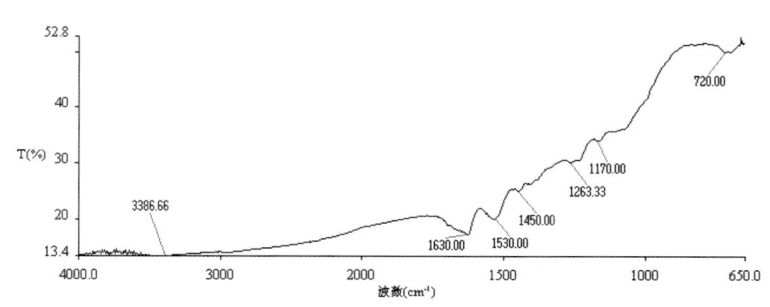

图 3 浅褐地缠枝石榴花绫地经之 FTIR

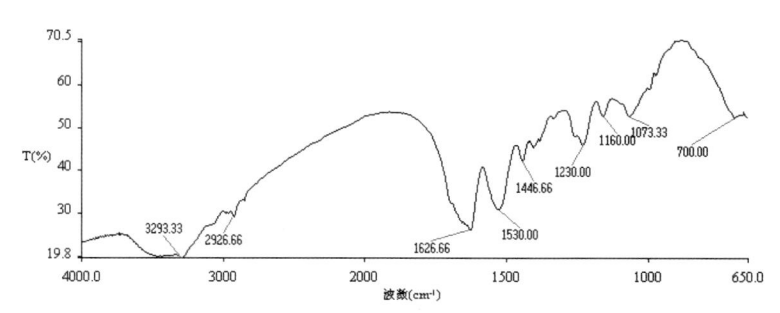

图 4 浅褐地缠枝石榴花绫地纬之 FTIR

浅褐地缠枝石榴花绫呈现出缠枝石榴花的装饰构图。缠枝花起源于唐代卷草纹样，其结构是以 S 形的藤蔓枝条为骨架，配以各种花、叶、果，在宋时被称为卷叶花卉，因属于抽象构图，故与当时盛行的写生构图有很大的差异。缠枝花呈对称形，正面显示纹样，平稳庄重，是明代织品的重要代表。缠枝花枝条舒展，花形饱满，给人一种富贵美满的感受，是中国传统纹样之经典。[1]

石榴是随佛教一起从中亚细亚传至中国，因石榴多子具丰收的内涵，故深受民间喜爱并被广泛地应用于装饰上。[2]石榴的花果火红美丽，又可口，被人们喻为繁荣、和睦、吉庆、团圆的佳兆，是中国人民喜爱的吉祥之果，在民间形成了许多与石榴有关的乡风民俗文化意涵，如石榴籽粒丰满，在民间象征多子和丰产；民间常用"连着枝叶、切开一角、露出累累果实的石榴"的图案，以象征多子多孙，"榴开百子"称之；石榴的榴原作"留"，故被人赋予"留"之意，"折柳赠别"与"送榴传谊"，也成为有中原特色的民俗。石榴与中国的服饰文化也有着密切的联系，古代妇女着裙，多喜欢石榴红色，而当时染红裙的颜料，也主要是从石榴花中提取而成，因此人们也将红裙称为"石榴裙"，久而久之，"石榴裙"就成了古代年轻女子的代称，人们形容男子被女人的美丽所征服，就称其"拜倒在石榴裙下"。[3]浅褐地缠枝石榴花绫的图案有着富贵美满、多子多孙、繁荣、团圆之喻义。

浅褐地缠枝石榴花绫的织纹结构是经由两种不同的织纹交织出两种不同的色块以呈现出图纹。浅褐色经纱与灰白色纬纱以二上一下经面右斜纹织纹交织，由于是经面故多呈现出经纱浅褐色的底色；浅褐色经纱又与灰白色纬纱以平纹交织出浅灰褐色色块，勾勒出浅褐地缠枝石榴花绫的图纹，经纬纱交织的组织图（经密 = 纬密）可对照图 5。

二上一下经面右斜　　平纹

图 5　经纬交织完全组织图

织物正面放大 60 倍与 150 倍照相图，可清楚地呈现此织纹特色，见图 6。浅褐地缠枝石榴花绫的经纱与纬纱的捻度相当低，观察放大 150 倍图时，可看出经、纬纱几乎呈现无捻度的低捻状态。

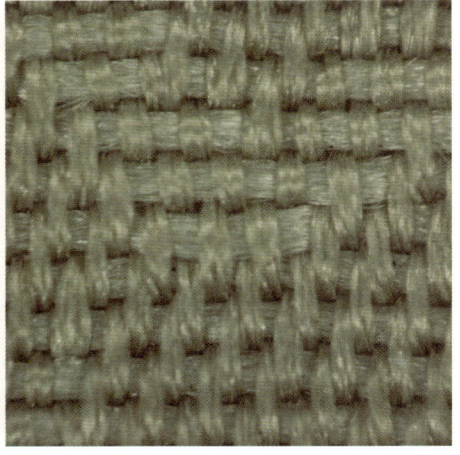

图 6　浅褐地缠枝石榴花绫放大图 60 倍（左）150 倍（右）

与现代织纹结构对应，此片浅褐地缠枝石榴花绫属于 Damask 花缎的织法。Damask 是以一组经纱与一组纬纱交织而成，织品的图纹部分采用与底纹不同的交错组织而呈现织物的图样，其织纹多以缎纹为主，有时也会加上斜纹合并使用，此种织物常使用与织物底纹不同亮度、捻度或复杂度的纱线，以凸显织物的图纹。[4] Damask 的图纹处常以平纹、经重平（纬横凸纹）、纬面缎纹呈现，而底纹常以缎纹、斜纹或是经重平（纬横凸纹）呈现。[5] 本片浅褐地缠枝石榴花绫是以经面斜纹为底纹、平纹为图纹组合呈现。

参考文献

［1］上海市服装行业协会，中国服装编审委员会. 中国服装大典［M］. 上海：文汇出版社，1999：277.
［2］李祖定. 中国传统吉祥图案［M］. 上海：科学普及出版社，2003：42.
［3］石榴［J/OL］.［2012-1］http://baike.baidu.com/view/7136.htm.
［4］John Gillow, Bryan Sentence. World Textiles A Visual Guide To Tradition Techniques［M］. Thames & Hudson, London, 2005:82.
［5］Mcquaid Matilda. Structure and Surface Contemporary Japanese Textiles Organized［J］. New York: The Museum of Modern Art, 1998.

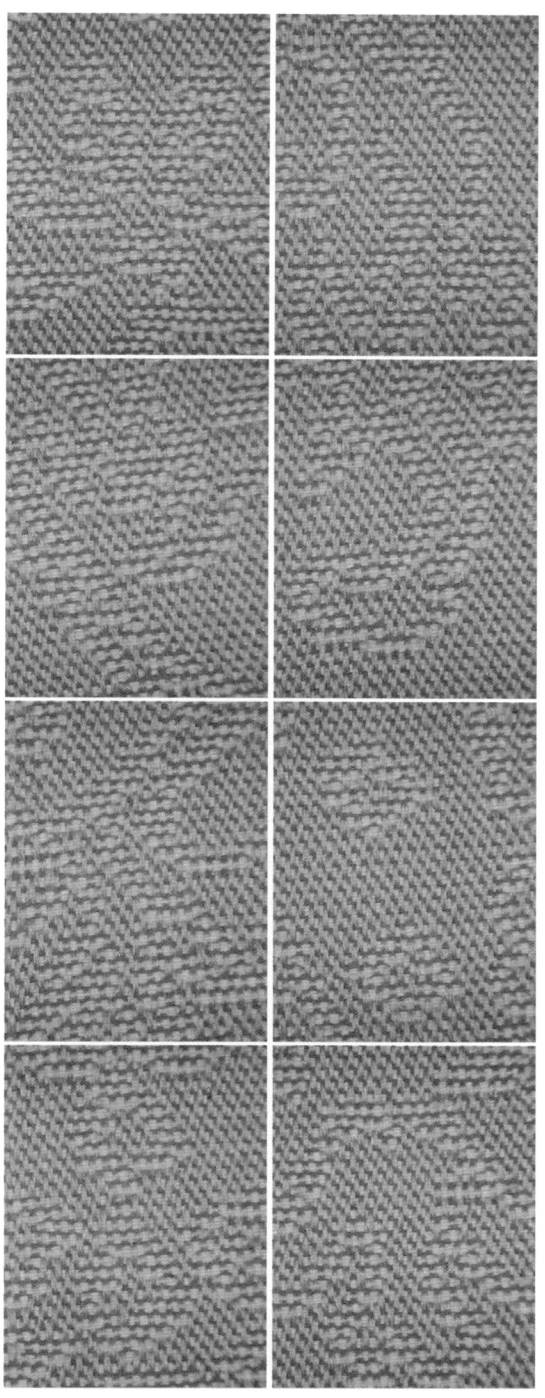

附浅褐地缠枝石榴花绫之细部织纹组织结构放大 60 倍与 150 倍图。

浅褐地缠枝石榴花绫 60 倍放大图

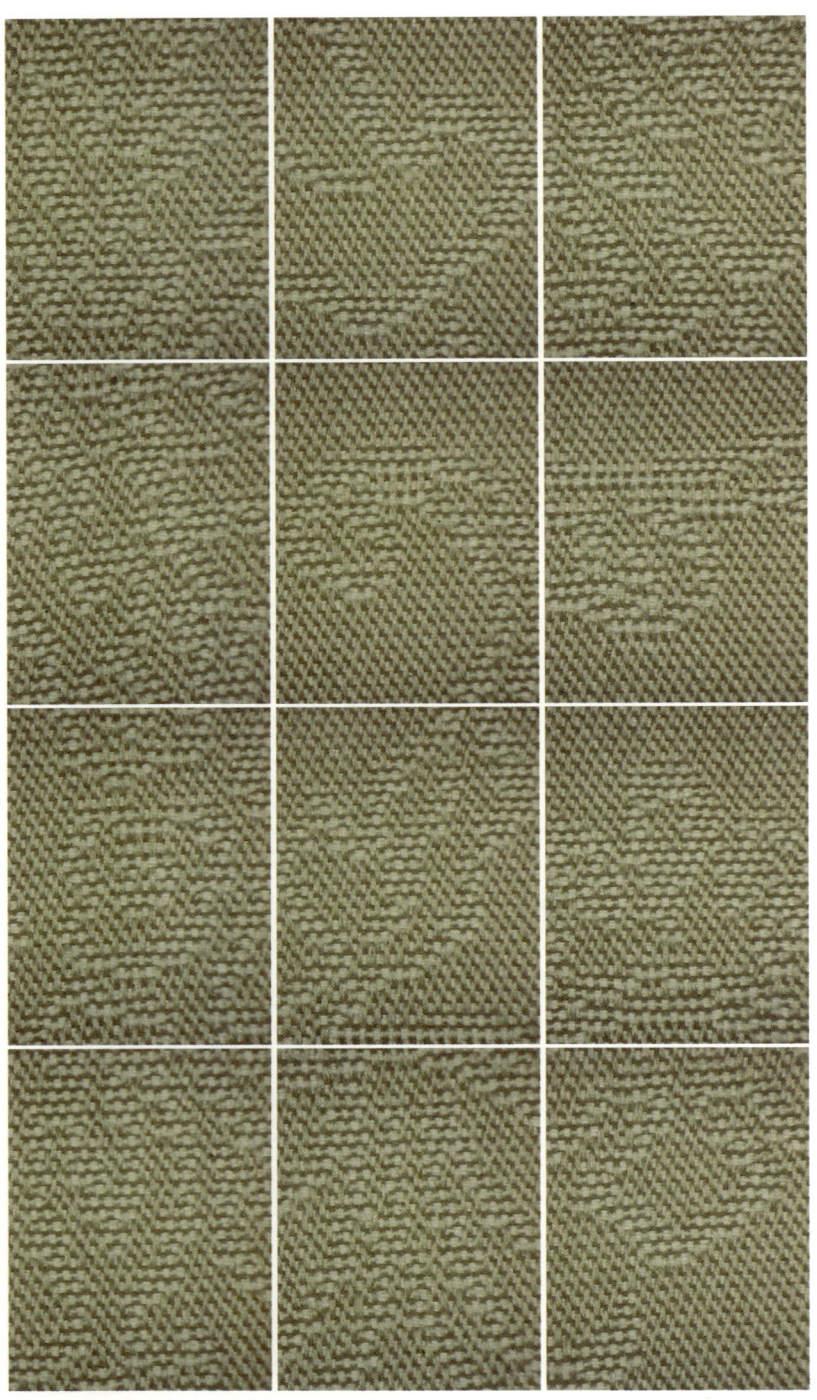

浅褐地缠枝石榴花绫 60 倍放大图

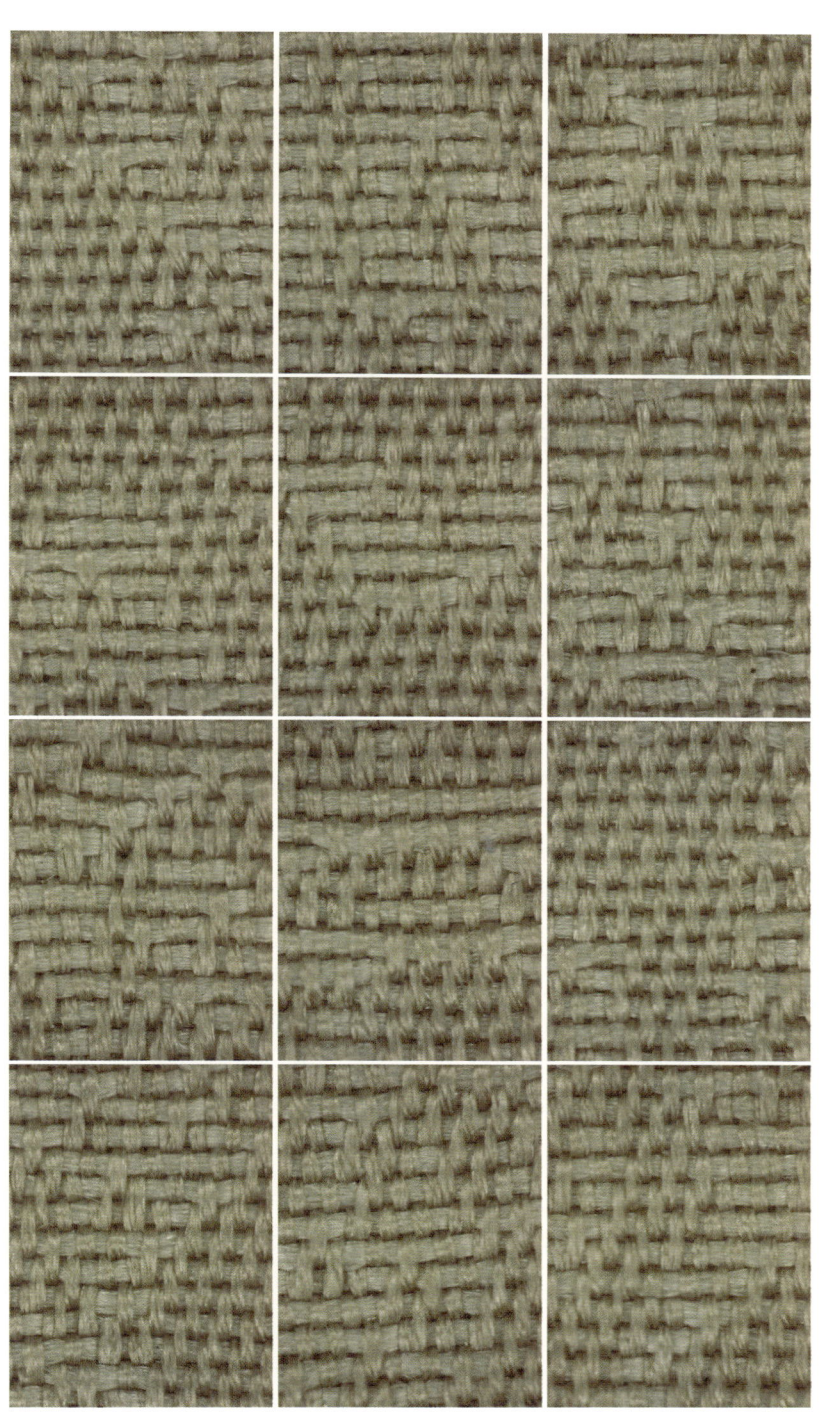

浅褐地缠枝石榴花绫锦 150 倍放大图

织锦缎｜浅褐地缠枝石榴花绫

褐地牡丹菊花绫

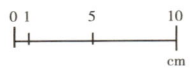

图 1　褐地牡丹菊花绫

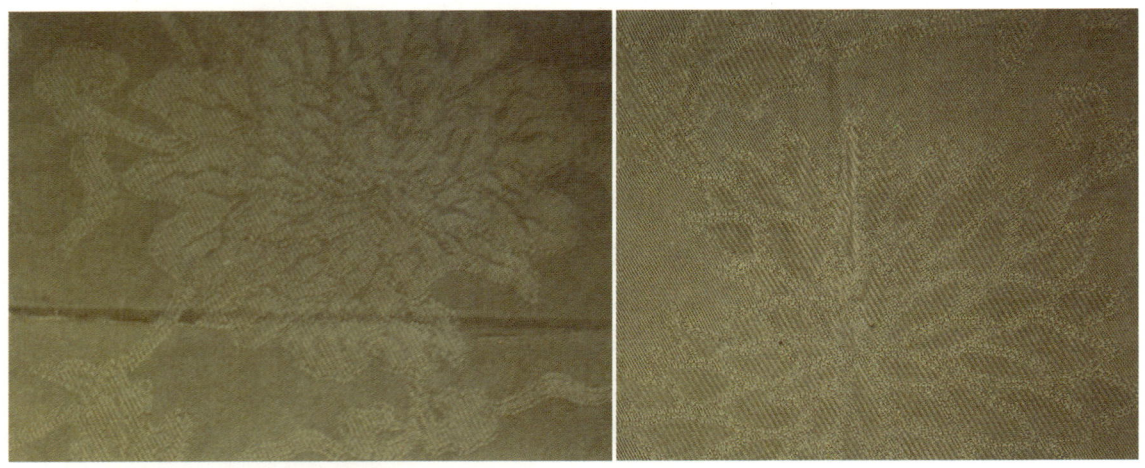

图 2　褐地牡丹菊花绫放大图（此图色彩未失真）

　　褐地牡丹菊花绫采用一褐色经纱与一褐色纬纱交织而成，表现出两种宝相花的装饰构图。仔细观察本织片的两种宝相花，一种花花瓣圆且丰硕，有着牡丹花的华丽形态；另一种花花瓣密且尖，有着菊花的特征，故将本织片命名为褐地牡丹菊花绫，见图 1、图 2。褐地牡丹菊花绫的织造结构为经密 168 根 / 英寸、纬密 88 根 / 英寸；经纱粗 0.16mm、纬纱粗 0.21mm。

　　褐地牡丹菊花绫的地经、地纬光谱有机物分析结果见图 3、图 4。经与 CNS2339，L3050 中"纤维之红外线吸收光谱主要吸收带及特性波数"的参数进行比对后，**判读地经与地纬材质与蚕丝纤维之光谱较为接近**（相关参数请参阅附录一），故再经由

CNS2339（纤维混用率试验法 第1部：纤维鉴别）之燃烧法进行地经与地纬材质的判定。实验结果为地经与地纬纤维在接近火焰时呈现卷曲状态；在火焰中呈卷曲状且着火燃烧，有燃烧毛发之臭味，残灰呈黑色膨胀状且易被压碎，**故判断地经与地纬材质为蚕丝**。

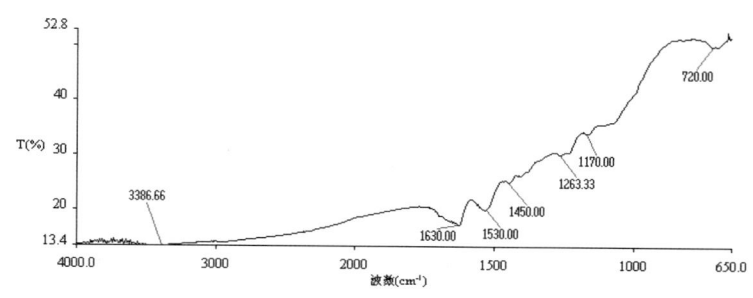

图 3 褐地牡丹菊花绫地经之 FTIR

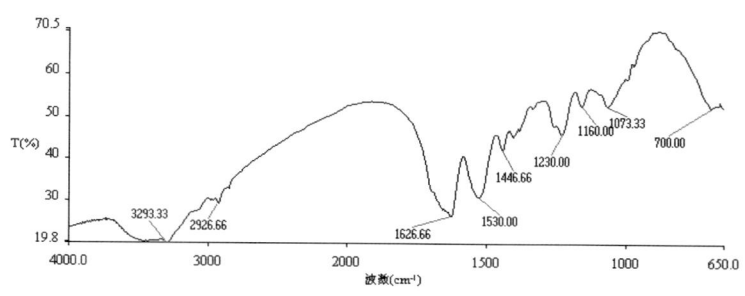

图 4 褐地牡丹菊花绫地纬之 FTIR

本块织片呈现出两种宝相花的装饰构图，由于中国图纹经常带着吉祥、祝贺的意义，也常从植物形体本身来联想意义，以对自我的期许与植物生长的特性寻找共通特性[1]，因此依这两种宝相花所展现的形态，解读为具吉祥含义的牡丹花与菊花。牡丹为群芳之冠，蕴含着富贵与荣华[2]，宋文《爱莲说》中写道："牡丹，花之富贵者也"，"富贵花"也成为赞美牡丹的别号，牡丹为中国传统名花，兼有色、香、韵三者之美，又有"国色天香"之雅号[3]；菊花色彩缤纷且风韵多姿，或雍容端庄，或幽静含情，或热烈奔放，有画意志情的"花之隐逸者"雅号，受古代文人推崇，象征高洁傲骨[1]，中国人极爱菊花，古神话传说中菊花又被赋予了吉祥、长寿的含义。[3]因此本块褐地牡丹菊花绫也表达了富贵、吉祥、长寿的含义。

褐地牡丹菊花绫采用两种不同的织纹结构，褐色经纱与褐色纬纱以二上一下经面左斜织纹交织出褐地牡丹菊花绫的底纹，褐色经纱与褐色纬纱又以一上四下纬面左斜织纹勾勒出褐地牡丹菊花绫的图纹。虽然经纬纱色泽相同，由于织纹纹理的差异仍能展现出底纹与显花的纹路。经纬纱交织的组织图（经密 = 纬密）可对照图5。

二上一下经面左斜　　一上四下纬面左斜

图 5　经纬交织完全组织图

织物正面放大 60 倍与 150 倍照相图可清楚地呈现此织纹特色，见图 6。褐地牡丹菊花绫的经纱与纬纱的捻度相当低，观察放大 150 倍图时，可观察出经、纬纱几乎呈现无捻度的低捻状态。

图 6　褐地牡丹菊花绫放大图 60 倍（左）150 倍（右）

与现代织纹结构对应，此片褐地牡丹菊花绫属于 Damask 花缎的织法。Damask 是以一组经纱与一组纬纱交织而成，织品的图纹部分采用与底纹不同的交错组织而呈现织物的图样，其织纹多以缎纹为主，有时也会加上斜纹合并使用，此种织物常使用与织物底纹不同亮度、捻度或复杂度的纱线，以凸显织物的图纹。[4] Damask 的图纹处常以平纹、经重平（纬横凸纹）、纬面缎纹呈现，而底纹常以缎纹、斜纹或是经重平（纬横凸纹）呈现。[5] 本片褐地牡丹菊花绫是以经面斜纹为底纹、纬面斜纹为图纹组合呈现。

参考文献

[1] 中国植物图纹的象征意涵 [J/OL]．[2011-1-10]．http://s18982110.pixnet.net/blog/post/3844031．

[2] 陈雯雯，周晓鸣．中式旗袍元素在当代服装设计中的应用与研究 [C]．// 北京服装学院．传承文化创意未来：2010 年"中国概念 & 创意产业"国际服饰文化及教育研讨会（ICCEC）论文集．北京：中国纺织出版社，2010:19．

[3] 李祖定．中国传统吉祥图案 [M]．上海：科学普及出版社，2003：32．

[4] John Gillow, Bryan Sentence. World Textiles A Visual Guide To Tradition Techniques [M]. Thames & Hudson, London, 2005:82．

[5] Mcquaid Matilda. Structure and Surface Contemporary Japanese Textiles Organized [J]. New York: The Museum of Modern Art, 1998．

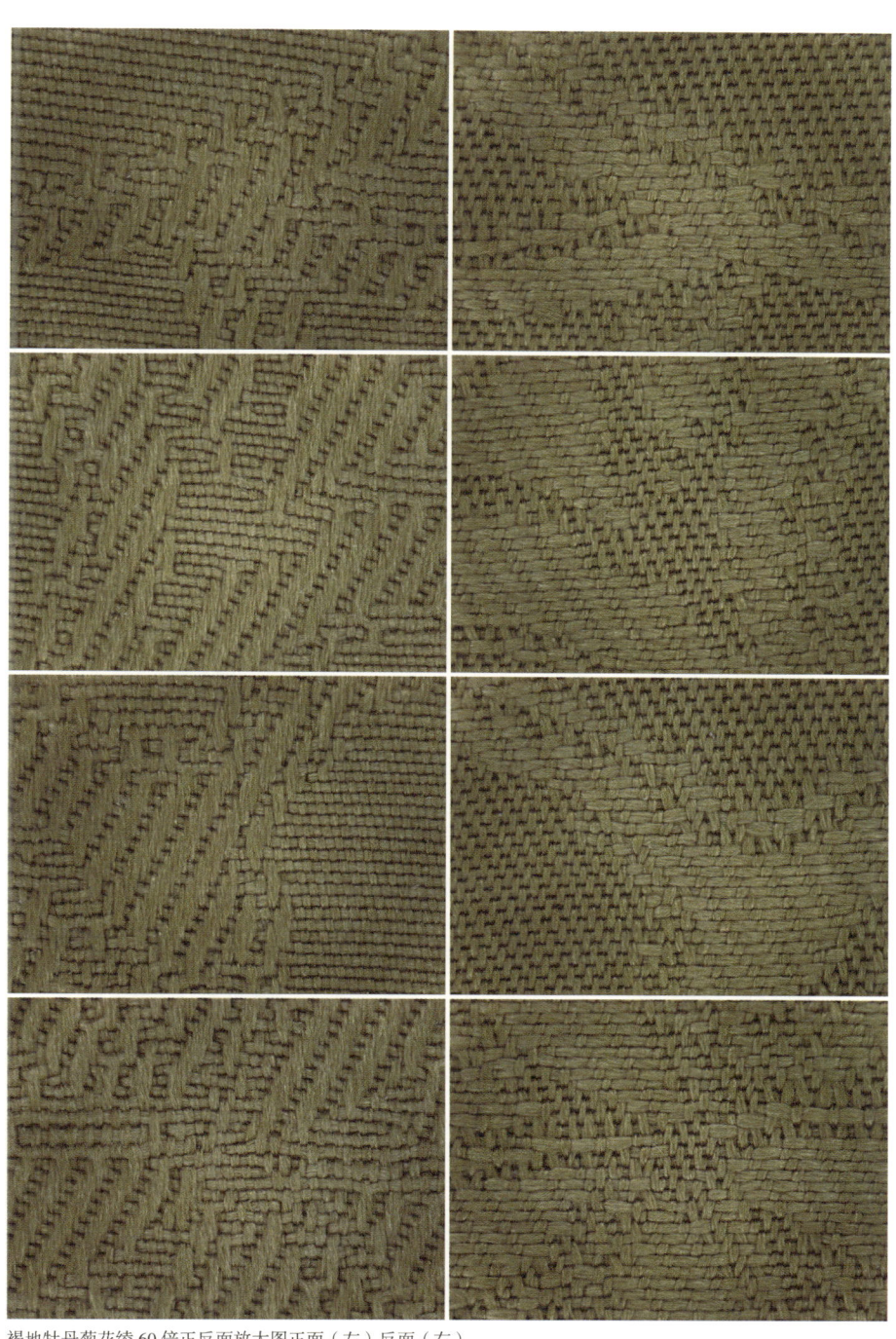

附褐地牡丹菊花绫之细部织纹组织结构放大 60 倍与 150 倍图。

褐地牡丹菊花绫 60 倍正反面放大图正面（左）反面（右）

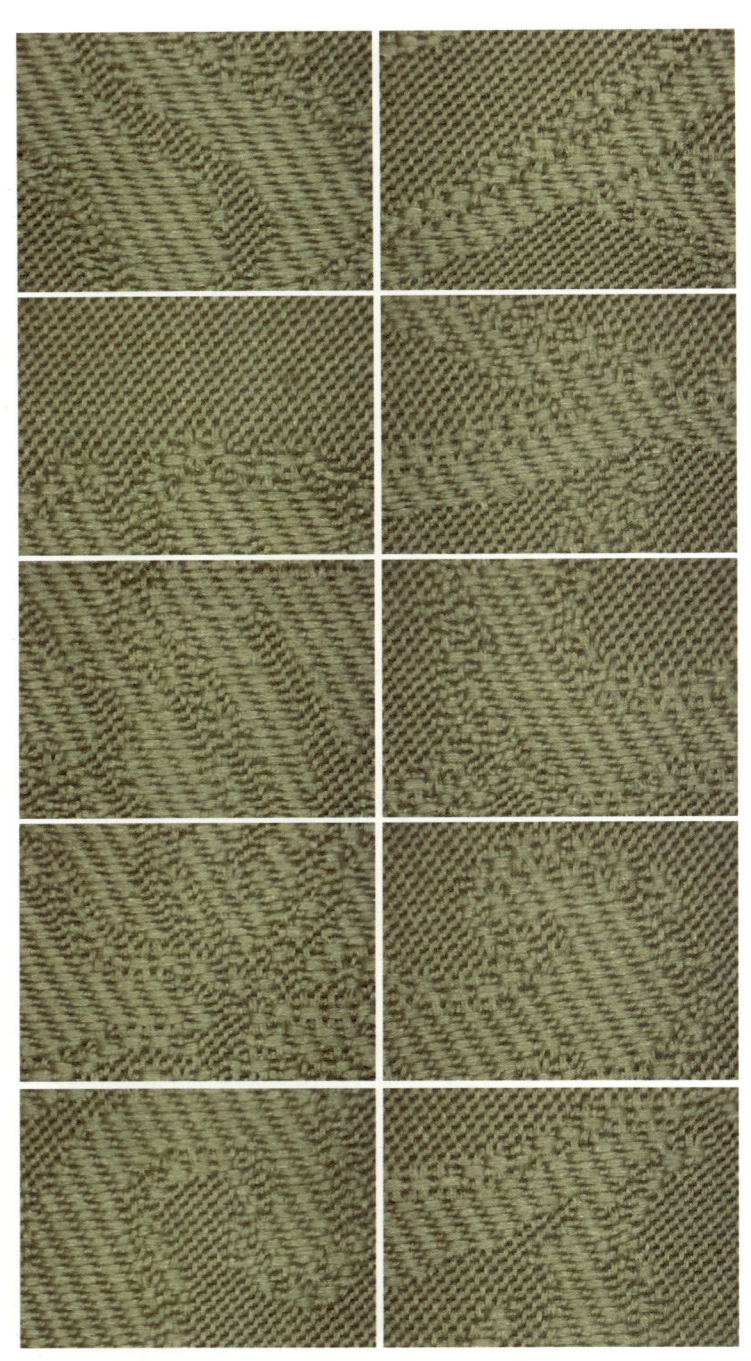

褐地牡丹菊花绫 60 倍放大图

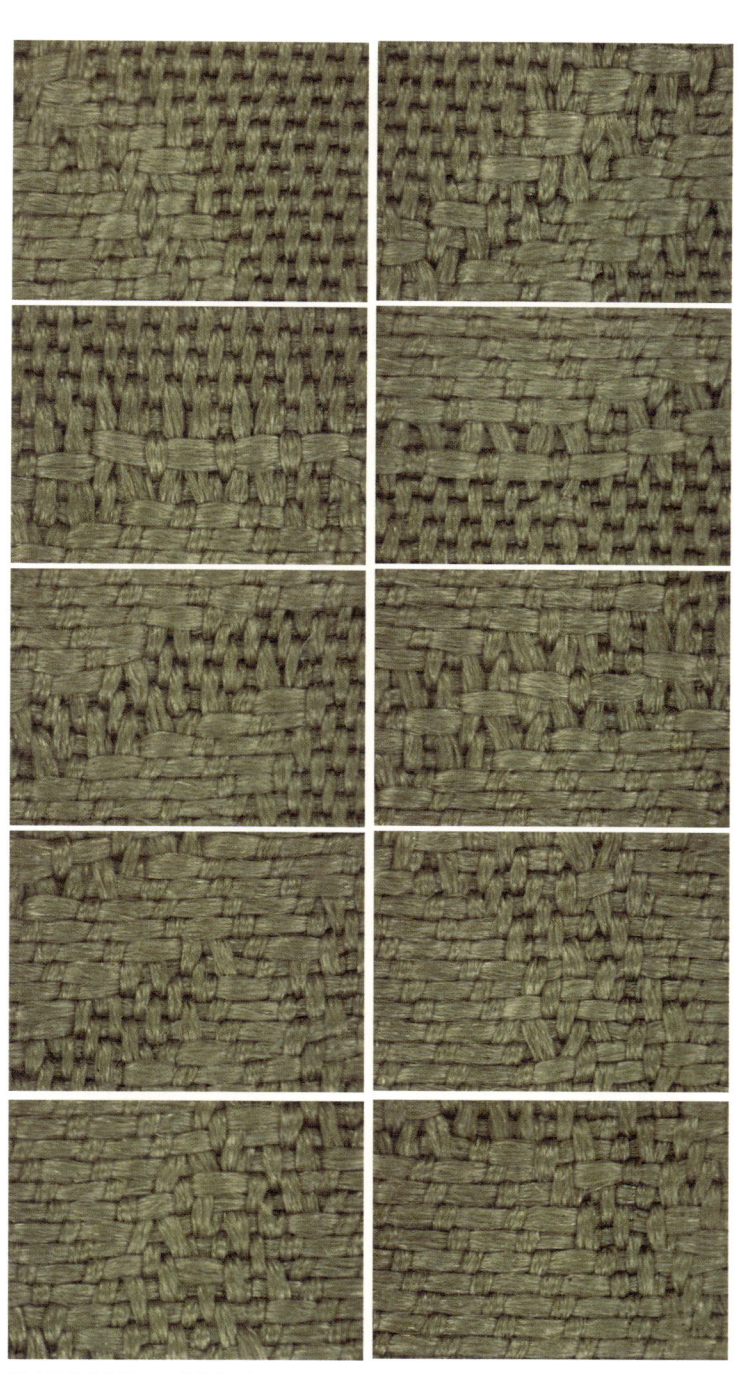

褐地牡丹菊花绫 150 倍放大图

织锦缎｜褐地牡丹菊花绫

褐地串枝宝相花纹缎

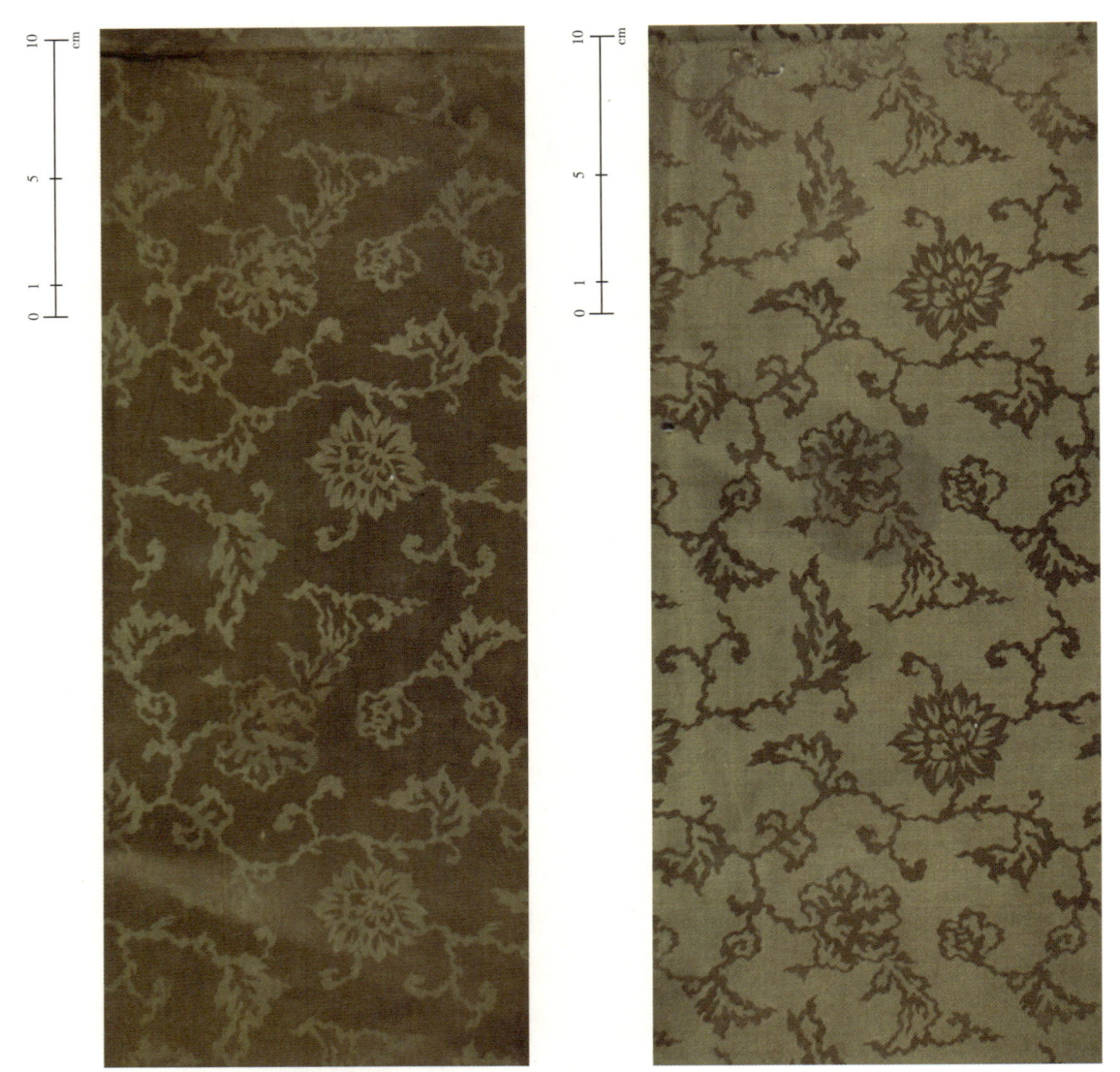

图 1　褐地串枝宝相花纹缎（正面）

图 2　褐地串枝宝相花纹缎（反面）

　　褐地串枝宝相花纹缎采用一细褐色经纱与褐色纬纱交织而成，呈现出褐色的底色与褐色的显花。褐地串枝宝相花纹缎是以串枝方式将三种花与叶呈现的装饰构图，由于花形呈现相当抽象，故统以宝相花称之，见图1、图2。

　　褐地串枝宝相花纹缎的织造结构为经密 265 根／英寸、纬密 84 根／英寸；经纱粗 0.16mm、纬纱粗 0.21mm。

褐地串枝宝相花纹缎的地经、地纬光谱有机物分析结果见图3、图4。经与CNS2339，L3050中"纤维之红外线吸收光谱主要吸收带及特性波数"的参数进行比对后，地经与地纬材质测试结果的主要吸收带及特性波数接近蚕丝类，其中地纬红外线吸收光谱的波形特征更与熟蚕丝相似（相关参数请参阅附录一），故再经由CNS2339（纤维混用率试验法 第1部：纤维鉴别）之燃烧法进行判定，地经与地纬纤维接近火焰时呈现卷曲状态；在火焰中呈卷曲状且着火燃烧，有燃烧毛发的臭味，残灰呈黑色膨胀状且易被压碎，**故判断地经与地纬材质皆为蚕丝纤维。**

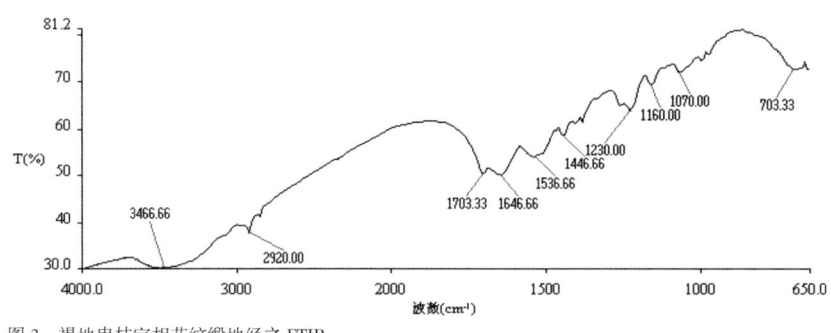

图3 褐地串枝宝相花纹缎地经之FTIR

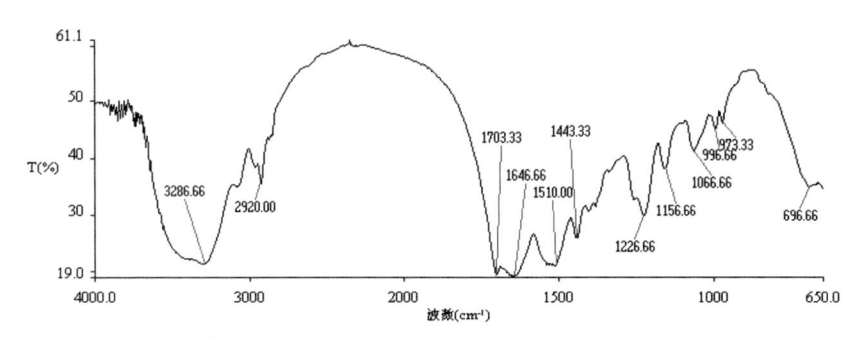

图4 褐地串枝宝相花纹缎地纬之FTIR

褐地串枝宝相花纹缎呈现出串枝宝相花的装饰构图。串枝花是将花、叶以串枝连接呈现的抽象构图，与写生构图有很大的差异，与明代呈对称形态的缠枝花相当接近，多呈现花形饱满，给人一种富贵美满的感受，可说是中国传统纹样之经典。[1]宝相是佛教徒对佛相的庄严称呼。宝相花可说是一种象征之花，它自魏晋以来伴随宗教而盛行，集中了莲花、牡丹、菊花的特征，进而经艺术处理成为更圣洁、更端庄、更美观的理想花形。[2]现阶段常针对于外形不易分辨的花形以宝相花称之。

褐地串枝宝相花纹缎的织纹结构采用相似色泽的经纬纱，经由两种不同的织纹交织出两种不同的色块以呈现出图纹，虽然经纬纱色泽相同，由于织纹纹理的差异仍能展现出底纹与显花的纹路。细褐色经纱与褐色纬纱以五枚二飞经面缎纹为主的织纹交织，由于经密大于纬密，故呈现出褐色的底色；细褐色经纱与褐色纬纱又以五枚二飞纬面缎纹

交织，由于经密大于纬密，故交织处外观呈现较短纬浮浮长、有着酷似平纹的外观，并呈现出较无光泽的褐色色块，经纬纱交织的组织图（经密＝纬密）可对照图5，织物正面放大照相图清楚地呈现此织纹特色，见图6。褐地串枝宝相花纹缎的经纱与纬纱的捻度相当低，观察放大60倍与150倍图时，可看出纬纱几乎呈现无捻度之低捻状态。

五枚二飞经面缎纹　　五枚二飞纬面缎纹

图5　经纬交织完全组织图

图6　褐地串枝宝相花纹缎放大图60倍（左）150倍（右）

与现代织纹结构对应，此片褐地串枝宝相花纹缎属于Damask花缎的织法。Damask是以一组经纱与一组纬纱交织而成，织品的图纹部分采用与底纹不同的交错组织而呈现织物的图样，其织纹多以缎纹为主，有时也会加上斜纹合并使用，此种织物常使用与织物底纹不同亮度、捻度或复杂度的纱线，以凸显织物的图纹。[3]Damask的图纹处常以平纹、经重平（纬横凸纹）、纬面缎纹呈现，而底纹常以缎纹、斜纹或是经重平（纬横凸纹）呈现。[4]本片褐地串枝宝相花纹缎是以经面缎纹为底纹、纬面缎纹为图纹组合呈现。

参考文献

[1] 上海市服装行业协会，中国服装编审委员会. 中国服装大典[M]. 上海：文汇出版社，1999：277.

[2] 李祖定. 中国传统吉祥图案[M]. 上海：科学普及出版社，2003：49.

[3] John Gillow, Bryan Sentence. World Textiles A Visual Guide To Tradition Techniques[M]. Thames & Hudson, London, 2005:82.

[4] Mcquaid Matilda. Structure and Surface Contemporary Japanese Textiles Organized[J]. New York: The Museum of Modern Art,1998.

附褐地串枝宝相花纹缎之细部织纹组织结构放大60倍与150倍图。

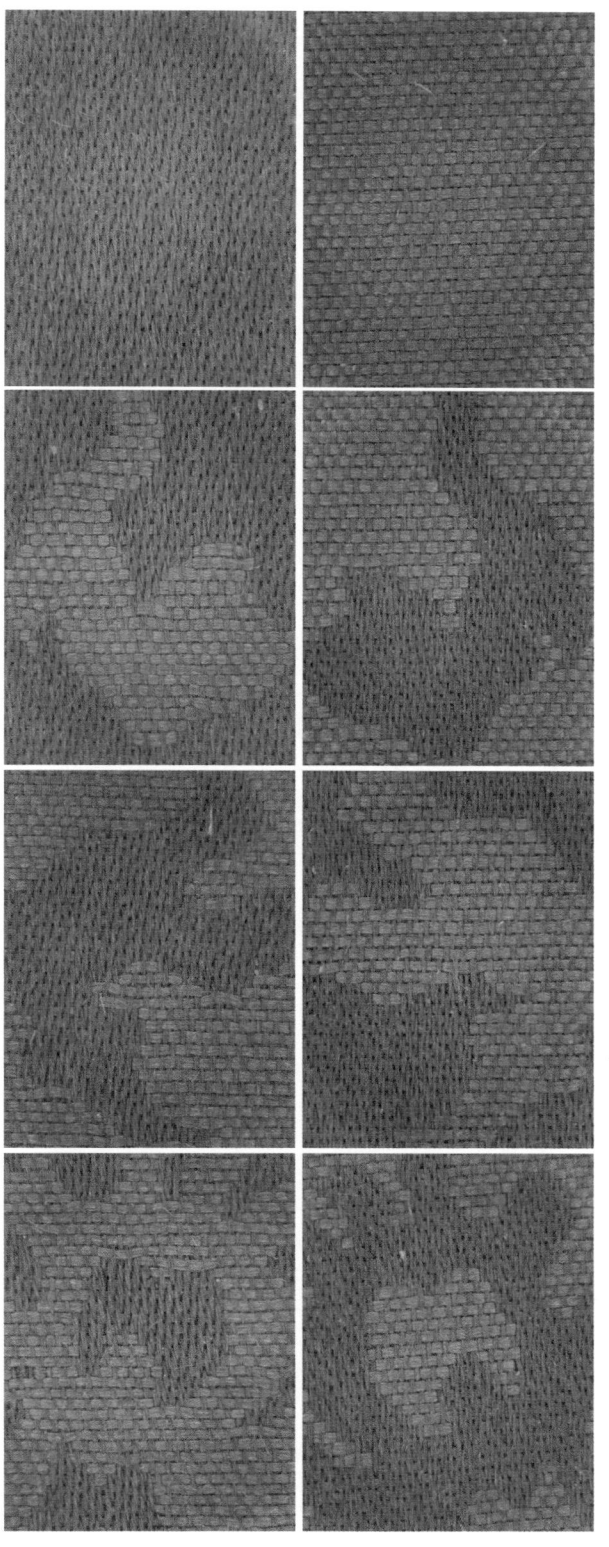

褐地串枝宝相花纹缎60倍放大图正面（左）反面（右）

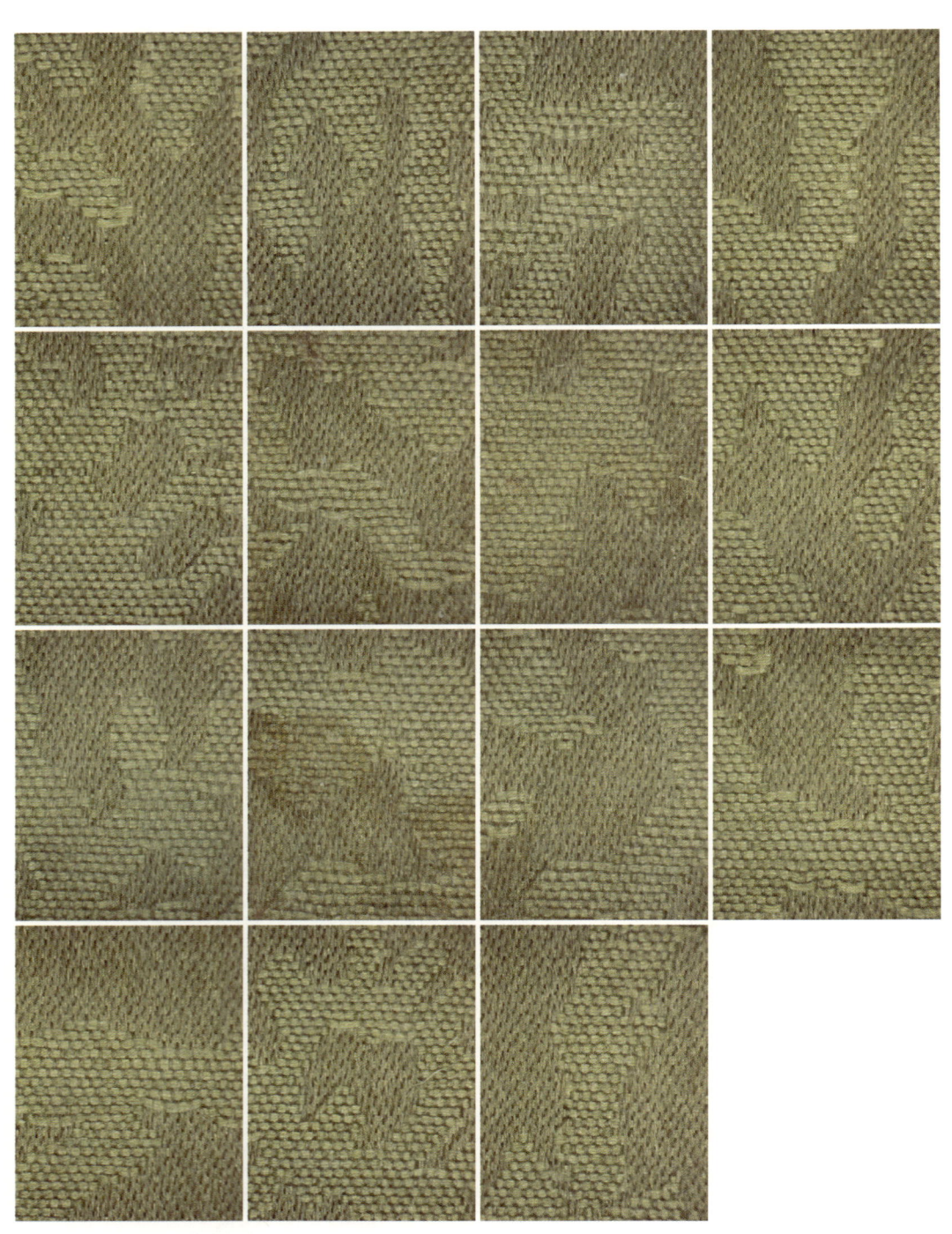

褐地串枝宝相花纹缎 60 倍放大图

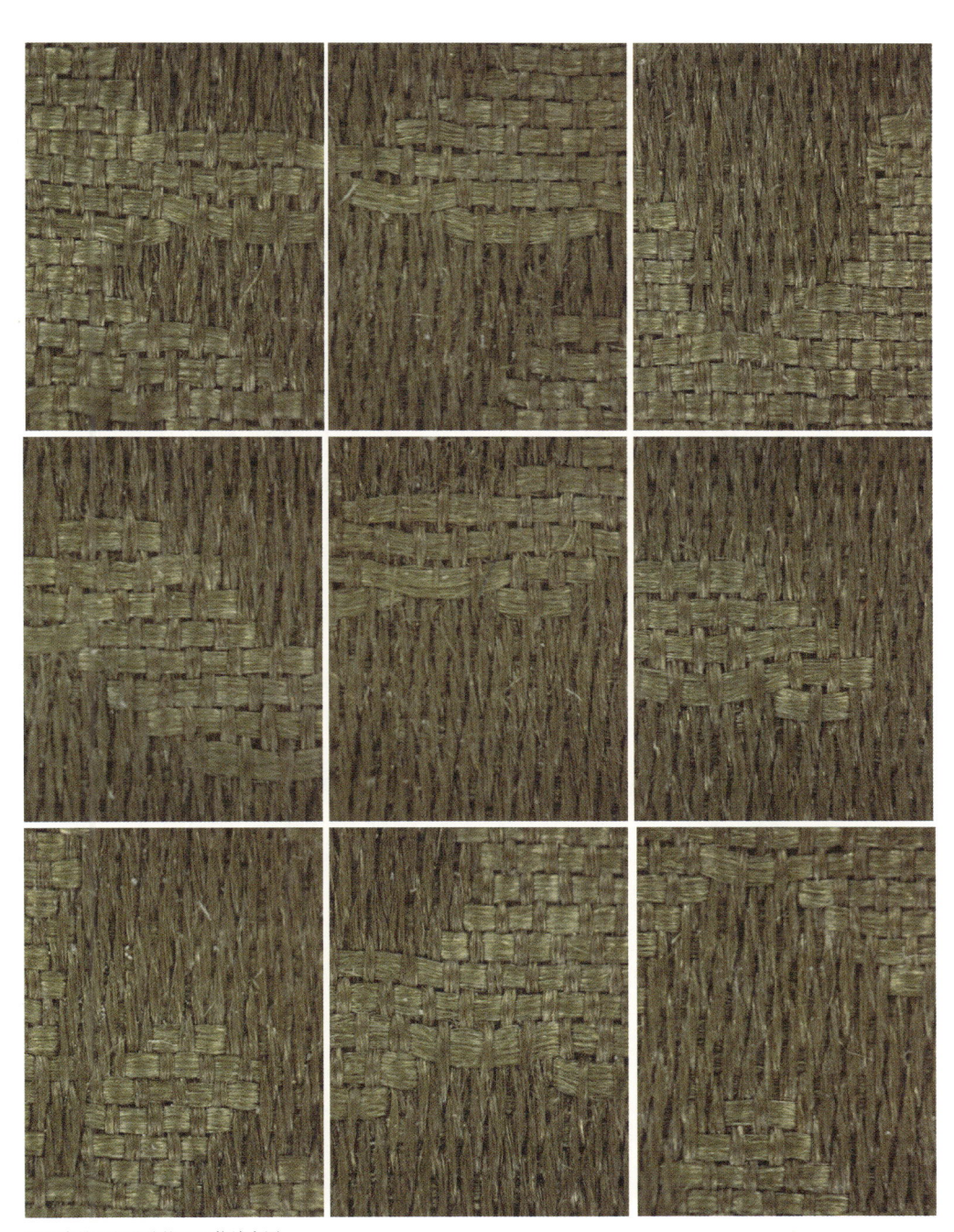

褐地串枝宝相花纹缎 150 倍放大图

双鱼八宝纹缎

图1 双鱼如意云纹缎

图2 双鱼如意云纹缎放大图

双鱼八宝纹缎采用细黄褐色经纱与黄褐色纬纱交织而成；由于采用两种不同的组织，虽然织片的经纬纱色泽相似，但由于织纹纹理的差异仍然呈现出明显的底纹与显花纹路，以及黄褐色的底色与黄褐色的显花，表现出双鱼、法螺、法轮、如意云纹、宝盖之彩带、犀角、卷叶与云纹的装饰构图，见图1、图2。双鱼八宝纹缎的织造结构为经密185根/英寸、纬密132根/英寸；经纱粗0.14mm、纬纱粗0.19mm。

双鱼八宝纹缎的地经、地纬光谱有机物分析结果见图3、图4，经与CNS2339，L3050中"纤维之红外线吸收光谱主要吸收带及特性波数"的参数进行比对后，**判读地经与地纬材质测试结果的主要吸收带及特性波数与波型特征接近蚕丝类**（相关参数请参阅附录一），故再经由CNS2339（纤维混用率试验法 第1部：纤维鉴别）之燃烧法进行判定，地经与地纬纤维接近火焰时呈现卷曲状态；在火焰中呈卷曲状且着火燃烧，有燃烧毛发的臭味，残灰呈黑色膨胀状且易被压碎，**故判断地经与地纬材质为蚕丝纤维**。

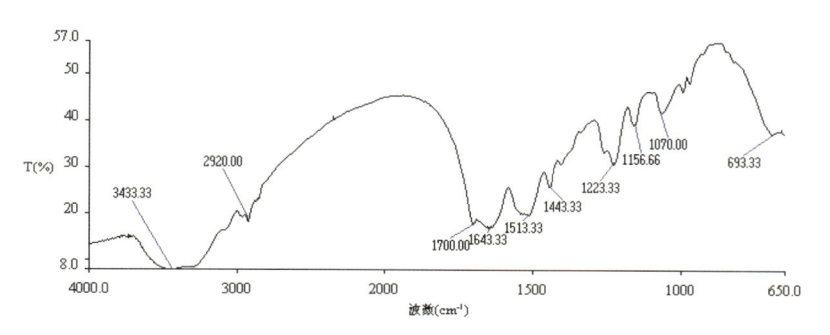

图3 双鱼如意云纹缎地经之FTIR

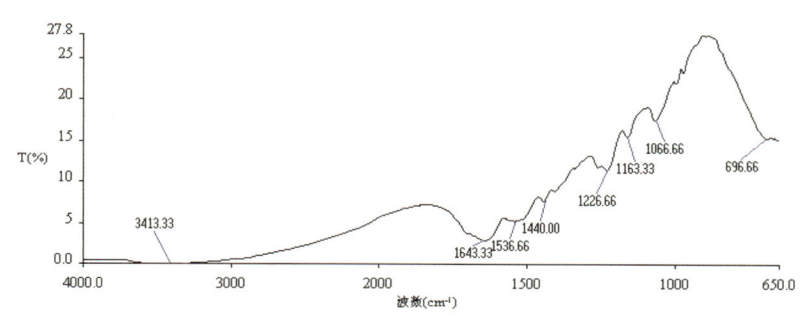

图4 双鱼如意云纹缎地纬之FTIR

双鱼八宝纹缎呈现出双鱼、法螺、法轮、宝盖之彩带、如意云头、犀角、卷叶与云纹之吉祥装饰构图，中国古丝织物中常喜以含有吉庆祥瑞之八宝、八吉祥、八音等组成的图案为图纹，这些杂宝图样展现了一定的吉祥含义，这些含义多来自民间传说或宗教习惯。比如说双鱼：比喻幸福、避邪之意；法螺：表示佛音美妙吉祥、好运之意；法轮：表示佛法圆转、生命万劫不息之意；宝盖有着解脱大众病贫的象征；[1]犀角则是象征胜利。[2]如意为器物之名，原柄端作手指状，用以搔痒可如人意而得名。而后又将柄端改成灵芝形或祥云形，寓意吉利，因形态美成为一民间广为采用的吉祥图纹。[3]双鱼八宝纹缎在此呈现出祥云形的如意云头。云为中国图案中一重要装饰形象，古人常凭云的形色察凶吉[4]，以如意祥云为图案有着如意吉祥的寓意，见图5。

明十三陵之定陵（明神宗万历皇帝与其两后的陵墓）出土的古丝织物中，即出现许多有着含有吉庆祥瑞之八宝、八吉祥、八音等组成图纹的美丽织品，如

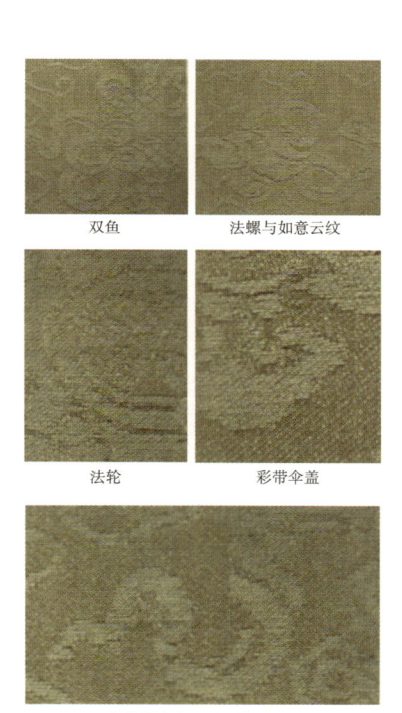

双鱼　　　　　法螺与如意云纹

法轮　　　　　彩带伞盖

彩带伞盖头上所飘着的彩带

犀角　　　　　卷叶

图5 双鱼八宝纹缎纹样

万历帝棺内出土的绿八宝纹绸缂丝四团龙补交领夹龙袍织品上即呈现珊瑚、云头、方胜、银锭、古钱、金锭、双犀角、火珠之八宝图案，见图6[5]；孝端后棺内出土的红织金八宝纹罗裙是以八宝纹织制而成，见图7[6]；由于双鱼八宝纹缎所呈现的各杂宝图纹形态与明出土的织片上的八宝形态有些相似，双鱼八宝纹缎也传达了明锦寓意纹样中意必吉祥的意境。故推论双鱼八宝纹缎可能是明代的产物。

图6　万历帝棺出土的纺织品纹样

图7　孝端后棺出土的纺织品纹样

双鱼八宝纹缎的织纹结构是经由两种不同的织纹结构交织。黄褐色经纱与黄褐色纬纱以五枚三飞纬面缎纹交织出黄褐色的底纹，黄褐色经纱与黄褐色纬纱又以五枚三飞经面缎纹交织出黄褐色的图纹。虽然经纬纱色泽相同，由于织纹纹理的差异仍能展现出底纹与显花的纹路，当然图纹清晰度与经纬纱色泽相异比则较为不明显。

织物正面放大60倍、150倍照相图可清楚地呈现此织纹特色，见图8、图9。经纬纱交织的组织图（经密＝纬密）对照图10。图纹部分为五枚三飞经面缎纹，由于是以经密大于纬密的经面缎纹结构呈现，故此区块呈现出较具光泽的经纱黄褐色色泽；底纹部分以五枚三飞纬面缎纹交织，由于经密大于纬密，故交织处外观呈现较短纬浮浮长、有着酷似平纹的外观，并呈现出较无光泽的黄褐色色块。

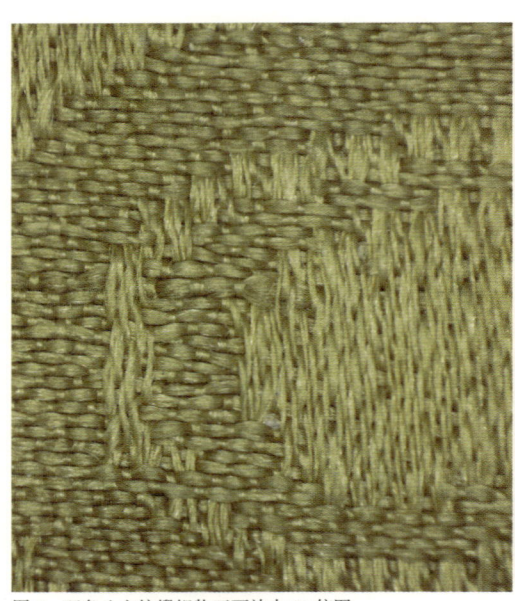

图8　双鱼八宝纹缎织物正面放大60倍图 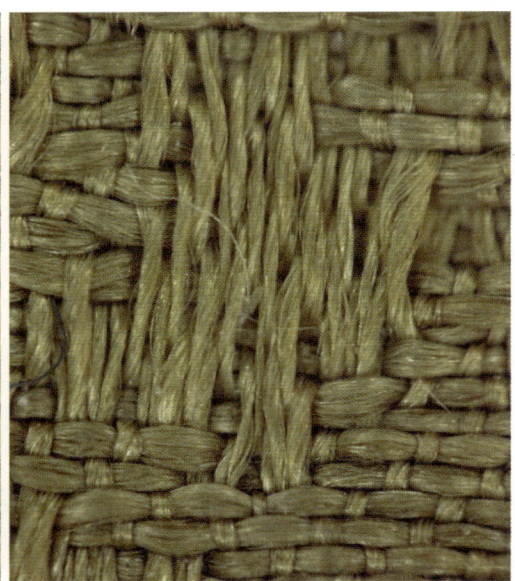　　　图9　双鱼八宝纹缎织物正面放大150倍图

与西方织纹结构对应，本片双鱼八宝纹缎属于 Damask 花缎的织法。Damask 是以一组经纱与一组纬纱交织而成，织品的图纹部分是采用与底纹不同的交错组织而呈现织物的图样，其织纹多以缎纹为主，有时也会加上斜纹合并使用，此种织物常使用与织物底纹不同亮度、捻度或复杂度的纱线，以凸显织物的图纹。[7] Damask 的图纹处常以平纹、经重平（纬横凸纹）、纬面缎纹呈现，而底纹常以缎纹、斜纹或是经重平（纬横凸纹）呈现。[8] 本片双鱼八宝纹缎是以经面缎纹为底纹、纬面缎纹为图纹组合呈现。

底纹结构
五枚三飞经面缎纹

图纹结构
五枚三飞纬面缎纹

图 10　基础完全组织—经纬交织对照图

参考文献

[1] 李祖定. 中国传统吉祥图案 [M]. 上海：科学普及出版社，2003：62.
[2] 李祖定. 中国传统吉祥图案 [M]. 上海：科学普及出版社，2003：66.
[3] 李祖定. 中国传统吉祥图案 [M]. 上海：科学普及出版社，2003：55.
[4] 李祖定. 中国传统吉祥图案 [M]. 上海：科学普及出版社，2003：56.
[5] 王岩，罗青. 万历帝后的衣橱—明定陵丝织集锦 [M]. 台北：东大书局，2005：151.
[6] 王岩，罗青. 万历帝后的衣橱—明定陵丝织集锦 [M]. 台北：东大书局，2005：110.
[7] John Gillow, Bryan Sentence. World Textiles A Visual Guide To Tradition Techniques [M]. Thames & Hudson, London, 2005:82.
[8] Mcquaid Matilda. Structure and Surface Contemporary Japanese Textiles Organized [J]. New York: The Museum of Modern Art, 1998.

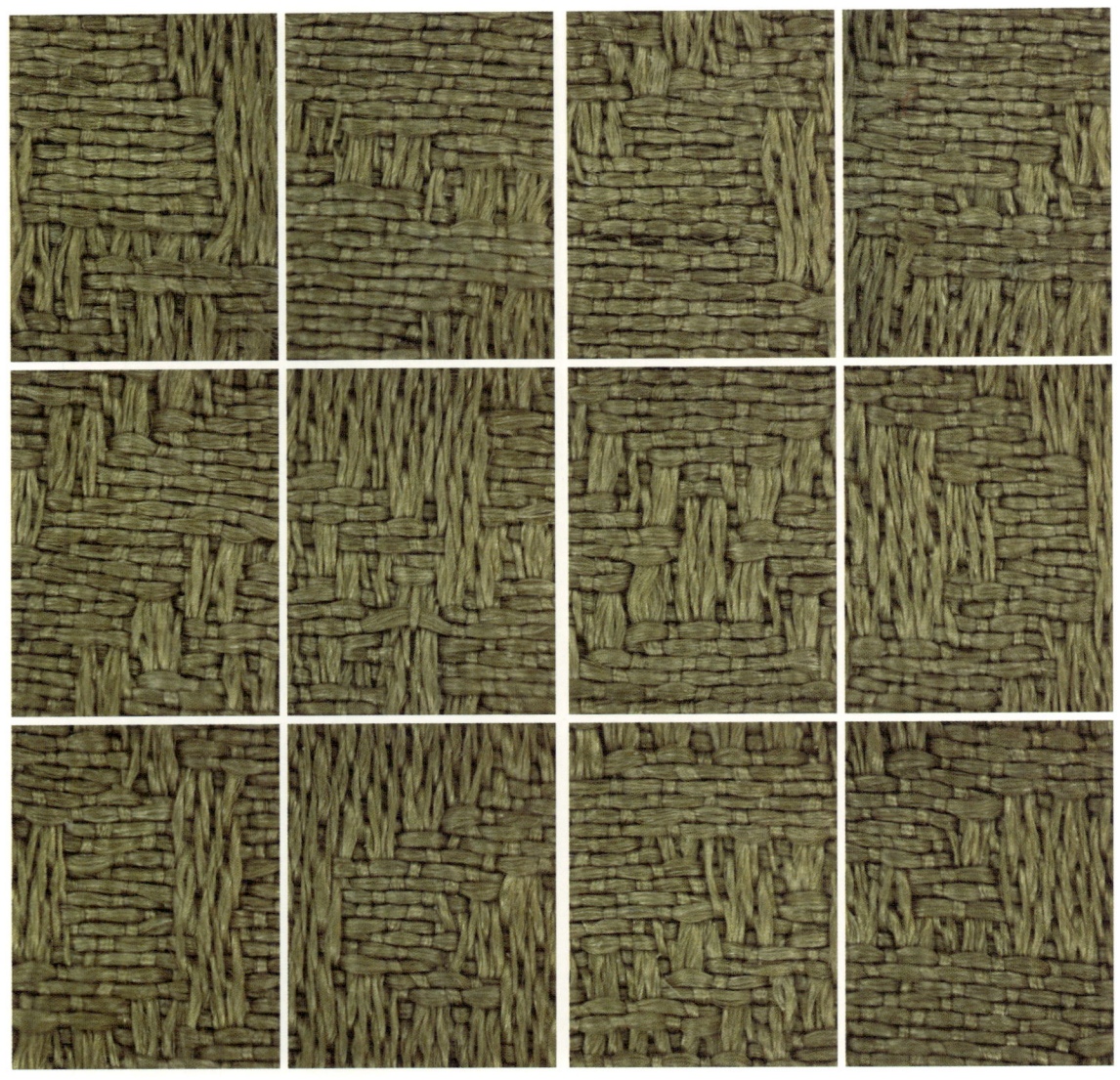

附双鱼八宝纹缎之细部织纹组织结构放大 60 倍与 150 倍图。

双鱼八宝纹缎 150 倍放大图

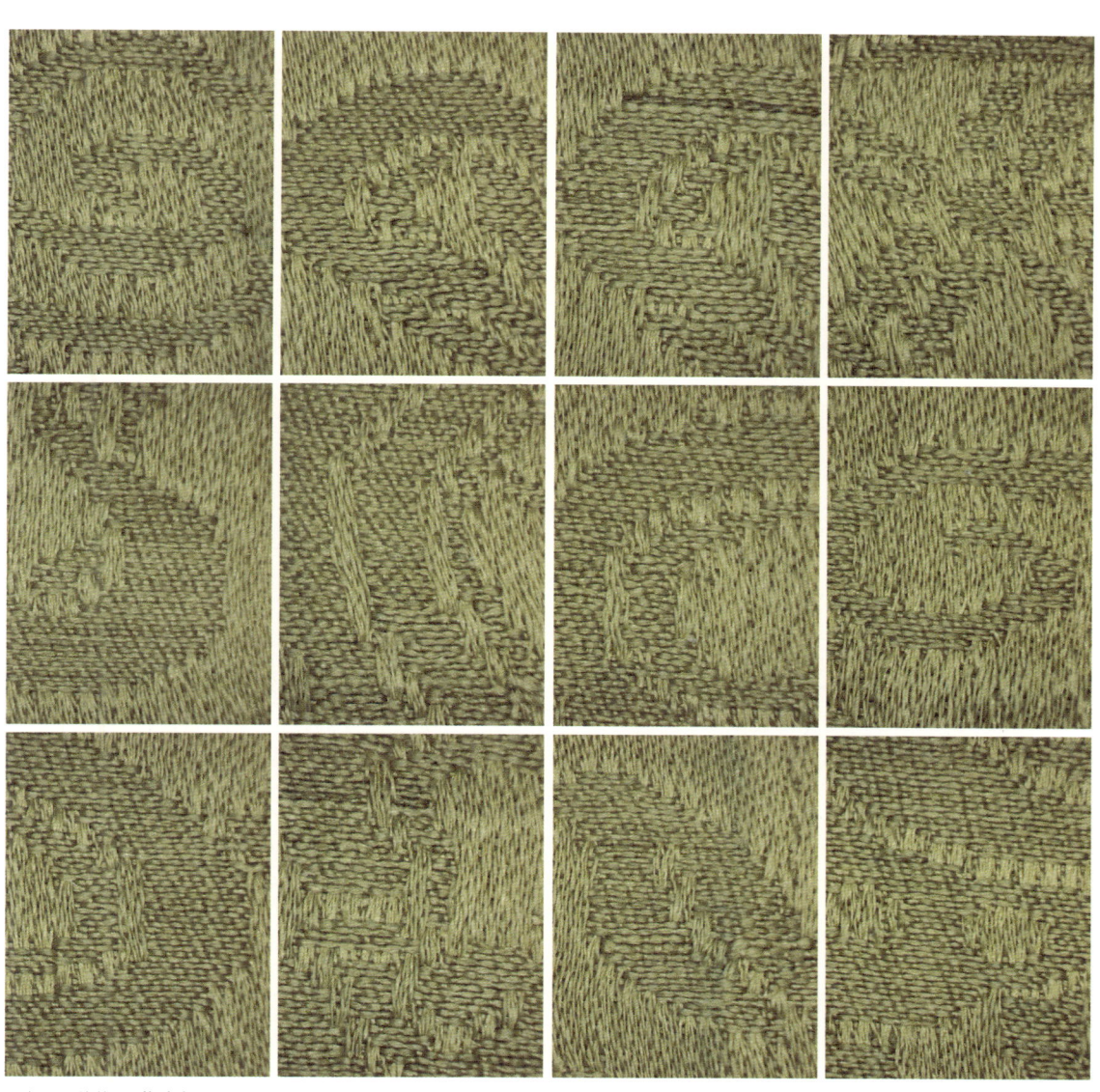

双鱼八宝纹缎 60 倍放大图

石青地八宝如意云纹缎

图1　石青地八宝如意云缎（正面）

图2　石青地八宝如意云缎（反面）

　　石青地八宝如意云纹缎采用一种蓝色经纱与一种黄色纬纱交织而成，呈现出蓝色的底色与黄色的显花，表现出双犀角、方胜、火珠、银锭、如意云头等八宝图案与如意祥纹所组成的装饰构图，见图1、图2。石青地八宝如意云缎的织造结构为经密135根/英寸、纬密116根/英寸；经纱粗0.08mm、纬纱粗0.24mm。

　　石青地八宝如意云纹缎的地经、地纬光谱有机物分析结果见图3、图4，经与CNS2339，L3050中"纤维之红外线吸收光谱主要吸收带及特性波数"的参数进行比对后，**判读地经与地纬材质与蚕丝纤维之光谱较为接近**（相关参数请参阅附录一），故再经由CNS2339（纤维混用率试验法 第1部：纤维鉴别）之燃烧法进行地经与地纬材质的判定。实验结果为地经与地纬纤维在接近火焰时呈现卷曲状态；在火焰中呈卷曲状且着火燃烧，有燃烧毛发的臭味，残灰呈黑色膨胀状且易被压碎，**故判断地经与地纬材质为蚕丝**。

　　石青地八宝如意云纹缎呈现出方胜、火珠、银锭、双犀角、如意云头等八宝图案与如意祥云纹所组成的装饰构图。方胜为中国传统吉祥物，古代的一种首饰，形状是由两

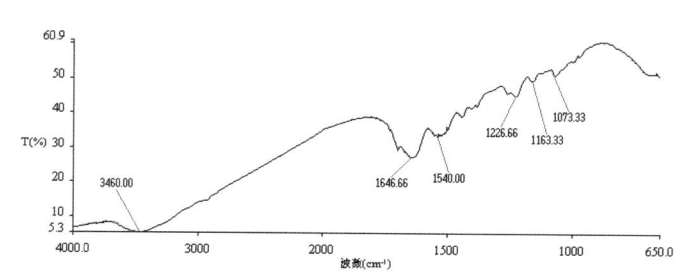

图 3　石青地八宝如意云缎地经之 FTIR

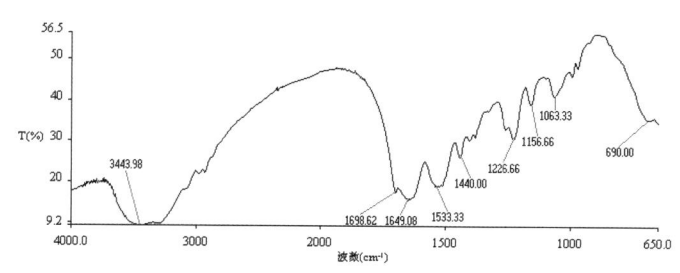

图 4　石青地八宝如意云缎地纬之 FTIR

个斜方形部分重叠相连而成，因此这种形状即代表同心双合、具有彼此相通的吉祥含义。胜原来是一种妇女戴在头上作装扮修饰用的首饰。胜的取意是"优胜"、"优美"。胜即为妇女的优美首饰的总称，它又可细分为方胜、华胜、人胜。华胜、人胜都是实物肖形的，方胜则是几何形状的，是两个菱形压角相叠而组成的图形或花样。方胜一方面取胜的吉祥含义，寓意"优胜"；一方面取其形状的压角相叠，寓意"同心"，成为寓意丰富、图案精美的吉祥符，为"八宝"图案之一。[1]

火珠古传能聚光引火，是象征祥光普照大地、永不熄灭的吉祥物。在中国古代宫殿、塔庙建筑的正脊上常将它作为装饰。[2]中国钱纹有着"避邪"与"富有"的象征。[3]钱具有实际流通价值，以钱纹图案作为装饰艺术时具有相当的写实性，显现出对生活的主观愿望，因此钱纹也是中国八宝图案常出现的图纹；钱锭与如意纹有着"必定如意"之内涵。[4]金、银锭的象征与钱锭相同，石青地八宝如意云缎所呈现的钱锭为银锭。犀角则是象征胜利亦为八宝之一。[5]

如意为器物之名，原柄端作手指状，用以搔痒可如人意而得名。而后又将柄端改成灵芝形或祥云形，寓意吉利，因形态美成为民间广为采用的吉祥图纹。[6]石青地八宝如意云纹缎所呈现的即为祥云形如意云头。云为中国图案中一重要装饰形象，古人常凭云的形色察凶吉[7]，以如意祥云为图案有着如意吉祥之寓意。

中国古丝织物中常喜以含有吉庆祥瑞之八宝、八吉祥、八音等组成的图案为图纹，明十三陵之定陵（明神宗万历皇帝与其两后的陵墓）出土的古丝织物中，即出现许多有

图 5 万历帝棺出土的纺织品（一）

图 6 孝端后棺出土的纺织品（一）

图 7 孝靖后棺出土的纺织品

图 8 孝端后棺出土的纺织品（二）

图 9 万历帝棺出土的纺织品（二）

着含有吉庆祥瑞之八宝、八吉祥、八音等组成图纹的美丽织品，如万历帝棺内出土的绿八宝纹绸缂丝四团龙补交领夹龙袍织品上即呈现珊瑚、云头、方胜、银锭、古钱、金锭、双犀角、火珠之八宝图案，见图 5[8]；孝端后棺内出土的红织金八宝纹罗裙是以八宝纹织制而成，见图 6[9]；孝靖后棺内出土的拓黄八宝松竹梅岁寒三友缎，是以梅花为主花，梅花瓣内饰八宝纹，八宝纹以犀角、云头、金锭、方胜、银锭为一组，以犀角、云头、金锭、古钱、宝珠为另一组，见图 7。[10]

石青地八宝如意云纹缎呈现的四合如意云与孝端后棺内西端南侧出土的拓黄二侧云团龙纹地织金妆花龙云肩通袖龙襕缎袍料（图 8）[11]，以及万历帝棺内西端北侧出土的莺哥绿云鹤纹地织金妆花龙云肩通袖龙襕缎袍料（图 9）[12]的四合如意云构图非常相似。详细观察这些明十三陵出土织品的图纹，可看出其与石青地八宝如意云纹缎的图纹特质有极大的相似处，故推断石青地八宝如意云纹缎可能为明代的织片。

石青地八宝如意云纹缎的织纹结构是由两种不同的织纹交织出两种不同的色块以呈现出图纹。蓝色经纱与黄色纬纱以五枚二飞经面缎纹交织，由于经密大于纬密，故呈现出蓝色的底色；蓝色经纱与黄色纬纱又以一上四下纬面左斜纹交织、呈现出纬纱黄色的色泽，织物正面放大照相图清楚地呈现此织纹特色，见图 10。

图 10 石青地八宝如意云纹缎的织物正面放大照相图

石青地八宝如意云纹缎的蓝色经纱与黄色纬纱正面以五枚二飞经面交织的反面呈现五枚三飞纬面交织的织纹，由于经密大于纬密、缩短了纬纱浮长，故呈现出酷似平纹的织纹；蓝色经纱与黄色纬纱以一上四下纬面左斜纹交织的反面呈现了四上一下经面右斜纹、显现了经纱蓝色的色泽。经纬纱交织的组织图（经密＝纬密）可对照图11，织物反面放大照相图见图12。

五枚二飞经面缎纹（正）　　一上四下左斜（正）

五枚三飞纬面缎纹（反）　　四上一下右斜（反）

图11　经纬交织完全组织图

图12　石青地八宝如意云纹缎的织物反面放大照相图

与现代织纹结构对应，此片石青地八宝如意云纹缎属于Damask花缎的织法。Damask是以一组经纱与一组纬纱交织而成，织品的图纹部分采用与底纹不同的交错组织而呈现织物的图样，其织纹多以缎纹为主，有时也会加上斜纹合并使用，此种织物常使用与织物底纹不同亮度、捻度或复杂度的纱线，以凸显织物的图纹。[13]

参考文献

[1] 中国传统吉祥物—方胜［J/OL］．［2011-2-10］http://baike.baidu.com/view/553126.htm.
[2] 李祖定．中国传统吉祥图案［M］．上海：科学普及出版社，2003：50.
[3] 李祖定．中国传统吉祥图案［M］．上海：科学普及出版社，2003：51.
[4] 简述古钱图案和文字在陶瓷器上的运用［J/OL］．［2011-2-10］http://special.artxun.com/20071226/article/720102dc19beff55abe344b7409a08d7.shtml.
[5] 李祖定．中国传统吉祥图案［M］．上海：科学普及出版社，2003：66.
[6] 李祖定．中国传统吉祥图案［M］．上海：科学普及出版社，2003：55.
[7] 李祖定．中国传统吉祥图案［M］．上海：科学普及出版社，2003：56.
[8] 王岩，罗青．万历帝后的衣橱—明定陵丝织集锦［M］．台北：东大书局，2005：151.
[9] 王岩，罗青．万历帝后的衣橱—明定陵丝织集锦［M］．台北：东大书局，2005：110.
[10] 王岩，罗青．万历帝后的衣橱—明定陵丝织集锦［M］．台北：东大书局，2005：125.
[11] 王岩，罗青．万历帝后的衣橱—明定陵丝织集锦［M］．台北：东大书局，2005：120.
[12] 王岩，罗青．万历帝后的衣橱—明定陵丝织集锦［M］．台北：东大书局，2005：124.
[13] John Gillow, Bryan Sentence. World Textiles A Visual Guide To Tradition Techniques［M］. Thames & Hudson, London, 2005:82.

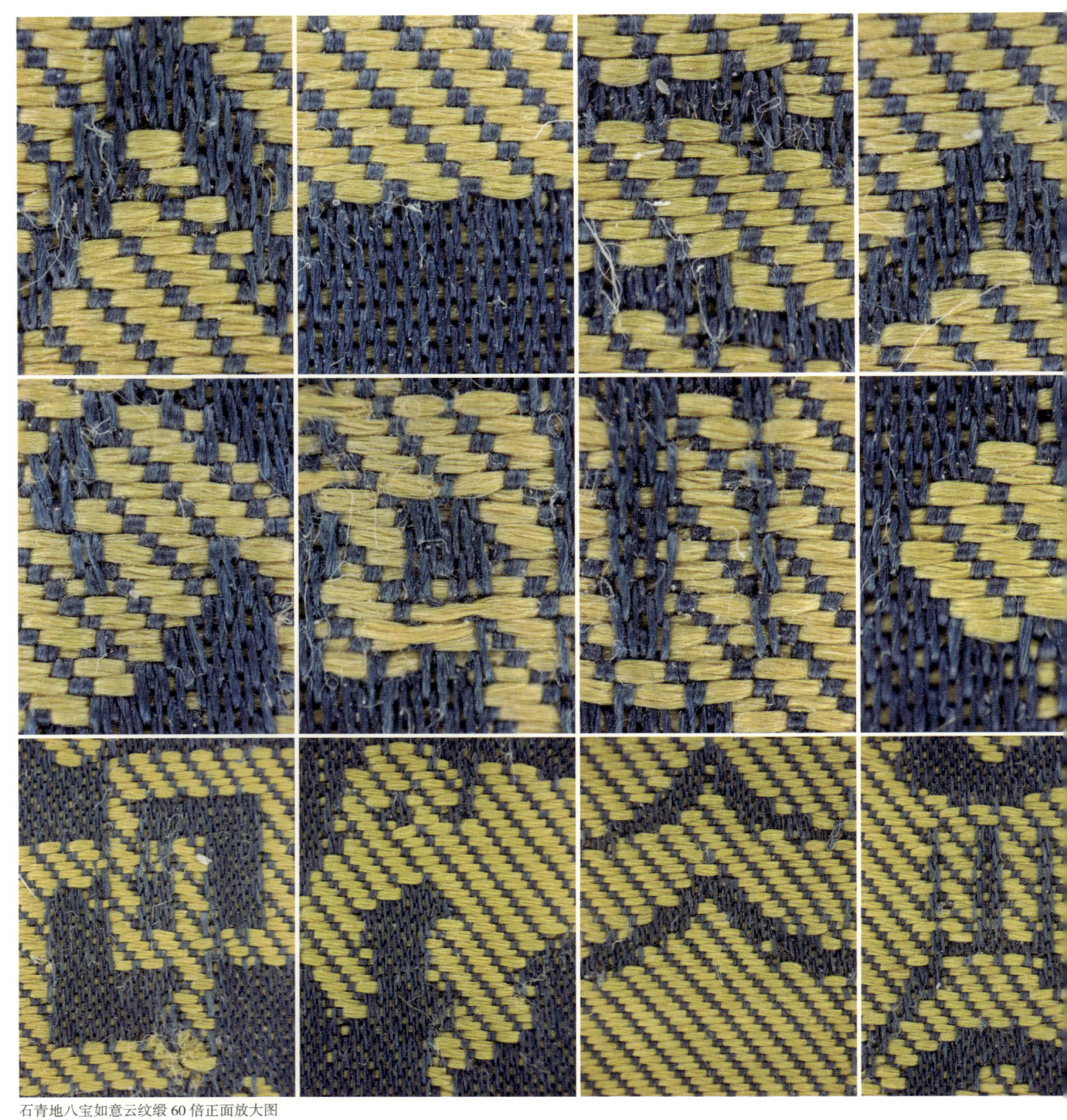

附石青地八宝如意云纹缎之细部织纹组织结构放大 60 倍图。

石青地八宝如意云纹缎 60 倍正面放大图

织锦缎｜石青地八宝如意云纹缎

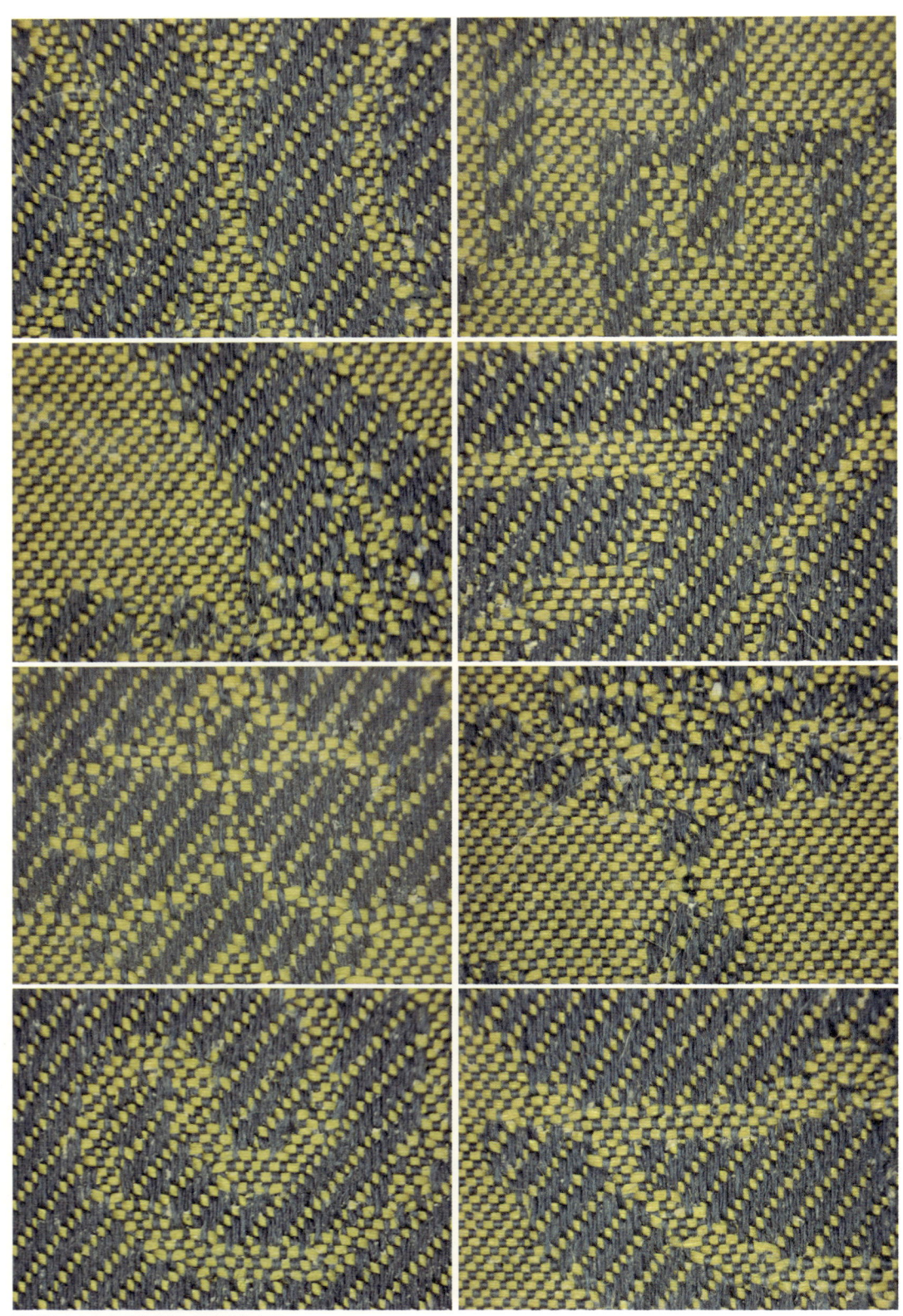

石青地八宝如意云纹缎 60 倍反面放大图

织锦缎 | 石青地八宝如意云纹缎

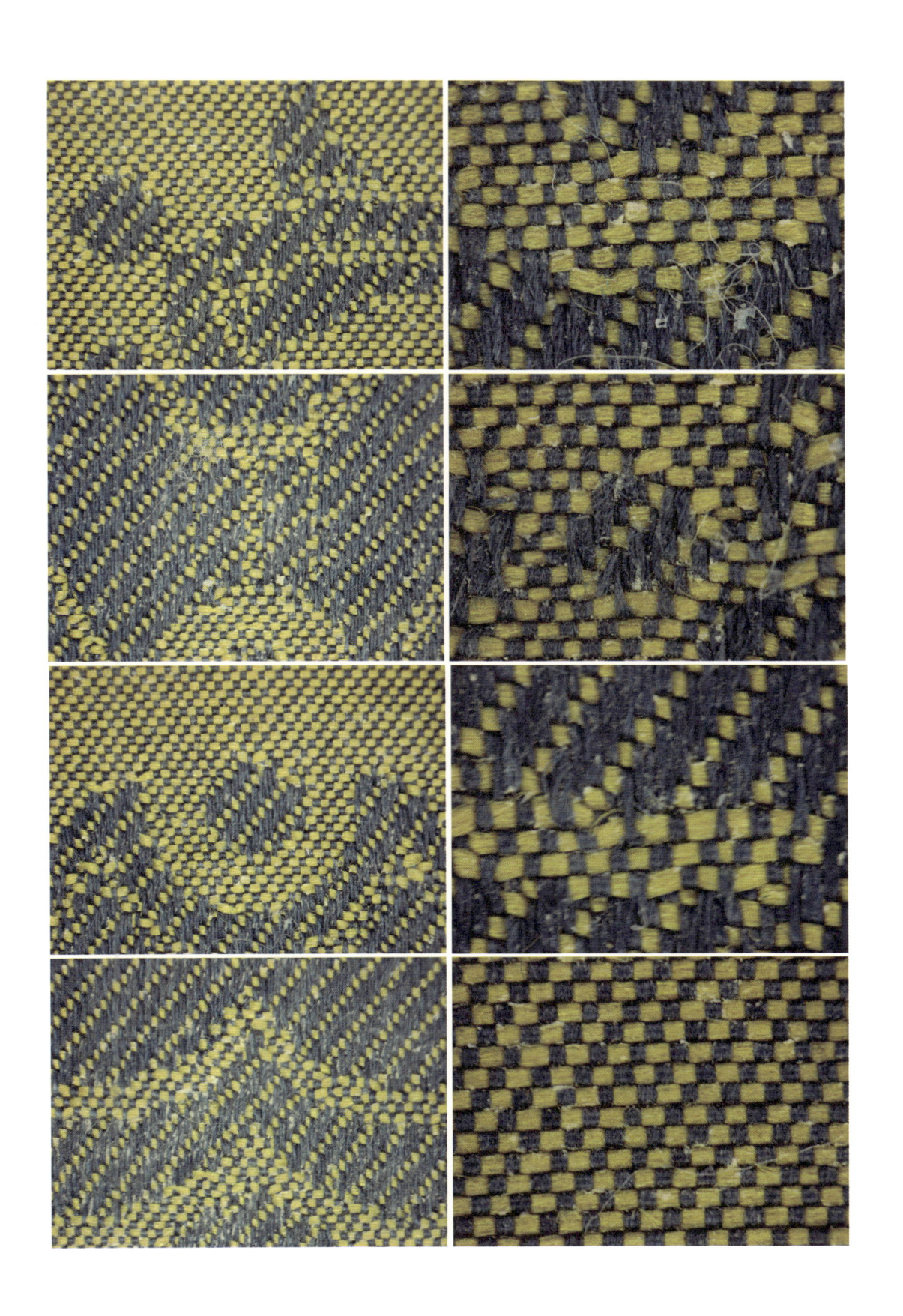

褐地缠枝宝相花纹缎

图1 褐地缠枝宝相花纹缎

　　褐地缠枝宝相花纹缎采用一褐色经纱与一暗草绿色纬纱交织而成，呈现出褐色的底色与暗草绿色的显花，表现出缠枝宝相花的装饰构图，见图1。褐地缠枝宝相花纹缎的织造结构为经密90根/英寸、纬密72根/英寸；经纱粗0.17mm、纬纱粗0.3mm。

　　褐地缠枝宝相花纹缎的地经、地纬光谱有机物分析结果见图2、图3。经与CNS2339，L3050中"纤维之红外线吸收光谱主要吸收带及特性波数"的参数进行比对后，**判读地经与地纬材质测试结果的主要吸收带及特性波数接近蚕丝类**，其中地经与地纬红外线吸收光谱的波形特征更与熟蚕丝相似（相关参数请参阅附录一），故再经由CNS2339（纤维混用率试验法 第1部：纤维鉴别）之燃烧法进行地经与地纬材质的判定。

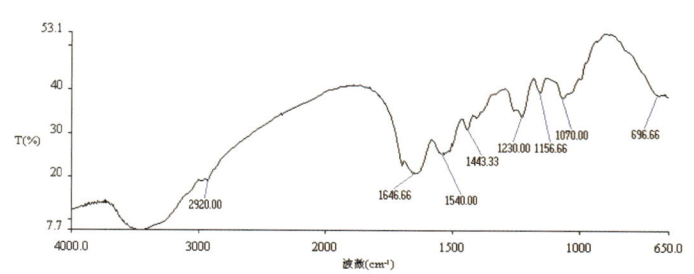

图 2　褐地缠枝宝相花纹缎地经之 FTIR

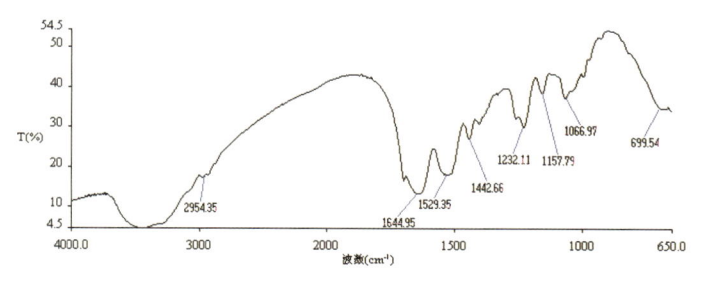

图 3　褐地缠枝宝相花纹缎地纬之 FTIR

实验结果为地经与地纬纤维在接近火焰时呈现卷曲状态；在火焰中呈卷曲状且着火燃烧，有燃烧毛发的臭味，残灰呈黑色膨胀状且易被压碎，**故判断地经与地纬材质为蚕丝**。

褐地缠枝宝相花纹缎呈现出缠枝宝相花的装饰构图。缠枝花起源于唐代卷草纹样，其结构是以 S 形的藤蔓枝条为骨架，配以各种花、叶、果，在宋时被称为卷叶花卉，因属于抽象构图，故与当时盛行的写生构图有很大的差异。缠枝花呈对称形，正面显示纹样，平稳庄重，是明代织品的重要代表。缠枝花枝条舒展，花形饱满，给人一种富贵美满的感受，可说是中国传统纹样之经典。[1] 宝相是佛教徒对佛相的庄严称呼。宝相花可说是一种象征之花，它是魏晋以来伴随宗教而盛行，集中了莲花、牡丹、菊花的特征，进而艺术处理成为更圣洁、更端庄、更美观的理想花形。[2] 对于外形不易分辨的花形也常以宝相花称之。

褐地缠枝宝相花纹缎的织纹结构是由两种不同的织纹交织出两种不同的色块以呈现出图纹。褐色经纱与暗草绿色纬纱以五枚二飞经面缎纹为主的织纹交织，由于经密大于纬密，故呈现出褐色的底色；褐色经纱与暗草绿色纬纱又以五枚二飞纬面缎纹交织，经纬纱交织的组织图（经密 = 纬密）可对照图 4。虽然经密大于纬密，但是由于经纬纱交织是以纬面缎纹呈现，故多呈现出纬纱暗草绿色色块，织物正面放大照相图可清楚地呈现此织纹特色，见图 5。褐地缠枝宝相花纹缎的经纱与纬纱的捻度相当低，观察放大 150 倍图时，可看出纬纱几乎呈现无捻度的低捻状态。

五枚二飞经面缎纹

五枚二飞纬面缎纹

图 4　经纬交织完全组织图

图5 褐地缠枝宝相花纹缎正面放大图

  与现代织纹结构对应，此片褐地缠枝宝相花纹缎属于 Damask 花缎的织法。Damask 是以一组经纱与一组纬纱交织而成，织品的图纹部分是采用与底纹不同的交错组织而呈现织物的图样，其织纹多以缎纹为主，有时也会加上斜纹合并使用，此种织物常使用与织物底纹不同亮度、捻度或复杂度的纱线，以凸显织物的图纹。[3] Damask 的图纹处常以平纹、经重平（纬横凸纹）、纬面缎纹呈现，而底纹常以缎纹、斜纹或是经重平（纬横凸纹）呈现。[4] 本片褐地缠枝宝相花纹缎是以经面缎纹为底纹、纬面缎纹为图纹组合呈现。

参考文献

[1] 上海市服装行业协会，中国服装编审委员会.中国服装大典［M］.上海：文汇出版社，1999：277.

[2] 李祖定.中国传统吉祥图案［M］.上海：科学普及出版社，2003：49.

[3] John Gillow ,Bryan Sentence .World Textiles A Visual Guide To Tradition Techniques［M］. Thames & Hudson, London, 2005:82.

[4] Mcquaid Matilda.Structure and Surface Contemporary Japanese Textiles Organized［J］. New York: The Museum of Modern Art,1998.

附褐地缠枝宝相花纹缎之细部织纹组织结构放大 60 倍与 150 倍图。

褐地缠枝宝相花纹缎 60 倍放大图

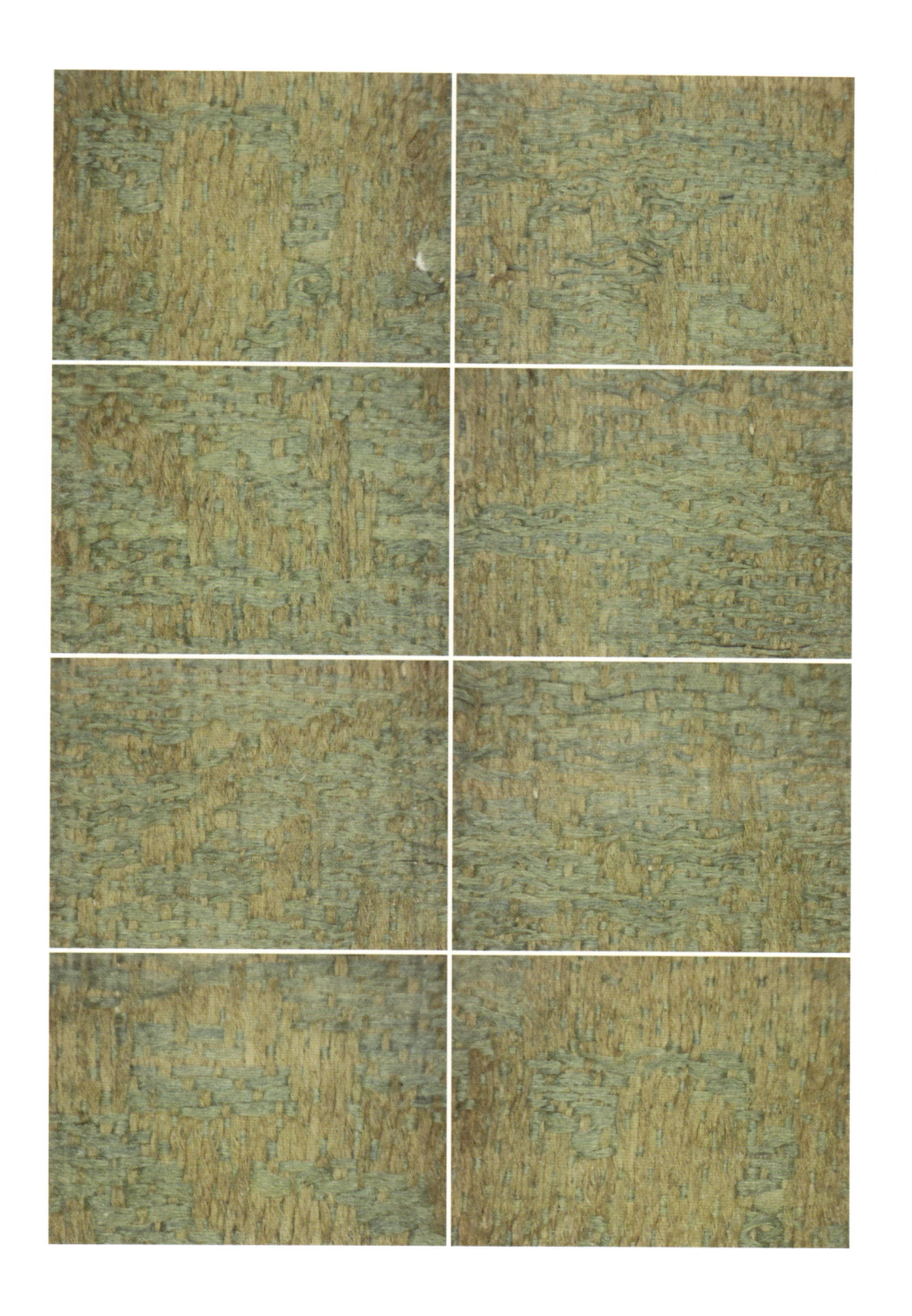

织锦缎│褐地缠枝宝相花纹缎

褐地缠枝宝相花纹缎 150 倍放大图

织锦缎｜褐地缠枝宝相花纹缎

龟甲团花纹锦

图1 龟甲团花纹锦放大图（一）

龟甲团花纹锦采用一米色经纱与四色（米色、浅黄色、褐色与蓝色）纬纱交织而成；呈现出米色的底色与四色的显花，表现出四向排列的菱格纹，并于此间架中配置星状花及团花式纹样的装饰构图，见图1、图2。

龟甲团花纹锦的织造结构为经密120根/英寸、地纬密72根/英寸；经纱粗0.11mm、地纬（米色）粗0.16mm、地纬（浅黄色）粗0.34mm，地纬（褐色）粗0.24mm，地纬（蓝色）粗0.33mm。

龟甲团花纹锦的地经、地纬光谱有机物分析结果见图3～图6，经光谱有机物分析数据库判读比对后，地经与地纬材质测试结果的主要吸收带及特性波数接近蚕丝类，其中地经红外线吸收光谱的波形特征更与熟蚕丝相似，故再经由CNS2339（纤维混用率试验法 第1部：纤维鉴别）之燃烧法**判读确定地经、四纬纱材质皆为蚕丝**。

图 2　龟甲团花纹锦放大图（二）

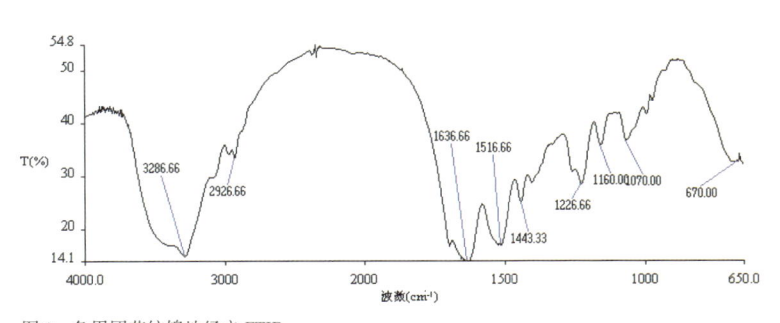

图 3　龟甲团花纹锦地经之 FTIR

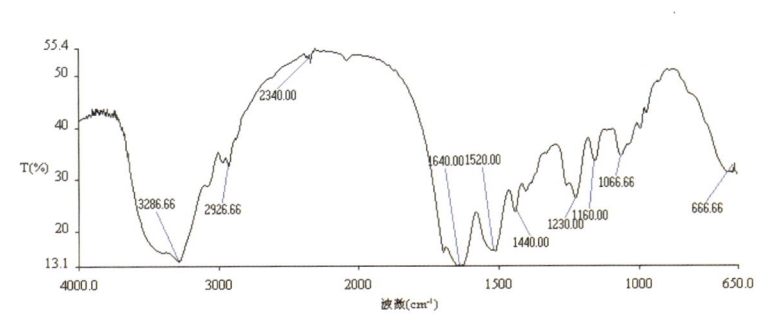

图 4　龟甲团花纹锦米色地纬之 FTIR

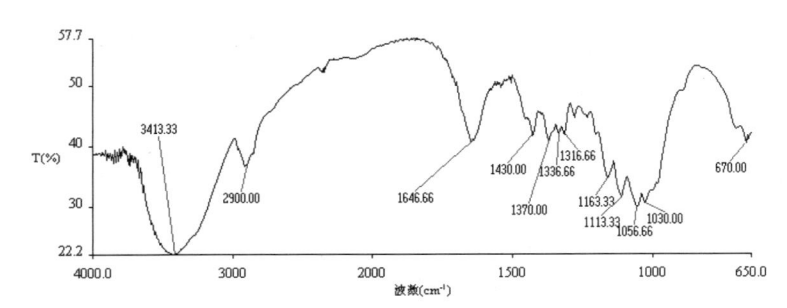

图5 龟甲团花纹锦褐色地纬之FTIR

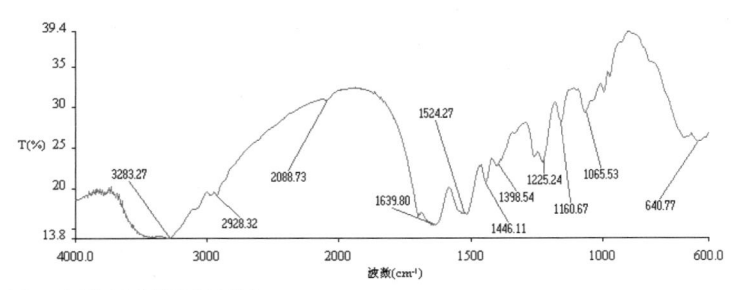

图6 龟甲团花纹锦蓝色地纬之FTIR

龟甲团花纹锦所呈现团花纹为一中国传统图形，常出现于中国传统工艺如陶瓷、刺绣、剪纸与织物上。基本上团花都有个中心点，纹样由中心向四方辐射展开。中心点表示个人的心愿，也就是祈求的主题意念；辐射的图样表示由此观照四面八方，期望事事顺畅无碍。[1] 菱格团花纹锦的团花是以蔓草为主要形成的装饰纹。蔓草为蔓生的草，为蔓生植物的枝茎，由于它滋长延伸、绵绵不断，因此人们寄予它有茂盛、长久的吉祥寓意。[2]

龟甲团花纹锦的织纹结构是以一根米色经纱与四根不同色泽纬纱以一上二下斜纹为主的组织相互交织而成，米色经纱具有两种经纱的角色（表经与里经）与纬纱分别在织物的正面与反面交织，表经（米色）原则上是与米色纬纱以五枚缎纹构成底纹，里经（米色）则以一上二下组织为主（视图纹需求而改变）与四根不同色泽纬纱从里层翻至表层构成菱格团花图纹，基本上龟甲团花纹锦图案织纹是以变化斜纹交织形成，有如在画布上以不同的色彩横向推砌出整个图样。经纬纱交织的组织图（经密 = 纬密）对照图7。

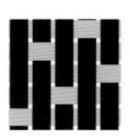

五枚三飞经面缎纹　一上二下左斜

图7 经纬交织完全组织图

以现代织纹结构对应，本片龟甲团花纹锦属于 Lampass 的织法。Lampass 的织物组成结构属于复合织法，它的图案与底纹各有所属的经纱、纬纱所组成，图案部分经纱与纬纱的交织是以纬纱呈现图纹的织法，而底纹部分则是经纱与纬纱交织时由经纱呈现图纹的织法。[3]

龟甲团花纹锦表经和里经与纬纱于正反面交织出不同的组织，由于龟甲团花纹锦表经与里经采用相同颜色的经纱，故观察织物时不易显现织纹具有双经的特色。织物放大图可清楚地呈现米色色块是以两种织纹（五枚缎纹与斜纹）呈现，其中五枚缎纹为底纹织纹、斜纹则为图纹织纹，见图8。

图8 龟甲团花纹锦放大织纹图

参考文献

[1] 汉声大过新年展[J/OL].[2011-2-8]. http://db.books.com.tw/activity/2005_ECHO/newyear/echo_newyear_03.htm.

[2] 李祖定. 中国传统吉祥图案[M]. 上海：科学普及出版社，2003：32.

[3] Mcquaid Matilda. Structure and Surface Contemporary Japanese Textiles Organized[J]. New York: The Museum of Modern Art,1998.

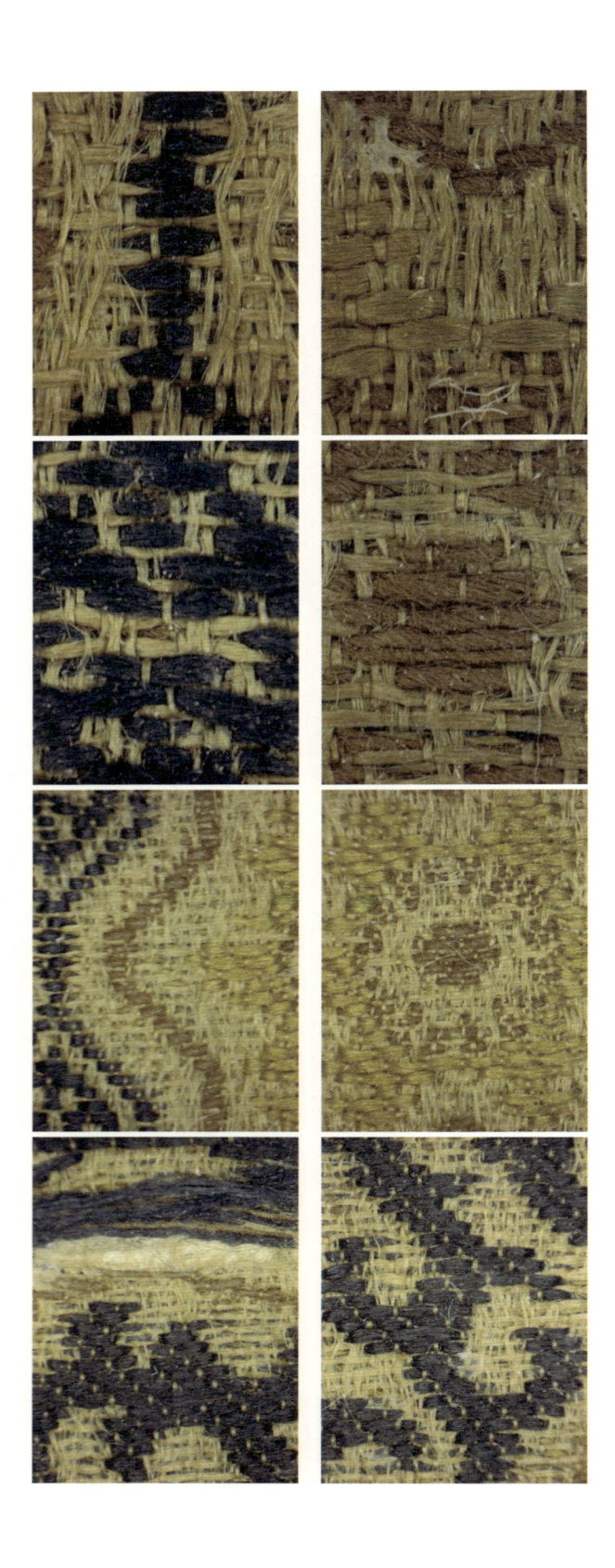

附龟甲团花纹锦之细部织纹组织结构放大 60 倍与 150 倍图。

织锦缎｜龟甲团花纹锦

蟠龙万寿纹锦

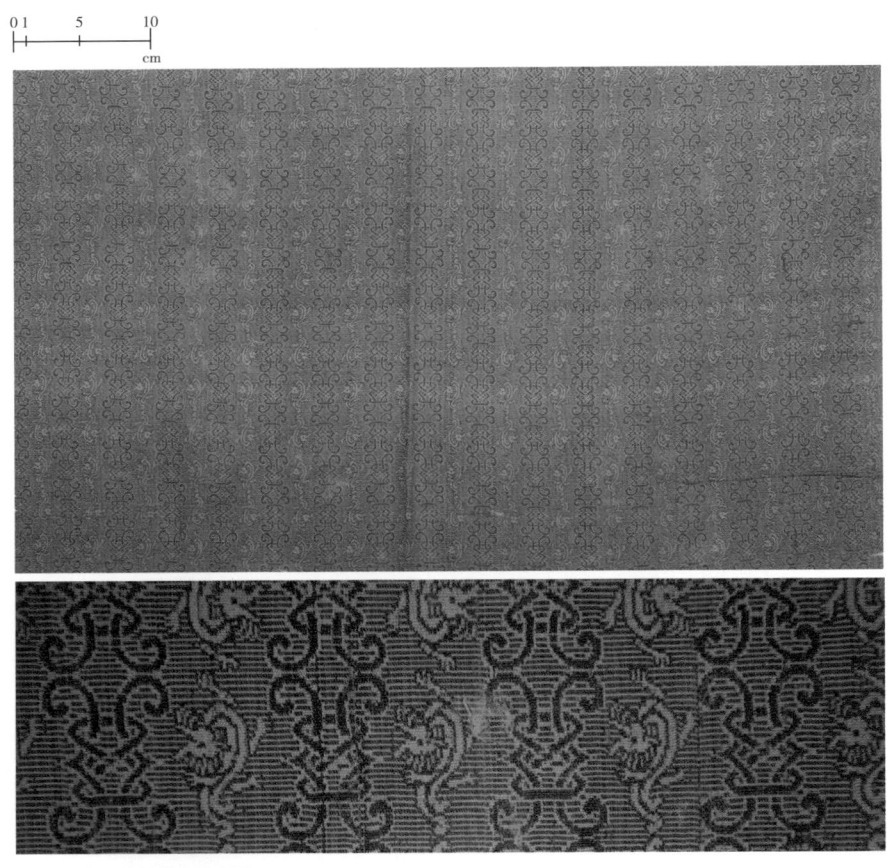

图 1　蟠龙万寿纹锦及放大图

蟠龙万寿纹锦是采用两种（米色与蓝色）经纱与两种（米色与浅褐色）纬纱交织而成，呈现出米色与蓝色的显花构图，表现出蟠龙与万寿构成纵向条状连续的装饰构图，见图 1。蟠龙万寿纹锦的织造结构为经密 112 根／英寸、地纬密 56 根／英寸；米色经纱粗 0.15mm、浅褐色经纱粗 0.3mm、米色地纬纱粗 0.46mm、蓝色地纬纱粗 0.15mm。

地经、地纬光谱有机物分析结果见图 2～图 4，经与 CNS2339，L3050 中"纤维之红外线吸收光谱主要吸收带及特性波数"的参数进行比对后，虽然判读地经与地纬材质纤维的红外线吸收光谱之波形与各纤维的光谱呈现相当大的差异，但是其特性波数与熟蚕丝纤维的光谱仍较为接近（相关参数请参阅附录一），故再经由 CNS2339（纤维混用率试验法 第 1 部：纤维鉴别）之燃烧法进行地经与地纬材质的判定。实验结果为地经与地纬纤维在接近火焰时呈现卷曲状态；在火焰中呈卷曲状且着火燃烧，有燃烧毛发的臭味，残灰呈黑色膨胀状且易被压碎，**故判断地经与地纬材质为蚕丝。**

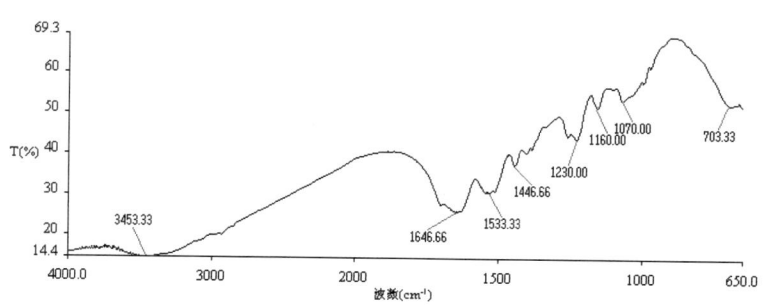

图 2　蟠龙万寿纹锦米色地经之 FTIR

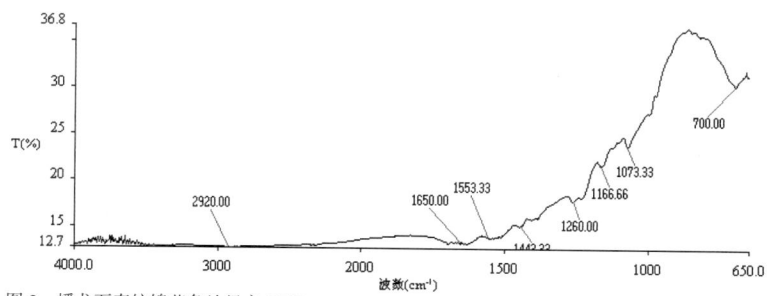

图 3　蟠龙万寿纹锦蓝色地经之 FTIR

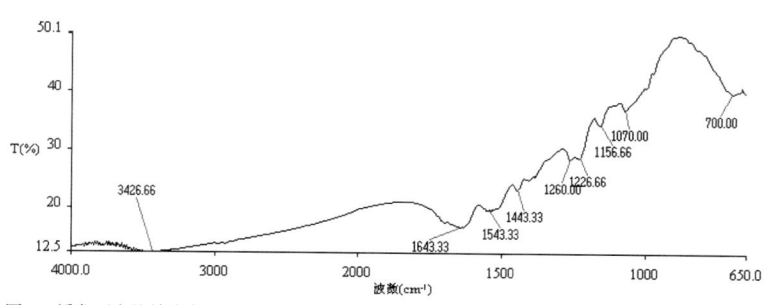

图 4　蟠龙万寿纹锦米色地纬之 FTIR

　　蟠龙万寿纹锦表现出蟠龙与万寿的装饰构图。据古代神话传说，中华民族的始祖伏羲和女娲形象的蛇身是龙的原始形。因此上古图腾时代，龙就被华夏先民当做祖神而敬奉。龙的形象集中了许多动物的特点：鹿的角、牛的头、蟒的身、鱼的鳞、鹰的爪。口角旁有须髯。现在中国民间仍把龙看做是神圣、吉祥、吉庆之物。龙以它英勇、尊贵、威武的象征，存在于中华民族的传统意识中。龙的图案从上古发展到明代，经历了许多变化，造型丰富，先秦以前的龙纹形象质朴粗犷，大多没有肢爪，近似爬行动物。秦汉时期多呈兽形，肢爪齐全，但无鳞甲，呈行走状，给人以虚无飘缈的感觉。明代以后龙的形象则更趋完善。[1]本片织片所呈现的龙具角、鹰爪与蟒身，但未呈现鳞纹，故以尚未升天的蟠龙称之。

　　寿有长命百岁的喻义，寿字在装饰上大多取古代篆书寿字的字头部分，作对称或美化上的加工，并逐渐演变，造型丰富。[2]本片织物则呈现了抽象、简约的万寿纹。故本片织物所呈现蟠龙与万寿的构图，具有吉祥、长命百岁的喻义。

蟠龙万寿纹锦的织纹结构是采用两种色经纱（米色与蓝色）与两种色纬纱（米色与浅褐色）交织而成。米色经纱与米色纬纱以平纹交织出米色色块，蓝色经纱也与浅褐色纬纱以平纹的方式交织出暗蓝色色块织纹。米色与暗蓝色色块构成了三种图案，分别是米色与暗蓝色以横向条纹的底纹图案、外框为暗蓝色内为米色的蟠龙图案，以及外框为米色内为暗蓝色的如意结图案。米色与暗蓝色的色块织纹是以双面织物呈现，因此织物反面也呈现色泽相反的相同图案。以现代织纹结构分析，此片蟠龙万寿纹锦交织的方法是采用表里交换双面料的方式交织而成。观察放大60倍（图5）与放大150倍织纹图（图6），可清楚看出米色经纱与米色纬纱以平纹交织出米色色块，蓝色经纱与浅褐色纬纱以平纹的方式交织出暗蓝色色块织纹。

图 5　蟠龙万寿纹锦 60 倍放大织纹图　　　　图 6　蟠龙万寿纹锦 150 倍放大织纹图

参考文献

［1］李祖定.中国传统吉祥图案［M］.上海：科学普及出版社，2003：1.
［2］李祖定.中国传统吉祥图案［M］.上海：科学普及出版社，2003：197.

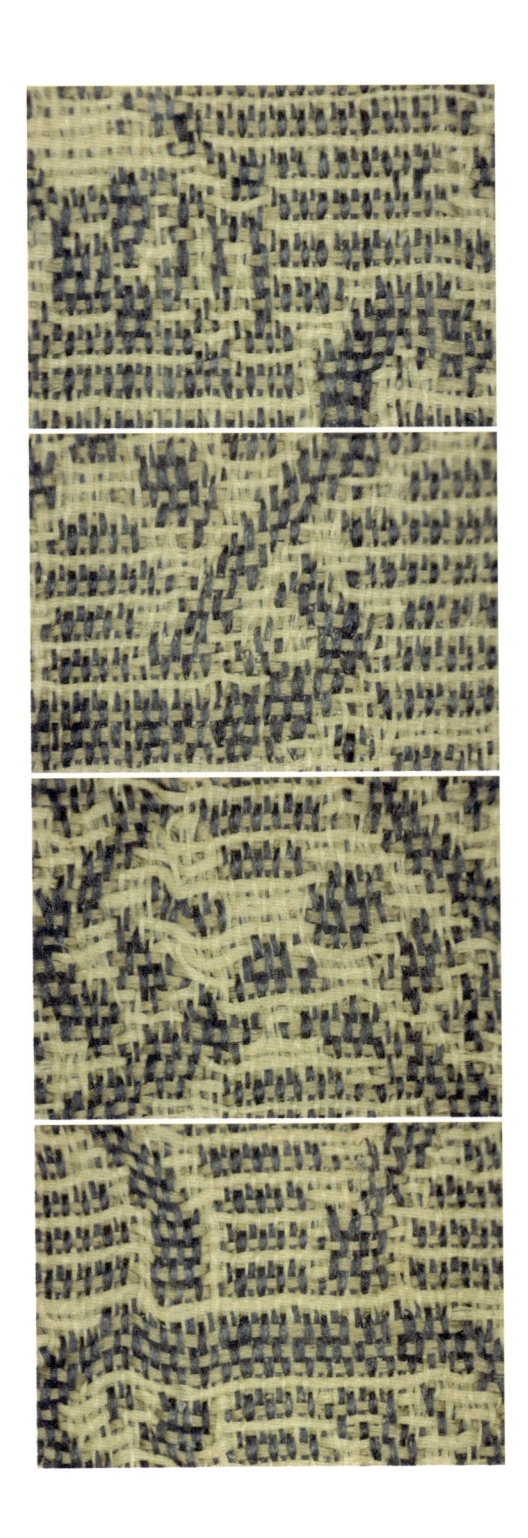

附蟠龙万寿纹锦之细部织纹组织结构放大 60 倍与 150 倍图。

织锦缎｜蟠龙万寿纹锦

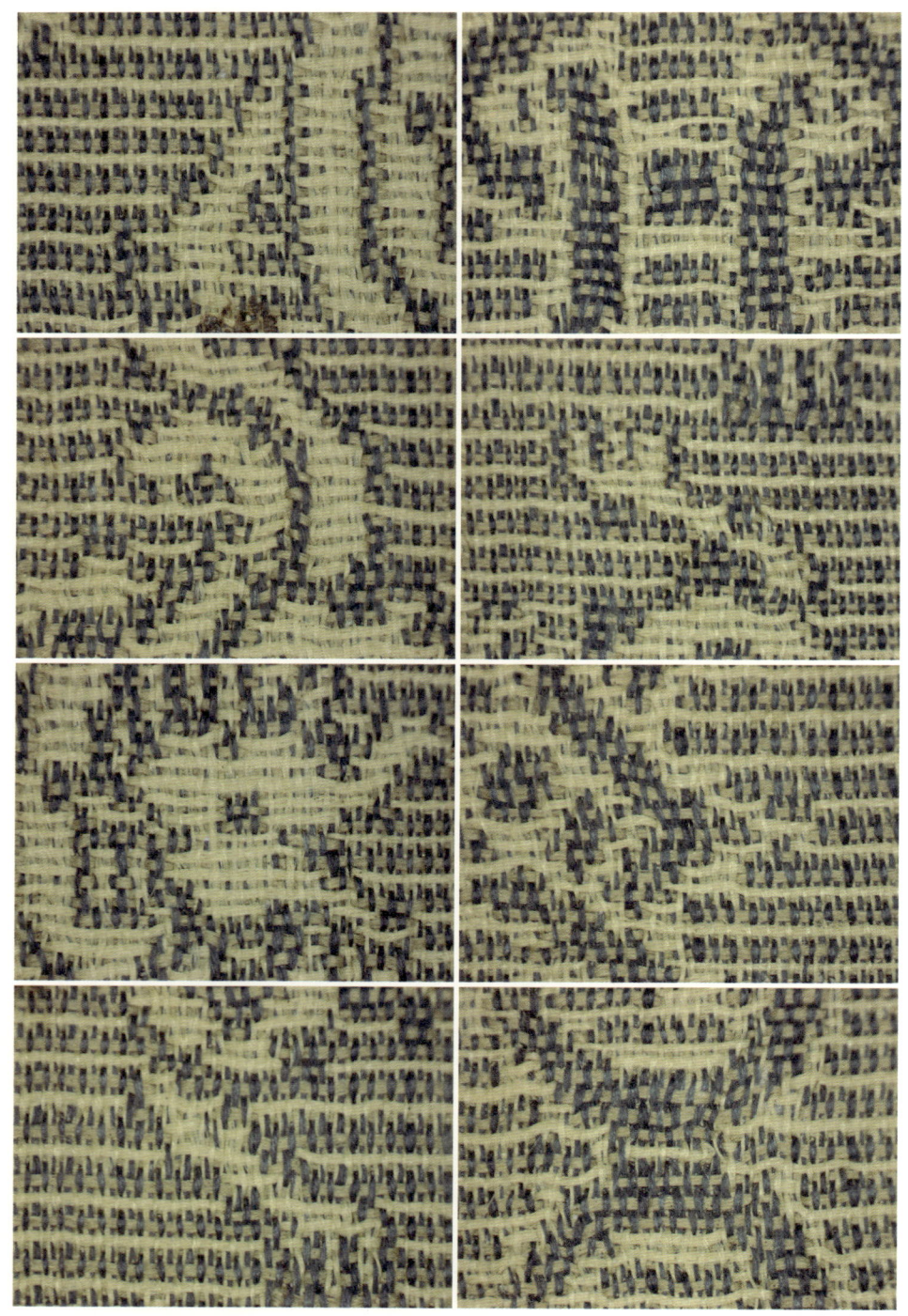

蟠龙万寿纹锦 60 倍放大图

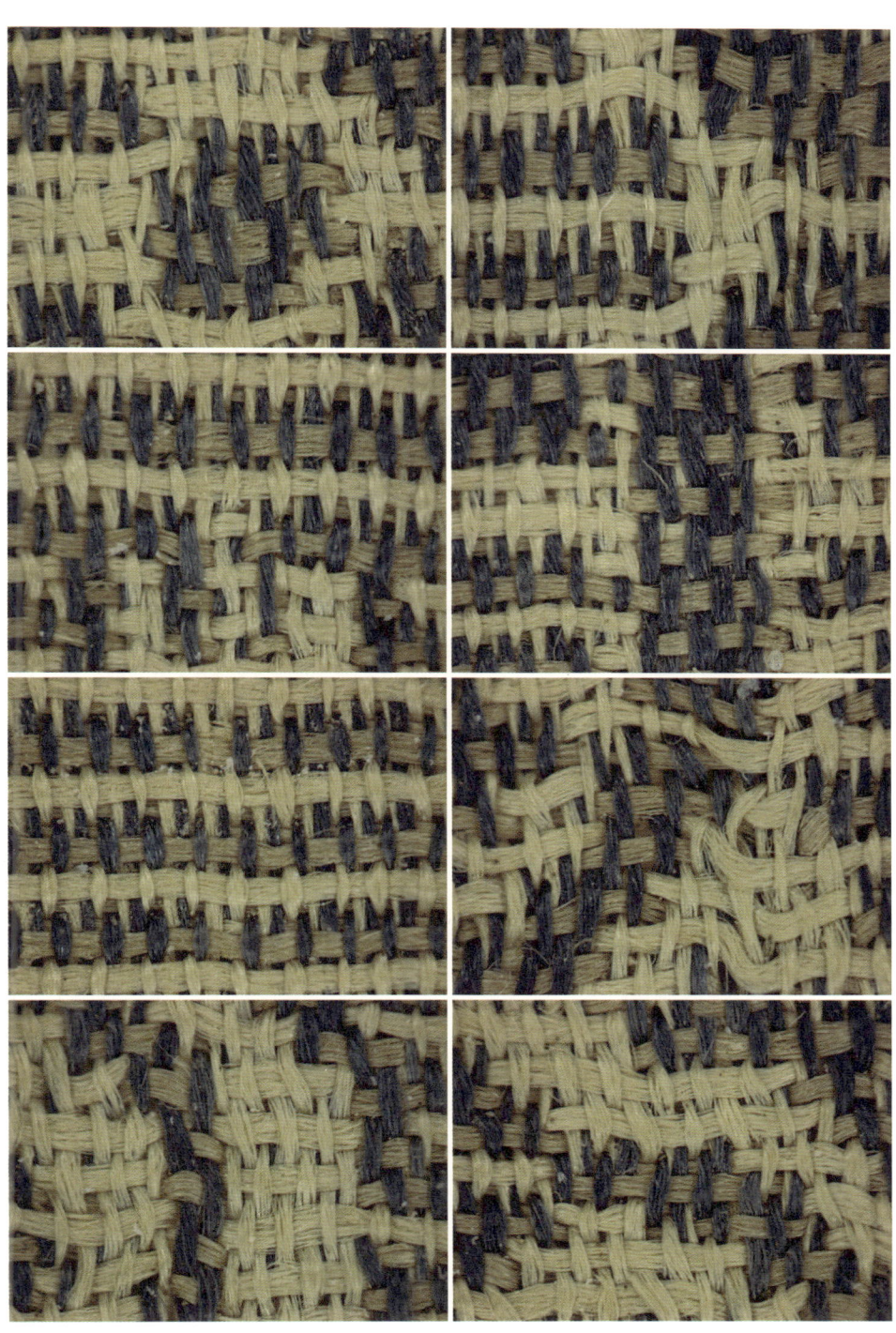

蟠龙万寿纹锦 150 倍放大图

织锦缎｜蟠龙万寿纹锦

龟甲果叶纹锦

图 1　龟甲果叶纹锦

图 2　龟甲果叶纹锦放大图

龟甲果叶纹锦采用一蓝绿色经纱与二色（米色与褐色）纬纱交织而成，呈现出蓝绿色的底色与二色的显花，表现出四向排列的菱格纹，并于此间架中配置果、叶纹样的装饰构图，见图1、图2。龟甲果叶纹锦的织造结构为经密145根/英寸、地纬密52根/英寸；经纱粗0.11mm、地纬（褐）粗0.4mm、地纬（米）粗0.4mm。

菱龟甲团花纹锦的地经、地纬光谱有机物分析结果见图3～图5，经与CNS2339，L3050中"纤维之红外线吸收光谱主要吸收带及特性波数"的参数进行比对后，**判读蓝绿色地经与米色与褐色地纬材质与熟蚕丝纤维的光谱极为接近**（相关参数请参阅附录一），故再经由CNS2339（纤维混用率试验法 第1部：纤维鉴别）之燃烧法进行地经与地纬材质的判定。实验结果为地经与地纬纤维在接近火焰时呈现卷曲状态；在火焰中呈卷曲状且着火燃烧，有燃烧毛发的臭味，残灰呈黑色膨胀状且易被压碎，**故判断蓝绿色地经与米色、褐色地纬材质为蚕丝**。

中国古织物中图案常带着吉祥祝贺之意，本块织锦的构图呈现菱形的图案底纹，有如龟甲之外观，龟甲象征长寿，故有延年益寿、长命百岁之意，菱形图案也间接带有此吉祥的喻义。龟甲果叶纹锦的织纹结构为一纬二重织物，它是以一根蓝绿色经纱与两根不同色泽（米色与褐色）纬纱相互交织形成菱格、果、叶等图案，蓝绿色经纱同时与两种不同色泽（米色与褐色）纬纱以五枚三飞经面缎纹形成底纹，两根不同色泽（米色与褐色）分别依图案所需，将需显花的纬纱翻转至织物表层，形成以纬纱色纱浮长所构成的菱格、果、叶等图案，有如在画布上以横向不同的色彩横向推砌出整个图样。龟甲团花纹锦所呈现织纹特色若是以西方织纹归类，可归类为 Continuous Brocade 织纹结构的一种。

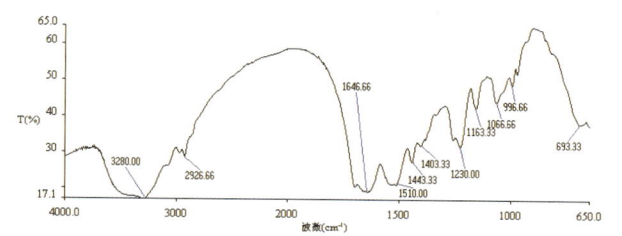

图 3　龟甲果叶纹锦地经之 FTIR

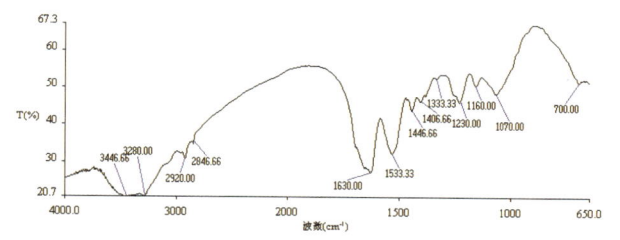

图 4　龟甲果叶纹锦褐色地纬之 FTIR

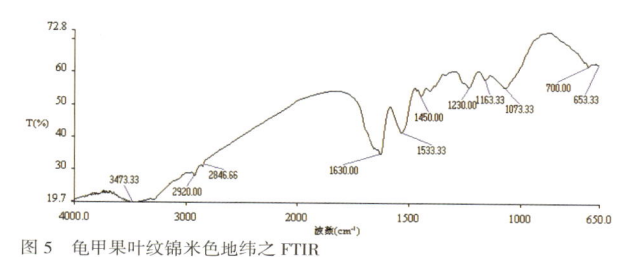

图 5　龟甲果叶纹锦米色地纬之 FTIR

详细观察图 6 呈现的三种色泽（蓝绿色、米色与褐色），蓝绿色是由蓝绿色经纱同时与两种不同色泽（米色与褐色）纬纱以五枚三飞经面缎纹所形成的底纹，由于是经面缎纹故多呈现经纱的色泽，经纬纱交织的组织图（经密＝纬密）可对照图 7，米色与褐色的色块则是分别依图案色泽的需求由与经纱交织处分离的纬纱翻转至织物表层，呈现米色五枚三飞经面缎纹或褐色纬纱色纱所形成的图案。

图 6　龟甲果叶纹锦 60 倍放大织纹图

五枚三飞经面缎纹
图 7　底纹完全组织图

附龟甲果叶纹锦之细部织纹组织结构放大60倍与150倍图。

龟甲果叶纹锦60倍放大图

织锦缎｜龟甲果叶纹锦

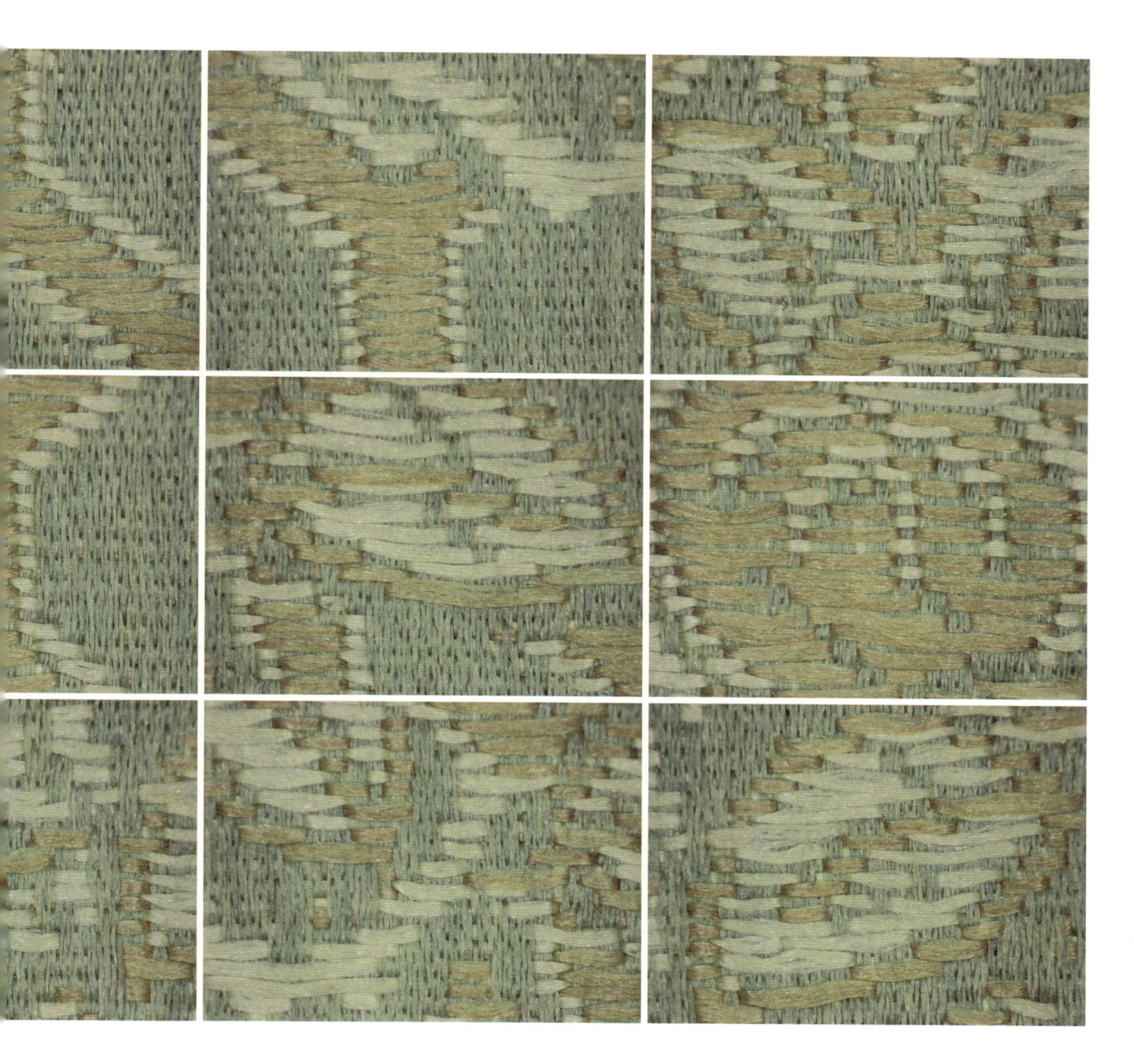

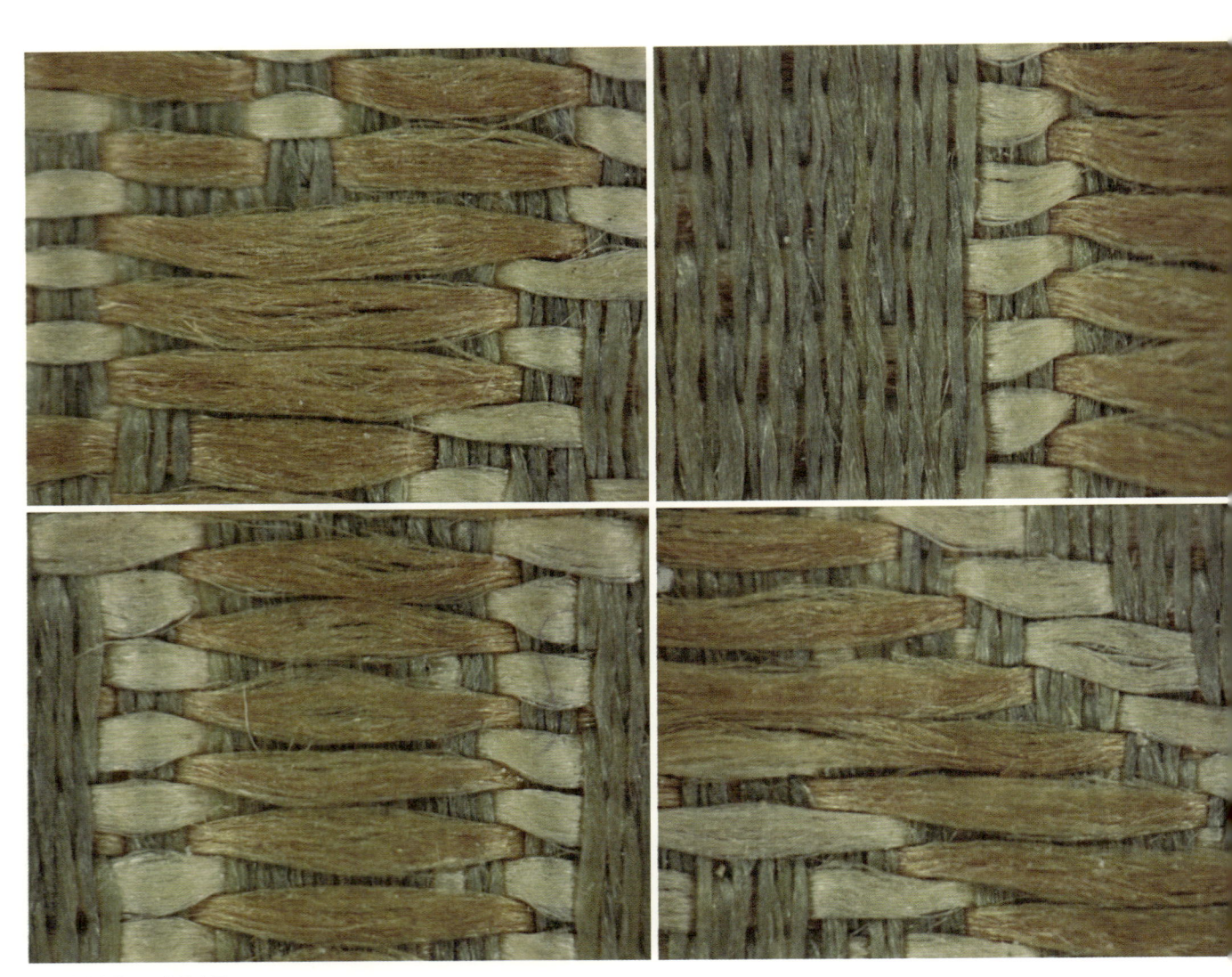

龟甲果叶纹锦 150 倍放大图

织锦缎｜龟甲果叶纹锦

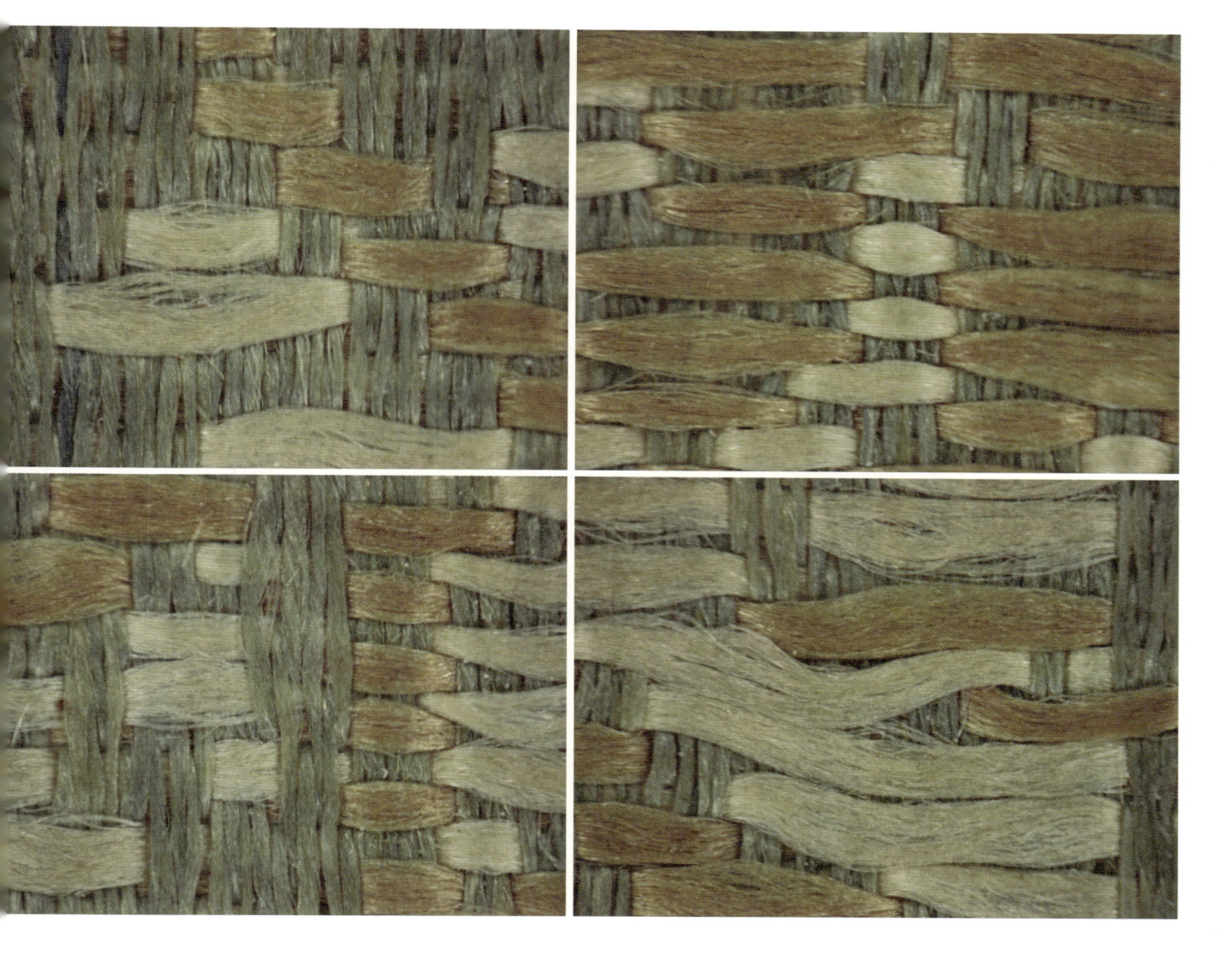

米地包手残片

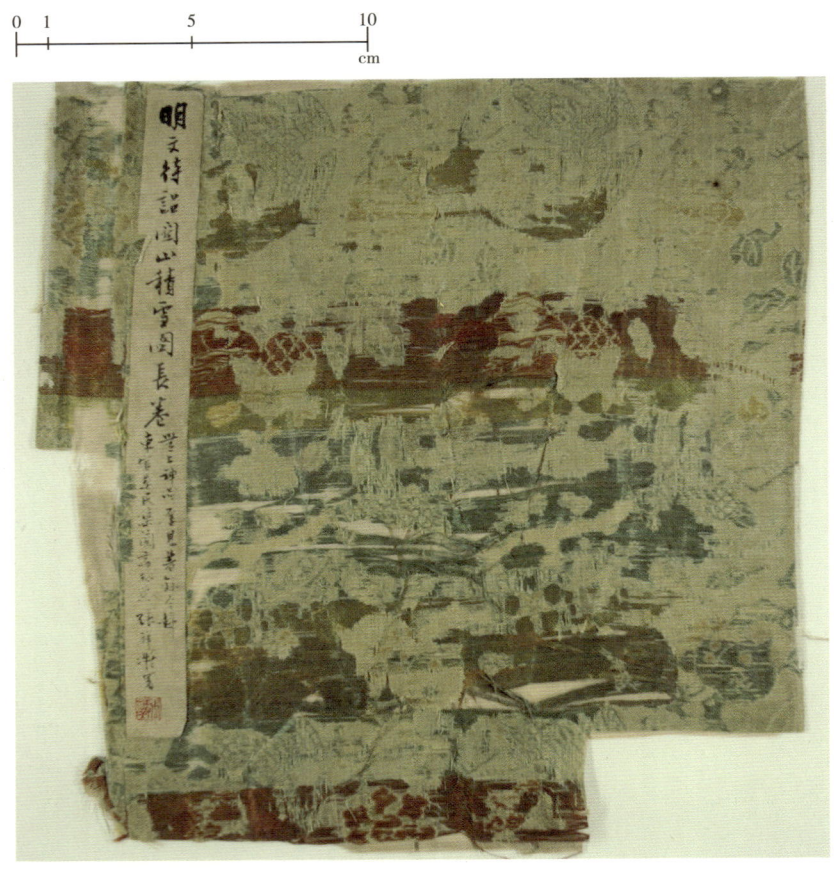

图 1 米地包手残片

米地包手残片表面附有一细长条宣纸，上写有"明文待诏关山积雪图长卷一无上神品屡见著录，今归东官莫氏集兰斋 珍藏 张祥凝 署"的字样，故此织片应为明文待诏关山积雪图长卷的包手，此包手残片是采用一米色经纱与五色（米色、深黄色、砖红色、蓝绿色、草绿色）纬纱交织而成；呈现出米色的底色，并由其他四种不同色泽的纬纱与经纱交织显出花、果、叶等图案，由于此包手因残破整体花纹图案已不复见，也由于表布残破，故背面的纬纱已可于正面清楚观见，见图1、图2。

米地包手残片的织造结构为经密180根/英寸、地纬密64根/英寸；经纱粗0.11mm、地纬（米）粗0.26mm、地纬（深黄）粗0.3mm、地纬（砖红）粗0.35mm、地纬（蓝绿）粗0.24mm、地纬（草绿）粗0.27mm。

米地包手残片的地经、地纬光谱有机物分析结果见图3～图7，经与 CNS2339，L3050 中"纤维之红外线吸收光谱主要吸收带及特性波数"的参数进行比对后，**判读**

这些地经与地纬材质与熟蚕丝纤维的光谱接近（相关参数请参阅附录一），故再经由CNS2339（纤维混用率试验法 第 1 部：纤维鉴别）之燃烧法进行地经与地纬材质的判定。实验结果为地经与地纬纤维在接近火焰时呈现卷曲状态；在火焰中呈卷曲状且着火燃烧，有燃烧毛发的臭味，残灰呈黑色膨胀状且易被压碎，**故判断蓝绿色地经与米色地纬的材质皆为蚕丝。**

图 2 米地包手残片放大图

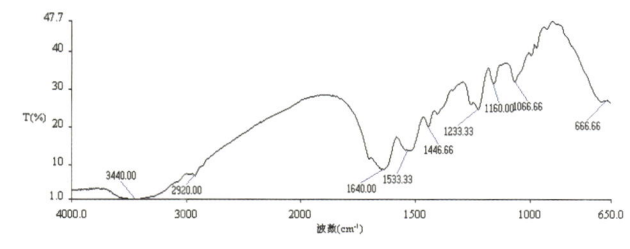

图 3 米地包手残片米色地经之 FTIR

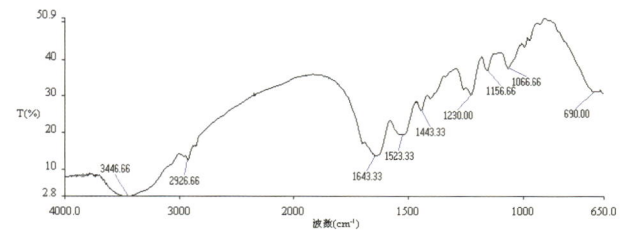

图 4 米地包手残片米色地纬之 FTIR

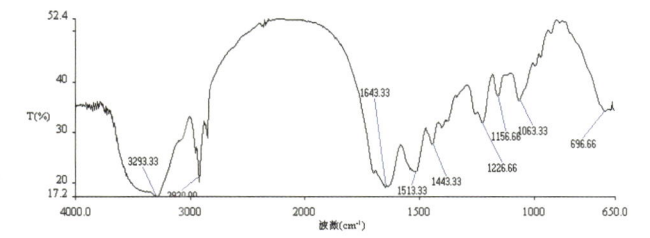

图 5 米地包手残片深黄色地纬之 FTIR

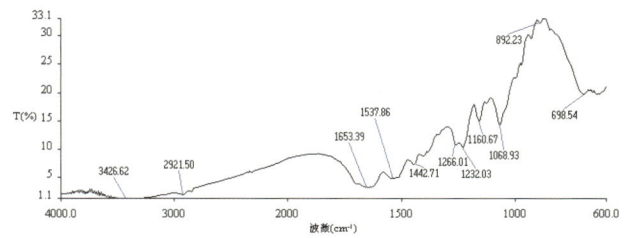

图 6 米地包手残片蓝绿色地纬之 FTIR

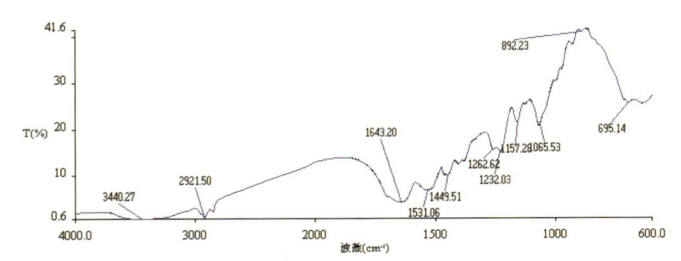

图7　米地包手残片绿色地纬之FTIR

米地包手残片的织纹结构为一纬二重织物，它是以一根米色经纱与五根不同色泽（米色、深黄色、砖红色、蓝绿色、草绿色）纬纱相互交织形成花、叶等图案。米色经纱与米色纬纱以二上一下左斜形成底纹，经纬纱交织组织图（经密=纬密）可对照图8，其他四种颜色纬纱（深黄色、砖红色、蓝绿色、草绿色）分别依图案所需，将需显花的纬纱翻转至织物表层，形成以纬纱色纱浮长所构成的花、果、叶等图案，有如在画布上以不同的色彩横向推砌出整个图样。

二上一下左斜

图8　底纹完全组织图

米地包手残片所呈现织纹特色若是以西方织纹归类，可归类为Brocade织纹结构的一种。Brocade织纹具有一基础底纹（常呈现紧密的经浮），再以一根或多根额外的纬纱交织出图纹，并常使用金、银线为其图纹的纬纱的材质以彰显图纹。[1, 2]形成Brocade图纹的纬纱可以是连续的方式留在织品的反面，通常英文称为Continuous Brocade，或是被修剪呈现不连续的形态，英文即称之为Discontinuous Brocade。[3]现代提花织物织法Brocade则是以多于一组的经或纬纱所组成，纱组的数目受到图纹色彩的需求所影响。这些多组的纱线通常其底纹常以平纹、斜纹、缎纹或是经重平（纬横凸纹）呈现，而图纹部分多以纬面斜纹或纬面缎纹组织呈现图纹交错，如此给予织物稍许凸起的效果。织品的纬纱以不连续的方式织入整个织物的地组织而产生图案，且产生图案部分的纬纱宽度仅限于图案的宽度，并不会横跨至布的两个布边。[4]米地包手残片即进一步归类为Continuous Brocade织纹结构。

详细观察文后放大织纹图，其呈现米色二上一下经面左斜底纹，与各纬纱分别依图案色泽的需求翻转至织物表层，呈现多色泽图纹。

参考文献

[1] The Columbia Electronic Encyclopedia(2007), Columbia University Press. www.cc.columbia.edu/cu/cup/
[2] Weave Flat Weave Brocade [J/OL]. [2012-1] http://www.erug.com/learnrugs/learn_detail/weave/lrn_weave_flat.htm.
[3] Wikipedia-Brocade [J/OL]. [2012-1] http://en.wikipedia.org/wiki/Brocade.
[4] Mcquaid Matilda. Structure and Surface Contemporary Japanese Textiles Organized [J]. New York: The Museum of Modern Art,1998.

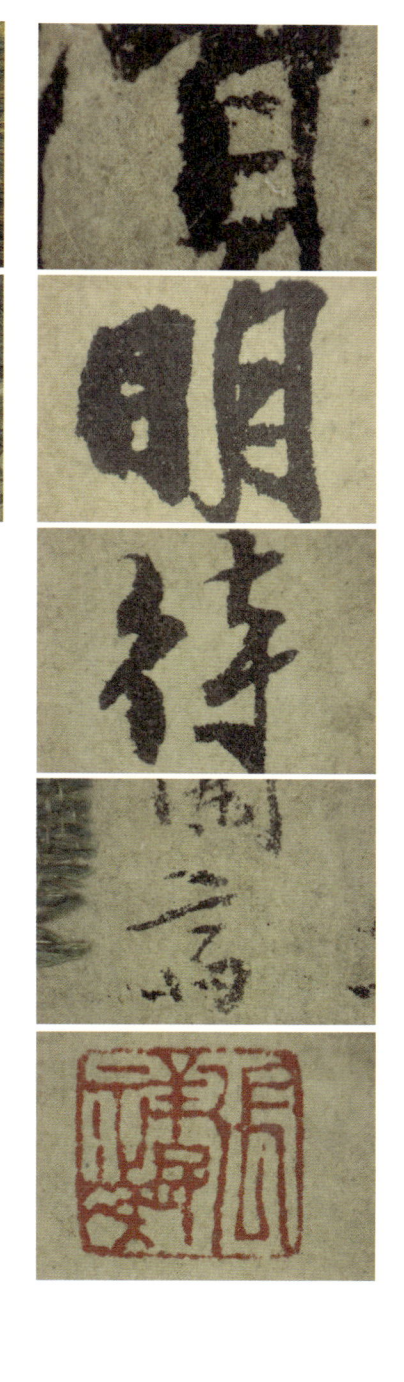

附米地包手残片之细部织纹组织结构放大 60 倍与 150 倍图。

米地包手残片 150 倍放大图

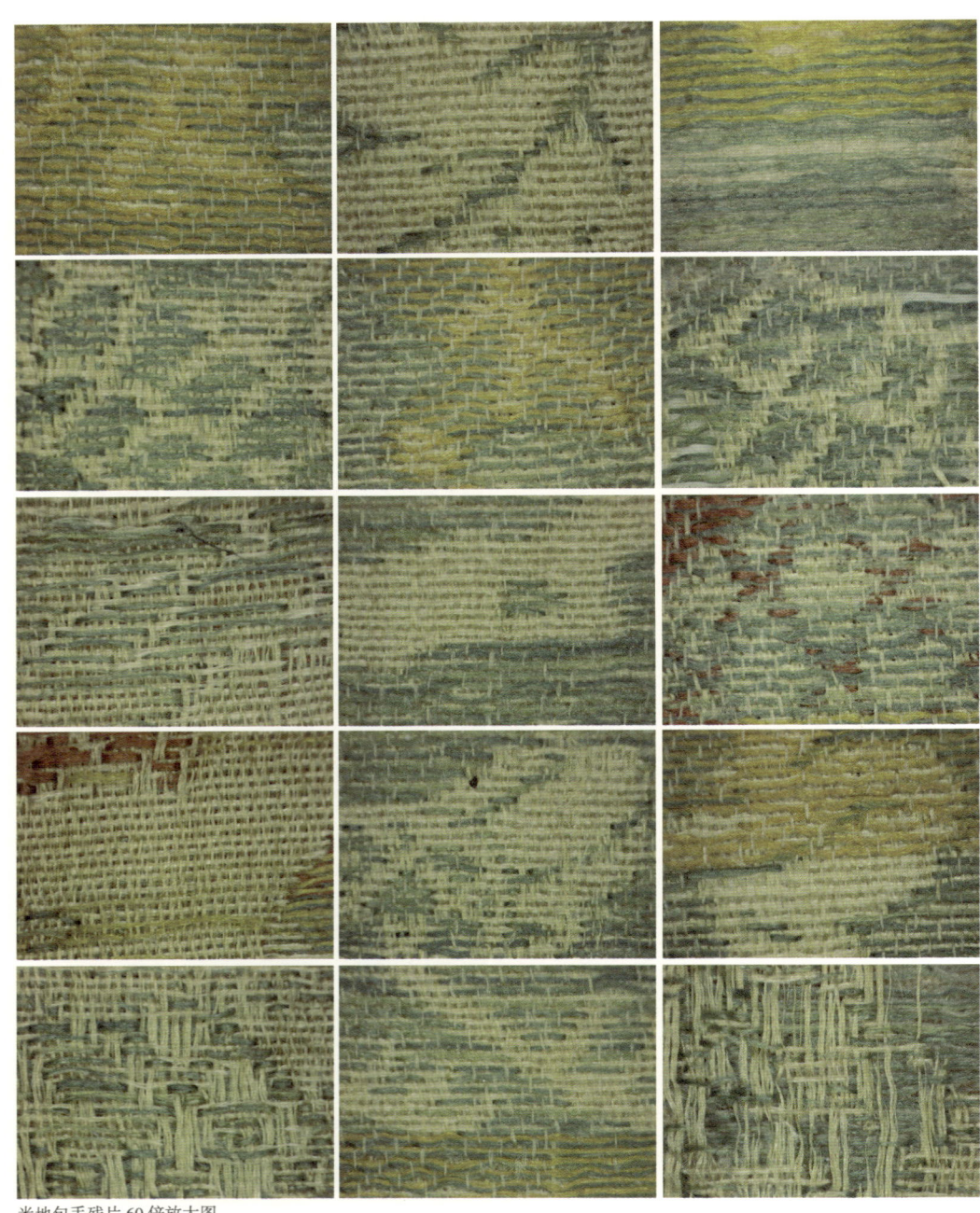

米地包手残片 60 倍放大图

织锦缎｜米地包手残片

米地团龙云纹包手

图1 米地团龙云纹包手

　　米地团龙云纹包手表面贴附有一细长条宣纸，上写有"江上外史书陶靖节桃花源记"的字样，故此织片应为江上外史书陶靖节桃花源记的包手。本米地团龙云纹包手表面所贴的宣纸是贴在此织品的纬向。因此米地团龙云纹包手是采用两种（粗米色、细米色）经纱与六色（米色、蓝色、浅蓝色、铁绿色、砖红色、褐色）纬纱交织而成；呈现出米色的底色，并由其他五种不同色泽的纬纱与经纱交织显出简约抽象的团龙与云纹图案，见图1。

　　米地团龙云纹包手的织造结构为经密168根/英寸、地纬密72根/英寸；两种经纱粗为：粗米色经0.15mm、细米色经0.10mm，五种纬纱粗为：地纬（米）粗0.23mm、铁绿纬粗0.22mm、砖红色纬粗0.34mm、深蓝色纬粗0.33mm、浅蓝色纬粗0.31mm、褐色纬粗0.30mm。

　　由于拆解细米色经纱、细米色以及在图纹内部的色纬纱对织品破坏较大，故只选择性检测部分色纱如米地团龙云纹包手的部分地经、地纬作光谱有机物分析，结果见图

2~图6，经与CNS2339，L3050中"纤维之红外线吸收光谱主要吸收带及特性波数"的参数进行比对后，**判读这些地经与地纬材质与蚕丝纤维的光谱较为接近**（相关参数请参阅附录一），故再经由CNS2339（纤维混用率试验法 第1部：纤维鉴别）之燃烧法进行地经与地纬材质的判定。实验结果为地经与地纬纤维在接近火焰时呈现卷曲状态；在火焰中呈卷曲状且着火燃烧，有燃烧毛发的臭味，残灰呈黑色膨胀状且易被压碎，**故判断蓝绿色地经与米色地纬的材质皆为蚕丝**。

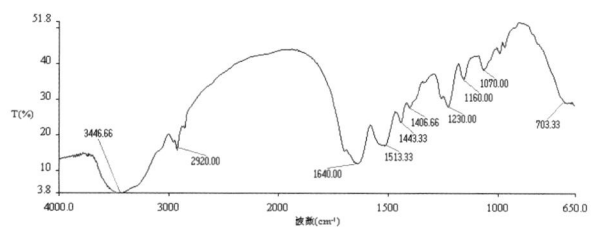

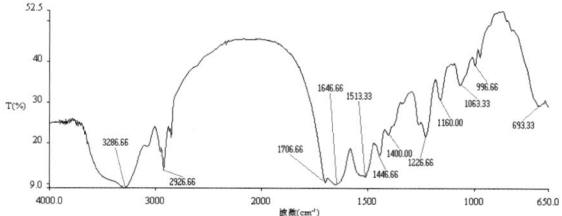

图2 米地团龙云纹包手米色地经之FTIR

图3 米地团龙云纹包手米色地纬之FTIR

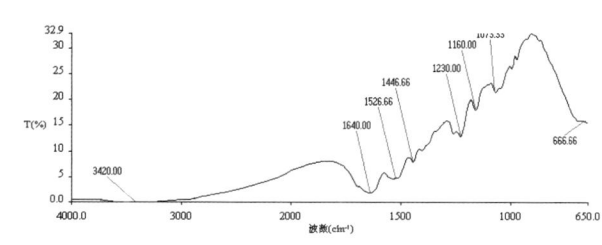

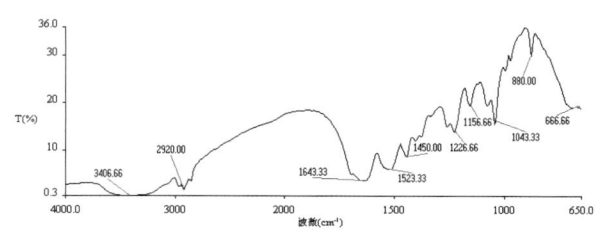

图4 米地团龙云纹包手蓝色地纬之FTIR

图5 米地团龙云纹包手铁绿色地纬之FTIR

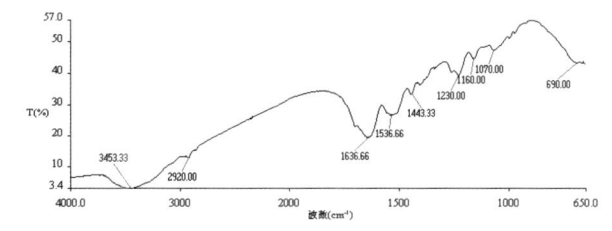

图6 米地团龙云纹包手砖红色地纬之FTIR

米地团龙云纹包手呈现出团龙、云纹的装饰构图。其圆形的团龙是以勾云为框、内填以简约形态的龙与朵云相互盘成圆形。据古代神话传说，中华民族的始祖伏羲和女娲形象的蛇身是龙的原始形，中国先祖禹的出世与黄龙相关。因此上古图腾时代，龙就被华夏先民当做祖神。而敬奉龙的形象是集中了许多动物的特点：鹿的角、牛的头、蟒的身、鱼的鳞、鹰的爪。口角旁有须髯，龙为英勇、权威和尊贵的象征，为此又被历代皇室所御用，帝王自称为"真龙天子"，以取得臣民的信奉。现在中国民间仍把龙看做是神圣、吉祥、吉庆之物。龙以它英勇、尊贵、威武的象征，存在于中华民族的传统意识中。龙的图案从上古发展到明代，经历了许多的变化，有着丰富的造型，先秦以前的龙纹形象质朴粗犷，大多没有肢爪，近似爬行动物。秦汉时期多呈兽形，肢爪齐全，但无鳞甲，呈行走状，给人以虚无飘缈的感觉。明代以后龙的形象则更趋完善。[1]

云是中国图案上的重要装饰形象，古人在各种器皿与服饰上创造的云形层出不穷。中国意匠的云形，不仅形象丰富生动，且具图案独特的意境美。[2] 云纹在明代丝织纹样中应用最为广泛，除和龙纹组成云龙图案外，又和八宝纹、八吉祥纹等共同构成复合纹样，或单独作为主题纹样。云纹千姿百态、变幻万端，其中最为常见的是四合如意云，其次有如意云、大小勾云、行云、卧云、朵云和蘑菇状云等。[3] 米地团龙云纹包手即是以朵云与盘成圆形（面向左或面向右的简约造型蟠龙）的双团龙，组合而成所呈现出的装饰构图。详细观察米地团龙云纹包手织纹放大图可清楚地看到蓝色、砖红色等色纱表现出张力较小、较浮凸的现象，也由此判断米地团龙云纹包手表面所贴的宣纸是贴在此织品的纬向，见图7。

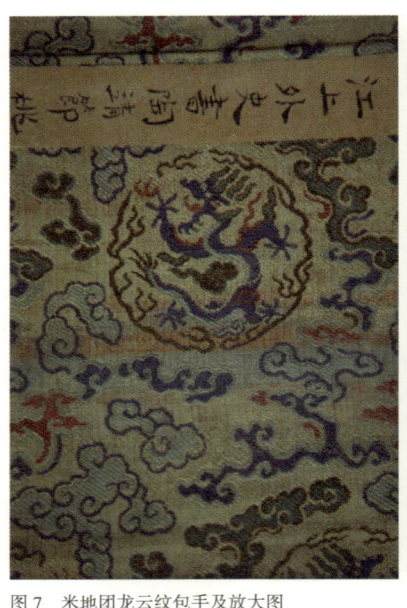

图7 米地团龙云纹包手及放大图

米地团龙云纹包手的织纹结构为多层织物，它是以两种（粗米色、细米色）经纱与六根不同色泽（米色、深黄色、砖红色、蓝绿色、草绿色、褐色）纬纱相互交织形成团龙与云纹图案。米色经纱与米色纬纱以二上一下左斜形成底纹，经纬纱交织组织图（经密=纬密）可对照图8，各纬纱也因与细米色经纱在织片反面交织使多色纬浮长整齐排列，见图9，其他五种颜色纬纱（蓝色、砖红色、浅蓝色、铁绿色、褐色）分别依图案所需，将需显花的纬纱翻转至织物表层，形成以纬纱色纱浮长所构成简约团龙云纹等图案，有如在画布上以不同的色彩横向推砌出整个图样。

二上一下左斜
图8 底纹完全组织图

米地团龙云纹包手所呈现织纹特色若是以西方织纹归类，可归类为 Lampass 织纹结构的一种。Lampass 的织物组成结构属于复合织法，它的图案与底纹各有所属的经纱、纬纱所组成，图案部分经纱与纬纱的交织是以纬纱呈现图纹的织法，而底纹部分则是经纱与纬纱交织时由经纱呈现图纹的织法。有些 Lampass 的变化织纹，因图案与底纹各有其经纬纱可呈现不同层次的织物。因此Lampass的织法有如表里交换双面料于双层互换下呈现鲜明的对比图纹、底纹效果，但是Lampass与表里交换双面料最大的不同是，双面料为经纬纱交错结构表里整体互换，而Lampass并非表里经纬结构全部互换，表经与表纬完整的交织呈现织物的底纹部分，而图纹的部分则是由地纬翻至表层形成图纹，同时与其交织的地经则始终都是保持在织物

图 9　织物反面

的里层。因此织物的正反面无法如同表里交换双面料般的图纹与底纹表现出鲜明的对比图纹、底纹效果，见图10、图11。[4]

图 10　表里交换双面织物

图 11　Lampass

详细观察图12，其呈现米色二上一下经面左斜底纹，与各纬纱分别依图案色泽的需求翻转至织物表层，呈现多色泽图纹。

图 12　米地团龙云纹包手 60 倍放大织纹图

参考文献

[1] 李祖定. 中国传统吉祥图案 [M]. 上海：科学普及出版社，2003：1.

[2] 李祖定. 中国传统吉祥图案 [M]. 上海：科学普及出版社，2003：6.

[3] 王岩，罗青. 万历帝后的衣橱—明定陵丝织集锦 [M]. 台北：东大书局，2005：8.

[4] Madelyn van der Hoogt. The Complete Book of Drafting for Handweavers [M]. Coupeville, WA: ShuttleCraftBooks, 1994：105.

附米地团龙云纹包手之细部织纹组织结构放大 60 倍与 150 倍图。

米地团龙云纹包手 60 倍放大图

米地团龙云纹包手 150 倍放大图

米地蛇皮锦纹

图 1　米地蛇皮锦纹

图 2　米地蛇皮锦纹局部放大

米地蛇皮锦纹是采用一米灰色经纱与六色（米灰色、黄色、红褐色、褐色、灰蓝色、深蓝色）纬纱交织而成；呈现出米色的底色并由其他五种不同色泽的纬纱形成方形色块，似蛇表面皮纹，故称为米地蛇皮锦纹，见图1、图2。

米地蛇皮锦纹的织造结构为经密228根/英寸、地纬密88根/英寸；经纱粗0.11mm、深蓝色纬粗0.20mm、黄色纬粗0.25mm、灰蓝色纬粗0.25mm、米灰色纬粗0.18mm、红褐色纬粗0.21mm、褐色纬粗0.25mm。

显微分析技术非常适合古墓葬出土的少量甚至微量纺织品的分析鉴别。[1] 为了确定地经与地纬纱的材质，即进行测量 FTIR（傅立叶转换红外线光谱仪）光谱有机物分析流程步骤，由于采集所有色泽纬纱测试将严重破坏织物结构，故只在边缘选择较易采集的纬纱；选择性测试米地蛇皮锦纹的地经、地纬作光谱有机物分析，结果见图 3~图 5，经与 CNS2339，L3050 中"纤维之红外线吸收光谱主要吸收带及特性波数"的参数进行比对后，**判读这些地经与地纬材质与蚕丝纤维的光谱较为接近**（相关参数请参阅附录一），故再经由 CNS2339（纤维混用率试验法 第 1 部：纤维鉴别）之燃烧法进行此地经与地纬材质的判定。实验结果为地经与地纬纤维在接近火焰时呈现卷曲状态；在火焰中呈卷曲状且着火燃烧，有燃烧毛发的臭味，残灰呈黑色膨胀状且易被压碎，**故判断这些被检测的地经与地纬的材质为蚕丝。**

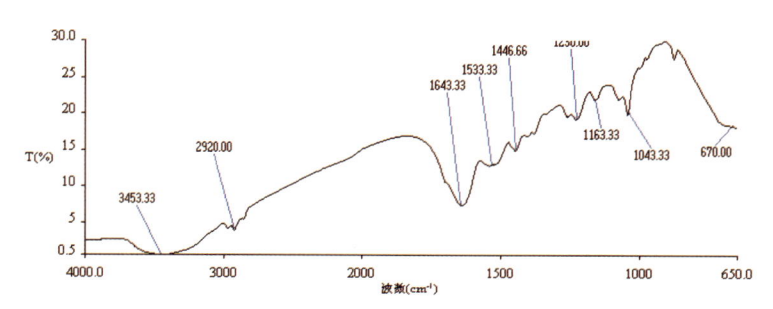

图 3　米地蛇皮锦纹米灰色地经之 FTIR

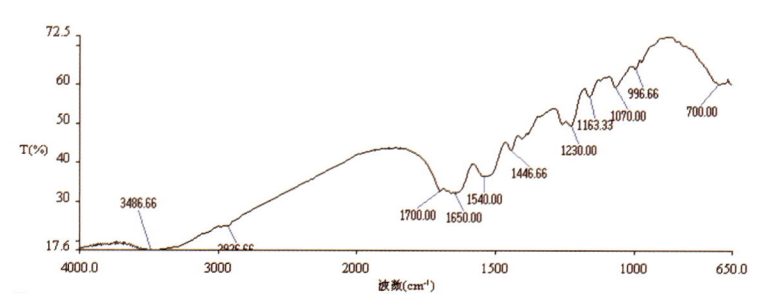

图 4　米地蛇皮锦纹深蓝色地纬之 FTIR

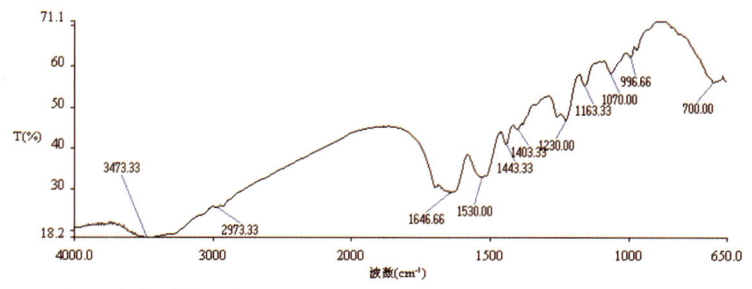

图 5　米地蛇皮锦纹黄色地纬之 FTIR

米地蛇皮锦纹是由米灰色经纱与六种（米灰色、黄色、红褐色、褐色、灰蓝色、深蓝色）不同色泽的纬纱形成了六种不同的方形色块，由于色块的组合似蛇表面皮纹，故以之为名。米地蛇皮锦纹的六色方形色块的织纹结构有两种形态，其中有五种色的方形色块（米灰色、黄色、红褐色、褐色、深蓝色）是以一上二下右斜与经纱相交错，形成显纬纱色泽的纬面斜纹，而唯一的经面色块是米灰色经纱与灰蓝色纬纱以二上一下左斜所形成的，经纬纱交织的组织图（经密＝纬密）可对照图6。放大60与150倍的织纹图可清楚地观察出交织的结构特色。浅蓝色二上一下经面左斜底纹与其他分别依图案色泽的需求翻转至织物表层的纬面斜纹，而呈现出多色泽组成的方形色块图纹，见图7。

二上一下左斜　一上二下右斜
图6　织纹完全组织图

图7　米地蛇皮锦纹织纹放大图

米地蛇皮锦纹所呈现织纹特色若是以西方织纹归类，可归类为Lampass织纹结构的一种。Lampass的织物组成结构属于复合织法，它的图案与底纹各有所属的经纱、纬纱所组成，图案部分经纱与纬纱的交织是以纬纱呈现图纹的织法，而底纹部分则是经纱与纬纱交织时由经纱呈现图纹的织法。有些Lampass的变化织纹，因图案与底纹各有其经纬纱可呈现不同层次的织物。[2]因此以织纹结构分析米地蛇皮锦纹的米灰色经纱，有着两种织纹结构的角色，它分别与灰蓝色纬纱所呈现的经面色块是底纹，它又与其他五色纬纱形成五个纬面色块是图纹。本织片以"米地"为名是根据本织片整体色泽是以米色为底色的主要考虑，而非其底纹。

参考文献

［1］南普恒，金普军. 古墓葬出土纺织纤维的微观形态结构分析［J］. 电子显微学报，2011（1）.
［2］Mcquaid Matilda. Structure and Surface Contemporary Japanese Textiles Organized［J］. New York: The Museum of Modern Art,1998.

附米地蛇皮锦纹之细部织纹组织结构放大 60 倍与 150 倍图。

米地蛇皮锦纹 60 倍放大图

米地蛇皮锦纹 150 倍放大图

米地蝙蝠卍字纹锦

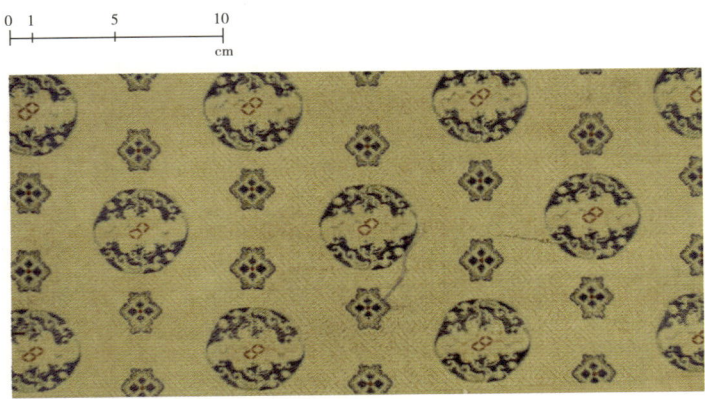

图1 米地蝙蝠卍字纹锦（一）

图2 米地蝙蝠卍字纹锦（二）

米地蝙蝠卍字纹锦采用两种（粗米色、细米色）经纱与五种纬纱（粗米色、细米色、红色、浅蓝色、蓝色）；粗米色、细米色经纱与粗米色纬纱交织出米色卍字不断头底纹，并呈现出大的饼图纹（内含二方纹、蝙蝠翅膀与云纹）与小的方形图纹交叉排列的图饰，见图1、图2。

米地蝙蝠卍字纹锦的织造结构为经密120根/英寸、地纬密78根/英寸；两种经纱粗为：粗米色经0.16mm、细米色经0.08mm，五种纬纱粗为：粗米色纬0.25mm、细米色纬0.12mm、红色纬粗0.26mm、蓝色纬粗0.30mm、浅蓝色纬粗0.30mm。

由于拆解细米色经纱与细米色、浅蓝色纬纱对织品破坏较大，故只选择性检测米地蝙蝠卍字纹锦的部分色纱，其地经、地纬光谱有机物分析结果见图3～图6，经与CNS2339，L3050中"纤维之红外线吸收光谱主要吸收带及特性波数"的参数进行比对后，**判读这些地经与纬纱材质与蚕丝纤维的光谱接近**（相关参数请参阅附录一），故再经由CNS2339（纤维混用率试验法 第1部：纤维鉴别）之燃烧法进行地经与纬纱材质的判定。实验结果为地经与纬纱纤维在接近火焰时呈现卷曲状态；在火焰中呈卷曲状且

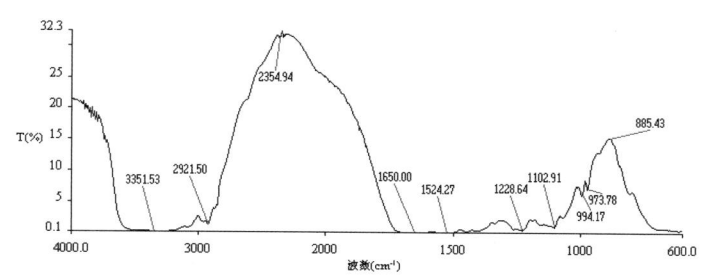

图 3 米地蝙蝠卍字纹锦米色地经之 FTIR

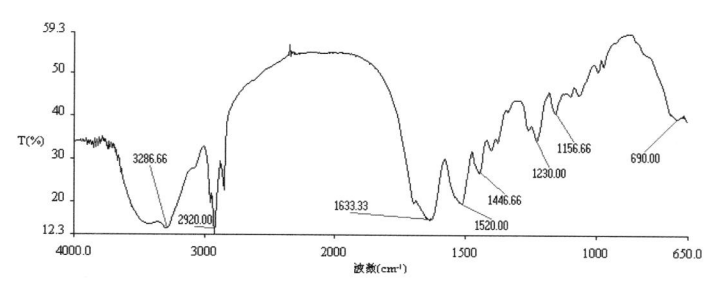

图 4 米地蝙蝠卍字纹锦米色地纬之 FTIR

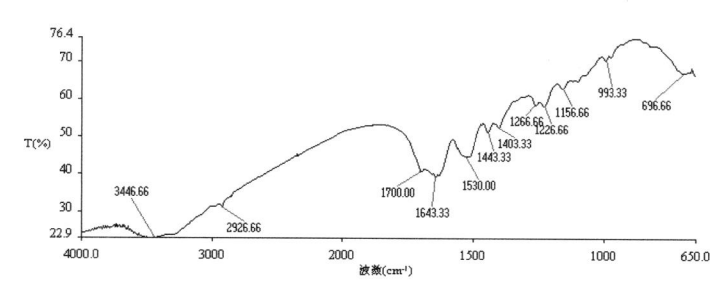

图 5 米地蝙蝠卍字纹锦蓝色地纬之 FTIR

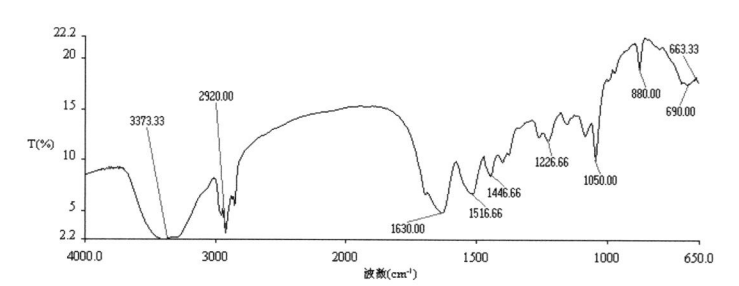

图 6 米地蝙蝠卍字纹锦红色地纬之 FTIR

着火燃烧，有燃烧毛发的臭味，残灰呈黑色膨胀状且易被压碎，**故判断米色地经与米、红、蓝色地纬织材质为蚕丝。**

米地蝙蝠卍字纹锦采用两种（粗米色、细米色）经纱与五种纬纱（粗米色、细米色、红色、浅蓝色、蓝色）；粗米色、细米色经纱与粗米色纬纱交织出米色卍字不断头底纹（四方接卍字），纹路"卍"字表示平安，卍字不断有家族、庙中的香火绵延不断的含义。[1] "卍字不断"的图纹也似"回纹"，是由横竖短线折绕组成的方形或圆形的回环状花纹，形如"回"字。有寓意"连绵不断，子孙万代，吉利深长，富贵不断头"。回纹图案在明清的织绣、地毯、木雕、瓷器和建筑装饰上到处可见，主要用作边饰或底纹，富有整齐、划一而丰富的效果。织锦纹样中有把回纹以四方连续组合的，俗称为"回回锦"。[2]

米地蝙蝠卍字纹锦所呈现出大的饼图纹（内含二方纹、蝙蝠翅膀与云纹）与小的方形图纹交叉排列的图饰。此种外圆内方的形态似古钱的形态，内又有蝙蝠翅膀图纹，有福在眼前的喻义。

米地蝙蝠卍字纹锦所呈现织纹特色若是以西方织纹归类，可归类为 Lampass 织纹结构的一种。Lampass 的织物组成结构属于复合织法，它的图案与底纹各有所属的经纱、纬纱所组成，图案部分经纱与纬纱的交织是以纬纱呈现图纹的织法，而底纹部分则是经纱与纬纱交织时由经纱呈现图纹的织法。有些 Lampass 的变化织纹，因图案与底纹各有其经纬纱可呈现不同层次的织物。[3]

详细观察图 7，其放大织纹图呈现米色经纬纱以左、右斜纹交错形成卍字不断头底纹，各纬纱分别依图案色泽的需求翻转至织物表层，呈现多色泽图纹。

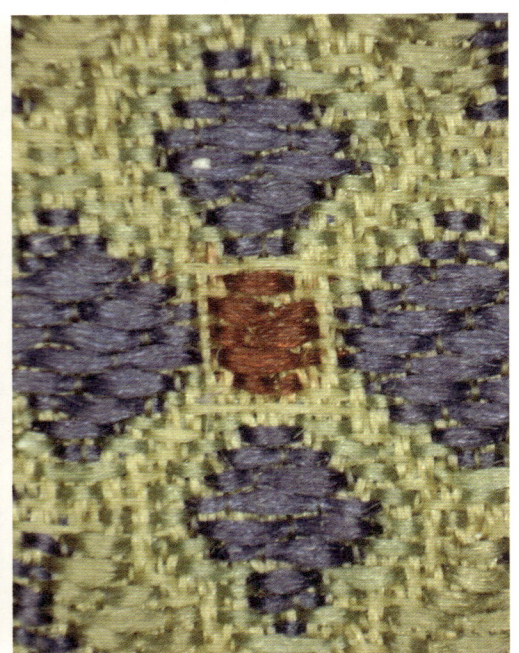

图 7　米地蝙蝠卍字纹锦放大织纹图

参考文献

［1］吉祥图案［J/OL］.［2011-1-20］.http://ee.tcc.edu.tw/08community/dajiamazu/htm/c3-6.htm.

［2］回纹寓意深长，文化绵延不断［J/OL］.［2010-2］http://www.huaweigroup.com/bencandy.php?fid=51&id=620.

［3］Mcquaid Matilda. Structure and Surface Contemporary Japanese Textiles Organized［J］. New York: The Museum of Modern Art,1998.

附米地蝙蝠卍字纹锦之细部织纹组织结构放大60倍与150倍图。

米地蝙蝠卍字纹锦60倍放大图

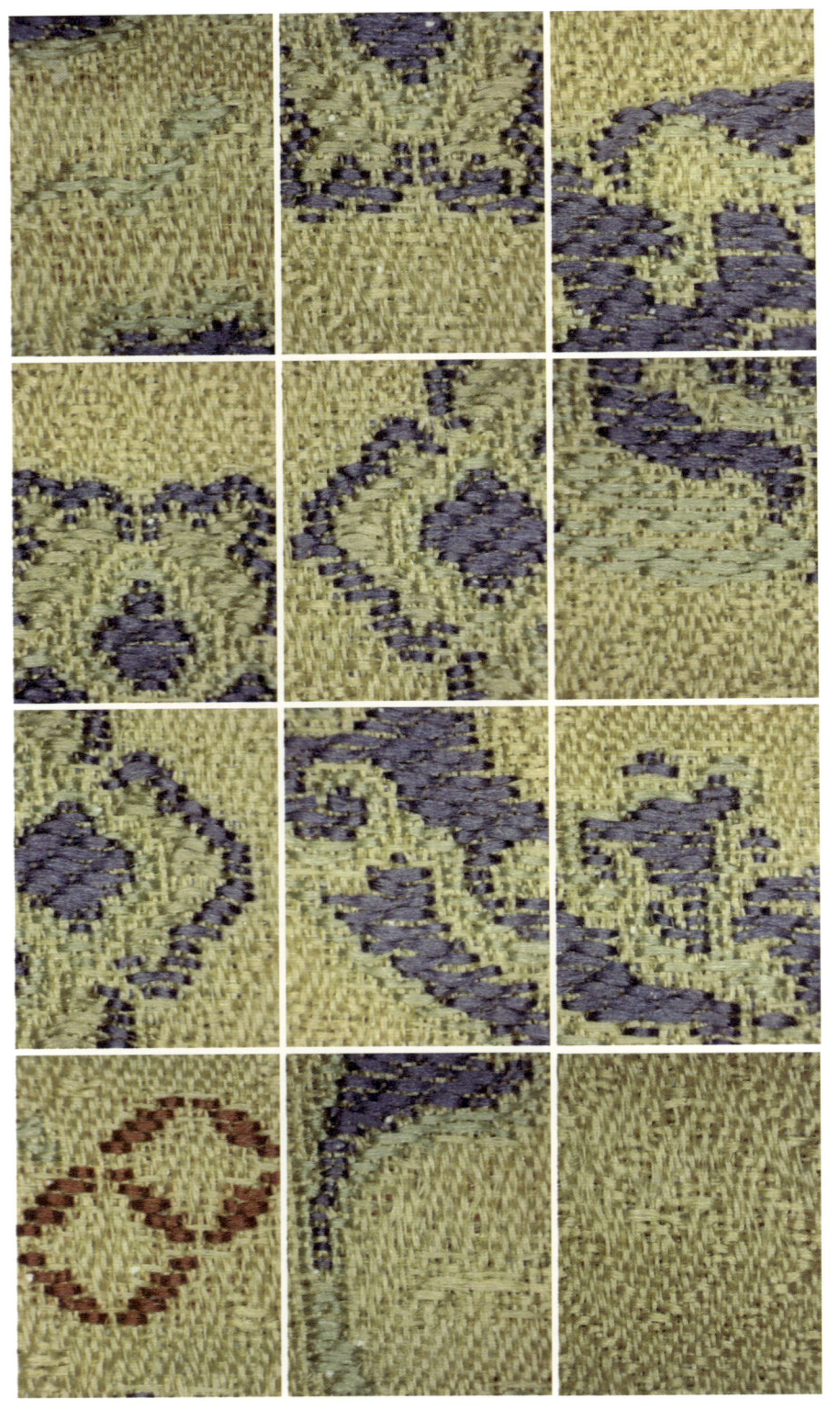

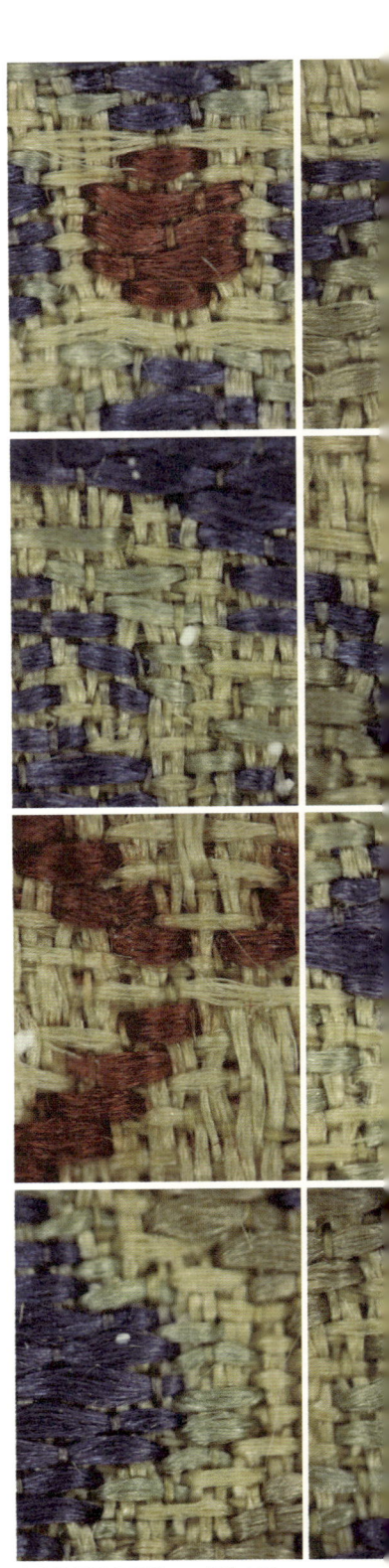

米地蝙蝠卍字纹锦150倍放大图

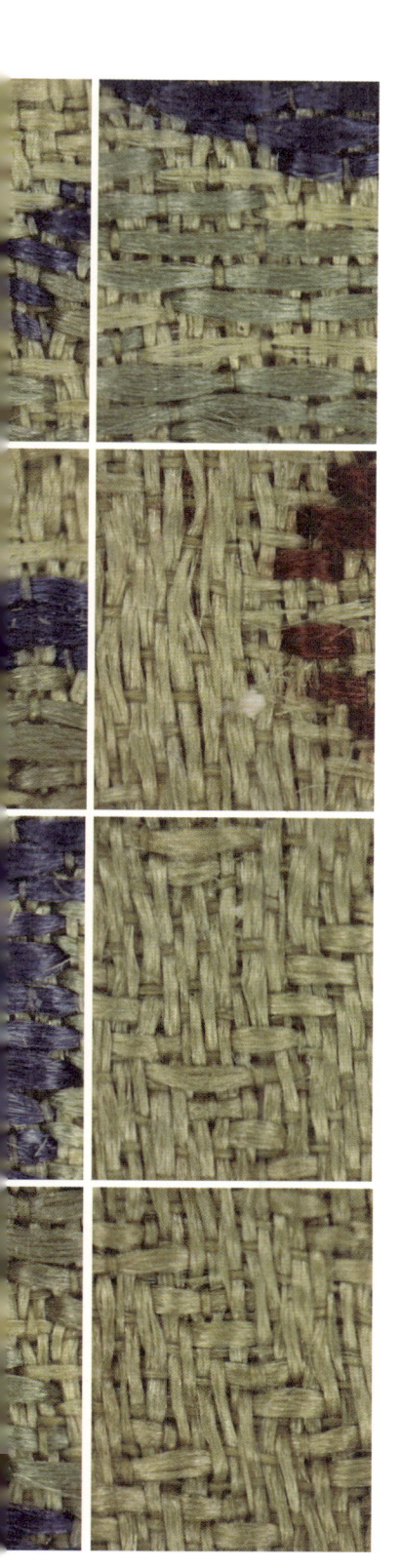

米地蝙蝠卍字纹锦 60 倍放大图正面（左）反面（右）

米地蝙蝠卍字纹锦 150 倍反面放大

织锦缎｜米地蝙蝠卍字纹锦

317

附录

附录一　天然纤维红外线吸收光谱主要吸收带及特性波数与天然纤维红外线吸收光谱波形特征

天然纤维的红外线吸收光谱主要吸收带及特性波数

纤维名称	主要吸收带及其特性波数（cm^{-1}）
棉	3450 ~ 3250　2900　1630　1430　1370　1100 ~ 970　550
亚麻	3450 ~ 3250　2900　1730　1630　1430　1370　1100 ~ 970　550
苎麻	3400 ~ 3350　2900　1630　1430　1370　1100 ~ 970　550
羊毛	3400 ~ 3250　2900　1720 ~ 1600　1500　1220
蚕丝（生丝）	3300 ~ 3200　2950　1710 ~ 1500　1220　1050
蚕丝（熟丝）	3300　2950　1710 ~ 1630　1530　1500　1440　1220　640　540

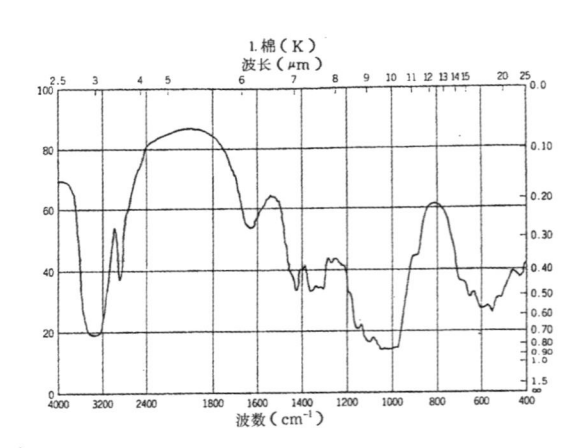

取至 CNS2339，L3050

天然纤维红外线吸收光谱波形特征

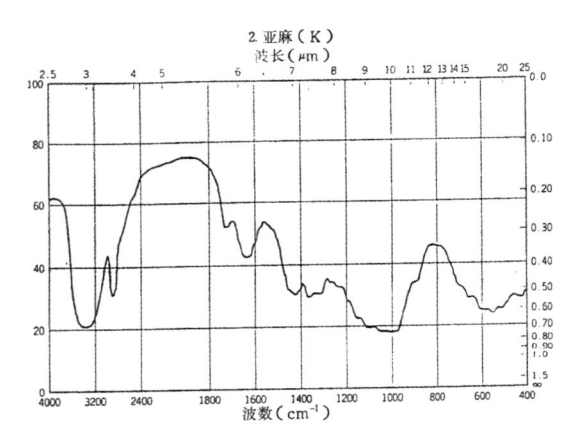

取至 CNS2339，L3050

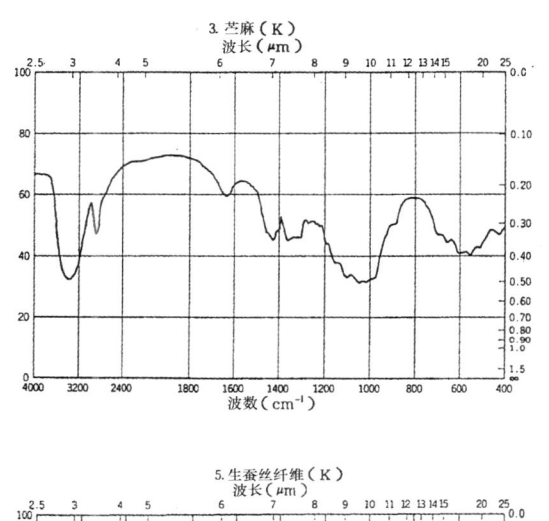

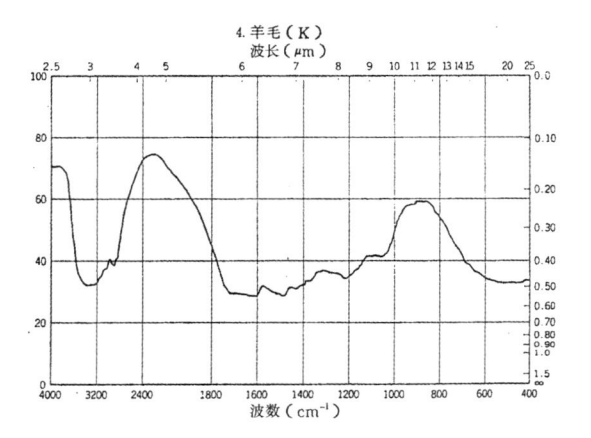

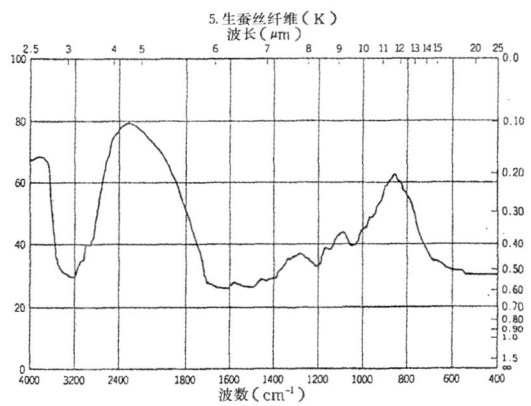

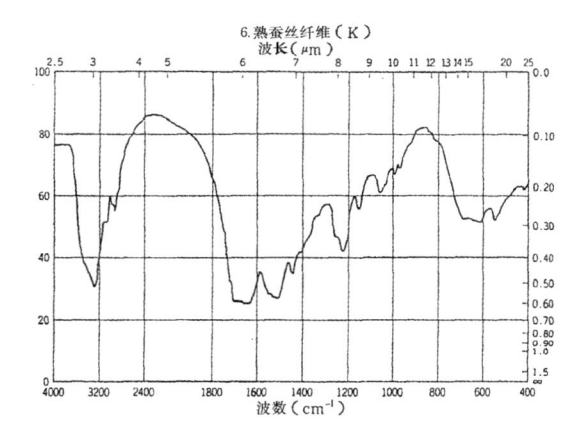

取至 CNS2339，L3050

附录二　金相显微镜记录古织物纤维粗细的照相图

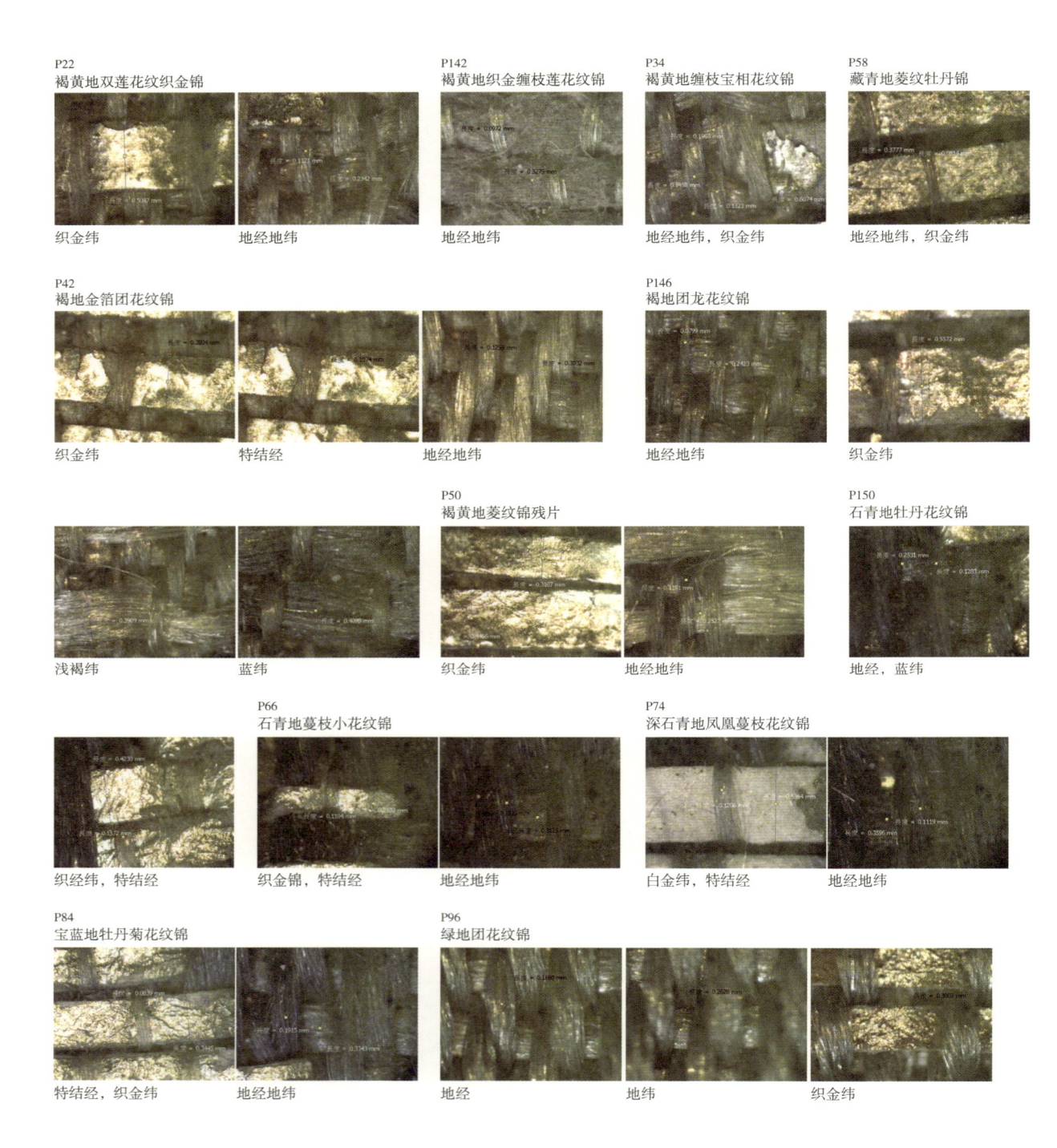

P22 褐黄地双莲花纹织金锦
织金纬　　地经地纬

P142 褐黄地织金缠枝莲花纹锦
地经地纬

P34 褐黄地缠枝宝相花纹锦
地经地纬，织金纬

P58 藏青地菱纹牡丹锦
地经地纬，织金纬

P42 褐地金箔团花纹锦
织金纬　　特结经　　地经地纬

P146 褐地团龙花纹锦
地经地纬　　织金纬

浅褐纬　　蓝纬

P50 褐黄地菱纹锦残片
织金纬　　地经地纬

P150 石青地牡丹花纹锦
地经，蓝纬

织经纬，特结经

P66 石青地蔓枝小花纹锦
织金锦，特结经　　地经地纬

P74 深石青地凤凰蔓枝花纹锦
白金纬，特结经　　地经地纬

P84 宝蓝地牡丹菊花纹锦
特结经，织金纬　　地经地纬

P96 绿地团花纹锦
地经　　地纬　　织金纬

P108 绿地缠枝牡丹花纹锦　　　　　　　　　P118 褐地万字花纹锦

蓝纬　　　　　织金纬，特结经　　地经地纬　　　　特结经，织金锦　　地经地纬

P128 宝相双迭花织锦残片　　P156 褐地蔓枝牡丹纹缎　P162 茶地缠枝牡丹纹缎　P170 米黄地缠枝花纹缎

地经，织金锦　　地纬　　　　　地经地纬　　　　地经地纬　　　　地经地纬

P174 浅绿地蔓枝花纹缎　P180 鹅黄地宝瓶银锭花纹缎　P186 落花流水纹锦　P190 暗灰绿地缠枝牡丹鸡冠花纹缎　P198 浅褐绿地团龙云纹缎

地经地纬　　　　地经地纬　　　　地经地纬　　　　地经地纬　　　　地经地纬

P204 蓝地团龙如意纹缎　P210 褐地水仙云纹缎　P214 米地飞龙云纹缎　P220 浅褐地缠枝石榴花绫　P224 褐地牡丹菊花绫

地经地纬　　　　地经地纬　　　　地经地纬　　　　地经地纬　　　　地经地纬

P228 褐地串枝宝相花纹缎　P234 双鱼八宝纹缎　P238 石青地八宝如意云纹缎　P246 褐地缠枝宝相花纹缎　P252 龟甲团花纹锦

地经地纬　　　　地经地纬　　　　地经地纬　　　　地经地纬　　　　米经米纬

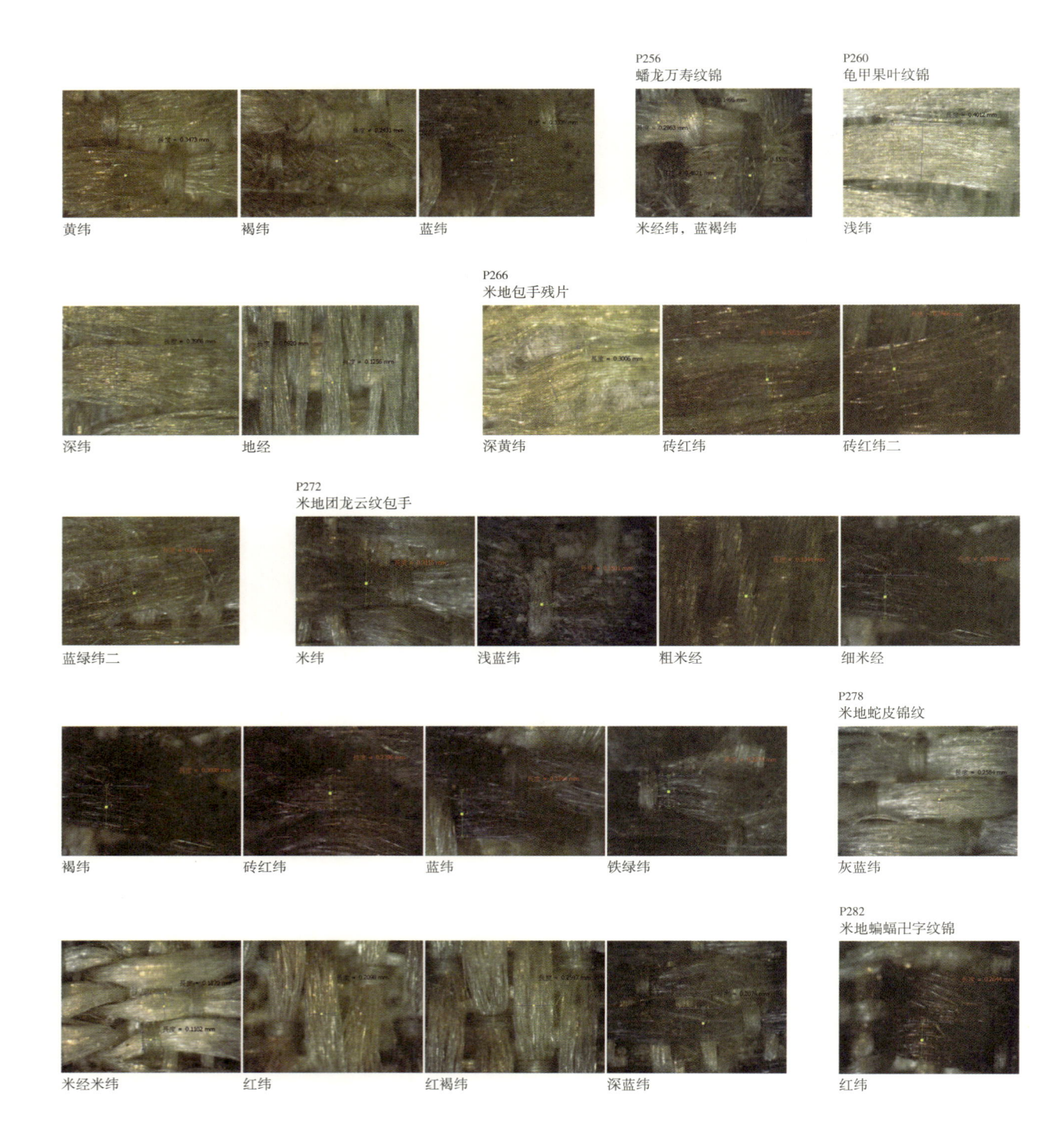

			P256 蟠龙万寿纹锦	P260 龟甲果叶纹锦
黄纬	褐纬	蓝纬	米经纬、蓝褐纬	浅纬

		P266 米地包手残片		
深纬	地经	深黄纬	砖红纬	砖红纬二

	P272 米地团龙云纹包手			
蓝绿纬二	米纬	浅蓝纬	粗米经	细米经

				P278 米地蛇皮锦纹
褐纬	砖红纬	蓝纬	铁绿纬	灰蓝纬

				P282 米地蝙蝠卍字纹锦
米经米纬	红纬	红褐纬	深蓝纬	红纬

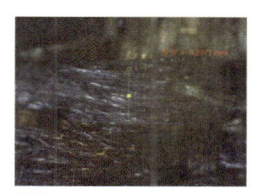

浅蓝纬　　　　粗米经　　　　粗米纬　　　　细米经　　　　细米纬

蓝纬

后 记

承系着张大千先生保存此批古裱褙织锦的独特眼光，与孙家勤教授委托研究的专业期许，我终于在20年后完成了此使命，由于40块古裱褙织锦数量相当大，所衍生的数据、图像与档案数量也很大，使得稍有不慎就易发生错误。

整个研究方法也常因古裱褙织锦的特殊性而需要随时修正。比方说，在记录古裱褙织锦的经纬纱粗细时，本来流程是将经纬纱拆下后，先行测量其粗细再进行各项科学检测，但是在进行织物组织结构研究时，发现古裱褙织锦是以手工捻纱织造，故经纬纱粗细多呈现低捻的状况，如拆下后单独测量其粗细，会因为纱线退捻的不同程度而显现粗细测定标准不一的状况。故最后将40块古裱褙织锦的经纬纱粗细，经由金相显微镜直接记录布块上织物所显现的粗细，全数重新测量为纱线的粗细，以求获得一个共同的粗细测定标准。

此批古裱褙织锦织物呈现出相当美丽、特殊且附吉祥含义的图纹，如莲花、牡丹花、菊花、石榴花、龙、凤、葫芦、如意等图像，充分显现中国古织物常以图像织纹来表达对吉祥、平安与富贵等生命与生活的希望与期许，也同时展现中国古代纺织与图像工艺的进步。孙家勤教授曾说，"张大千先生不是一个纺织的专家，但是他却能够以当代的花饰花纹来学习判断年代"。希望这些失传的图像织纹能因此书的诞生得以传承，也期盼日后此书的图像数据能有机会透过比对已知年代的书画装裱织物，再就实物的组织结构、成分作进一步分析比对，间接推估各片织品可能的年代、相关使用脉络，便更可彰显内文中各项分析的珍贵性。

在数不清的投入研究的日子中，常常遇到研究瓶颈，但是总能安然度过，完成使命，使得本书得以顺利诞生。在此书编写即将完结时，我不禁想起在专访孙家勤教授时，他曾说过的一句话"机缘俱足，真是神物自己会找人——自有因缘"。希望本书中所产出的研究结果能够达到孙家勤教授的期许，提供应有的学术价值，发挥出文化传承的重要使命。

　　本书以论述分析方式，将40片古裱褙织锦的相关知识作科学与人文的跨领域整合，针对每一片古裱褙织物的成分、图纹与组织结构进行剖析，并以放大60倍与150倍镜头详细记录此批珍贵的古裱褙织物，使得不须冒着毁坏古物的风险，便能使此批古裱褙织物的织纹结构得以清晰的展现，同时促使此批古裱褙织物能够以完整且普及的方式分享传承。所有的研究仍有再发展的空间，其中若有疏漏之处希望专家学者不吝指正。